NIEDERÖSTERREICH
Edelstal
Kittsee
Pama
Potzneusiedl
Bruckneudorf
Leitha
Neudorf
Gattendorf
Deutsch-Jahrndorf
Königshof
Kaisersteinbruch
Parndorf
Zurndorf
Jois
Winden
Neusiedl a. See
Breitenbrunn
Weiden See
Nickelsdorf
Purbach
Gols
Donnerskirchen
Mönchhof
Halbturn
Schützen a. Geb
Neusiedler See
Podersdorf
Oslip
Oggau
Frauenkirchen
Rust
St. Margarethen
St. Andrä
Andau
Mörbisch
Illmitz
Tadten
Apetlon
Zagersdorf
Wallern
Pamhagen
UNGARN
Deutschkreutz
Haschendorf
Nikitsch
Kroatisch
Minihof
Nebersdorf
0
10
20 km

Hans Lajta · Burgenland

Ein Österreich-Thema aus dem Bundesverlag

Hans Lajta

Burgenland

Ein Kunst- und Kulturlexikon

ÖBV

Österreichischer Bundesverlag · Wien

Diese Buchreihe ist Österreich gewidmet: Österreich mit seinen geistigen Kräften und Strömungen, Österreich mit seiner historischen und seiner kulturgeschichtlichen Bedeutung, Österreich mit seinen landschaftlichen Besonderheiten, seinen Persönlichkeiten und der so vielfältigen Wesensart seiner Bevölkerung. Vieles bietet sich an. Es soll nach und nach behandelt werden – anregend geschrieben und zugleich hohen Ansprüchen genügend.

Inhaltsverzeichnis

Satz: Times 9/10 Punkt
Gedruckt auf holzfrei Offset 120 g
Druck: Wiener Verlag, Himberg
ISBN 3-215-**05278**-4

Warum ein Kunst- und Kulturlexikon Burgenland?

Die Kunst- und Kulturlandschaft Österreich verlockt durch ihre Großartigkeit und Reichhaltigkeit immer wieder Autoren, darüber zu schreiben, zu meditieren, zu fachsimpeln. Das Burgenland – östlichster Teil Österreichs und schon vor tausend Jahren ein „eiserner Vorhang", Schlachtfeld Europas in den Kämpfen gegen den Osten, Grenzfestung zum Schutz der abendländischen Kultur – spielt in diesen Beschreibungen, Meditationen und Fachsimpeleien über ganz Österreich aber eine recht bescheidene Rolle.

Burgenland? Leben dort noch immer die Awaren?

Immer noch ist man vielerorts der Meinung, daß es sich beim Burgenland um ein Grenzland mit zwar interessanter und abwechslungsreicher Geschichte handelt, diese aber eher von Kampf, Schlacht (und Barbarentum) geprägt sei als von Kunst und Kultur. Jaja, man weiß schon: dort waren doch die Bajuwaren und die Magyaren, die Türken und die Hunnen, die Slawen und die Mongolen und weiß der Kuckuck wer sonst noch. Drunten im Süden haben eine Zeitlang auch die wilden Steirer mitgespielt. In Güssing oder so.

Und heute? Man kann es beinahe auf eine mathematische Formel bringen: Burgenland ist gleich Pußta plus seltene Vögel plus See, gebrochen durch Martinigans mal Wein. Wer Mallorca, Kenia und die Seychellen kennt, das Burgenland aber noch nicht, der kennt nur die halbe Welt . . .

Doch kehren wir zur Kultur zurück.

Das gebildete Ausland nennt beispielsweise Joseph Haydn oder Franz Liszt viel lieber „deutsche Komponisten" denn Burgenländer. Und einige Banausen rümpfen beim Hören des Namens Franz Liszt überhaupt die Nase und geben sich einen Anschein von Bildung und Besserwissen, indem sie mit virtuosem magyarischem Tonfall Ferenc Liszt als waschechten Ungarn bezeichnen. Die burgenländische Kultur beschränkt sich aber nicht allein auf Musik, so groß deren Rolle auch war und ist.

Die Denkmäler und Ausdrucksformen der Kunst und Kultur im Burgenland sind zweifellos nicht so raumfüllend wie jene der großen Kulturlandschaften und Kunststädte in anderen Teilen Mitteleuropas, und über ihren pannonischen Zusammenhang sprechen zu wollen würde weit den Rahmen dieses Buches sprengen. Als Burgenländer und Angehöriger einer sehr alten burgenländischen Familie setzte ich mir daher die Aufgabe, meine unmittelbare Heimat einmal nicht vom Blickwinkel des touristischen Interesses, sondern allein mit seinen wertvollen Kunstschätzen als festintegrierten Bestandteil einer größeren, österreichischen Heimat darzustellen. Daraus entstand schließlich dieses Kunst- und Kulturlexikon.

Der weitverbreiteten landläufigen Meinung, daß alles, was an Kunst und Kultur in meiner burgenländischen Heimat zu finden ist, ja doch „von außen“ kam, habe ich immer entschieden widersprochen. Es ist nicht richtig, daß die romanische Kunst des Burgenlandes nur den Zisterziensern und die gotische den anderen Ordensgemeinschaften zu danken ist, und ebensowenig ist es richtig, daß allein die Esterházy für die großen Ausdrucksformen des Barock im Burgenland verantwortlich seien. Zisterzienser wie Esterházy – um nur zwei von vielen Beispielen herauszugreifen – kamen von anderswo und haben im Burgenland – beide zu ihrer Zeit – das Kunst- und Kulturschaffen beeinflußt, aber nicht „erfunden“. Auch der aus Rohrau an der Leitha stammende Joseph Haydn hat ebensowenig die Musik „erfunden“ wie Franz Liszt das Klavierspiel.

Die geistige Potenz des Burgenlandes war immer stark genug, selber Großes hervorzubringen und bereits anderswo Vorhandenem auch hier eine feste, dauerhafte Grundlage zu geben.

Dieses Buch soll also Wissen vermitteln. Es ist ein Nachschlagewerk. Als solches hat es entschieden den Nachteil, nicht anregend und unterhaltsam wie ein Roman geschrieben werden zu können. Als lexikalisches Werk hat es aber immerhin den Vorteil, in ganzen Sätzen geschrieben zu sein. Für mich, der ich in zahlreichen Archiven und Bibliotheken das in diesem Buch enthaltene Wissen zusammentrug, blieb ein „gotischer Hochaltar“ immer ein gotischer Hochaltar; er wurde nie zum „got. H. A.“ u. ä. degradiert. Ich bemühte mich auch redlich, eine „restaurierte Barockfigur“ nicht zu einer „rest. Bar. Fig.“ zu machen. Ich vermied bewußt die Abkürzungen; mit ihnen hätte ich dem Leser, der sich über die kunst- und kulturhistorisch bedeutenden oder erwähnenswerten Denkmäler informieren will, einen schlechten Dienst erwiesen. Das Lesen in und mit Abkürzungen ermüdet nicht nur, die Abkürzungen verkleinern auch das zu beschreibende Objekt. Sie kürzen es ab.

Und da ich nicht annehme, daß jemand dieses Kunst- und Kulturlexikon des Burgenlandes von Andau bis Zurndorf in einem Zug durchlesen, sondern vielmehr nur bei jenem Ort nachschlagen wird, wo ein ganz bestimmtes Interesse vorhanden ist, so möchte ich auch dem Leser diesen Ort weder auf eine hieroglyphisch abkürzende noch auf eine computerartig nüchterne, sondern auf eine normal lesbare

Art beschreiben. Konsequenterweise verzichtete ich daher auch auf „Siehe-da“- und „Siehe-dort“-Verweise, sondern wiederholte die Hinweise auf Türkeneinfälle, auf Zerstörungen durch die Bocskay-Rebellen usw. immer dort, wo es die Ortsbeschreibung verlangt. Ein ausführliches Register am Schluß leistet gewiß Hilfestellung beim Auffinden.

Da es schon gute Beschreibungen der Kunst- und Kulturdenkmäler des Burgenlandes gibt, habe ich mich in diesem Buch auf das Wesentliche beschränkt, wie es zweifellos von der Mehrzahl der kunstinteressierten, aber nicht kunstspezialisierten Leser gewünscht wird. Ich ging von der Voraussetzung aus, daß der kunstinteressierte Burgenlandbesucher weniger daran interessiert ist, ob es sich bei diesem oder jenem Altar um ein Exemplar mit schräggestellten Pilastern, geradem Gebälk und verkümmertem Sprenggiebel handelt, sondern daß er wissen will, aus welcher Zeit oder Stilepoche der Altar stammt, welche Details daran Aufmerksamkeit verdienen und wen oder was das Altarbild darstellt. Ich habe daher nicht gezögert, die wohl für Spezialisten und Kunstschüler, nicht aber für den durchschnittlich kunstinteressierten Betrachter wichtigen Details unerwähnt zu lassen. Es kam mir wichtiger vor, auf inhaltlich Bedeutendes hinzuweisen, als die Beschaffenheit des Materials und seine Herkunft zu beschreiben. So soll dieses Buch ganz natürlich auch ein Hilfsmittel für den Laien sein, der bei der Betrachtung eines gotischen oder barocken Kirchenraums ganz einfach wissen möchte, welcher Gegenstand darin besondere Beachtung verdient und wen diese oder jene Schnitzfigur darstellt.

Es sei mir verziehen, wenn ich bei der Beschreibung kirchlicher Szenen jene Form wähle, die zur Zeit der Schaffung des Kunstwerkes üblich war. Ich spreche daher oft von „Mariä Himmelfahrt“ und nicht von der Aufnahme Mariens in den Himmel, wie es wohl besser heißen sollte.

Der Kurzbeschreibung der Kunst- und Kulturdenkmäler (etwas anderes kann es bei dem Umfang dieses Werkes kaum sein) ist eine ebenso kurze Skizzierung des betreffenden Ortes vorangestellt. Es läßt sich darüber streiten, ob es wichtig ist, zu sagen, daß es hier und dort Spuren aus der Jungsteinzeit, Grabungsfunde aus der Wieselburger Kultur, Nekropolen der Römerzeit usw. gegeben hat, wovon ja der Besucher nie etwas merkt, da die archäologischen Grabungsstätten nach ihrer Ausschöpfung und Markierung meist wieder zugeschüttet wurden. Ich meine aber, daß gerade deshalb, weil die vor- und frühgeschichtlichen Denkmäler (deren Funde längst in den dafür zuständigen Museen Eingang gefunden haben) dem Besucher des betreffenden Ortes verborgen sind, er sich dieser um so mehr bewußt sein sollte, als er ja bei diesem oder jenem Museumsbesuch auf eben jene Fundstücke hingewiesen wird, die von dort stammen.

Ich habe mir in diesem Buch erlaubt, auch auf ganz kleine und fast unbekannte Orte und Baudenkmäler hinzuweisen, die mir wert erschienen, genannt zu werden. Ich habe andererseits aber auch auf eine „Vollständigkeit“ verzichtet, da ich vieles nicht für bedeutend genug halte, um einer bloßen Kurzbeschreibung willen bei mir wichtiger erscheinenden Orten Kürzungen vorzunehmen.

Als „alteingesessener“ Burgenländer habe ich mir auch die Freiheit genommen, lexikalisches Wissen da und dort um charakteristische Stellungnahmen von Zeitgenossen zu bereichern.

So übergebe ich dieses Kunst- und Kulturlexikon den vielen, die bisher der Meinung waren, daß das Burgenland „nur“ ein Ferienland mit ein paar sehenswerten Burgen sei, und hoffe aus ganzem Herzen, dem Burgenland damit viele neue Freunde zu gewinnen – und die vielleicht schon bestehende Freundschaft zu vertiefen.

Hans Lajta

Einführung

Vorgeschichtliche Funde und Siedlungsreste weisen darauf hin, daß das nördliche Burgenland schon im 5. Jahrtausend v. Chr. von jungsteinzeitlichen Ackerbauern besiedelt war. Aber auch die Gegend um Rechnitz, das Pinkatal, das Strembach-, Lafnitz- und Raabtal sind schon von seßhaften Bauern bewirtschaftet worden, wie es die durch Geländeforschungen in den letzten Jahren recht zahlreich registrierten Funde beweisen.

Man spricht von der jungsteinzeitlichen „Badener Kultur" (um 2200 v. Chr., Funde u. a. von den Burgställen Eisenstadt, Donnerskirchen und Purbach) und der „Glockenbecherkultur" (um 1800 v. Chr.). Am Ende der Jungsteinzeit kam es hauptsächlich zur Anlage von Siedlungen in geschützter Höhenlage.

Die Funde aus der Bronzezeit (etwa 1800–800 v. Chr.), die zum Großteil aus Hockergräbern stammen, gehören hauptsächlich der sogenannten „Wieselburger Kultur" an (nördliches Burgenland), dem Raum um Neusiedler See und Leithagebirge, doch gibt es auch bronzezeitliche Funde aus dem Gebiet zwischen Pinka und Strembach.

Zusammen mit dem Auftreten der Illyrer beginnt im 12./13. vorchristlichen Jahrhundert ein neuer Abschnitt: die Menschen dieser Zeit verbrannten ihre Leichen und bestatteten die Asche in mehr oder minder einfachen Gefäßen („Urnenfelderkultur"). Die in Urnen Bestatteten erhielten reiche Grabbeigaben. Eine der bedeutendsten Grabungsstätten dieser Zeit war das Gebiet um Loretto.

Etwa fünfhundert Jahre später („Hallstattkultur", ältere Eisenzeit, ca. 800–400 v. Chr.) hatten sich große Siedlungen der Illyrer auf den Burgställen zwischen Leithagebirge und Neusiedler See entwickelt. Aus Donnerskirchen stammen Teile großer „Mondidole" und eine berühmte vielfärbige Stierkopfurne (Kultgefäß). In Purbach gab es eine der größten Erdbefestigungen dieser Zeit (reiche Grabungsfunde). Werkzeuge und Schmuckgegenstände wurden bereits aus Eisen gefertigt.

Das südliche Burgenland besitzt mit dem Hügelgräberfeld von Schandorf eine Fundstätte der Hallstattkultur von überregionaler Bedeutung. Zu diesen Grabhügeln der älteren Eisenzeit kamen später weitere der norisch-pannonischen Hügelgräberkultur (1./2. Jh. n. Chr.).

Die Zeit ab etwa 400 v. Chr. wird von den Kelten geprägt. Sie breiteten sich über den gesamten pannonischen Raum aus. Einer der wichtigsten Funde dieser Zeit („Latènekultur“, jüngere Eisenzeit, um 400–Chr. Geb.) stammt aus dem südlichen Burgenland, wo westlich von Güttenbach (bei Güssing) in einem grauen Tongefäß ca. 180 keltische Großsilbermünzen vergraben worden waren. Die reichen Erzvorkommen des mittleren und südlichen Burgenlandes und die darauf begründete keltische Eisenindustrie bildeten zusammen mit der Eisenausfuhr nach Italien die Grundlage der Münzprägung und des damaligen Wohlstandes.

Wichtigster keltischer Stamm waren die Boier, deren Einwanderung um etwa 50 v. Chr. erfolgte. Auf die heftigen Kämpfe dieser Zeit lassen zahlreiche Waffenfunde schließen. Der römische Schriftsteller Plinius d. Ä. spricht nach der Niederlage der Boier gegen die aus dem Osten anstürmenden Daker von ihrem Land als „deserta Boiorum“.

Um 15 v. Chr. wurde das Gebiet des heutigen Burgenlandes dem Römerreich eingegliedert, doch behielten die Boier (Kelten) ein großes Maß an Selbständigkeit. In den nördlichen Landstrichen wurde Landwirtschaft betrieben, im Süden baute man weiterhin in großen Gruben Eisen ab und verhüttete es in kleinen Schmelzöfen.

Das Burgenland wird der römischen Provinz Pannonien einverleibt. Die „Bernsteinstraße“ wird ausgebaut. Erstmals werden Weingärten angelegt. Nach 50 n. Chr. entstehen römische Veteranenkolonien.

Im 2. Jh. n. Chr. scheint der letzte Rest boisch-keltischer Lebensart der Romanisierung anheimgefallen zu sein, ihre Selbstverwaltung findet ein Ende. Römerzeitliche Siedlungsreste und Grabungsfunde stammen aus dem ganzen Land, hauptsächlich jedoch aus den nördlichen Landesteilen zwischen Donau, Leitha und Neusiedler See. Eine architektonische Großleistung war die römische Wasserleitung, die das Trinkwasser von Quellen des Geschriebensteins, an Rechnitz vorbei, bis in das etwa 20 km entfernte Savaria lieferte.

In der zweiten Hälfte des 2. Jahrhunderts folgten heftige Kämpfe gegen die anstürmenden germanischen Markomannen und Quaden.

Die Völkerwanderung und neuerliche Germaneneinfälle (Quaden) bereiten der Römerherrschaft nach dem Tode des Kaisers Valentinian I. (375) ein Ende. Die Provinz Pannonien ging in Flammen auf.

Gegen Ende des 4. Jahrhunderts war das Burgenland in den Händen der Goten. Langsam begann sich das Christentum auszubreiten; wichtigster Fund ist eine einzigartige Altarplatte aus einer frühchristlichen Gebetsstätte in Donnerskirchen. Ab 433 ist der Hunnenkönig Attila Herrscher über Pannonien, wird aber später von den Goten vertrieben. Nach dem Abzug der Goten nach Italien und Gallien (gegen Ende des 5. Jh.) erfolgen wieder Einfälle germanischer Stämme. Aus dieser Zeit gibt es im nördlichen Burgenland viele Grabungsfunde, unter denen besonders Waffen als Grabbeigaben herausragen.

Als letztes germanisches Volk, das im Burgenland siedelte, gelten die Langobarden (6. Jh.). Nach ihrem Abzug strömte das asiatische Nomadenvolk der Awaren in das Land, doch scheint sich die indogermanische und romanische Restbevölkerung über die Awarenzeit (von etwa 600 bis 800) erhalten zu haben, soferne sie nicht durch die starke slawische Besiedlung in diesem Zeitraum vermischt wurde.

Aus der Awarenzeit stammen Friedhöfe im nördlichen Burgenland, die u. a. in Zillingtal, Leithaprodersdorf und Edelstal ausgegraben wurden.

Nach der Niederwerfung der Awaren durch das Frankenreich Karls des Großen wird um 800 die Karolingische Mark gegründet; die deutsche (bayrische) Kolonisation setzt ein. Die Reste der awarischen Bevölkerung werden zwischen Neusiedler See und Plattensee angesiedelt.

Um das Jahr 900 fallen die Magyaren in Pannonien ein. In der Schlacht bei Preßburg (907) wird das Bayernheer vernichtet, die Magyaren überfluten das Land, die Karolingische Mark bricht zusammen. Nach ihrer Niederlage in der Schlacht auf dem Lechfelde (955) ziehen sich die Magyaren nach Osten zurück und errichten im westlichen Pannonien (zwischen Leitha und Lafnitz) das „Gyepü"-System, eine Verteidigungslinie gegen den Westen, einen ersten „eisernen Vorhang" aus Wällen und Pfählen.

In der Folgezeit kommt es zu ständigen Kriegen zwischen den deutschen Kaisern und den Königen von Ungarn. Die Pläne, Ungarn in Lehensabhängigkeit zum Deutschen Reich zu bringen, scheitern. Die Ungarn siedeln an der Leitha und im südlichen Grenzraum „Grenzwächter" an, u. a. im 11. Jahrhundert die türkischen Petschenegen.

Das Burgenland war zum heißumkämpften Grenzland geworden.

Nachdem Stephan I. die Christianisierung in Ungarn vollendet und im Jahr 1000 von Papst Sylvester II. die ungarische Königskrone empfangen hatte, heiratete er 1002 die bayrische Herzogstochter Gisela (die Schwester Heinrichs II.) und stellte so eine enge Verbindung zwischen seinem und dem deutschen Volk her. Zahlreiche deutsche Adelsgeschlechter und Ritter beginnen sich im Grenzraum anzusiedeln und bringen ihre leibeigenen Bauern und Knechte mit, so daß das Burgenland – obwohl dem Königreich Ungarn angehörend – zum größten Teil deutsch besiedelt wird. Die deutsche Einwanderung hält trotz fortwährender Grenzkriege gegen die deutschen Kaiser, die Babenbergerherzöge und später auch gegen die Habsburger das ganze Mittelalter hindurch an. Dazu kamen Einfälle der Mongolen (der Tatarensturm begann 1241) und Kriege gegen die nach Selbständigkeit strebenden mächtigen Grafen von Güssing, denen in der zweiten Hälfte des 13. Jahrhunderts mehr als 25 Burgen im süd- und mittelburgenländischen Grenzraum gehören. Sie traten sogar dem Heer Albrechts I. von Österreich (Sohn Rudolfs von Habsburg) entgegen, als dieser 1289/90 im Einverständnis mit dem Ungarnkönig Ladislaus gegen sie Krieg (als „Güssinger Fehde" bekannt) führte.

So interessant auch die folgende historische Entwicklung des Burgenlandes sein mag, so verlangt doch der Inhalt dieses Buches, sich nunmehr dem kulturellen Geschehen zuzuwenden, das mit der romanischen Kunst des 11. und 12. Jahrhunderts greifbar wird.

Aus der romanischen Zeit
stammt die Kirchenruine östlich von Bruckneudorf, die zu den ältesten in Österreich zählt. Sie war aus römischem Baumaterial errichtet; Keramikfunde stammen aus der Karolingerzeit. Nahebei liegt eine Dorfwüstung mit einem Brunnen in antiker Quellfassung; wahrscheinlich handelt es sich dabei um das 1074 in der Schenkungsurkunde Kaiser Heinrichs IV. an den Bischof Ellenhard von Freising genannte Chunigesbrunnen („Königsbrunn").

Ein anderes Baudenkmal besonderer Art ist die Kirchenruine („Pfefferbüchsl") auf dem Friedhof von Leithaprodersdorf. Hier handelt es sich um eine romanische Kirche mit Halbkreisapsis, die dann später von den Zisterziensern aus Heiligenkreuz rechteckig ummantelt wurde.

Bedeutende Reste einer romanischen Kleinkirche des 12. Jahrhunderts, in der sogar noch Spuren romanischer Fresken des 12. Jahrhunderts erhalten sind, enthält die Fischerkirche von Rust.

Die etwa zwei Dutzend bekannten romanischen Kirchen des Burgenlandes, von denen sich heute noch Bauteile in späteren Kirchenbauten erhalten haben, stehen aber keineswegs nur im nördlichen Teil des Landes, das von der mittelalterlichen Bautätigkeit der Zisterzienser betroffen war. Die St.-Jakobs-Kirche in Güssing beispielsweise wurde um das Jahr 1200 aus Ziegelsteinen und Eckquadern erbaut; und auch die St.-Laurentius-Kirche von Zahling (nördlich von Eltendorf), von der noch hervorragende Bauteile aus der Zeit um 1200 erhalten sind (Rundapsis; Rundbogenportal), scheint ganz aus Ziegeln errichtet worden zu sein. Somit wird so manche Lehrmeinung widerlegt, die da behauptet, daß die Michaelerkirche in Wien der erste romanische Ziegelbau Österreichs gewesen sei. Im Burgenland gibt es mindestens zwei, die älter sind.

Über die romanische Kunst als solche wissen wir leider nur wenig, da fast alle romanischen Heiligenfiguren und andere Plastiken, Reliefdarstellungen usw. den Jahrhunderte währenden Kriegswirren oder dem Unverständnis späterer Baumeister zum Opfer gefallen sind. Die wenigen vorhandenen Stücke und Bruchstücke werden heute im Landesmuseum von Eisenstadt gezeigt. Eine Ausnahme bilden die Funde von Deutsch Schützen; bei Grabungen fand man 1971 die Fundamente einer alten romanischen Kirche mit zwei Doppelkapitellen (mit plastischem Schmuck), die zusammen mit einem Männerkopf (um 1200) im Pfarrhof aufbewahrt werden; einen Löwenkopf aus der gleichen Zeit besitzt die Grabkapelle der Erdödy in Kohfidisch.

Aus der gotischen Zeit
sind wesentlich reichere Zeugnisse erhalten. Die Frühgotik (13./14. Jh.) hinterließ nicht nur zahlreiche Kirchenbauten oder gut erhaltene Teile von solchen (Marienkapelle der Fischerkirche in Rust, Pfarrkirche von Zurndorf, St.-Martins-Kirche von Mattersburg, Teile der alten Pfarrkirche von Deutsch Schützen, das Langhaus der Pfarrkirche von Oslip, der alte Chor der Wallfahrtskirche von Rattersdorf, Teile der Domkirche von Eisenstadt, der Chor und Mauern des Langhauses der Pfarrkirche von Weppersdorf, der Chor der Dreifaltigkeitskirche von Mannersdorf mit Freskenfragmenten, der Kirchturm der Pfarrkirche und Karner von St. Margarethen u. a.), sondern auch Profanbauten.

Als erstes muß an dieser Stelle der großartige Rittersaal der Burg Lockenhaus erwähnt werden, wie überhaupt diese Burg viele Bauteile aus dem 13. Jahrhundert enthält. In ihrem Kapellenturm sind noch wichtige Freskenreste aus der Zeit um 1270 erhalten, die italo-byzantinischen Einfluß erkennen lassen.

Kurz nach dem Jahr 1300 entstand der Bergfried von Burg Forchtenstein. Auch andere Burgen und Burgruinen des Landes besitzen noch Bauteile aus dieser Zeit (Güssing, Bernstein, Schlaining, Landsee als Hochburgen; Kobersdorf, Eberau, Deutschkreuz als Niederburgen), doch sind diese vielfach nicht mehr zu erkennen, da sie in späterer Zeit zumeist vollständig umgestaltet wurden, um den gestiegenen, höheren Ansprüchen (sowohl in ihrer Wehrhaftigkeit wie auch als Wohnschlösser) zu genügen.

Von Bedeutung ist in diesem Zusammenhang die ehemalige Wasserburg von Eberau (um 1400), die vielfach als letzter Burgenbau Österreichs in mittelalterlichen Formen bezeichnet wird.

Eine bemerkenswerte frühgotische Wandmalerei aus dem 14. Jahrhundert besitzt das Portaltympanon der Pfarrkirche von Marz (Schutzmantelmadonna und andere Darstellungen). Aus der gleichen Zeit stammend, jedoch von ganz anderem Charakter ist das Wandfresko mit Christus in der Mandorla und den Evangelistensymbolen in der kleinen Kirche von Goberling (zwischen Bernstein und Stadtschlaining).

Nicht unerwähnt bleiben dürfen die zahlreichen gotischen Bildstöcke, die zwar überall im Land, aber in besonderer Reichhaltigkeit rund um den Neusiedler See zu finden sind. Zu den schönsten architektonischen Kleindenkmälern dieser Zeit zählen die spätgotische Lichtsäule in Marz und das „Halterkreuz" in Mattersburg.

Nur wenige gotische Kunstwerke in den Kirchen haben die Türkenstürme und die Zerstörungswut der späteren Jahre überdauert. Als kostbarster Schatz der Frühgotik und wahrscheinlich auch als schönste holzgeschnitzte Marienstatue des Burgenlandes muß die um 1350 entstandene Madonna mit Kind (Gnadenstatue) in der Wallfahrtskirche von Frauenkirchen bezeichnet werden. Aus der gleichen spätgotischen Zeit (zweite Hälfte 15. Jh.) stammen die ernste Muttergottes mit Kind am Hochaltar von Forchtenau und die bäuerlich-einfache Madonna der Fischerkirche von Rust; etwas später entstanden die prächtigen Schreinfiguren des Ruster Dreiheiligenaltars. Anmutig und jugendlich ist die Madonna auf der Mondsichel, das Gnadenbild von Maria Weinberg in Gaas (um 1470). Die Künstler, die diese Meisterwerke schufen, sind da wie dort anonym.

Die reich mit Fresken ausgestattete Fischerkirche von Rust zählt zu den bemerkenswertesten Kirchen des Landes; ihre Chöre sind gotisch, ihr Schiff spätgotisch. Ihre Wandmalereien bilden den bedeutendsten und reichsten mittelalterlichen Freskenbestand des Burgenlandes.

Während für die Frühgotik im Kirchenbau kleine Kapellen mit Choranbauten charakteristisch sind, zeichnet sich die Spätgotik (ab dem 15. Jh.) durch die größeren Langhausbauten aus. Viele Kirchen mit spätgotischem Schiff besitzen noch einen frühgotischen (oder romanischen) Chor.

Zu den bedeutendsten spätgotischen Kirchen des Burgenlandes zählen der Eisenstädter Dom und die Pfarrkirche von Mariasdorf. Weiters sind bemerkenswert die Pfarrkirchen von Kleinhöflein, Großhöflein, St. Georgen, St. Margarethen, Stadtschlaining, Gaas u. v. a.

Ein wundervolles steinernes Ölbergrelief aus dem Ende des 15. Jahrhunderts hat sich noch am Eisenstädter Dom (nördliche Vorhalle) erhalten. Weniger kunstvoll, aber immer noch bemerkenswert sind ähnliche gotische Ölbergdarstellungen an den Pfarrkirchen von Breitenbrunn und Purbach, am Friedhof von Winden sowie eine stark beschädigte am Karner von St. Margarethen, alle aus der Zeit um 1500.

In Eisenstadt, Rust und anderen größeren Orten haben sich vereinzelt auch Häuser erhalten, die im Kern noch in die spätgotische Zeit zurückreichen, zumeist aber später barockisiert und mit neuen Fassaden versehen wurden. Über das ganze Burgenland verbreitet waren Ritterhöfe und befestigte Edelhöfe der adeligen Grundherren, die aber den kriegerischen Auseinandersetzungen immer zuerst zum Opfer fielen und von denen nur sehr wenige die Zeiten überdauert haben. Auf sie wird in den einzelnen Ortskapiteln hingewiesen werden. Von den Kirchhöfen aber, die zu dieser Zeit mit befestigten Wehrmauern umgeben wurden, sind noch vielerorts gute Reste dieser Befestigungen erhalten.

Aus der Renaissancezeit
gibt es nur wenig zu berichten. Das 16. Jahrhundert war von den Türkenstürmen und anderen kriegerischen Auseinandersetzungen geprägt; Kirche und Adel, die bisher als Bauherren in Erscheinung getreten waren, verarmten und waren eher bemüht, das bereits Vorhandene zu erhalten, als Neues zu schaffen. Aus diesem Grunde wird gerne behauptet, daß im Burgenland die Renaissance einfach „vergessen" wurde und sich der Barock fast übergangslos an die Spätgotik anschließt.

Die defensive Bauweise, die bereits im 14. Jahrhundert eingesetzt hatte und mit der gotischen Baukunst zusammenfiel, erreichte in diesem 16. Jahrhundert noch einmal einen Höhepunkt. Der Schutz, den die Burgen des Landes boten, genügte nicht mehr. Einerseits war das Land zu weiträumig besiedelt, um sich bei einem Angriff noch rechtzeitig in den Schutz einer Burg begeben zu können, andererseits fürchtete man um das bereits Erworbene, da zeitweise oder vorübergehend entvölkertes bzw. fluchtartig verlassenes Kulturland gerne von nachrückenden Siedlern in Besitz genommen wurde, woraus wieder blutige Streitigkeiten zwischen den neuen und den wieder zurückkehrenden Besitzern (Bauern wie Grundherren) entstanden. Es wurden daher die Dörfer selber befestigt. Man kann beinahe sagen, daß sich die Bevölkerung des Landes zu Festungsbauern entwickelte. Es entstanden die sogenannten Wehrkirchen, in die man sich bei einem Angriff zurückziehen konnte. Diese Kirchen wurden mit Wehrmauern umgeben, die der Verteidigung dienten. Im nachfolgenden 17. Jahrhundert wurden viele dieser Wehranlagen verstärkt und verbessert. Der Charakter dieser Verteidigungswerke wechselt mit den örtlichen Verhältnissen.

Die Pfarrkirche eines Dorfes erhebt sich in der Regel in der Mitte eines einfach oder doppelt ummauerten Kirchhofs, zuweilen auch auf dem Dorfplatz, öfter jedoch auf einem Hügel außerhalb desselben, der von sich aus schon eine bessere Verteidigungsmöglichkeit bietet. Die Kirche wurde in das Wehrsystem mit einbezogen. Was sie an Gliederung und geringem Fassadenschmuck aufweist, war alles zur Verteidigung bestimmt. Ihre Mauern wurden von wenigen schmalen Fenstern durchbrochen, die Wände waren zumeist durch mächtig vorspringende Stützpfeiler gegliedert. Verbunden mit Rundbögen, bildeten sie eine Blendarkade, hinter der die Verteidiger durch Öffnungen in der

Wand siedendes Pech auf die Angreifer gießen konnten. Oft auch wurde über einem schmalen Sims eine mit Schießscharten versehene Attika angebracht. Solche frühere Wehrkirchen (zur Verteidigung bewehrte Pfarrkirchen) findet man heute noch im Burgenland sehr zahlreich. Auch an den Friedhofsmauern der alten, die Kirche umgebenden Friedhöfe sind fast überall noch Schießscharten, vereinzelt auch Zinnen zu sehen, während die rundumlaufenden Gräben großteils zugeschüttet wurden.

Ein kulturelles Ereignis besonderer Art geht auf Johannes Manlius zurück: Im Jahre 1582 gab es auf der Burg Güssing bereits eine Manlius-Druckerei, 1587 wurde von Manlius die erste Zeitung im Burgenland gedruckt.

Aus der Barockzeit
des 17. und 18. Jahrhunderts stammen zahlreiche Prachtbauten, Kirchen und Klöster ebenso wie prunkvolle Schlösser. Im 16. Jahrhundert war die Bautätigkeit großteils unterbrochen gewesen. Erst im 17. Jahrhundert, mit dem – vorläufigen – Ende der Türkengefahr begann sie wieder (zuerst noch als eine Art Nachleben der Gotik) voll einzusetzen. Zu dieser Zeit entstanden die ersten frühbarocken Bauwerke.

Der Barockarchitektur fiel zuerst die Aufgabe zu, die zerstörten Kirchen wieder instand zu setzen bzw. neu zu bauen. Da aber die meisten der einst mächtigen Adelsgeschlechter entweder ausgestorben oder verarmt waren, auch die Kirche durch die Glaubenskämpfe zur Zeit der Reformation und Gegenreformation keine großen Geldmittel zur Verfügung hatte, beschränkte sich die Bautätigkeit anfangs nur auf das Notwendigste. Die zerstörten gotischen Kirchen bekamen neue, barocke Gewölbe, den Kirchtürmen wurden statt den steinernen Spitzhelmen die charakteristischen Zwiebelhelme aufgesetzt.

Die neuen Kirchenbauten bestanden gewöhnlich nur aus einem einzigen Schiff, in dem über den das Langhaus gliedernden Pilastern oder Säulen ein Kranzgesims verlief, von dem das Tonnengewölbe anstieg. Der Hauptaltar war in der Regel ein auf hohem Sockel stehender, mit Statuen und dekorativen Elementen geschmückter Säulenaufbau, der oben mit einem gebogenen oder gebrochenen Gesims abschloß. Erst als im 18. Jahrhundert der Wohlstand wieder zu steigen begann, wurden die Kirchen prächtig ausgeschmückt und mit reichen Stuck- und Marmorverkleidungen ausgestattet. Dann erst begann sich die Barockkunst in ihrer ganzen Großartigkeit zu zeigen.

Im 17. Jahrhundert war auch die Bedeutung der Burgen als Schutzbauten immer mehr zurückgegangen, sie wurden entweder zu mehr oder minder vornehmen Wohnschlössern umgestaltet oder dem Verfall preisgegeben. An ihre Stelle traten die sogenannten wehrhaften Kastelle, die den gestiegenen Anforderungen an mehr Bequemlichkeit entsprachen. Solche Kastellbauten bestanden in der Regel aus einem geschlossenen Viereck mit weitem Innenhof (zumeist mit Laubengängen) und turmartigen Vorsprüngen an den Ecken. Die Reihe der Kastellbauten begann mit Schloß Lackenbach, setzte sich mit Deutschkreuz fort, und bald gab es an die drei Dutzend von ihnen.

Als Bauherr und Kulturträger ist vor allem die Familie Esterházy zu nennen, die es durch kluge Politik zu großem Reichtum gebracht hatte. Fast alle hervorragenden Bauten des 17., 18. und 19. Jahrhunderts knüpfen sich an die Namen dieser Familie.

Unter den Esterházy kamen schon im 17. Jahrhundert viele italienische Künstler ins Land. So ist der Schloßbau in Eisenstadt hauptsächlich ein Werk der aus Como (Norditalien) stammenden Familie Carlone (Carlo Martino, Antonio, Domenico) und des Sebastiano Bartoletti, Wandmalereien schuf Carpoforo Tencala, den dekorativen Stuckdekor besorgte Giovanni Battista Veretini zusammen mit Rocco Bertoleti. Auch die herrlichen Stuckaltäre der Franziskanerkirche in Eisenstadt sind eine italienische Arbeit, ebenso die kunstvollen Stuckarbeiten im Rittersaal der Burg Bernstein, die unter der Leitung von Filiberto Lucchese entstanden. An die Carlone-Schule knüpft die reiche Stuckdekoration der Wallfahrtskirche von Loretto an, starken oberitalienischen Einfluß zeigen auch die Pfarrkirchen von Lockenhaus (Pietro Orsolino) und die Wallfahrtskirche von Frauenkirchen (Francesco Martinelli), die überhaupt den schönsten barocken Kirchenraum des Burgenlandes besitzt.

Zahlreiche Frühbarockbauten des nördlichen Burgenlandes fielen dem Türkensturm von 1683 zum Opfer, wurden aber danach großteils wieder instandgesetzt bzw. in hochbarocken Formen neu errichtet und ausgestattet.

Es würde weit den Rahmen dieses Kapitels sprengen, die zahlreichen Barockschöpfungen hier aufzählen zu wollen, zu denen nicht nur die Kirchenbauten als solche, sondern auch ihre Ausstattungen mit Altären, Heiligenfiguren und anderen Steinmetz- und Holzschnitzarbeiten gehören, die von den bedeutenden Künstlern ihrer Zeit stammen. Sie sind in den einzelnen Ortskapiteln angeführt.

Zu den eigenwilligsten und gleichzeitig auch faszinierendsten Barockschöpfungen zählt der vom Franziskanerbruder Felix Nierinck geschaffene Kalvarienberg von Eisenstadt mit kunstvollen holzgeschnitzten Figuren und Figurengruppen. In diesem Zusammenhang müssen auch die zahlreichen barocken Bildstöcke erwähnt werden, die bereits im 17. Jahrhundert die spätgotischen Lichtsäulen ablösten. Nun wurden überall volkstümliche Tabernakelbildstöcke errichtet, Pestsäulen, Dreifaltigkeitssäulen, Mariensäulen in vielen verschiedenen Formen.

Ein herausragendes Bauwerk des Hochbarock und ein Kleinod der Barockkunst überhaupt ist das Schloß von Halbturn, das Lukas von Hildebrandt baute und Franz Anton Maulpertsch mit einem prächtigen Deckengemälde schmückte. Gleich danach muß Schloß Kittsee genannt werden. Auch die relativ „unbekannten" Gartenschlösser von Nikitsch, Kohfidisch, Nebersdorf, Gattendorf usw. verdienen große Beachtung.

In einigen Kirchen und Schlössern des mittleren Burgenlandes (u. a. in der Schloßkapelle von Nikitsch und im Schloß Nebersdorf) hängen Bilder des berühmten Barockmalers Stefan Dorfmeister (auch Stephan Dorffmeister) und seiner Schüler (zweite Hälfte 18. Jh.), hauptsächlich aber wirkte Dorfmeister in Ödenburg und Eisenstadt. Seine Werke kann man u. a. in der Franziskanerkirche und im Eisenstädter Dom bewundern.

Ein anderer berühmter Maler war der aus Eisenstadt gebürtige Wolfgang Köpp (1738–1807), der u. a. mit seinem Vater, dem fürstlichen Hofmaler Christian Köpp, das Deckenfresko in der Bergkirche von Eisenstadt schuf.

Aus Kaisersteinbruch stammen bedeutende Steinmetzmeister, allen voran Elias Hügel, der u. a. die prachtvollen Steinaltäre der Kaisersteinbrucher Pfarrkirche und die Pfarrkirche von Winden schuf. Einen Höhepunkt erlebte auch die kleinstädtische Architektur mit ihren schönen Barockhäusern des ausklingenden 17. und ganzen 18. Jahrhunderts. Auf sie wird in den folgenden Ortskapiteln, ebenso wie auch auf die dörfliche Architektur, besonders hingewiesen werden.

Mit dem ausklingenden Barock
ist das kulturelle und das Kunstschaffen des Burgenlandes keineswegs erloschen. Ende des 18. und zu Beginn des 19. Jahrhunderts entstanden zahlreiche Bauten und Umbauten im Stil des Klassizismus, wie etwa das Schloß Draskovich (1804) in Güssing oder die Um- und Erweiterungsbauten des Charles von Moreau am Esterházyschloß von Eisenstadt. Es entstanden aber auch kleine klassizistische Bauwerke, wie etwa die Antonikapelle in Stegersbach.

So wird in den folgenden Ortskapiteln auch auf die Baudenkmäler und Kunstwerke des 19. und 20. Jahrhunderts hingewiesen, auf die Bronzeplastiken des Anton Hanak und auf moderne Glasmalereien ebenso wie auch auf Stoober Keramiken und auf Edelserpentinarbeiten aus Bernstein; auf die im modernen Gegenwartsstil erbauten neuen Pfarrkirchen von Stegersbach und Oberwart ebenso wie auf die Schätze des Burgenländischen Landesmuseums in Eisenstadt, auf die charakteristischen dörflichen Bauten genauso wie auf die in regionalen Heimatmuseen bewahrten Gegenstände der bäuerlichen und der Kleinkunst. Den Burgfestspielen von Forchtenstein und den anderen Festspielen wird ebenso Beachtung gezollt wie dem vom Laienkünstler Müller geschaffenen Märchenwald von St. Margarethen, und auch die Musik wird da und dort noch einmal zu Wort kommen.

Wenn es trotzdem noch vieles gibt, das in diesem Werk nicht enthalten ist, obwohl es sicherlich wert gewesen wäre, darin aufgenommen zu werden, so bestätigt das nur die schon eingangs geäußerte Meinung über Reichtum und Vielfalt des burgenländischen Kunstschaffens und Kulturlebens. Einem Nachfolgewerk muß es vorbehalten bleiben, auch dem zeitgenössischen Schaffen jenen breiten Raum zu geben, den es verdient.

Eine kostbare, mit 1730 datierte alte Weinpresse aus dem Winzerhof St. Martinus in Donnerskirchen

Eine rekonstruierte „Alte Stube" im Burgenländischen Landesmuseum von Eisenstadt

Ortsverzeichnis

Hinweis:

Zum leichteren Auffinden des betreffenden Ortes auf der Karte ist vor jeder Ortsbeschreibung der politische Bezirk angegeben, in dem er liegt, und die Entfernung (in km) bis zum Bezirkshauptort bzw. zum nächstgelegenen größeren Ort. Die Einwohnerzahl bezieht sich auf die vom Amt der Burgenländischen Landesregierung veröffentlichten Ergebnisse der Volkszählung vom Jahre 1981.

Manchen Ortschaften, die auch Sehenswertes aufweisen, ist kein eigenes Stichwort gewidmet, wenn sie mit einem anderen Ort in enger kultureller Nachbarschaft stehen (z. B. Tadten siehe unter Andau). Der Leser möge daher stets auch das Ortsregister zu Rate ziehen.

Quellennachweis:

Allgemeine Bibliographie des Burgenlandes, Eisenstadt
Burgenländisches Landesarchiv, Eisenstadt
Dehio, Handbuch Burgenland, 2. Aufl. 1980
Institut für Denkmalpflege und Kunstgeschichte, Wien
Österreichisches Städtebuch, Die Städte des Burgenlandes, 1970
A. Schmeller, Das Burgenland, 1968

Andau

Lage: Politischer Bezirk Neusiedl am See; 25 km südöstlich von Neusiedl im südöstlichsten Teil des Seewinkels an der ungarischen Grenze (kein Grenzübergang) liegendes Angerdorf
Einwohnerzahl: 2 805
Sehenswert: Katholische Pfarrkirche

Der wahrscheinlich im 15. Jahrhundert gegründete und 1529 von den Türken niedergebrannte Ort wurde erst wieder 1546 urkundlich erwähnt. Historische Bedeutung erlangte er beim Ungarnaufstand von 1956, als er zur Auffangstelle für den Flüchtlingsstrom wurde. Die alten Höfe mit charakteristischen Rohrscheunen und die altertümlichen Hausfassaden fielen großteils der „Modernisierung" zum Opfer.

Die katholische Pfarrkirche St. Nikolaus geht auf eine Kapelle von 1747 zurück, die 1829–1831 erweitert, 1931 neuerlich erweitert und dabei auch zur „ersten modernen Kirche des Burgenlandes" umgestaltet wurde. Sie wurde zuletzt 1977–1979 restauriert. Den Umbau und modernen Erweiterungsbau von 1931 leitete Dombaumeister Karl Holey, der den neuen Hallenraum mit seiner Unterkirche schuf. 1951 wurde die Kirche von Ottokar Landwehr ausgemalt: Über die ganze Decke des neuen Kirchenteils bis zum Hochaltar zieht sich ein Riesengemälde vom Jüngsten Gericht. Auf dem Altartisch flankieren zwei bemerkenswerte moderne Engelfiguren von W. Bormann den kleinen Tabernakel und das Kruzifix. Der Fassadenturm wurde der Kirche 1831 angebaut; die beiden schlanken Rundtürme, die die Apsis flankieren, stammen aus dem Jahre 1931. Alle drei Türme werden von einheitlichen Laternen mit flachem Kegeldach bekrönt. Das Kruzifix vor der Kirche stammt aus dem Jahre 1825. Eine Dreifaltigkeitssäule an der Straße nach Tadten wurde 1920 errichtet.

Etwa 3 km westlich von Andau liegt das Angerdorf *Tadten,* dessen katholische Pfarrkirche St. Michael 1804 an der Stelle einer früheren Kirche erbaut und 1954 modern erweitert wurde, wobei aber die schöne, pilastergegliederte barocke Turmfassade erhalten blieb.

Tadten ist auch als Fundgebiet einer Nekropole des 11. Jahrhunderts bekannt. Auf einem kleinen Hügel entdeckte man ein Gräberfeld mit 35 Gräbern (teilweise auch für Pferdebestattung bestimmt), das als Petschenegen-Nekropole angesehen wird (Petschenegen nannte man die Angehörigen eines ursprünglich aus Südrußland stammenden Reitervolkes, die von den ungarischen Königen hier als Grenzwächter angesiedelt wurden). Man machte auch einen Schatzfund von rund zweitausend Silbermünzen, die um 1130 hier in einem Gefäß vergraben worden waren. Auch ein Steinkistengrab aus der Römerzeit (heute Landesmuseum Eisenstadt) wurde hier entdeckt.

Antau

Lage: Politischer Bezirk Mattersburg; 7 km nordöstlich von Mattersburg an der Wulka liegendes Schmalangerdorf, zur Gemeinde Hirm-Antau gehörend
Einwohnerzahl: 686
Sehenswert: Ortsbild

Der urkundlich 1245 erwähnte Ort liegt an der Stelle einer jungsteinzeitlichen Dorfsiedlung, die bereits von einem Wall umgeben war. Bedeutende Funde aus Wohngruben, wie Teile charakteristischer Tonwaren und Steinwerkzeuge, weisen auf die Kultur der Linearbandkeramik (nach 4000 v. Chr.) und auf die etwas jüngere Lengyel-Kultur hin, deren Keramiken bereits verschiedenfarbig bemalt sind.

Im Mittelalter war der Ort im Besitz der Familie „de Zantho", die sich vom bekannten Geschlecht der Osl herleitet. Möglicherweise residierten sie im 13. und 14. Jahrhundert in einer kleinen Burg, von der aber – ebenso wie von einem späteren wahrscheinlichen Adelssitz – nichts mehr erhalten ist.

Zum Teil hat sich Antau noch sein schönes, dörfliches Aussehen bewahrt, wie etwa in der Unteren und Oberen Hauptstraße und bei der Piringer Mühle, einer Gruppe mit Wohnhäusern, Mühlgang und Taubenschlag (19. Jh.), die urkundlich bis in das 16. Jahrhundert zurückgeht. Nahebei steht eine Mariensäule von 1713 mit einer Glokkenmadonna.

Am Hauptplatz befindet sich eine Pestsäule von 1708, am Weg zum Friedhof ein Bildstock mit Heiliger Familie (um 1800), mit einem alten Mühlstein als Bodenplatte des Säulenschafts. Eine Antoniussäule (um 1700; Figur 19. Jh.) steht am westlichen Dorfrand.

Die katholische Pfarrkirche St. Andreas wurde 1809 an der Stelle einer früheren Kirche erbaut, der Turm 1898 errichtet. Von der früheren Kirche sind noch das Mauerwerk des mittelalterlichen Westturms bis zur Dachhöhe sowie das Portal mit Kragbogensturz (15./16. Jh.) erhalten. Die Innenausstattung mit Volksaltar ist großteils erneuert, das ehemalige Altarbild (1902) zeigt den hl. Andreas. Bemerkenswert sind ein großer barocker Kruzifixus aus dem 18. Jahrhundert sowie eine holzgeschnitzte Marienfigur am linken Seitenaltar. Vor der Kirche steht eine Sebastianssäule (Anfang 18. Jh.).

Eine kleine Lourdeskapelle stammt aus dem Jahre 1897.

Nördlich des Ortes liegt eine der hl. Anna geweihte Pestkapelle (erste Hälfte 18. Jh.) mit einer Pestsäule und einer Säule mit schöner Ecce-Homo-Figur.

Apetlon

Lage: Politischer Bezirk Neusiedl am See; 28 km südlich von Neusiedl bzw. 3 km südöstlich von Illmitz in der Kleinen Pußta des Seewinkels liegendes Breitangerdorf nahe an der Langen Lacke und anderen Naturschutzgebieten
Einwohnerzahl: 1 941
Sehenswert: Alte Gassen mit Giebelhäusern und Tschardaken; Pußtalandschaft mit seltener Fauna und Flora

Urkundlich wird das Dorf erst 1318 erstmals erwähnt, doch gab es sicher schon früher eine Ansiedlung, worauf auch ein im Jahre 260 vergrabener römerzeitlicher Münzenschatz, der 1953 nahe an der Langen Lacke ausgegraben wurde, hinweist. Anfang des 15. Jahrhunderts hieß der Ort Apathlan. Er soll damals bei einer Überschwemmung „vom See verschlungen" und später als „Apatlon" neu gegründet worden sein. 1529 und 1683 wurde Apetlon von den Türken verwüstet.

Leider wurden in den letzten Jahren viele charakteristische alte Häuser modernisiert, doch sind in der Wasserzeile, Kirchengasse, Quergasse, Akaziengasse und anderen Gassen immer noch schöne altertümliche Giebelhäuser erhalten. Sehr gut restauriert wurde das Haus am Raiffeisenplatz Nr. 3, mit barockem Volutengiebel und Schilfrohrdach. Eine Besonderheit sind auch die hinter den Höfen liegenden Tschardaken, das sind luftige Bretterverschläge mit bogenförmigen Streben, die zum Speichern von Maiskolben dienen. Bemerkenswert ferner die breitgelagerten Rohrscheunen mit bis zur Erde reichenden Schilfrohrdächern.

An die spätbarocke katholische Pfarrkirche St. Margaretha aus dem 18. Jahrhundert wurde 1974/75 ein moderner Anbau zugefügt. Sie steht an der Stelle einer früheren, schon im 15. Jahrhundert erwähnten Kirche. Die Innenausstattung (1976–1979 restauriert) stammt großteils aus dem Ende des 18. Jahrhunderts, so der Hochaltar mit Altarbild der hl. Margaretha und Seitenfiguren der Heiligen Nikolaus, Wendelin, Magdalena und Katharina, der Seitenaltar (mit Gnadenbild „Schwarze Madonna") und die Kanzel, mit Relief „Petri Fischzug". Die 14 Kreuzwegbilder entstanden in der ersten Hälfte des 19. Jahrhunderts.

Bemerkenswert ist auch die Dreifaltigkeitssäule des Ortes, die 1885 errichtet wurde. Am nördlichen Dorfrand steht eine 1922 erbaute Antoniuskapelle.

Am Feldweg nach Frauenkirchen kann man eine Mariensäule (18. Jh.) mit 1875 erneuerter Statue sowie – auf einer kleinen Anhöhe – die 1976 restaurierte Rosalienkapelle aus dem Jahre 1713 sehen. An der Straße nach Illmitz verdient ein Bildstock mit einer Pietà (sogenanntes „Rotes Kreuz") aus dem 18. Jahrhundert Beachtung.

Er zeichnete im Süden, im sogenannten „Seewinkel“, die sehr merkwürdigen, nach uralter Weise ganz aus Schilf gebauten Scheunen, deren Dächer bis nahe an den Boden heranreichen; viele sind im zweiten Weltkrieg zerstört worden, manche auch danach noch verschwunden, weil man sie durch moderne Bauten ersetzte. Damals aber sah man sie noch verhältnismäßig häufig, nicht nur bei dem Dorfe Apetlon, sondern auch anderwärts in jener Gegend der „langen Lacke“, wo zur Herbstzeit die Wildgänse Rast halten auf ihren Wanderzügen. Hier wandert umgekehrt von Ost nach West allezeit, in allen Zeiten des Jahres, die Steppe herein aus Ungarn, besonders aber im Sommer, wo es über der Ebene so still sein kann, wie sonst nirgends auf der Welt . . . Sie lockt hinaus an den Rand des Himmels und tiefer in die Pußta hinaus. Man ist hier nie ganz und nur dort wo man steht, man ist gezogen, man ist in Ziehung, mit den Fasern des Herzens beginnt es, aber der Leib möchte nachfolgen, und bleibt doch in Ohnmacht mit den kleinen Schritten seiner Beine . . .

Heimito von Doderer

Bad Tatzmannsdorf

Lage: Politischer Bezirk Oberwart; 5 km nördlich von Oberwart liegender Kurort und wichtigstes Heilbad des Burgenlandes im waldreichen Hügelland westlich des Günser Gebirges
Einwohnerzahl: 566 (Gemeindegebiet: 1 095)
Sehenswert: Freilichtmuseum

Der seit der Bronzezeit kontinuierlich besiedelte Ort ist bei Archäologen als reiches Fundgebiet bekannt. Funde von Wassergefäßen, Transportbehältern und Trinkschalen weisen darauf hin, daß auch die Heilquellen schon den Römern bekannt waren. Einer der bemerkenswertesten Funde, ein 87 cm langer, trogartiger Behälter mit einem einfachen Mechanismus zum Fangen von Wildtieren („Tretfalle“), stammt aus der späten Bronzezeit und ist heute im Landesmuseum von Eisenstadt zu sehen.

Urkundlich erwähnt wurde der Ort schon um 1400; das heilkräftige Wasser wurde seit 1620 für Trinkkuren verwendet, nach 1650 auch für Bäder. Von einem im 17. Jahrhundert erbauten Kastell der Familie Batthyány, die sich sehr um den Badebetrieb annahm, ist heute nichts mehr erhalten. Auch von den anderen Bauten der früheren Tatzmannsdorfer Adelsfamilien blieb nichts bestehen.

Noch rechtzeitig vor dem Verfall bewahrt wurde der alte Glockenturm aus Allersgraben, ehe er im Freilichtmuseum von Bad Tatzmannsdorf neu errichtet wurde

Ende des 18. Jahrhunderts gab es schon mehrere Badehäuser, nach 1830 wurde der Ort zum Kurort ausgebaut; in den Kriegshandlungen von 1945 zerstört, erstand er später in altem Glanz. Drei gefaßte Mineralwasserquellen sind die Franzensquelle, die Maxquelle und die Karlquelle; Heilanzeigen vor allem für Herz und Kreislauf, bei Rheuma und bei Frauenleiden.

Der weitestgehend modernisierte Kurort besitzt eine moderne katholische Pfarrkirche, die der Hl. Dreifaltigkeit geweiht ist. Sie enthält eine Immaculata aus dem 19. Jahrhundert, die noch aus der neugotischen Pfarrkirche von 1896 stammt.

Die Kirche wurde in den Jahren 1966–1968 umgebaut, renoviert und bildet die Mitte und den Teil eines 1972 fertiggestellten Pfarrzentrums, das sowohl den religiösen wie auch den kulturellen und gesellschaftlichen Erfordernissen des Kurorts dient.

Die Eingangsfront der Kirche weist eine ganz ungewöhnliche, dreiteilig rasterförmige Gliederung auf; unregelmäßige Buntglasfenster verleihen dem Kirchenraum einen eigenartigen Lichteffekt. Ein hohes, zeltartig geformtes Dach senkt sich in Richtung Altar, der der neuen Liturgie und dem neuen Kirchenverständnis entsprechend frei im Raume steht. Durch die Anordnung der Sitze rund um den Altar wird versucht, Kirche als Gemeinschaft zum Erlebnis werden zu lassen.

Ebenfalls ein moderner Bau ist die evangelische Pfarrkirche A. B. („Friedenskirche“) aus dem Jahre 1968. Sie besitzt einen freistehenden, quadratischen Glockenturm.

Sehenswert ist das 1972 beim Kurpark eröffnete Freilichtmuseum mit bäuerlichen Bauten der traditionellen Holzarchitektur des südlichen Burgenlandes seit dem 18. Jahrhundert. Die Bauten, die an ihrem ursprünglichen Standort zweifellos der Vernichtung anheimgefallen wären, wurden in dem drei Hektar großen Areal sorgfältig wiedererrichtet. Sie sind die letzten Überbleibsel der untergehenden, vorindustriellen Bauernkultur.

Zu sehen sind derzeit die detailgetreue Nachbildung des Laubenhauses aus Oberschützen Nr. 73, in dem die Räumlichkeiten für die Museumsbetreuung und für Veranstaltungen dienen; ferner ein „Notstand“ aus Schönau-Schlaining (hier wurden Ochsen, die als Zugtiere dienten, beschlagen; dazu – aber auch zur Klauenpflege – mußten sie mit der unter dem Schutzdach befindlichen Vorrichtung angehoben werden); daneben eine Schmiede aus Ollersdorf, aus dem späten 19. Jahrhundert; weiters ein Bauernhaus (18./19. Jh.) mit Rauchküche aus Kroatisch Ehrensdorf; daneben ein Schweinestall aus Großmürbisch (Ende 19. Jh.); in der dahinter liegenden Zeile eine Obstdarre aus Langeck (mit eigens konstruierten Unterlagen aus Flechtwerk zum Dörren bzw. Konservieren von Obst durch Feuchtigkeits-

Ein alter Radbrunnen aus Neuhaus am Klausenbach fand im Freilichtmuseum von Bad Tatzmannsdorf eine neue Heimstatt. Er erinnert an die Zeit, da es noch kein Fließwasser gab

entzug), ein Getreidespeicher aus Hattmannsdorf (19. Jh.) und ein Kitting (Speicherbau aus Holz mit Spitztonnengewölbe und aufgesetztem Strohdach, das im Brandfall leicht abgeworfen werden konnte) aus Oberwart aus dem Jahr 1820; dahinter ein Radbrunnen aus Neuhaus am Klausenbach (19. Jh.) und ein Glockenturm aus charakteristischem Holzgestell aus Allersgraben (18. Jh.); dahinter ein Stadel (1829) aus Zuberbach; ein paar Schritte weiter ein Kitting (s. oben) aus Unterschützen aus dem Jahre 1795 und gegenüber davon ein langgestrecktes Bauernhaus (1784) aus Deutsch Schützen mit einem Schweinestall aus Lutzmannsburg; am Ende des Wegs ein Kreuzstadel (großer aus rohbehauenen Stämmen gezimmerter Bau zur Lagerung von Getreide mit vorgezogener Längstenne) aus St. Michael aus dem Jahr 1781; von hier auf dem Weg zum westlichen Ende des Freilichtmuseums passiert man einen aus dem 18. Jahrhundert stammenden Heustadel aus Moschendorf und einen Weinkeller aus Deutsch Schützen aus dem Jahre 1784; den Abschluß bilden schließlich ein Preßhaus

aus Strem (18./19. Jh.), ein weiterer Weinkeller aus Deutsch Schützen (18./19. Jh.) und eine Bienenhütte aus St. Michael. Die 1983 bei einem Brand zerstörten Objekte sollen in Kürze durch andere ersetzt werden.

Zum Gemeindegebiet von Bad Tatzmannsdorf gehört auch das nördlich benachbarte *Jormannsdorf,* das 1388 erstmals urkundlich erwähnt wurde und noch einige schöne alte Bauernhöfe mit Laubenhöfen hat. Bemerkenswert ist das ehemalige Schloß Batthyány (heute Hotel-Restaurant) aus der Zeit um 1624 (im 18. Jh. erneuert), ein einfacher zweigeschossiger Bau mit schönem, rundbogigem Arkadengang im Hof. Im Obergeschoß des nördlichen Flügels liegt zum Hof hin ein offener Gang mit einem kräftigen Gebälkfries darüber.

Die der hl. Anna geweihte kleine Filialkirche des Ortes stammt aus dem 17. Jahrhundert, wurde aber im 18. und 19. Jahrhundert verändert und vergrößert. Gemälde stellen die Geburt Mariens (um 1700), Christus am Ölberg (erste Hälfte 18. Jh.), die Muttergottes mit Kind, die einer Gruppe von Ordensheiligen erscheint (1747) und das Letzte Abendmahl (nazarenisch, 1. Hälfte 19. Jh.) dar. Interessant ist der Wappengrabstein unter der Empore für Balthasar Christof von Samitz (1685).

An der Straßeneinmündung nach Bad Tatzmannsdorf steht ein Bildstock (18. Jh.) mit einer barocken Steinfigur des hl. Antonius von Padua.

Heute ist mir etwas Wunderliches geschehen: ich habe im Gehen geträumt. Ich war früh aufgestanden, hatte Wasser aus dem Sauerbrunn getrunken und ging im Garten spazieren. Da kam ich auf einmal in einen bisher unbetretenen Teil desselben. Er war so schön, die Baumpartien so reizend, daß ich mich nicht genug wundern konnte, ihn früher nie bemerkt zu haben. Nur waren leider keine Bänke da, indes alles mich einlud, mich niederzulassen. Meine Aufgabe war noch, einen Becher Wasser zu trinken, ich kehrte daher um, mit dem festen Vorsatz, den Platz gleich nach dem Trinken wieder aufzusuchen. Es geschah, ich hatte mir den Weg durch eine früher oft betretene kurze Allee von kleinen Bäumen gemerkt, die Gartenpartie war aber nicht mehr aufzufinden, denn – sie hatte nie existiert. Daß nun dieser Traum, – denn für das muß ich ihn halten – im Gehen sich ergab, ist das Wunderliche. Sonst ist mir eine Art Träumen oder Entstehen von willkürlichen Bildern, besonders abends, vom Lesen ermüdet, nichts seltenes; aber im Gehen und mit dieser Wirklichkeit lügenden Stärke ist er mir noch nie vorgekommen.

Franz Grillparzer

Bernstein

Lage: Politischer Bezirk Oberwart; 16 km nördlich von Oberwart im waldreichen Hügelland des Bernsteiner Gebirges liegender Marktort
Einwohnerzahl: 1 157 (Gemeindegebiet: 2 577)
Sehenswert: Burg; katholische Pfarrkirche; Felsenmuseum und Edelserpentinschleiferei

Die erste urkundliche Erwähnung von Bernstein fällt in das Jahr 1249, doch gab es hier schon früher eine Befestigung, aus der dann die Burg hervorging. Bekannt ist Bernstein aber auch wegen seines Edelserpentins. Es ist der einzige Ort in Europa mit Edelserpentinvorkommen. Der in der ganzen Welt als Jade bekannte Halbedelstein wird hier zu Schmuckstücken und Gebrauchsartikeln verarbeitet. Von kultureller Bedeutung sind seine Edelserpentinschleifereien und seine Kurse für künstlerisch Ambitionierte, die hier die Edelserpentinbearbeitung und anderes Kunstgewerbe erlernen können.

Den Serpentin des Bernsteiner Gebirges bauten schon die Menschen der Jungsteinzeit (3000–2000 v. Chr.) ab und gewannen mit ihm ein wichtiges Material zum Anfertigen von Werkzeugen und Waffen (Faustkeile, Hämmer, Äxte usw.), wie sie zahlreich in der Gegend gefunden wurden.

Hoch über dem Ort liegt Burg Bernstein aus dem 13. Jahrhundert. Sie gelangte 1231 in den Besitz des Babenbergerherzogs Friedrich II., wurde wenig später durch den Ungarnkönig Bela IV. zurückerobert, der sie 1260 dem Grafen Heinrich von Güssing schenkte. Damit begründeten die „Güssinger" den Aufstieg ihres Herrschaftshauses. Später ständig in Fehde sowohl mit Österreich wie auch mit Ungarn, wurde Bernstein mehrmals belagert. 1388 gelangte die Burg in den Besitz der Familie Kanizsai, die sie wieder instandsetzten und weiter ausbauen ließen. Nach mehrmaligem Besitzerwechsel und weiterem Ausbau im 15. und 16. Jahrhundert, wobei auch die mächtigen Bastionen nach einem Plan von Francesco de Pozzo entstanden (im 16. Jh. wirkten hier auch Gianmaria de Pozzo und Antonio de Spacio), erlitt die Burg 1617 nach einem Blitzschlag in die Pulverkammer so schwere Schäden, daß ein neuerlicher Wiederaufbau erforderlich war. Die Burg gewann dabei einen eher schloßartigen Charakter. Von den Türken war Burg Bernstein immer vergeblich belagert worden. Sie war eine Fluchtburg für die Bevölkerung der ganzen Umgebung.

Mitte des 17. Jahrhunderts gelangte Bernstein in den Besitz der Adelsfamilie Batthyány, die die Innenburg im 18. Jahrhundert umbauen ließ. Ab 1892 war die Burg im Besitz der Familie Almásy. 1953 wurde sie zum Hotel-Restaurant eingerichtet. Es sind daher während der Saison nicht alle Räume frei zu besichtigen.

Die verwitterten Bastionen der alten Burg Bernstein erinnern an die kriegerische Vergangenheit des Landes

An der Südseite des starken Befestigungsringes mit vorspringenden Bastionen und verbindenden Basteien befindet sich ein Torbau aus dem 16. Jahrhundert, durch dessen Einfahrt man in den parkartigen äußeren Burghof gelangt. Ein Rundgang führt von hier zuerst zur sogenannten „Alchimistenküche" mit Resten einer Messinggießerei, Retorten, Schmelztiegeln und anderen Gegenständen des 17. Jahrhunderts. In der angrenzenden Nordbastei liegt ein 1590 fertiggestellter Brunnen, der ursprünglich 120 Meter, jetzt etwa 65 Meter tief ist. Im ehemaligen Pulverturm an der Nordwestecke sind Teile der alten Rüstkammer aus dem 16. und 17. Jahrhundert zu sehen. Darunter lag einst ein Verlies („Hungerturm").

Durch Tunnel und über Stiegen erreicht man die 36 Meter hohe Aussichtsbastei („Große Bastei") an der Westseite (großartige Fernsicht). Weiter geht es längs der Südmauer zurück zur ersten Toreinfahrt; daneben liegt der Zugang zum Burgverlies (Wachzimmer, Zellen, Folterwerkzeuge).

Durch das zweite, innere Tor erreicht man den von zweigeschossigen Trakten umgebenen Innenhof, von dem aus man durch ein mit Ornamenten reich geschmücktes Renaissanceportal (16. Jh.) in den ehemaligen „Rittersaal" (heute Schloßrestaurant) gelangt. Seine kunstvollen Stuckdekorationen wurden um 1648 im Auftrag von Adam Batthyány nach den Plänen von Filiberto Lucchese ausgeführt. Die Figurenreliefs an der Decke stammen aus der Mitte des 17. Jahrhunderts und stellen Szenen aus der griechischen Mythologie und Metamorphosen des Ovid dar; als Vorlagen dienten Kupferstiche von Antonio Tempesta.

Vom Eingang links fortlaufend: Dädalus und Sturz des Ikarus; Phaeton erbittet von Helios den Sonnenwagen; Phaeton verliert die Herrschaft über den Sonnenwagen; Sturz des Phaeton; Herakles fährt auf dem Sonnenwagen in den Himmel; Proserpina, Göttin der Unterwelt, nimmt Abschied von Ceres; in den ovalen Rahmungen: Merkur mit einer Frauenschar an der Himmelspforte; Minerva (Athene) und die neun Musen.

Bemerkenswert sind auch die vier Reliefs mit Jagdszenen, die sich in den Fensternischen befinden.

In der Toreinfahrt ist der Zugang zur Schloßkapelle, in der vor allem eine Michelangelo nachempfundene Pietà aus dem 18. Jahrhundert Aufmerksamkeit verdient.

In den Innenräumen der Burg (heute Hotel) befinden sich teilweise noch ausgezeichnet erhaltene Kachelöfen aus dem 17. und 18. Jahrhundert; einer von ihnen trägt Porträtreliefs des Kaisers Leopold I. und seiner Familie; an einem Rokoko-Ofen ist die Bekrönung, ein Pelikan als Wappentier der Batthyány, hervorzuheben.

Die Kirchen

Die katholische Kirche unterhalb der Burg ist als Pfarrkirche dem hl. Erzengel Michael geweiht. Sie wurde im 18. Jahrhundert auf den Resten einer mittelalterlichen Kirche erbaut. Von dieser früheren Kirche sind noch zwei spätromanische Fenster an der Südseite erhalten. Das Westportal in der Turmhalle ist spätgotisch. Der Turm selber wurde 1853 erhöht und wird von einem Pyramidendach abgeschlossen.

Bemerkenswert ist der barocke Hochaltar (Nischenaltar) mit einer sehr eindrucksvollen Kreuzigungsgruppe aus der Zeit um 1733. Die Kanzel ist mit den Bildern der Evangelisten geschmückt, auf dem Schalldeckel zeigt eine Figur aus der Zeit um 1750 den Erzengel Michael, der gerade den Teufel ersticht.

In der Sakristei befindet sich eine spitzbogige gotische Sakramentsnische; das Sakramentshäuschen ist mit einem schönen gotischen Schmiedeeisengitter verschlossen.

Die evangelische Pfarrkirche A. B. im Oberdorf wurde 1785–1787 erbaut, 1868 vergrößert und nach einem Brand von 1879 grundlegend restauriert. Zu dieser Zeit entstand auch der neue, von einem hohen Zwiebelhelm bekrönte Turm. Bemerkenswert ist der

„Die Mutterschaft", eine aus Edelserpentin gefertigte Plastik des Bildhauers Otto Potsch, zählt zu den eindrucksvollsten Kunstwerken seiner Art. Man kann sie im „Felsenmuseum" des Künstlers bewundern, in dem auch dessen Gemälde ausgestellt sind

Das Schaubergwerk mit seinen Stollengängen wurde von Otto Potsch in mühevoller Kleinarbeit ausgestaltet und ist mit seinen dort ausgestellten seltenen Mineralien einzigartig im Burgenland

neuromanische Kanzelaltar mit einem Gemälde von 1868, das die Auferstehung Christi darstellt. Auch die wertvolle Böttcher-Orgel aus Magdeburg stammt aus dieser Zeit.

Auf dem Dorfplatz steht noch der achteckige Pfeiler des barocken Prangers.

Museum

Das Edelserpentinmuseum („Felsenmuseum") des berühmten Bildhauers Otto Potsch auf dem Hauptplatz ist wegen seines Schaubergwerks und seiner umfassenden Darstellung der Geschichte des Edelserpentin-Kunsthandwerks von Bernstein besuchenswert. Ein Abgang führt zu über hundert Meter langen unterirdischen Stollengängen. Anhand von naturgetreuen Modellen werden die verschiedenen Abbaumethoden von den ersten Grabungen im Stollen bis zum Tagbau in modernen Steinbruchanlagen dargestellt. (Um einen Kubikmeter Edelserpentin zu erhalten, müssen etwa tausend Kubikmeter gewöhnlichen Serpentins abgebaut werden. Letzterer findet u. a. in der Kunststeinindustrie Verwendung.) Sehenswert ist ferner eine prächtige Bergkristall-Kluft, die vom Hohen Sonnblick sorgfältig abgetragen und hier wieder zusammengebaut wurde. In beleuchteten Felsennischen sind weitere mineralische Raritäten aus Österreichs Bergwelt zu sehen. In einem anderen Raum kann man Meisterwerke aus Edelserpentin und Malereien von Otto Potsch bewundern.

Erwähnenswert ist schließlich auch der knapp hinter dem nördlichen Ortsausgang liegende Grabhügel der norisch-pannonischen Hügelgräberkultur (1./2. Jh. n. Chr.), der als Freilichtanlage jederzeit zugänglich ist. Funde aus den Hügelgräbern befinden sich heute im Landesmuseum von Eisenstadt.

Über die Aussicht von Schloß Bernstein:
Bernstein ist ein Marktflecken und der Hauptort der Herrschaft gleichen Namens, vormals dem Herrn Grafen Theodor, nun Herrn Anton Joseph Bathyány gehörig; er liegt im Eisenburger Comitat, gegen die Grenze von Steiermark und Österreich, auf einem felsigen, ziemlich hohen Berge . . . Das Schloß selbst mit einem Turm und einer Kapelle versehen, zeigt auf allen Seiten die schönste Aussicht, und zwar: gegen Abend bis Kroatien, den hinter Warasdin noch weit entlegenen Berg Ivantinus, den größten Teil von Untersteiermark, insbesondere die Städte Radkersburg und Friedberg, gegen Mitternacht einen großen Teil von Unterösterreich, und gegen Morgen den Lauf des Raabflusses und beinahe die Hälfte von Ungarn.

Vaterländische Blätter für den Österreichischen Kaiserstaat, 1914

Breitenbrunn

Lage: Politischer Bezirk Eisenstadt-Umgebung; 22 km nordöstlich von Eisenstadt bzw. 8 km westlich von Neusiedl am See, zwischen dem Leithagebirge und dem nördlichen Ufer des Neusiedler Sees liegender Marktort
Einwohnerzahl: 1 405
Sehenswert: Ortsbild; Türkenturm mit Turmmuseum; katholische Pfarrkirche

Der urkundlich 1257 erstmals erwähnte Ort liegt auf einem alten Siedlungsgebiet der Jungsteinzeit. Neben Funden aus dieser Epoche wurden auch römerzeitliche Funde gemacht. Aus dem Mittelalter sind nur mehr wenige Spuren erhalten, da Breitenbrunn sowohl von den Türken 1529 und 1683 wie auch Mitte des 18. Jahrhunderts mehrmals durch Großbrände zerstört wurde.

Vereinzelt findet man noch schöne alte Toreinfahrten, Gewölbe, Erker, auch Schwibbögen im Hof, so etwa in der Prangerstraße (Nr. 1, 3, 5, 7), Eisenstädter Straße (Nr. 2, 8, 10), Kirchengasse (Nr. 28, 45) und Joseph-Haydn-Gasse (Nr. 6, 19, 21), hauptsächlich aus dem 18. und dem frühen 19. Jahrhundert. Überdies gibt es noch malerische alte Kellergassen.

Der sogenannte Türkenturm (er diente auch als Pranger) ist ein Rest der alten Ortsbefestigung. Der etwa 22 m hohe, mächtige Wehrturm stammt in seiner heutigen Form wohl aus der zweiten Hälfte des 16. Jahrhunderts; seine Jahreszahl „1688“ deutet wahrscheinlich auf ein Restaurierungsdatum hin. Er besitzt an seiner Außenseite einen laubengedeckten Stiegenaufgang und einen Balkon mit einer steinernen Brüstung (herrlicher Rundblick). Bemerkenswert ist das pyramidenförmige, achtseitige Steindach mit Ecktürmchen und Giebel, unter dem ein stark ausladendes Kranzgesims (darunter Triglyphen) verläuft.

Im Turm ist ein Museum eingerichtet mit vielen Dokumenten und Gegenständen zur Ortsgeschichte und zur Geologie des Leithagebirges (unter besonderer Berücksichtigung der nahe gelegenen Steinbrüche und der Bärenhöhle bei Winden), zur Geschichte des Neusiedler Sees (alte Karten und Pläne) u. v. a. Das Museum ist in der Regel zwischen Ostern und Oktober täglich außer montags von 9–12 und 13–17 Uhr geöffnet.

Nahe beim Türkenturm erhebt sich eine Dreifaltigkeitssäule von 1831 mit Gnadenstuhl auf der Säule und Sockelfiguren der hll. Rochus, Franz Xaver, Antonius und Sebastian. Auf dem Hauptplatz steht eine Immaculatasäule von 1731.

Die der hl. Kunigunde geweihte katholische Pfarrkirche ist ein Barockbau des 17. Jahrhunderts, die auf eine ältere gotische Kirche zurückgeht (sie wurde 1674 abgerissen), die wiederum an der Stelle ei-

Der fast vierhundert Jahre alte Wehrturm ist mit seiner achtseitigen, steinernen Dachpyramide ein Wahrzeichen von Breitenbrunn

ner im Zuge der deutschen Besiedlung des Ortes im 13. Jahrhundert erbauten Kunigundenkapelle stand. Der Kirchturm besitzt noch einen gotischen Kern; sein oberstes Geschoß mit dem Pyramidenhelm wurde erst 1926 aufgesetzt.

Nach schweren Zerstörungen im Türkenjahr 1683 und bei einem Großbrand von 1737 fand 1802 eine umfassende Restaurierung statt (letzte Restaurierung 1974). An der Südmauer der Kirche ist ein Ölbergrelief aus der Zeit um 1500 erhalten. Der klassizistische Hochaltar stammt aus dem Jahre 1802; bemerkenswert ist der freistehende, tempelartige Tabernakel. Das Altarbild an der Apsiswand stellt die Himmelfahrt der hl. Kunigunde dar und stammt aus dem Ende des 17. Jahrhunderts.

Der Erbauer des reichgegliederten linken Seitenaltars (1745) ist der aus Breitenbrunn stammende Georg Wimpassinger, der auch die Kirchen in Bruck und in Neusiedl baute. Hervorragend ist die Nischenfigur des hl. Johannes Nepomuk (darunter Relief mit Brückensturz); seitlich davon Schnitzfiguren der hl. Anna und Johannes d. T. Das Aufsatzbild des hl. Georg wird von anbetenden Engeln flankiert. Der nicht minder schöne rechte Seitenaltar (gestiftet 1748 von Elisabeth Wimpassinger, der Witwe des Baumeisters) zeigt als Nischenfigur die hl. Maria vom Berge Karmel und als Aufsatzbild die hl. Elisabeth; seitlich sind die hl. Theresia und der hl. Bernhard dargestellt.

An der klassizistischen Kanzel von 1802 ist als Wandrelief der hl. Paulus zu sehen. Der Taufstein stammt aus dem 17. Jahrhundert; die Kirchenbänke teilweise noch aus der Mitte des 18. Jahrhunderts.

Der Kirchhof rund um die Kirche war früher ein befestigter Friedhof mit Wehrmauer und starken Bastionen. Heute noch erkennt man in der starken Bruchsteinmauer zahlreiche Schießscharten. An der Südecke befand sich der alte Karner. Das alte Friedhofsportal ist mit der Jahreszahl „1647“ bezeichnet. Der heutige, neue Friedhof befindet sich am Nordausgang von Breitenbrunn.

Neben dem Portal des alten Friedhofs liegt die 1725 erbaute barocke Kreuzkapelle mit einer schönen Muttergottes im Giebelfeld. An den Portalpfeilern wurden Fresken aus der Mitte des 18. Jahrhunderts freigelegt. Eine Lichtsäule neben der Kapelle stammt aus der Zeit um 1500. Ein anderer bemerkenswerter Tabernakelpfeiler (er wurde vom Dorfende hierherversetzt) von 1656 („Fieberkreuz“) steht nördlich vom Friedhof.

Am Beginn der Antonigasse steht ein Bildstock (Ende des 18. Jh.) mit einer Steinfigur des hl. Antonius; am Beginn der Brucker Gasse eine Mariensäule von 1878. Beim Bahnhof steht eine Pestsäule von 1646, mit neuerem Metallkreuz; am östlichen Ortsende eine Ecce-Homo-Säule von 1668.

Bruckneudorf

Lage: Politischer Bezirk Neusiedl am See; 12 km nordwestlich von Neusiedl liegendes Mehrstraßendorf an der Leitha, die hier die Grenze zu Niederösterreich bildet; zu Niederösterreich gehört das angrenzende Bruck an der Leitha
Einwohnerzahl: 1 592 (Gemeindegebiet: 1 854)
Sehenswert: Kirchenruine; archäologische Funde

Der erst im Jahre 1867 zusammen mit einem Truppenlager („Brucker Lager") gegründete Ort war früher ein Ortsteil von Bruck an der Leitha. 1814 trafen sich hier nach dem Sieg über Napoleon die Kaiser von Österreich und Rußland, die Könige von Preußen, Bayern, Dänemark und andere gekrönte Häupter bei einem großen Manöver. 1898 wurde der Ort zur selbständigen Gemeinde Királyhida („Königsbrücke") erhoben. 1915 errichtete man das 22 Meter hohe Kriegerdenkmal. Ein Denkmal für Kaiser Franz Joseph befindet sich auf dem Bahnhofsplatz. Durch Jaroslav Hašek, der einige „Abenteuer des braven Soldaten Schwejk" hier spielen ließ, erlangte das damalige Királyhida auch literarische Bedeutung.

Das ganze Gebiet ist durch seine reichen archäologischen Funde von der Jungsteinzeit über die Bronzezeit, Hallstattzeit und Latènezeit bis zur Römerzeit und das Mittelalter bekannt geworden. Hier befand sich eine ausgedehnte römische Nekropole, und im Osten des Ortes (westlich des Heidehofes) wurde ein aus der Zeit um 100 n. Chr. stammender großer römischer Gutshof, mit Erweiterungen und Mosaikschmuck aus dem Ende des 3. Jahrhunderts, ausgegraben. Der Gutshof hatte etwa dreißig Räume, Wirtschaftsgebäude, Stallungen, Getreidespeicher usw., die von einer Mauer mit monumentalem Torbau umgrenzt waren. Die Bodenmosaiken (größter Fund dieser Art in Österreich) und die Reste von noch erhaltenen Wandmalereien wurden 1975/76 abgenommen, ehe das Gelände wieder planiert wurde. Große Teile davon sind im Landesmuseum von Eisenstadt ausgestellt.

Nördlich des Heidehofes entdeckte man 1956 neben den Grundrißspuren eines mittelalterlichen Dorfes die Fundamente einer Kirche, die in den folgenden Jahren bis zu einer Höhe von etwa einem Meter freigelegt wurden. Bei dem kleinen romanischen Bau mit hufeisenförmiger Apsis handelt es sich wahrscheinlich um die Kirche des im Jahre 1074 urkundlich erwähnten „Chunigesbrunnen" (Königsbrunn), das durch eine Schenkungsurkunde Kaiser Heinrichs IV. an Bischof Ellenhard von Freising gelangte. In der Nähe wurde auch ein Brunnen mit antiker Quellfassung entdeckt. Vor der Kirchenruine befindet sich eine Schautafel mit Plan und Erklärung.

Die geringen Reste, die von der mittelalterlichen Kirchenruine bei Bruckneudorf noch erhalten sind, weisen auf eine romanische Kleinkirche des 11. Jahrhunderts hin

Burg

Lage: Politischer Bezirk Oberwart; 19 km südöstlich von Oberwart bzw. 9 km südöstlich von Großpetersdorf an der Einmündung des Tauchenbachs und des Edelbachs in die Pinka liegendes Haufendorf an der ungarischen Grenze (kein Grenzübergang)
Einwohnerzahl: 303
Sehenswert: Ortsbild; ehemalige Befestigungsanlage

In dem zwischen dem Königsberg (350 m), Eisenberg (415 m) und Schandorfer Wald (327 m) in einer Schlinge der Pinka liegenden Ort weisen Funde aus der Jungsteinzeit, der Hallstattzeit, der Römerzeit und der Karolingerzeit auf eine kontinuierliche Besiedlung hin. Dank seiner Lage bildet der Ort eine natürliche Festung, die etwa seit dem Jahre 1000 durch Aushebung von Gräben, Aufschütten von Erdwällen und schließlich auch durch Errichten von Wehrmauern und Türmen zu den bemerkenswertesten Festungsanlagen in Österreich und zu einer der größten Erdburganlagen überhaupt geworden war.

Im Mittelalter entstand hier eine vierteilige Burg (castrum Ovar), die im Jahre 1244 – mit Erwähnung einer noch älteren Burg – erstmals urkundlich genannt wurde. Ein mächtiger, etwa 560 m langer Hauptwall wurde offenbar noch in der ersten Hälfte des 13. Jahrhunderts mit einer fast fünf Meter dicken Mauer bewehrt. Ein anderer Wall mit Graben trennte diese „Vorburg“ (an der Stelle des heutigen Haufendorfes) von einer weiteren Festungsanlage (heutiger Burghügel mit der Kirche), die schon mit Türmen bewehrt war. Ein kreisförmiger Turm, der an erhöhter Stelle im Zentrum des sogenannten „Rückzugswerks“ (direkt in der Pinkaschleife) stand, dürfte der Namensgeber der 1244 als „Ovar“ (Altenburg) genannten Festung gewesen sein. Auf dem jenseitigen Pinkaufer lag ein mit Gräben und Wällen befestigter Brückenkopf.

Vom 13. bis 15. Jahrhundert spielte die „Burg“ eine wichtige Rolle in der Güssinger Fehde und in den Kriegen zwischen Österreich und Ungarn. Die Burg wechselte oft ihren Besitzer; sie gehörte den Güssinger Grafen, Herzog Albrecht I. von Österreich, Johann Hunyady, Andreas Baumkircher von Schlaining und anderen Adelsgeschlechtern. Mit der Verlagerung des ungarischen Grenzschutzsystems und der Verlegung der einstigen mittelalterlichen Handelswege verlor die Burg ihre Bedeutung und begann Anfang des 16. Jahrhunderts zu verfallen. Sie wurde später für den Bau des Dorfes als Steinbruch verwendet. Heute weisen nur mehr Gräben und Erdwälle im Gelände, hie und da auch spärliche Mauerreste, auf die einstige Bedeutung dieser hochmittelalterlichen Festungsanlage hin.

Das Dorf Burg besitzt noch ein großteils unberührtes Ortsbild mit alten Streckhöfen, zum Teil mit Laubengängen und einfachen Fassadendekorationen.

Auf dem Burghügel steht die im Kern noch mittelalterliche Filialkirche St. Andreas, mit gotischem Chor. Das Langhaus wurde 1834 erneuert, zur gleichen Zeit auch der mit einem Spitzhelm bedeckte Turm neu erbaut. Die Einrichtung ist neugotisch und stammt aus der Zeit um 1900. Die Wandmalereien von 1953 stellen Szenen aus dem Leben Jesu dar.

Deutsch Kaltenbrunn

Lage: Politischer Bezirk Jennersdorf; 22 km nördlich von Jennersdorf bzw. 8 km nördlich von Fürstenfeld nahe an der steirischen Grenze in der Lafnitzniederung liegender Marktort
Einwohnerzahl: 1 317 (Gemeindegebiet: 1 965)
Sehenswert: Kirchen

Der urkundlich bereits 1281 erwähnte Ort besitzt eine dem hl. Nikolaus geweihte neuromanische Pfarrkirche aus der Zeit um 1900, die auf den Resten einer früheren Kirche aus dem 16. Jahrhundert erbaut wurde. Die kleine Saalkirche besitzt einen neuromanischen Hochaltar, der von den Barockstatuen zweier heiliger Bischöfe flankiert wird. Bemerkenswert ist die barocke Statuengruppe (erste Hälfte 18. Jh.) am rechten Seitenaltar, die unter einem Baldachin eine Pietà mit dem hl. Johannes und der hl. Magdalena zeigt. Den linken Seitenaltar schmückt ein großes Marienbild mit Darstellung der fünfzehn Schmerzen (1881). Der einfache Taufstein stammt noch aus spätgotischer Zeit.

Die evangelische Pfarrkirche A. B. aus dem Jahre 1861 besitzt historisierende Fassadendekorationen in spätromanischen und frühgotischen Formen. Ihr Innenraum ist mit Jugendstil-Ornamentik ausgemalt.

Außerdem gibt es im Ort noch eine kleine, 1868 erbaute Kapelle mit moderner Ecce-Homo-Figur.

Etwa 5 km weiter nördlich liegt das noch zum Gemeindegebiet von Deutsch Kaltenbrunn gehörende *Rohrbrunn* mit Filialkirche hl. Franz Xaver (1896); sie enthält einen neubarocken Hochaltar mit den Figuren der heiligen Ungarnkönige Stephan und Ladislaus.

Zwischen Deutsch Kaltenbrunn und Rohrbrunn liegt ein derzeit verfallenes, zweigeschossiges Herrenhaus aus dem 18. Jahrhundert in der Lafnitzau. Es handelt sich dabei um ein ehemaliges Batthyány-Schloß an der Stelle einer früheren Wasserburg.

Rund 5 km südlich von Deutsch Kaltenbrunn liegt am östlichen Lafnitzufer an der steirischen Grenze das Schmalangerdorf *Rudersdorf,* das urkundlich im Jahre 1427 erwähnt wurde und als Zoll- und Mautstelle Bedeutung hatte. Es gibt hier noch schöne alte Häuser aus dem 19. Jahrhundert, zum Teil mit Hoflauben, teils auch mit Fassadendekorationen. Das ehemalige Batthyány-Schloß mit Meierhof (1750), das 1890 mit zwei Ecktürmen versehen wurde, ist 1920 eine Textilfabrik geworden. Die katholische Pfarrkirche St. Florian (1862) ist ein einfacher Saalbau mit neuromanischer Einrichtung aus dem Ende des 19. Jahrhunderts. Die Antoniussäule am westlichen Ortsrand stammt aus dem 18. Jahrhundert.

Deutschkreutz

Lage: Politischer Bezirk Oberpullendorf; 20 km nordöstlich von Oberpullendorf bzw. 6 km östlich von Horitschon liegender Marktort in der Ebene zwischen Ödenburger Gebirge und dem hügeligen Kreutzer Wald. Der vom Goldbach durchflossene Ort liegt nur knapp 3 km von der ungarischen Grenze entfernt (kein Grenzübergang)
Einwohnerzahl: 3 562
Sehenswert: Schloß; katholische Pfarrkirche

Der Fund einer Kreuzfußschüssel aus der späten Jungsteinzeit (Laibach-Vucedol-Kultur) sowie Grabfunde aus der bronzezeitlichen Wieselburger Kultur und aus der Hallstattzeit weisen auf die archäologische Bedeutung des Ortes hin. Sehr dicht war auch die römerzeitliche Besiedlung; auf einem Teichacker wurde eine Villa rustica mit Mosaikfußböden in sechs Zimmern aufgedeckt. Unter den Fundstükken (heute im Landesmuseum Eisenstadt) befand sich auch ein kleiner Bronzekopf eines jugendlichen Fauns.

Als „Bogyoszlo" wurde der Ort schon 1245 urkundlich erwähnt. Im 14. Jahrhundert taucht erstmals der Name „Kreuz" (auch „Keresztur") auf. Als wirtschaftlicher Mittelpunkt der Gegend war Deutschkreutz schon im Mittelalter ein bedeutender Marktflecken. Wahrscheinlich gab es damals schon eine kleine Ritterburg hier, aus der dann ein größerer Burgbau entstand, der 1492 erstmals genannt wird. Auf den Resten dieser Burg entstand unter dem Palatin Thomas Nádasdy um das Jahr 1560 – wahrscheinlich durch oberitalienische Baumeister – ein Wohnschloß im Renaissancestil, das aber 1621 zerstört wurde.

Ein neuer Schloßbau wurde 1625 unter Paul Nádasdy errichtet. Wappen dieser Adelsfamilie sind heute noch links über dem Eingangsportal und an der Westseite des Arkadenhofes zu sehen. 1676 gelangte das Schloß in den Besitz der Esterházy, als deren Gast Kaiser Leopold I. anläßlich eines Festes des Ödenburger Reichstages im Jahre 1681 hier weilte.

Das Schloß zeigt sich als eine für das Grenzland typische Verschmelzung von Herrensitz, Kastell und Wirtschaftshof. Mit seinen vier bastionsartigen Türmen und dem schönen, doppelstöckigen Renaissance-Arkadenhof (die Rundbögen unten auf Freipfeilern und oben auf schlanken toskanischen Säulen) zählt es zu den bemerkenswertesten Bauten des mittleren Burgenlands.

Während der ungarischen Aufstände gegen die Habsburger hat es als Befestigung vor den Toren der wichtigen Grenzstadt Ödenburg immer eine bedeutende Rolle gespielt. Unter den Nádasdy war es aber auch ein kulturelles Zentrum. Hier wurden in der Druckerei des

Manlius-Nachfolgers Farkas geistliche Texte und Bücher gedruckt. Auch eine große Judengemeinde wurde unter den Nádasdy im Ort angesiedelt, doch ist vom ehemaligen Ghetto heute nichts mehr erhalten.

Man betritt das Schloß durch ein rustikales Portal (darüber Wappen der Fürsten Esterházy) mit rundbogiger Durchfahrt, die man früher nur über eine Zugbrücke erreichen konnte. Von dem breiten Fries, der einst um das Gebäude verlief und u. a. den Raub Ganymeds und die Flucht des Äneas mit Anchises darstellte, sind nur mehr geringe Teile erhalten, so vor allem am Südostturm und am Westtrakt.

Im Nordostturm liegt die Kapelle mit schönem Deckenstuck und spitzbogigen Maßwerkfenstern aus dem 17. Jahrhundert. Auch in den einzelnen Räumen ist teilweise noch bemerkenswerter Stuckdekor erhalten. Zahlreiche Details wurden von Anton Lehmden, einem prominenten Maler, der das Schloß 1966 erwarb, erneuert bzw. restauriert. Der Große Saal mit Tonnengewölbe und Deckenspiegel dient heute auch für Gemäldeausstellungen.

Eine weitere Sehenswürdigkeit von Deutschkreutz ist die barocke katholische Pfarrkirche zur Kreuzerhöhung aus dem 18. Jahrhundert, die 1928 durch zwei Schiffe erweitert wurde und eine neuerliche Erweiterung beim Umbau von 1973–1974 erfuhr. Sie steht an der Stelle einer urkundlich bereits 1419 genannten Kirche und besitzt einen prächtigen Hochaltar mit spätbarockem Aufbau, Kreuzigungsfiguren, und zwei knienden Engeln, die den Tabernakel bewachen. Seitlich davon aus dem Ende des 18. Jahrhunderts zwei Figurengruppen aus Stuck: links Opferung Isaaks, rechts Aufrichtung der ehernen Schlange. Ein Glasfenster im Chor zeigt eine Malerei von Anton Lehmden (1975); vom gleichen Künstler stammt auch das Mosaik an dem 1973 errichteten Anbau an der Nordseite.

Vor der Kirche steht eine qualitätvolle Dreifaltigkeitssäule (Pestsäule) aus der ersten Hälfte des 18. Jahrhunderts, mit den Figuren der Muttergottes, des hl. Rochus und des hl. Sebastian; Sockelreliefs zeigen die hl. Rosalia und den hl. Antonius. Eindrucksvoll ist auch die Ecce-Homo-Säule von 1657 beim Bahnhof, auf deren Säule „Christus im Mantel“ dargestellt ist. Am Gasthof Huszar ist eine Pietà von 1734 eingelassen, der Pfeiler mit Relief der Marterwerkzeuge. Im Ort und in der Umgebung gibt es noch zahlreiche weitere Bildstöcke aus dem 18. Jahrhundert, auch eine Johannes-Nepomuk-Kapelle (1805) mit Schnitzfigur des Heiligen.

Aus der zweiten Hälfte des 19. Jahrhunderts sind noch einige schöne Giebelhäuser in der Hauptstraße, Burgenlandstraße, Langegasse, Quergasse und Neubaugasse erhalten, doch macht das ehemalige Breitangerdorf mit seiner dichten Verbauung heute eher einen kleinstädtischen Eindruck. Dörflichen Charakter besitzt es nur mehr in seinem nördlichen Teil. Im Ortsgebiet entspringt ein bekannter alkalischer Säuerling, die Rudolfsquelle, deren Heilwirkung bei vielen Leiden erwiesen ist.

Erwähnenswert wäre noch, daß Deutschkreutz der Geburtsort von Ludwig von Doczy ist, der u. a. Goethes „Faust“ ins Ungarische und Madachs „Tragödie des Menschen“ ins Deutsche übersetzte. Auch ist Deutschkreutz die Heimat der Eltern des Komponisten Karl Goldmark (1830–1914), der hier seine Jugend (bis zum 14. Lebensjahr) verbrachte. Eine Gedenktafel erinnert an ihn.

An unser Haus in Deutschkreutz grenzen Baumgärten. Dahinter dehnen sich weite Äcker und an diese anschließend ein Haselnußwäldchen. Das war mein liebster Aufenthalt. Eines schönen, sonnigen Tages ging ich dahin, legte mich auf den Rücken ins Gras, starrte in den blauen Himmel und ließ mir die warme Sonne ins Gesicht scheinen. Es war Sonntagvormittag. Feierliche Stille umgab mich, nur Bienen und Käfer summten, hoch in den Lüften jubilierten die Lerchen süße Weisen. Da, mit einem Male, erklangen sanfte Kirchenglocken aus weiter Ferne, und als diese schwiegen, erbrauste die Orgel mit Macht. Sie wurde sanft und vier Stimmen mit ihr vereint sangen in Dreiklängen die heilige Messe. Ein Strom von Wohllaut, von weichen Harmonien überflutete mich. Diese durch Entfernung idealisierten, immateriellen, weithin schwebenden süßen Klänge, wie tief senkten sie sich in das der Musik entgegenblühende Kinderherz! Ich hatte so etwas nie gehört, denn die Kirche, von der wir entfernt wohnten, durften wir nie betreten. Zum ersten Male hörte und empfand ich die erschütternde Macht der Harmonie, der Musik überhaupt. In meiner Unwissenheit konnte ich mir nicht Rechenschaft geben über das, was ich hörte – aber ich hatte Tränen in den Augen und noch heute erschauere ich, gedenke ich dieses ersten, so mächtigen musikalischen Eindrucks. In diesem Augenblick hatte ich mein Geschick, meine Zukunft entschieden, war mein Lebenslauf bestimmt – ich war Musiker und – sonderbar genug – durch die katholische Kirche.

Karl Goldmark

Deutsch Schützen

Lage: Politischer Bezirk Oberwart; 28 km südöstlich von Oberwart in der Pinkaebene an der ungarischen Grenze (kein Grenzübergang) liegendes Schmalangerdorf, das zusammen mit dem Nachbardorf Eisenberg und anderen kleinen Dörfern die Gemeinde Deutsch Schützen-Eisenberg bildet
Einwohnerzahl: 557 (Eisenberg: 411)
Sehenswert: Kirchen

Der ursprüngliche Ort (als „Perwolff" 1221 urkundlich erwähnt) lag bis zu seiner Zerstörung im Jahre 1274 westlich des heutigen und nahm dann erst – nach den ungarischen Bogenschützen, die hier als Grenzwächter angesiedelt wurden – den Namen „Zu den Schützen" an. Die ursprüngliche, romanisch-gotische Pfarrkirche St. Martin (13./14. Jh.), die knapp einen Kilometer westlich des heutigen Ortes stand, wurde nach Fertigstellung der neuen katholischen Pfarrkirche (1938) im Ort dem Verfall preisgegeben. Erhalten blieb nur das ehemalige Sanktuarium, das nun restauriert ist und wie eine Kapelle im freien Feld steht.

Bei Grabungen wurden die Fundamente der ursprünglichen romanischen Kirche und Reste eines römerzeitlichen Friedhofs freigelegt.

Die neue Pfarrkirche Maria Namen wurde 1933–1938 in romanischen Formen erbaut und besitzt einen schönen, neugotischen Altar. In neugotischem Stil wurde 1903 auch die kleine Lourdeskapelle errichtet.

Das nordwestlich, am Fuß des gleichnamigen Weinberges liegende Nachbardorf *Eisenberg an der Pinka* (bis 1924 trug es den Namen Schauka) wurde urkundlich schon im Jahre 1157 erwähnt und ist seit dem Mittelalter wegen seines Weinbaus am Eisenberg bekannt. Von einem Weinberg des Ortes stammt auch der berühmte Münzschatz (zwei Gefäße mit rund 5 000 Münzen zumeist österreichischer Herkunft) aus der Zeit der Schlacht bei Mohács (1526), der 1927 ausgegraben wurde und heute im Landesmuseum von Eisenstadt zu sehen ist.

Auf einer Anhöhe steht die um 1750 erbaute und 1936 erweiterte kleine Filialkirche St. Jakobus d. Ä. Sie besitzt einen schönen Barockaltar mit Ölgemälde des hl. Jakobus d. Ä. (1750), flankiert von den Schnitzfiguren des hl. Franz Xaver und des hl. Donatus. Über dem Altarbild ist das Batthyány-Wappen angebracht.

Donnerskirchen

Lage: Politischer Bezirk Eisenstadt-Umgebung; 12 km nordöstlich von Eisenstadt am Osthang des Leithagebirges liegender Marktort
Einwohnerzahl: 1 581
Sehenswert: Kirchen und Bildstöcke; Winzerhof

Urkundlich wurde der Ort erstmals 1285 erwähnt, doch befand sich schon zur Römerzeit eine Siedlung hier. Die aufgefundenen Teile einer Altarplatte aus dem 4. Jh. n. Chr. stammen wohl aus einer der ersten frühchristlichen Kirchen Österreichs. Weiters fand man hier Siedlungsreste aus der Hallstattzeit und – auf dem Schönleitenberg – fünf Hügelgräber. Eine prächtige Stierkopfurne aus einem dieser Gräber wird heute im Landesmuseum von Eisenstadt aufbewahrt.

Von einem mittelalterlichen Rittersitz (nach 1300) ist nichts mehr erhalten geblieben. An seiner Stelle entstand Anfang des 17. Jahrhunderts ein vierflügeliges Schloß mit Torturm und zweigeschossigen Laubengängen, das 1653 in den Besitz der Esterházy gelangte. Heute beherbergt das 1971–1975 restaurierte ehemalige Schloß die hiesige Winzergenossenschaft. In diesem Winzerhof ist noch der Unterbau des einstigen Schloßturms mit Arkaden und rustiziertem Portal erhalten. Im Einfahrtsgewölbe ist eine alte Weinpresse aus dem Jahr 1730 zu sehen. In den Wirtschaftsgebäuden findet man mächtige Renaissance- und Barockgewölbe.

Die ehemalige Marktbefestigung des 17. Jahrhunderts ist bis auf einige geringfügige Mauerreste an der Nord- und Südseite des Ortes verschwunden. Hingegen finden sich in der Hauptstraße und in der Johannesgasse noch da und dort alte, gewölbte Einfahrten, rustizierte Portale, Konsolerker an den Fassaden.

Außerdem gibt es auch schöne Bildstöcke aus dem 17. und 18. Jahrhundert. Die Dreifaltigkeitssäule mit Gnadenstuhl und Sockelfiguren der hll. Franz Xaver und Sebastian stammt aus dem Ende des 17. Jahrhunderts. Auf dem Weg zum Bad steht noch eine andere Dreifaltigkeitssäule aus dem Jahr 1701; eine dritte aus dem Jahre 1786 steht an der Neusiedler Straße.

Schließlich soll auch die Steinstatue des hl. Johannes Nepomuk aus dem 18. Jahrhundert erwähnt werden, die sich am Hause Johannesgasse 49 in der Ortsmitte befindet. Dort steht auch die zu Ehren dieses Heiligen 1781 erbaute Filialkirche mit 1960 angebauter Sakristei. Die Innenausstattung der kleinen Kirche stammt – mit Ausnahme des Mariä-Himmelfahrt-Gemäldes (Anfang 17. Jh.) und der Schnitzfiguren des hl. Johannes Nepomuk (Ende 18. Jh.) und der Pietà (erste Hälfte 18. Jh.) unter der Empore – aus dem 19. Jahrhundert. Der aus dem Augustinerkloster Bruck an der Leitha hierher überführte und

Der Innenhof der heutigen Winzergenossenschaft St. Martinus in Donnerskirchen mit seiner kunstvollen Stiegenlaube geht auf einen alten Schloßhof der Esterházy zurück

bei der Aufstellung und Restauration veränderte Hochaltar zeigt zwischen den Seitenfiguren der heiligen Ungarnkönige Stephan und Ladislaus das Altarbild des Almosen spendenden hl. Johannes Nepomuk. Die seitlichen Außenfiguren stellen den hl. Augustinus und die hl. Monika dar. Die Sakristei enthält zwei alte Grabsteine aus der Mitte des 17. Jahrhunderts.

Auf einer beherrschenden Anhöhe erhebt sich die barocke katholische Pfarrkirche St. Martin (1676) an der Stelle einer älteren Kirche. Umgeben wird sie von einer alten Wehrmauer mit Schießscharten.

Der vorgebaute, viergeschossige Kirchturm wird von einem Zwiebelhelm bekrönt. Über dem Turmportal befindet sich die Nischenfigur des hl. Martin. Die Wandmalereien im Kirchenschiff stammen aus dem Ende des 19. Jahrhunderts, der Hochaltar mit Opfergangsportalen, die Seitenaltäre und die Kanzel aus der zweiten Hälfte des 18. Jahrhunderts.

Die Seitenfiguren vor dem Hochaltarbild (Himmelfahrt des hl. Martin) stellen Petrus und Paulus dar, jene des linken Seitenaltars (Altarbild Marienkrönung) den hl. Sebastian und hl. Rochus. Der rechte Seitenaltar zeigt eine schöne Kreuzigungsgruppe mit der hl. Maria Magdalena, dem hl. Antonius und der hl. Theresa sowie ein Rokoko-

Retabel mit Ölbild des hl. Andreas. Die barocken Schnitzfiguren an den Apsispilastern stellen den hl. Joachim und die hl. Anna dar.

In der Umgebung des Ortes stehen noch mehrere Kapellen und Bildstöcke, hauptsächlich aus dem 18. und 19. Jahrhundert. Aus dem Jahre 1693 stammt die kleine, am Hang des Leithagebirges liegende Achatiuskapelle mit einer Lichtsäule von 1667. Aus dem Jahre 1662 stammt der (1975 restaurierte) Tabernakelpfeiler („Lacknerkreuz") im Wald des Leithagebirges, aus dem Jahre 1744 das „Heinzenkreuz" am Waldweg nach Au. Beachtung verdient auch der Pranger von 1666, der 1960 restauriert wurde.

Draßburg-Baumgarten

Lage: Politischer Bezirk Mattersburg; 9 km östlich von Mattersburg nahe an der ungarischen Grenze liegende Gemeinde, die aus Draßburg (Haufendorf im südwestlichen, Breitangerdorf im östlichen Teil) und dem im Osten angrenzenden Schmalangerdorf Baumgarten besteht
Einwohnerzahl: 2 042 (Draßburg: 1 165, Baumgarten: 877)
Sehenswert in Draßburg: Schloß; katholische Pfarrkirche; in Baumgarten: „Ödes Kloster" mit Wallfahrtskirche

Bei archäologischen Grabungen am „Taborac" von Draßburg (oberhalb der Kirche) stieß man auf die Reste einer bedeutenden steinzeitlichen Siedlung (linearbandkeramische Kultur) aus dem 4. Jahrtausend v. Chr. mit Wohngruben. Bedeutendster Fund ist die sogenannte „Venus von Draßburg", eine Reliefplastik auf einem Gefäßbruchstück (Kultgefäß), die als zweitälteste weibliche Darstellung in Österreich (nach der „Venus von Willendorf") gilt. Zweifellos sollte sie eine Erd-Fruchtbarkeitsgottheit darstellen. Außerdem wurden 18 steinzeitliche Schädelbecher für Kultzwecke aufgefunden.

Später hat an dieser Stelle ein – wahrscheinlich spätrömerzeitlicher – Ringwall (4. oder 5. Jh.) bestanden, der in der Türkenzeit um das Doppelte erhöht und zu einer Fluchtburg ausgebaut worden ist.

Eine zweite Ausgrabungsstätte unterhalb des heutigen „Schwarzen Kreuzes" (Bildstock von 1898) förderte Gegenstände aus einer jungsteinzeitlichen Siedlung der sogenannten Badener Kultur zutage.

Schließlich hinterließ auch die Bronzezeit ihre Spuren; Grabungsfunde stammen aus dem Jahre 1932.

Das erstmals 1327 urkundlich erwähnte Draßburg war wahrscheinlich schon Anfang des 15. Jahrhunderts ein Rittersitz mit einem Edelhof, der auch später mehrmals erwähnt wird, von dem aber nichts mehr erhalten ist. An seiner Stelle ließ Franz Nádasdy im 17. Jahrhundert ein „Castrum“ erbauen, das später zu einem Schloß umgebaut und in der zweiten Hälfte des 18. Jahrhunderts barock umgestaltet wurde. Die Fassade wurde im 19. Jahrhundert erneuert.

Bemerkenswert sind die schönen Hofarkaden und der alte, turmartige Bau, der in seinem Kern noch in das Mittelalter zurückreichen dürfte. Sehr schön ist die terrassenförmige französische Gartenanlage mit den Statuen von Apollo, Diana, Athene und den neun Musen (Mitte 18. Jh.); einige von ihnen schuf J. C. Schletterer (1758).

Das Schloß ist seit 1870 im Besitz der Familie Patzenhofer, die auch den „Klosterkeller Siegendorf“ unterhält und von dessen Weingütern einige der besten Weine Mitteleuropas stammen. Da das Schloß als Hotel geführt wird, ist es nicht frei zur Besichtigung zugänglich.

Die erhöht stehende Pfarrkirche hl. Anna aus dem Jahre 1851 steht an der Stelle einer früheren Kirche des 14./15. Jahrhunderts, von der noch der gotische Unterbau des Turms, mittelalterliches Mauerwerk im Langhaus sowie ein 1970 freigelegtes gotisches Portal (15. Jh.) erhalten sind; von einem Kirchenumbau Anfang des 18. Jahrhunderts stammen das barocke Südportal, die Strebepfeiler und andere Bauteile.

Im Chorjoch sind noch Reste von Wandfresken aus der Zeit um 1500, am Triumphbogen Teile dekorativer Wandmalereien aus der ersten Hälfte des 16. Jahrhunderts erhalten.

Aus dem letzten Viertel des 18. Jahrhunderts stammen der Hochaltar (mit Stuckfiguren von Petrus und Paulus zu beiden Seiten des Altarbildes „Heilige Anna“), die Seitenaltäre (am rechten eine Marienstatue aus der Zeit um 1700) und die Kanzel (mit Reliefdarstellungen „Guter Hirte“ und „Bergpredigt“).

An der die Kirche umgebenden ehemaligen Wehrmauer (1934 restauriert) liegen noch Teile barocker Grabsteine aus dem 17. Jahrhundert.

Auf dem Hauptplatz verdient eine kleine Kapelle (1858) mit Bildstock des hl. Johannes Nepomuk (18. Jh.) Beachtung. Eine Florianisäule stammt aus dem Jahre 1785, eine Mariensäule aus dem Ende des 17. Jahrhunderts.

An der Wiener-Neustädter-Straße steht ein mittelalterliches Sühnekreuz, in dessen Schaft eine Dolchklinge eingeritzt ist. An der nördlichen Ausfahrtstraße steht eine Antoniusfigur auf einem Obelisken mit Alliancewappen (um 1785), an der Straße nach Süden eine kleine barocke Marienkapelle mit Muttergottesbild und Figuren des hl. Joachim und der hl. Anna (um 1730).

Das Nachbardorf *Baumgarten* besaß auch eine mittelalterliche Burg, die bis in das 13. Jahrhundert zurückverfolgt werden kann, mehrmals ihren Besitzer wechselte und im 15. Jahrhundert zerstört wurde. Reste der ehemaligen Befestigungsanlage sind noch im Bereiche der heutigen Pfarrkirche (ringförmiger Ortsteil, ehemalige Wehrmauer mit Schießscharten) erkennbar. Von einem Edelhof des 16. Jahrhunderts, der sich im Bereich der Burganlage befand, ist nichts mehr erhalten.

Die barocke, dem hl. Petrus und Paulus geweihte Pfarrkirche aus dem 18. Jahrhundert besitzt eine schöne Inneneinrichtung aus der gleichen Zeit. Den Hochaltar (Altarbild Petrus und Paulus) schmükken die barocken Holzfiguren des hl. Stephan und der hl. Barbara, darüber der hll. Florian und Rochus. Der rechte Seitenaltar trägt eine hölzerne Nachbildung der Mariazeller Muttergottes. Kunsthistorisch wenig bemerkenswert, dafür aber in ihrer Aussage sehr interessant sind die 14 auf Holz gemalten bäuerlichen Kreuzwegstationen aus der Zeit um 1800.

Der Bildstock mit der Hl. Familie vor der Kirche stammt aus dem 18. Jahrhundert, die Kriegergedächtniskapelle daneben wurde 1951 erbaut. Eine kleine neugotische Kapelle (1872) liegt an der Ödenburger Straße.

Der Pfarrhof wurde 1877 errichtet, über seinem Eingang ist ein Steinkreuz aus dem Jahre 1657 angebracht. Vor dem Pfarrhof steht ein Bildstock mit dem hl. Johannes Nepomuk (erste Hälfte 18. Jh.). Die Mariensäule am östlichen Ortsende stammt aus dem 17. Jahrhundert, ihre Statue aus der zweiten Hälfte des 19. Jahrhunderts.

Westlich des Ortes befindet sich ein Paulinerkloster des 15. Jahrhunderts mit einer Wallfahrtskirche. Es fiel 1493 einem Waldbrand zum Opfer, wurde Mitte des 18. Jahrhunderts wieder instand gesetzt und verfiel nach seiner Auflösung im Jahre 1782 zum „Öden Kloster". Die Anlage wurde 1925 restauriert und besteht aus den beiden Kirchen (gotische Kapelle und ursprünglich spätgotische, später barockisierte Wallfahrtskirche) mit dazwischen liegendem ehemaligen Klostergebäude mit Zellen im Obergeschoß. Das Refektorium wurde bei der Erweiterung im 18. Jahrhundert in das Schiff der kleinen Kapelle hineingebaut, dabei auch das gotische Kreuzrippengewölbe in Gips weitergeführt. Die kleine Kapelle ist heute als Lourdeskapelle ausgestattet.

Die kreuzrippengewölbte, spätgotische Wallfahrtskirche zum Heiligen Kreuz (15. Jh.) besitzt noch spitzbogige Maßwerkfenster, aber eine barocke Einrichtung. Der bemerkenswerte Hochaltar aus bemaltem Stuck (Kreuzigungsgruppe vor Jerusalem-Relief; Tabernakel mit Vitrinenfigur Mariazeller Gnadenbild), der Antoniusaltar (Mittelnische mit Reliquienschrein) und die 14 Kreuzwegbilder stammen aus der zweiten Hälfte des 18., die Kanzel mit bemalten Blumenfeldern aus dem Anfang des 19. Jahrhunderts.

Bemerkenswert sind auch die drei Nischenfiguren der Giebelfront des volutengeschmückten Eingangsvorbaus, die König Salomon und Zolrarde darstellen (Seitenfiguren von Bruder Romuald Laschak), weiters als Mittelfigur den hl. Antonius Eremita (1762), den möglicherweise Nikolaus Minich schuf. Er soll auch – zusammen mit Romuald Laschak – den Hochaltar geschaffen haben.

Draßmarkt

Lage: Politischer Bezirk Oberpullendorf; 12 km westlich von Oberpullendorf liegender Markt und Schmalangerdorf
Einwohnerzahl: 1 001 (Gemeindegebiet: 1 552)
Sehenswert: Ortsbild mit Kirchhügel

Der urkundlich 1263 und in der „Güssinger Fehde" als Traizzendorf erwähnte und 1289 bereits befestigte Ort war 1425 als Mautstelle der Burg Landsee bekannt, erhielt 1614 das Marktrecht und besaß wahrscheinlich auch eine mittelalterliche Wehrkirche, von der aber nichts mehr erhalten ist. Im 16./17. Jahrhundert gab es auch zwei Edelhöfe, die aber aufgelöst wurden und deren Standort nicht mehr feststellbar ist.

Erhalten blieben aber noch mehrere unterirdische Fluchtgänge aus der Türkenzeit, die teils unterhalb des Kirchhügels, teils unter den Hauskellern verlaufen und mit Koch- und Wasserstellen ausgestattet waren.

Die heutige katholische Pfarrkirche St. Andreas stammt aus dem 16. Jahrhundert, wurde barock verändert, 1899 erweitert und zuletzt 1977 restauriert. Ungewöhnlich sind ihre schmalen Langhausfenster, zwei mit barocken Engelköpfchen im Scheitel. Schön und harmonisch ist der dreigeschossige Turm (Anfang 19. Jh.) mit steinernem Spitzhelm.

Von der (großteils modernen) Inneneinrichtung sind die Barockfiguren des neuromanischen Seitenaltars erwähnenswert, eine vom hl. Nikolaus von Bari und vom hl. Ambrosius flankierte Immaculata. Den Kanzelkorb aus dem 19. Jahrhundert schmücken ältere Evangelistenfiguren.

Auf dem Kirchhügel liegen auch die Heiligkreuzkapelle von 1759 (mit bemerkenswerter Kreuzigungsgruppe), die Lourdeskapelle von

1896, der Bildstock mit hl. Antonius (1813) und der historische Pranger des 17. Jahrhunderts.

Eine kleine Johannes-Nepomuk-Kapelle aus dem 18. Jahrhundert liegt nahe beim Pfarrhof, eine zweite, moderne, am Dorfbach. Nördlich des Ortes steht eine kleine Mariahilfkapelle von 1875, am südwestlichen Dorfrand eine Dreifaltigkeitssäule von 1902.

Eberau

Lage: Politischer Bezirk Güssing; 21 km nordöstlich von Güssing an der Pinka und ganz nahe an der ungarischen Grenze (kein Grenzübergang) liegender Marktort mit kleinstädtischem Gepräge
Einwohnerzahl: 378 (Gemeindegebiet: 1 605)
Sehenswert: Ortsbild; Schloß; katholische Pfarrkirche

Der Ort wurde urkundlich erstmals 1221 als Monyorókerek genannt, doch gab es zu dieser Zeit eine bereits wesentlich ältere Burg mit einer Umwallung. Aus der Römerzeit stammen Funde von Grabsteinen, Statuetten und Münzen.

Im 14. Jahrhundert wurde der ganze Ort umwallt. Diese Ortsbefestigung bestand stellenweise aus drei Gräben, zwei eigentlichen Wällen und mehreren Vorwerken und war obendrein durch Holzpalisaden geschützt, was darauf schließen läßt, daß Eberau eine nicht einzunehmende Festung war. Auch ließen die verschiedenen Arme der Pinka und des Rodlingbaches sowie die sumpfige Umgebung, die nur auf einem einzigen Wege zu durchqueren war, eine Belagerung des befestigten Ortes kaum zu. Es gibt auch keinen Hinweis auf eine Eroberung. Während der Türkenkriege und im Bocskay-Aufstand war Eberau eine Zufluchtsstätte für die Bewohner der ganzen Umgebung.

Die Umwallung von Eberau (stellenweise durch Neubauten unterbrochen) wird heute als das einzige in Österreich teilweise noch gut erkennbare Zwischenglied zwischen einer durch künstliche Aufschüttung entstandenen Erdbefestigung und einer von einer richtigen Mauer umgebenen Stadt angesehen.

Wichtigster Teil der Stadtbefestigung war die Wasserburg, die bereits im 14. Jahrhundert nachweisbar ist (1369 als „castrum“ erwähnt), jedoch auf eine wesentlich ältere Burganlage zurückgeht. Auch sie war von einem doppelten Graben umschlossen. An der Stelle dieser alten Burg, von der nur mehr vereinzelt Bauteile und Reste von Wehrmauern erhalten sind, steht heute ein im 17. Jahrhundert verändertes Schloß, dessen ursprünglichen Hofarkaden vermauert sind. Zu den wichtigsten Schloßherren zählten die Zrinyi und die Erdödy.

Eine Brücke führt über einen ehemaligen Wassergraben zum Nordosttrakt mit dem Torbau. Das Eingangsportal liegt zwischen rustizierten Pilastern, im Giebel weist eine Inschrift mit der Jahreszahl 1772 auf das Datum einer Restaurierung hin. An der Südostseite sind noch die Fundamente der 1911 abgetragenen gotischen Burgkapelle zu erkennen. Im anschließenden Schloßtrakt ist noch ein gotisches Tor zu sehen, das zur ehemaligen Kapellenempore führte. Von der ursprünglichen Innenausstattung des Schlosses existieren noch Öfen aus dem 17. und 18. Jahrhundert.

Kulturhistorische Bedeutung errang Eberau unter den Zrinyi im 16. Jahrhundert, da von 1587–1591 der berühmte Buchdrucker Manlius seine Druckerei im Schloß aufgeschlagen hatte; die protestantische Bewegung, die unter den Zrinyi die ganze Gegend erfaßt hatte, wurde nach 1613 von den katholischen Erdödy niedergeschlagen.

Am Südende des Hauptplatzes liegt die – zuletzt 1977 restaurierte – katholische Pfarrkirche St. Joseph, die noch einen schönen, netzrippengewölbten Chor (15. Jh.) aus spätgotischer Zeit besitzt; das Langhaus der Kirche und ihr mächtiger Fassadenturm wurden allerdings Mitte des 18. Jahrhunderts erneuert.

Unter der Barockausstattung der Kirche ragt der Hochaltar (18. Jh.) mit seinem prächtigen Säulenaufbau heraus; das Altarbild der Hl. Familie stammt aus dem Jahre 1742, die seitlichen Schnitzfiguren stellen die Heiligen Petrus und Paul sowie Barbara und Anna dar; außerdem ist ein großes Erdödy-Wappen angebracht. Die beiden Seitenaltäre stammen – wie auch die Kanzel und die schöne Schnitzfigur der Immaculata am Triumphbogen – aus der Mitte des 18. Jahrhunderts.

Am Hauptplatz befinden sich auch die barocke Dreifaltigkeitssäule (18. Jh.) und der achteckige Pranger aus dem 17. Jahrhundert. Am Ostrand des Ortes verdient ein Bildstock mit schöner, frühbarokker Marienfigur (1774) auf hohem Sockel Beachtung.

Etwa 2 km weiter nördlich befindet sich das zur Gemeinde Eberau gehörende Dorf *Unterbildein*, dessen sehenswerte, dem hl. Veit geweihte katholische Pfarrkirche um 1500 erbaut wurde. Aus dieser Zeit ist noch der mit einem feinen Netzrippengewölbe versehene spätgotische Chor erhalten, während das barocke Langhaus und der Fassadenturm 1745 erneuert wurden. Die barocke Innenausstattung stammt aus der Mitte des 18. Jahrhunderts.

Am barocken Hochaltar mit hohem Säulenaufbau flankieren die Figuren der hll. Petrus und Paulus das Altarbild, das das Martyrium des hl. Veit zeigt. Die Konsolfiguren an der Wand stellen den hl. Joseph und den hl. Johannes Nepomuk dar. Bemerkenswert ist auch der linke

Seitenaltar mit hohem Säulenaufbau und Bild des hl. Dominik und der Muttergottes, flankiert von den Schnitzfiguren des hl. Joachim und der hl. Anna. Die holzgeschnitzte Muttergottes am linken Triumphbogenpfeiler stammt aus dem Ende des 17. Jahrhunderts.

Bemerkenswert sind auch die Mariensäule (um 1700) auf dem Dorfplatz und die Dreifaltigkeitssäule (1735) im Friedhof.

Etwa 6 km nordwestlich von Eberau liegt am Südufer des Rodlingbachs das im 16. Jahrhundert mit Kroaten besiedelte Waldhufendorf *St. Kathrein* mit einer in erhöhter Lage stehenden kleinen Magdalenenkapelle aus dem 17. Jahrhundert, die über einer „wundertätigen Quelle“ erbaut worden war. Die katholische Pfarrkirche St. Katharina stammt aus dem 18. Jahrhundert und wurde 1950 erweitert. Von einer früheren Kirche sind noch die Fundamente des gotischen Chors erhalten. Die Einrichtung ist neugotisch; bemerkenswert ist das Schutzengelbild (nach einer Skizze von Michelangelo Unterberger) aus der Mitte des 18. Jahrhunderts.

Eisenstadt

Lage: Im nördlichen Teil des Burgenlandes, am Südrand des westlichen Leithagebirges liegende Landeshauptstadt des Burgenlandes, rund 41 km südlich der Stadtgrenze Wiens
Einwohnerzahl: 7 791 (Gemeindegebiet: 10 150)
Sehenswert: Stadtbild; Reste der Stadtbefestigung; Schloß Esterházy und Nebengebäude, Schloßpark; Dom; Franziskanerkirche; Haydn-Haus und -Museum; Bergkirche und Kalvarienberg; Kirche der Barmherzigen Brüder; Museen, vor allem das Landesmuseum
Kulturelle Ereignisse: Ganzjährig Ausstellungen verschiedener Art; kulturelle Darbietungen und Kammerkonzerte (Quartettabende) im Schloß Esterházy; internationale Seminare u. v. a.

Kurzer historischer Abriß

Das heutige Gebiet von Eisenstadt war bereits in der Vorgeschichte besiedelt. Östlich der Stadt lag eine jungsteinzeitliche Siedlung. Auf dem nördlich ansteigenden Burgstallberg gab es eine Siedlung der frühen Bronzezeit und auch eine bedeutende Siedlung der Hallstattzeit; im Frühmittelalter eine Hausberganlage. Aus dem Stadtgebiet stammen Funde aus der mittleren und späteren Bronzezeit (Urnenfelderkultur).

Im Osten der Stadt wurde auch eine römerzeitliche Siedlung entdeckt mit Resten von Hausfundamenten und Altären; bedeutende

Funde schließen Skulpturen, Keramiken, Bronzen, Münzen u. dgl. ein. Die Goten hinterließen Anfang des 5. Jahrhunderts ein Gräberfeld.

Die erste urkundliche Erwähnung der Stadt (als minor Martin) stammt aus dem Jahre 1264, doch gab es möglicherweise schon eine frühmittelalterliche Burg hier, worauf das 1118 erwähnte „castrum quod ferreum vocatur" hinweisen könnte. Mit Bestimmtheit gab es im Jahre 1394 hier eine Burg der Familie Kanizsai, in der auch König Sigismund zu Gast war.

Ein erstes Marktrecht datiert aus dem Jahre 1388, zu welcher Zeit der Ort eine wirtschaftliche Blüte erlebte. In der Folgezeit war er ständig Zankapfel zwischen Österreich und Ungarn, wurde erobert und rückerobert; die Stadt wechselte recht oft ihren Besitzer, bis sie unter Kaiser Maximilian I. zu einem „zu Österreich gehörenden" habsburgischen Besitz innerhalb der Landesgrenzen Ungarns wurde.

Mehrmals an Adelige verpfändet, ging die „Herrschaft" Eisenstadt (zu der große Teile des nördlichen Burgenlandes gehörten) ohne die eigentliche Stadt 1649 endgültig in das Eigentum der Familie Esterházy über, während die Stadt selber zur königlichen Freistadt erhoben wurde. Innerhalb der Stadtmauern entstanden dabei zwei getrennte politische Einheiten: die „Freistadt" einerseits (als Enklave innerhalb der Esterházy-Besitzungen) und die Esterházysche Burg mit dem herrschaftlichen Schloßgrund andrerseits. Das 1671 erneuerte Ghetto wird später als Unterberg auch eine selbständige jüdische Gemeinde.

Die Stadtbefestigung, die in ihrem Kern bis in das 14. Jahrhundert zurückreicht und Burg und Pfarrkirche in das Wehrsystem einbezog, wurde später mehrmals verstärkt. 1683 huldigte Eisenstadt dem (mit den Türken verbündeten) ungarischen Grafen Tököly und bleibt daher von den Türken verschont. Die Kuruzzen richten allerdings 1704 und 1707 schwere Verwüstungen an, im 18. und 19. Jahrhundert wüten große Stadtbrände.

Unter den Esterházy war Eisenstadt vor allem im 18. und 19. Jahrhundert ein kulturelles Zentrum, dessen Ausstrahlung weit über die Grenzen des Landes hinausreichte. Die Bautätigkeit, die Musik, das Theater und die Kunst wurden unter den Esterházy gefördert, unter ihrer Patronanz konnten sich Haydn und Hummel voll entfalten, eine eigene fürstliche Druckerei diente dem Hoftheater, im Schloß versammelten sich bedeutende Künstler zu regem Schaffen, berühmte Baumeister, Steinmetze und Maler führten die Barockkunst zu einer neuen Blüte.

Im 18. Jahrhundert begann Eisenstadt auch seinen wehrhaften Charakter zu verlieren; Stadttore und Wehrmauern wurden abgebrochen. Gut erhaltene Reste der Stadtumwallung sind heute noch südlich des Doms (fünfeckige Bastion) und der Pfarrgasse sowie nördlich

Ein prächtiger alter Brunnen mit achteckiger Buckelschale schmückt eine Ecke des Platzes vor dem Schloß der Esterházy in Eisenstadt

der Joseph-Haydn-Gasse – etwa vom Schloß bis zum 1974 restaurierten Pulverturm von 1534 – zu sehen. Dieser nördliche Teil der ehemaligen Stadtmauer begrenzt den Schloßpark im Süden.

1921 fiel Eisenstadt wieder an Österreich zurück, seit 1925 ist es die Landeshauptstadt des Burgenlandes, seit 1960 Bischofsitz.

Die Familie Esterházy von Galantha, obgleich nach Name und Stamm magyarisch, fand Ausgang und Schwerpunkt ihrer Macht und ihres Besitzes ... auf überwiegend deutsch-ungarischem Grenzboden. Der eigentliche Gründer der Größe des Hauses, Nikolaus Esterházy (1582–1645) hatte seinen Lieblingssitz bereits in Großhöflein bei Eisenstadt, und seine Nachfolger wählten Eisenstadt zu ihrer bevorzugten Residenz, obgleich sich ihre Güter nachgerade über fast ganz Ungarn ausbreiteten ... Zwei Häupter des Hauses sind es, welche als Staatsmänner im 17. Jahrhundert hervorragten und dem Hause eine bestimmte historische Signatur gaben: eben jener Nikolaus und dessen Sohn Paul (1445–1721). Beide suchten fortwährend zu vermitteln zwischen den Interessen Ungarns und der habsburgischen Dynastie und leisteten dadurch dem österreichischen Kaiserhause die wesentlichsten Dienste in den verworrenen ungarischen Händeln zu jener Zeit. Diese große Rolle der beiden Esterházys spielt von den Tagen der Erwählung des nachmaligen Kaisers Ferdinand II. zum Könige von Ungarn (1618) bis zur Erringung des Erbrechtes der ungarischen Königswürde für das Haus Habsburg (1687). Nikolaus hat am 1. Juli (1618) dem Könige Ferdinand das Banner im Krönungszuge vorangetragen und Paul Esterházy hat am 9. Dezember 1687 dem ersten erblichen Könige von Ungarn die Krone aufs Haupt gesetzt. Noch auf seinem Todesbette schrieb jener Nikolaus: „Ein Tollhäusler ist, wer da glaubet, daß ein für sich bestehendes Fürstentum Ungarn diese Nation und das Vaterland zu erhalten imstande sei." Die dauernde Verbindung Ungarns mit dem deutschen Herrscherhause, das Gravitieren des Magyarenlandes nach Wien hinüber bezeichnet jene Periode, in welcher die Esterházys reich und mächtig wurden.

Wilhelm Heinrich Riehl, 1868

Schloß Esterházy

Das fürstlich Esterházysche Schloß entstand in der zweiten Hälfte des 17. Jahrhunderts am westlichen Ende der damaligen Stadt als mächtiger Barockbau an der Stelle einer spätmittelalterlichen Burganlage, die Ende des 14. Jahrhunderts unter der Familie Kanizsai erbaut worden war. Diese spätgotische Burg aus vier mit Ecktürmen bewehrten Trakten rund um einen rechteckigen Hof wurde nach Plänen von Carlo Martino Carlone umgebaut bzw. mit Barockfassaden ummantelt. Die Ausführung leiteten Antonio Carlone und Sebastiano Bartoletti. An die Stelle der gotischen Ecktürme traten Türme mit doppelten Zwiebelhelmen, um die Türme und längs der Dachfirste wurden Umgänge mit Steinbalustraden angelegt, über denen sich in der Mitte eines jeden Traktes kleine Pavillons mit Zwiebelhelmen erheben. Die Barockfassaden zeigen den Stil der oberitalienischen „Comasken". Bemerkenswert sind die Steinbüsten zwischen dem mittleren und dem Obergeschoß, die in der Mitte Nikolaus und Paul Esterházy, seitlich davon 16 namentlich angeführte Heerführer zeigen; sie stammen von Hans Matthias Mayr (1667–1669).

Den neuerlichen Schloßumbau von 1805 leitete Karl v. Moreau, der der Fassade die von toskanischen Säulen getragenen Altane vorsetzte und die Gartenfront mit einem mächtigen Säulenportikus versah. Auch wurden die Zwiebelhelme der Ecktürme durch flache Zeltdächer ersetzt.

Durch eine gewölbte Einfahrt (bemerkenswertes Vestibül und Stiegenhäuser) gelangt man in den viereckigen Schloßhof, in dem sich links der Zugang zur Schloßkapelle befindet. Sie entstand 1664 und wurde 1762 umgestaltet; ihre flache Altarwand (Altargemälde Maria mit Kind und Engeln, 1825) mit Stuccolustroverkleidung wird vom Esterházyschen Allianzwappen gekrönt. Die Seitenaltarbilder über den Mensen stellen (links) die hl. Anna mit Maria und (rechts) den hl. Antonius dar. Alle drei Altarbilder malte E. Engerth. In einem reich verzierten Glasschrein wird eine Reliquie des hl. Konstantin aufbewahrt. Kanzel und Orgel stammen aus dem beginnenden 19., der Taufstein und die bemerkenswerte Rokokoampel aus der zweiten Hälfte des 18. Jahrhunderts. In der Kapelle wurden die meisten Messen Joseph Haydns erstaufgeführt.

Der rechte Stiegenaufgang führt in den prächtigen Festsaal, der über zwei Stockwerke reicht und als Wirkungsstätte Haydns die gebräuchliche Bezeichnung „Haydnsaal" erhielt. Das Deckengemälde des italienischen Barockmalers Carpoforo Tencala (1671) stellt Szenen aus der griechischen Mythologie, die Vermählung von Eros und Psyche vor den olympischen Göttern, dar; rundherum zieht ein Bilderkranz mit mythologischen Szenen und Wappenbilder der Esterházy. Weitere Wandmalereien brachte 1794 der fürstliche Hofmaler Friedrich Rohde an. Der Saal, in dem Haydn zahlreiche seiner Werke dirigierte, dient auch heute als Konzertsaal.

Von den anderen Prunksälen des Schlosses sind vor allem der Wildschweinsaal (mit Sitzfigur der Fürstin Leopoldine Esterházy von Antonio Canova), das Haydnzimmer (mit Oratorienfenstern zur Kapelle), das Rosa, Blaue und Rote Zimmer (bemerkenswerte Seidentapeten), die beiden Chinesischen Salons (mit chinesischen Papiertapeten und Groteskschnitzereien), das Spiegelzimmer, die Barockgalerie (prächtige Deckengemälde) und der Empiresaal (auch „Pompejanischer Saal“ wegen seiner Wandmalereien in antiker Art).

Im Osttrakt befindet sich der Zugang zu den modern adaptierten Räumen der Burgenländischen Landesgalerie, in der auch Kunstausstellungen stattfinden. Sie ist ganzjährig (außer montags) geöffnet, an

Joseph Haydn (1732–1809) lernte schon früh fast alle Saiten- und Blasinstrumente spielen, mit 20 Jahren komponierte er bereits Klaviersonaten, Trios, Serenaden, die Oper „Der krumme Teufel“. Als Komponist von Streichquartetten wurde er weltberühmt.
Mit 27 Jahren erhielt Haydn eine Anstellung als Musikdirektor beim Grafen Morzin, ein Jahr später wurde er Hofkapellmeister des Fürsten Esterházy und bekleidete dieses Amt dreißig Jahre lang. Er wirkte hauptsächlich in Eisenstadt, wo er auch seine meisten Kompositionen schrieb. Nach dem Tode des Fürsten (1794) ging er nach London, wo er schon zwei Konzertsaisonen verbracht hatte und neben Streichquartetten und Klaviertrios seine „Londoner Symphonien“ schrieb. In Wien entstanden als weitere Krönung seines Lebenswerkes 1798 „Die Schöpfung“ und „Die Jahreszeiten“ (1801). Das Werk Joseph Haydns umfaßt nach einem 1805 von ihm selber aufgesetzten Verzeichnis 118 Symphonien, 83 Quartette, 24 Trios, 19 Opern, 5 Oratorien, 164 Kompositionen für das Baryton (eine Art Viola da Gamba), 24 Konzerte, 15 Messen und 10 andere Kirchenstücke, 44 Klaviersonaten, 42 Lieder, 39 Kanons und zahlreiche andere Instrumentalstücke.
Im Jahre 1804 übernahm der 1778 in Preßburg geborene Johann Nepomuk Hummel von Joseph Haydn die Leitung der Hofkapelle der Esterházy in Eisenstadt. Als Klaviervirtuose bereiste Hummel auch Deutschland und England. Von seinen Kompositionen sind hauptsächlich seine Klavierstücke bekannt.
Ein Patenkind Joseph Haydns war Joseph Weigl (geboren 1766 in Eisenstadt), dessen Ruhm zwar heute verblaßt ist, der aber als „Kompositeur“ zahlreicher Opern, Singspiele, Kantaten, Lieder und Oratorien zu seiner Zeit Triumphe feierte. Originell ist die Tatsache, daß Weigl aus einem Klavierspiel-Wettbewerb mit Beethoven als Sieger hervorging.
Als Haydn im Alter von 77 Jahren in Wien starb, gab es beim Leichenbegängnis keine Prozession; kein einziger Kapellmeister Wiens begleitete seinen Sarg. Erst 1820 bzw. 1954 fanden Haydns sterbliche Überreste in der Bergkirche von Eisenstadt ihre endgültige Ruhestatt.

Die Joseph-Haydn-Gasse zählt zu den schönsten Straßenzügen Eisenstadts. Das zweite, eher unscheinbare Haus neben dem Gebäude mit der kunstvollen Rokokofassade war Joseph Haydns Wohnhaus

Sonn- und Feiertagen nur nachmittags. Die Prunkräume des Schlosses („Haydnsaal") können ebenfalls ganzjährig, jedoch nur mit Führung besichtigt werden.

Dem Schloß gegenüber liegen die ehemaligen Stallungen, Wagenremisen, Reitschule und Hauptwachgebäude aus dem Jahr 1793, heute zum Teil als Weinhalle adaptiert.

Hinter dem Schloß erstreckt sich der weiträumige Schloßpark, der 1754 als französischer Garten gestaltet, nach dem klassizistischen Schloßumbau jedoch als englischer Garten neu angelegt wurde. Hier liegen der kleine runde Leopoldinentempel von 1819, in dem sich früher die Statue der Fürstin Leopoldine von A. Canova (heute im Schloß) befand, die langgestreckte Orangerie mit Mittelpavillon (heute Ausstellungshalle), ein Obelisk (1805) und das sogenannte Dampfmaschinenhaus (heute Kassenhaus des neuen Schwimmbads), das – zur Bewässerung der Treibhäuser – 1803 eine der ersten Dampfmaschinen der Welt enthielt; diese von David Watson angefertigte und von London hierher gebrachte Dampfmaschine ist heute im Technischen Museum von Wien zu sehen.

Westlich des Schloßparks führt die Gloriette-Allee zur klassizistischen, 1806 von Moreau erbauten Gloriette, einem ehemaligen Jagdschlößchen.

Altstadt

Vom Schloß verläuft die Joseph-Haydn-Gasse parallel zur alten Stadtmauer in östlicher Richtung zum Franziskanerkloster. Mit ihren alten Häusern aus dem 17. bis 19. Jahrhundert, oft mit schönen Barockfassaden, Portalbögen mit Wappen oder Nischenfiguren, zählt sie zu den charakteristischsten Gassen der Stadt. Bemerkenswert sind vor allem die Häuser Nr. 1 (fürstliches Verwaltungsgebäude von 1792), Nr. 3 (Rundbogenportal mit Esterházy-Wappen), Nr. 5 (Esterházy-Wappen über der Einfahrt), Nr. 17 (prächtige Rokokofassade mit Reliefdarstellungen der „Lebensalter" oder „vier Jahreszeiten": Frau mit Rosen als „Frühling", Mann mit Garbe als „Sommer", Frau mit Trauben als „Herbst", alter Mann als „Winter"; schöne Hofarkaden), Nr. 21 (Haydns Wohnhaus), Nr. 22 (Hoftor mit Rundgiebel; Gnadenstuhl und Steinfiguren hl. Andreas und hl. Florian), Nr. 23 (barockes Rundbogenportal), Nr. 24 (Rokokohaus; Fenster und Portal rocaillengerahmt), Nr. 25 (Konsolerker), Nr. 27 (Madonnenrelief), Nr. 29 (über Tor und Fenstern Kopfmedaillons).

Das in der ersten Hälfte des 18. Jahrhunderts erbaute Haus, in dem Joseph Haydn 1766 bis 1788 wohnte (Gedenktafeln in ungarischer und deutscher Sprache), ist heute als Haydn-Museum eingerichtet und enthält zahlreiche Erinnerungsstücke an den Komponisten, wie Streichinstrumente, ein Hammerklavier, Autographen, Porträtstiche, Erstdrucke usw. Außerdem gibt es Erinnerungsstücke an Franz Liszt und an die weltberühmte Tänzerin Fanny Elßler (ihr Großvater war ein bekannter Eisenstädter Musiker, ihr Vater ein Kammerdiener und Reisebegleiter Joseph Haydns), die im künstlerischen Leben Eisenstadts, wo sie oft auftrat, eine Rolle spielte.

> *Gott der Allmächtige (welchen ich alleinig so unermessene Gnade zu danken), gab mir besonders in der Musik so viel Leichtigkeit indem ich schon in meinem 6. Jahr ganz dreist einige Messen auf dem Chor herabsang, auch etwas auf dem Clavier und Violin spielte . . . Da ich endlich meine Stimme verlohr, mußte ich mich in unterrichtung der Jugend ganzer acht Jahr kummerhaft herumschleppen (durch dieses Elende Brod, gehen viele Genie zu Grunde, da ihnen die Zeit zum Studiren mangelt, die Erfahrung traffe mich leider selbst, ich würde wenig nie erworben haben, wann ich meinen Compositions Eyfer nicht in der Nacht fortgesetzt hätte . . .) Endlich wurde ich durch Recomendation . . . bei Herrn Grafen von Morzin als Direkteur, von da aus als Capellmeister bei Sr. Durchl. dem Fürsten Esterházy an und aufgenommen, allwo ich zu leben und zu sterben mir wünsche.*
>
> Joseph Haydn, 1776

Die Joseph-Haydn-Gasse führt weiter zur Franziskanerkirche, vor der ein schöner Brunnen mit einer Marienfigur (17./18. Jh.) auf einem Pfeiler steht. An der Kirche selber verdient ein Bildstock mit sitzendem Schmerzensmann (Mitte 17. Jh., später mehrmals renoviert) Beachtung.

Die Franziskanerkirche wurde 1629 an der Stelle einer früheren gotischen Kirche des 15. Jahrhunderts unter Verwendung alter Bauteile (Strebepfeiler) errichtet, 1777 wurde ihr Turm erneuert. Das angrenzende, von Nikolaus Esterházy 1625 neu gegründete und nach Brand von 1768 wiederhergestellte Franziskanerkloster liegt an der Stelle eines bereits 1414 gegründeten und wahrscheinlich 1529 zerstörten Minoritenklosters.

Der prächtig ausgestattete Innenraum der Franziskanerkirche wird von seinen reichstuckierten Altären aus der Zeit um 1630 beherrscht. Die Schnitzfiguren des Hochaltars stellen die hll. Markus und Matthäus dar, die den hl. Michael flankieren. Am Aufsatz zeigt ein Relief die Stigmatisation des hl. Franziskus, Seitenfiguren sind der hl. Lukas und der hl. Johannes. Die Seitenaltäre an den Triumphbogenpfeilern zeigen als Flachreliefs die Auferstehung Christi (links) und die Himmelfahrt Mariens (rechts).

Auf dem Altar in der Seitenkapelle der Südwand (mit Esterházy-Wappen) befindet sich ein bemerkenswertes Marienbild (Nachbildung der Schwarzen Madonna von Czenstochau) in einem Rokokorahmen. Von Stuckornamenten umgeben sind die seitlichen Ölbilder des hl. Antonius und der hl. Maria mit Kind und hl. Dorothea.

Die Rokokokanzel stammt aus der Mitte des 18. Jahrhunderts und wird von der Schnitzfigur des hl. Michael gekrönt. Bemerkenswert sind ferner das Gestühl auf dem Musikchor (um 1630) und die Beichtkapelle hinter dem Hochaltar mit Rokokoaltar (18. Jh.) und kunstvollem Beichtstuhl des 17. Jahrhunderts; von den Ölgemälden stammen jenes des Franziskanerheiligen Petrus von Alcantara (1770) und wahrscheinlich auch jenes mit der Abendmahlgruppe von Stephan Dorfmeister.

Im angrenzenden Klostergebäude wurden 1978 die toskanischen Säulen des Kreuzganges wieder freigelegt. Im Osttrakt eingebaut ist die (1857 erweiterte) Esterházy-Gruft, eine neugotische, dreischiffige Pfeilerhalle mit Gräbern der Familie Esterházy. Besonders bemerkenswert sind die Marmorfiguren des Paul Esterházy und seiner Frau Ursula (Anfang 18. Jh.), die wahrscheinlich Paul Strudel schuf, und die 1727 errichtete, reliefgeschmückte Rotmarmortumba für die Fürsten Paul und Josef Esterházy.

Parallel zur Joseph-Haydn-Gasse verläuft weiter südlich die Hauptstraße, die sich in ihrem östlichen Teil platzartig erweitert. Dort liegen der Florianibrunnen (1624) mit Heiligenfigur aus dem beginnenden 19. Jahrhundert und die großartige, 1713 gestiftete und zuletzt 1978 restaurierte Pestsäule mit Marienkrönung und Figurengruppen von Heiligen und Engeln rund um den Säulensockel; die Reliefs auf dem Unterbau zeigen die Heiligen Karl Borromäus, Antonius und Kajetan.

Die Häuser, die die Hauptstraße links und rechts säumen, stammen großteils noch aus dem 16. bis 18. Jahrhundert, haben allerdings vielfach modernisierte Fassaden. Es gibt kaum ein Haus, das nicht ein bemerkenswertes Detail hätte, wie etwa ein prächtiges Barockportal und Einfahrtsgewölbe, einen Konsolerker, reiche Fenster- und Torumrahmungen, Hauszeichen, Nischenfiguren, Hofarkaden und Loggien.

Im östlichen Teil der Hauptstraße liegt das um 1650 im Renaissancestil erbaute Rathaus (mit Kern aus dem 16. Jh.), das später barock umgestaltet und 1757 mit einem Attika-Aufbau versehen wurde. Die barocken Fassadenfresken (1949 erneuert) zwischen den Fenstern zeigen allegorische Frauengestalten, die die Tugenden Mäßigkeit, Stärke, Weisheit, Gerechtigkeit, Mildtätigkeit, Hoffnung und Treue symbolisieren. Rechts vom Mittelerker sind biblische Szenen dargestellt (Urteil des Salomon, Judith und Holofernes, Salomon und die Königin von Saba). Am Erker sind das Wappen der Freistadt Eisenstadt und eine Sonnenuhr zu sehen.

Die Hauptstraße endet im Osten bei der Straße „Beim alten Stadttor", an deren südlichem Ende das ehemalige Untere Stadttor stand; das Eckhaus (Nr. 2) mit dem Erker stammt in seinem Kern noch aus dem 16. Jahrhundert. Ebenso bemerkenswert ist das angrenzende Barockhaus mit Kern aus dem 16./17. Jahrhundert. Am Beginn der hier ausgehenden Antonigasse steht die 1765 erbaute Magdalenenkapelle (ehemalige Friedhofskapelle) mit einer nach drei Seiten hin offenen Pfeilervorhalle (heute Kriegergedenkstätte). Bemerkenswert sind die Steinfiguren neben dem Kapelleneingang: Christus an der Martersäule und Mater Dolorosa. Nischenfiguren an den Pfeilern der Vorhalle zeigen einen Schmerzensmann und die hl. Magdalena.

Weiter östlich liegt in einem Garten an der Bürgerspitalgasse das sogenannte Haydn-Häuschen, ein kleines Gartenhaus aus Holz, in dem sich der Komponist gerne aufhielt.

Südlich der Hauptstraße verläuft die Pfarrgasse (zahlreiche bemerkenswerte Häuser aus dem 17. und 18. Jh. und Brunnen aus der gleichen Zeit), die in ihrem östlichen Teil in den langgestreckten Pfarrplatz übergeht. Das als „Vicedom" bezeichnete Haus Pfarrgasse Nr. 42 (16. und 17. Jh.) beherbergt heute den Stadtkeller; durch eine tonnengewölbte Einfahrt und einen schmalen Hof gelangt man in einen Durchgang, der zu einem noch gut erhaltenen Teil der alten Stadtbefestigung (Zwingermauer) führt.

Dom

Die dem hl. Martin geweihte Domkirche ist eine spätgotische Hallenkirche des 15. Jahrhunderts, die an der Stelle einer wesentlich älteren Kirche aus dem 13./14. Jahrhundert errichtet wurde; von dieser älteren Kirche sind noch Bauteile im Chor und die nördlich angebaute Familienkapelle erhalten. Bei Renovierungsarbeiten stieß man aber auch unter dem heutigen Presbyterium und dem vierten Langhausjoch auf Fundamente einer noch älteren romanischen Kleinkirche aus dem 12. Jahrhundert. 1589 richtete ein Brand große Schäden an, eine neue Weihe erfolgte 1629. Ein teilweiser Umbau (Regotisierung) erfolgte 1904, dabei wurden der barocke Hochaltar und die von Stephan Dorfmeister stammenden Chorfresken entfernt.

Die Kirche besitzt einen mächtigen viereckigen Turm aus der Zeit um 1520, unter dessen Walmdach vier kleine Ecktürmchen mit Schießscharten aufgesetzt sind. Im Vorraum der Kirche befindet sich ein sehenswertes Ölbergrelief von 1495, das 1960 sachgemäß restauriert wurde. Ein Ölbergfresko aus der gleichen Zeit befindet sich an der südlichen Außenwand der Kirche. Dort gibt es auch noch ein guterhaltenes Stück der alten Wehrmauer mit der im 16. Jahrhundert angebauten Kirchenbastei. Die davor liegende Michaeliskapelle stammt aus dem Jahr 1804. Im hohen Innenraum des Doms befindet sich an der Westwand eine reichverzierte barocke Orgelempore von 1759, eine der wenigen Teile der Ausstattung, die nicht der Regotisierung zum Opfer fielen; die Orgel selber (1778) wurde nach Anweisungen Joseph Haydns gebaut. Von der alten Barockeinrichtung sind auch noch die Kanzel (1745) und das ehemalige Hochaltarbild Stephan Dorfmeisters (Verklärung des hl. Martin) aus dem Jahre 1777 (es hängt heute an der Nordwand) erhalten.

Von der neuen Einrichtung sind die Kirchenfenster und das Goldmosaik im Chor, davor der moderne Hochaltar mit eigenwilligem Tabernakel, die Gloria-Engel im Altarraum, die mächtige steinerne Triumphbogenfigur des hl. Martin und der gegenüberliegende Ambo mit Reliefdarstellungen der vier Evangelisten bemerkenswert. Modern ausgestattet ist auch die an der Südseite befindliche Marienkapelle mit einem barocken Marienbild (Gnadenbild).

Die ursprünglich gotische Familienkapelle des 15. Jahrhunderts an der Nordseite des Chors wurde 1709 erweitert und besitzt auf dem Altar eine schöne Barockgruppe der Hl. Familie aus der ersten Hälfte des 18. Jahrhunderts; das Ölgemälde der Immaculata stammt von Stephan Dorfmeister (1777). Bemerkenswert ist auch das Ölbild mit Jesus an der Martersäule (Ende 17. Jh.).

Unter der Orgelempore an der Westwand ist der Zugang zu einer kreuzgratgewölbten Vorhalle von 1625. An ihren Wänden liegen zahlreiche Grabplatten des 17. Jahrhunderts.

In der 1962 vergrößerten Krypta von 1716 verdient eine große Pietà aus Bronze von Anton Hanak (1875–1934) Beachtung.

Südlich des Doms verläuft die alte Stadtmauer, dahinter liegt die St.-Rochus-Straße (im Hof des Hauses Nr. 27 Stadtmauer mit Kirchenbastei) mit Antonisäule von 1678 und renovierter Steinfigur des Heiligen.

Andere bemerkenswerte Bildstöcke sind das „Ratkreuz" (mit Tabernakel, Pyramidenhelm und Ecktürmchen) aus dem 17. Jahrhundert, die 1713 gestiftete und zuletzt 1975 restaurierte Rochussäule, eine 1726 gestiftete Säule mit Figurengruppe der Hl. Familie (nahebei liegt eine alte Kornmühle mit vermauertem spätgotischem Fenster), eine Mariensäule mit Glockenmadonna des 18. Jahrhunderts, alle südlich der Stadt, sowie das Sebastianskreuz von 1713 an der Schützener Straße und ein Tabernakelpfeiler mit Ecce-Homo-Figur und Nischenrelief (hll. Donatus, Leonhard, Oswald und Guter Hirte) von 1646 (1975 restauriert) in der Gölbeszeile.

Im östlichen Teil der Stadt liegt das Landhaus mit Sitz der Burgenländischen Landesregierung; davor liegt ein interessanter Haydn-Gedenkstein: Der würfelige Steinblock enthält eine Urne mit Erde aus allen Teilen des deutschen Sprachraums.

Unterberg – ehemaliges Judenviertel

Der Stadtteil Unterberg grenzt im Westen an die Altstadt an. Eine erste urkundliche Erwähnung einer Judengemeinde stammt bereits aus dem Jahre 1296. Seit 1388 („Ansiedlungserlaubnis") fanden die aus anderen Gegenden vertriebenen Juden hier Zuflucht. Unter den Esterházy waren sie als „Schutzjuden" vor der Verfolgung sicher. Das unter Paul Esterházy 1671 neu gegründete Ghetto bildete den „Unterberg", der von 1732–1938 eine selbständige Gemeinde innerhalb der Stadt war. Es war früher ein Hauptsitz der kabbalistischen Lehre,

> *Die Familie Esterházy zeichnete sich bis zum Jahre 1918 nicht nur durch politisches Geschick und konsequentes Eintreten für die Erbfolge der Habsburger als König von Ungarn aus, sondern vor allem auch durch ihre Kulturverbundenheit. Ihr Verhältnis zu den Juden wurde von Klugheit und Humanität zugleich geprägt. Ihrem Schutz sind nicht nur die Gründung und Existenz der bekannten Judensiedlungen zu danken, sondern auch die Rettung vieler jüdischer Leben, wodurch sich die Esterházys mit goldenen Lettern in das Buch der Geschichte des burgenländischen Judentums eingeschrieben haben.*
>
> Hugo Gold, Geschichte der Juden im Burgenland, 1970

besaß später eine der berühmtesten Rabbinatsschulen Mitteleuropas und galt noch vor dem Krieg wegen seines Statuts und seiner hier noch gepflogenen uralten traditionellen Sitten – nach einem Wort des früheren Bundespräsidenten Dr. Hainisch – als „Unikum in Europa". Zu diesen Traditionen gehörte das Abhalten der Hochzeiten im Freien, die Absperrung der beiden Eingänge in das Ghetto durch Gittertor und Ketten während des Sabbaths und die strenge Einhaltung der religiösen Feste.

Die schönen alten Häuser, die sich innerhalb des ehemaligen Judenviertels befinden (Museumsgasse, Wolfgasse, Unterberggasse und Wertheimergasse), stammen zum großen Teil aus dem Ende des 17. und aus dem 18. Jahrhundert. Bemerkenswert ist vor allem das „Wertheimerhaus" (Unterberggasse 2), ein schön gegliederter Bau von 1719 (Umbau 1795) mit Runderker an der Ecke und Haustempel im Hoftrakt (rechteckiger Raum mit klassizistischem Aufbau über der hl. Lade). An der Hauswand ist noch der Pfosten mit Eisenketten zu sehen, mit der am Sabbat die Straße gesperrt wurde.

Am Haus Nr. 15 (17. Jh.), das aus mehreren Teilen zusammengewachsen ist, zeigt der Portalschlußstein noch ein Relief mit Krug und Schale (Levitenabzeichen); ein Levitenabzeichen ist auch auf dem Rundbogentor des Hauses Nr. 18 (im Hof schöne Stiegenlaube) zu sehen.

Der obere Teil der Wertheimergasse endet beim ummauerten alten Judenfriedhof, der zahlreiche kunsthistorisch bemerkenswerte Grabsteine aus dem 17. bis 19. Jahrhundert enthält.

Aus den alten Häusern der Museumsgasse Nr. 5 und 7 („Wolfhaus" Nr. 5 mit sehr schönen Laubenhöfen; „Schlesingerhaus" Nr. 7 mit überdachtem Innenhof) und dem angrenzenden Neubau entstand 1968–1976 das neue Burgenländische Landesmuseum, eine malerische Gebäudegruppe aus alt und modern mit mehreren Innenhöfen, Stiegenhäusern, Galerien und Durchgängen. (Ein erstes Museum befand sich seit 1926 im alten „Leinerhaus" in der Ruster Straße 12, ein schöner Barockbau aus dem 18. Jahrhundert; 1939 wurden die Museumsstücke des Leinerhauses und die bedeutenden Kunstsammlungen von S. Wolf vereinigt, und das Museum übersiedelte hierher.)

Neben dem Eingang liegt links ein Vortragssaal, der in Verbindung mit einem gedeckten Innenhof für laufende Aktivitäten des Museums vorgesehen ist. Geradeaus öffnet sich ein großer Innenhof (Mehrzweckhalle) mit Glasdach, bemerkenswert ist hier eine Haydn-Orgel. Eine Treppe führt zur Abteilung Archäologie–Eisenverhüttung (links) und Numismatik (rechts). Ganz links liegen zwei Innenhöfe, dahinter Abteilungen für Volkskunde. Vom Eingang rechts gelangt man in den Neubau mit großem, zweigeschossigem Schauraum für Sonderausstellungen und Veranstaltungen; Vitrinen an den Wänden zeigen archäo-

Eine auch äußerlich von der Stadt eng abgegrenzte Gemeinde bildete das Eisenstädter Ghetto, das eigene Zugänge hatte

logische Fundstücke. Ein Abgang führt zu den römischen Mosaiken, Mithräum, Lapidarium und Weinmuseum. Im Obergeschoß des Neubaus liegen die Abteilungen für Biologie und Geologie. Rund um den mittleren Innenhof liegen die Bibliotheksräume (bemerkenswerte Kirschholztäfelung im Stil von 1925/30), dahinter die Abteilung für burgenländisches Mittelalter, davor die Abteilung Kulturgeschichte und ein Raum zur burgenländischen Geschichte zwischen 1919 und 1921. Ganz links ein Franz-Liszt-Zimmer, ein Fanny-Elßler-Zimmer und eine Abteilung für burgenländische Neuzeit. Links neben dem linken Innenhof befindet sich die Ausstellung Grenzland Burgenland.

Im Museum finden auch kulturelle und wissenschaftliche Vorträge sowie Konzerte statt. Das Museum ist ganzjährig, außer Montag, geöffnet.

Weitere Museen in Eisenstadt sind das Burgenländische Feuerwehrmuseum in der Leithabergstraße 41 (Feuerlöschwesen von der Antike bis zur Gegenwart; Löschfahrzeuge, Spritzen, Helme, Uniformen, Fahnen usw.; geöffnet ganzjährig Montag bis Freitag 10–12 und Samstag 13–16 Uhr) und das BEWAG-Informationszentrum im Umspannwerk (Beleuchtungswesen von der Antike bis heute, Vorläufer der modernen elektrischen Geräte, Graphiken, Fotos usw.; Besichtigung Montag bis Freitag nach Voranmeldung; Tel. [02682] 2543/265).

Einer der malerischen Innenhöfe des Burgenländischen Landesmuseums, das mit seinen Mauern auch alte Häuser des ehemaligen Judenviertels umschließt

Zu den besterhaltenen Funden aus römischer Zeit zählt das Bodenmosaik eines römischen Gutshofes nahe bei Bruckneudorf, das heute im Burgenländischen Landesmuseum von Eisenstadt zu sehen ist

Im Burgenland, das meine Heimat war, gibt es viele Kirchen, Kapellen und zahllose Bildstöcke, vor denen das fromme Volk sich bekreuzigt. Außerdem gibt's auch eine ganze Menge brauner Zigeuner in unserem Burgenland. Sie stammen noch aus der ungarischen Zeit. Wir, das heißt die Unsrigen, gehörten weder zu den braunen Zigeunern, noch auch zum frommen Volke, das sich vor Kirch' und Bildstock bekreuzigt. Dennoch lebten wir schon ebensolange im Lande wie die anderen, wenn nicht länger, denn wir sind schon hier gewesen, als die Türken herrschten und die räuberischen Kumanen einbrachen. So kann man's wenigstens in den historischen Büchern lesen. Seit Menschengedenken ist den Unsrigen in Eisenstadt eine eigene Gasse eingeräumt. Sie besteht zum größten Teil aus schönen gepflegten Barockhäuschen. An ihren beiden Enden kann man noch heute die schweren, schmiedeeisernen Ketten sehen, mit denen während des Sabbats die Fahrbahn abgesperrt wurde.

Franz Werfel

Eisenstadt-Oberberg

Dieser Stadtteil (erst 1939 Eisenstadt eingemeindet) grenzt an Unterberg an und entwickelte sich mit der Errichtung des Kalvarienberges zu Beginn des 18. Jahrhunderts als Esterházysche Trabantensiedlung von Geistlichen, Armenpflegern, Handwerkern, Musikern und Soldaten rund um das Marienheiligtum.

Der künstlich aufgeschüttete Kalvarienberg mit der Gnadenkapelle Maria Einsiedeln, zu der eine breite, von Engelfiguren flankierte Freitreppe hinaufführt, entstand 1701–1705. Sie trägt den Namen nach einer Nachbildung der Gnadenstatue von Maria Einsiedeln in der Schweiz, die zuerst im Badhaus von Großhöflein aufgestellt war, ehe sie 1711 in einer feierlichen Prozession hierher überführt wurde. Seither entwickelte sich die mit Barockfiguren und Bildern reich ausgestattete Kapelle zu einem bedeutenden Wallfahrtsort. Sie beherbergt außer der Gnadenstatue auch die erste Kreuzwegstation (Christus am Ölberg) in einer grottenartigen Nische hinter dem Hochaltar. Auch über dem geschweiften Rundgiebel der Kapellenfassade thront die Gnadenmuttergottes, ihr zur Seite die Figuren der Erzengel Michael und Gabriel.

Von der Kapelle führen teils Freitreppen, teils überdachte Stiegen und dunkle Gänge in Windungen den großartigen Kreuzweg hinauf, an dem in Nischen, Grotten und kleinen Kapellen der Passionsweg Christi in szenenhafter Form mittels lebensgroßer, realistischer Holz- und Steinfiguren dargestellt wird. (Eine eingehende Beschreibung muß einem gesonderten Werk über Eisenstadt vorbehalten bleiben.)

An der Spitze des Kalvarienberges (schöner Rundblick) liegt die achteckige Kreuzkapelle mit einem schönen Säulenaltar (um 1710); in der Mitte Kruzifix, flankiert von Maria, Johannes und zwei Engeln; in den Seitennischen die gekreuzigten Schächer. Die steinernen Nischenfiguren an der Außenwand der Kapelle stellen Dismas, Gistas, Johannes Ev., Maria, Magdalena, Petrus und Longinus dar. Der Abstieg führt an einer Kapellenreihe vorbei (Apostel mit Mariensarg, Marienaltar, Mariengrab usw.).

An die Südseite des Kalvarienbergs sind zwei kleine Kapellen (19. Jh.) angebaut (Auferstehungskapelle, Himmelfahrtskapelle). Auf dem Kalvarienbergplatz verdient eine prächtige Mariensäule von 1713 (Seitenfiguren hll. Rochus und Sebastian) Beachtung. Vor dem Kalvarienberg steht ein Bildstock mit hl. Johannes Nepomuk (1733).

An den Kalvarienberg stößt im Westen die Bergkirche (Heimsuchung Mariens) an. Ihr Bau begann 1715, doch blieb sie – da sie als riesige Wallfahrtskirche geplant war – unvollendet. Nur jener Teil, der das Sanctuarium der geplanten Kirche werden sollte, wurde im

Joseph Haydn, Fürst der Musiker seines Zeitalters, geboren in Rohrau an der Leitha am 30. April 1732, des allerhöchsten Fürsten Nikolaus Esterházy von Galantha hochberühmter Kapellmeister, der die sieben Worte unseres Heilandes, die Erschaffung der Welt und die Jahreszeiten in erhabene Töne setzend sich unsterblichen Ruhm erwarb, im Vertreiben der Sorgen Künstler, und im Besänftigen des Herzens der erste, von der hochansehnlichen Oxforder Universität ernannt zum Doktor der Musikkunst, ein frommer, rechtschaffener, freundlicher und hervorragend wohltätiger Mann, gestorben in Wien am 31. Mai 1809 mit 77 Jahren, durch die Bemühungen seines Gönners im Jahre 1820 feierlich hierher überführt, wird von diesem Grabhügel bedeckt.

Grabinschrift Joseph Haydns in deutscher Übersetzung

Mozart aus den Salzburger Voralpen und Haydn aus dem Leithawinkel waren schon durch ihre Geburtsheimat vorbestimmt, die scholastisch versteifte Kunstmusik durch den frischen Volksliederton zu verjüngen. Gar mancher hat es bereits ausgesprochen, daß man aus gewissen Haydnschen Rondos die wild feurige Tanzmusik der Pußta herüberklingen höre, während Haydn anderseits in vielen seiner Menuette geradezu einen niederösterreichischen Ländler aufspielt.

Wilhelm Heinrich Riehl, 1868

18. Jahrhundert ausgebaut. Der kreisrunde Innenraum wird von einer Kuppel überwölbt, die Landschaftsmalereien mit Figurengruppen und Himmelfahrt Christi (von Christian und Wolfgang Köpp) stammen aus der Zeit um 1772. Aus dem Ende des 18. Jahrhunderts stammen auch die Altäre und die Kanzel. Das Hochaltarbild „Heimsuchung Mariens" ist eine Kopie von 1889 nach dem 1797 gemalten Original von Stephan Dorfmeister. Die Altarbilder der Seitenaltäre (um 1770) stellen die Geburt Mariens und die Apotheose des hl. Michael dar; beide sind von je zwei großen Schnitzfiguren der Kirchenväter flankiert.

Die sogenannte Haydn-Orgel (sie wurde von Haydn gespielt) wurde 1776 aufgestellt. Unter dem Musikchor liegt der Grabstein Joseph Haydns mit lateinischer Inschrift; daneben führt ein Zugang zum Mausoleum, einem runden Kuppelraum mit Marmorsarkophag des Komponisten. An der Wand stellen allegorische Figuren die vier Jahreszeiten dar.

Der große, vierflügelige Bau der Propstei (18. Jh.), der die Südseite des Kalvarienbergplatzes einnimmt, entstand aus einem früheren Franziskanerkloster und dient heute als Haus der Begegnung.

An der Westseite des Kalvarienbergplatzes beginnt die Wiener Straße; im Haus Nr. 1 (1760 als „Musikergebäude" erbaut, später mehrmals umgebaut, heute „Margaretinum") wohnte früher Joseph Haydn. Gedenktafeln erinnern daran, daß in dem Haus auch der berühmte Anatom Joseph Hyrtl (1810) und der Komponist Joseph Weigl (1766) geboren wurden.

An der von der Ostseite des Platzes ausgehenden Esterházygasse liegen mehrere schöne Barockhäuser aus dem 18. Jahrhundert; im Haus Nr. 36 erinnert eine Gedenktafel an die Anwesenheit von Franz Liszt.

> *Wir erlebten heute einen festlichen Tag. Der 20. Februar wird uns unvergeßlich bleiben. Liszt war hier. Leider nur auf wenige Stunden. Er kam auf Besuch zu einigen hier lebenden Freunden seines verewigten Vaters von Oedenburg herüber. In dem Hause des fürstlich Esterházyschen Herrn Rathes Ludwig Hofer setzte er sich, auf die erste an ihn deshalb ergangene Bitte, mit einer Bereitwilligkeit und Anspruchslosigkeit, die nur den besseren Menschen eigen, und jedenfalls bei solchem Ruhme ein doppeltes Verdienst ist, an das Piano und entzückte ein zwar kleines Publikum, das aber an inniger Verehrung für den seltenen Künstler nicht dem größten nachsteht, durch sein Meisterspiel.*
>
> Allgemeine Theaterzeitung, Eisenstadt,
> 20. Februar 1840

Wo die Esterházystraße an den Unterberg grenzt, liegen Kirche und Spital der Barmherzigen Brüder, letzteres an der Stelle eines 1713 erbauten Armenhauses, das Fürst Anton Esterházy 1759 zusammen mit der dem hl. Antonius geweihten Kirche den Barmherzigen Brüdern übergab, die daraufhin das Spital erbauten. Eine steinerne Nischenfigur an der Fassade zeigt den hl. Johannes von Gott (1762), am Giebel ist das fürstliche Esterházywappen angebracht. Das Obergeschoß des Spitals wurde erst nach 1930 angebaut. Im Erdgeschoß befindet sich die 1760 gegründete Spitalsapotheke (die Wandmalereien von Mohr und Türke mit Mörsern auf dem Kopf stammen aus der zweiten Hälfte des 19. Jh.), vor ihrem Eingang stehen ehemalige Grenzsteine von Eisenstadt (1759). Das Spital enthält noch das alte Klausurgitter (um 1760), einen bemerkenswerten Altar aus der gleichen Zeit (Altarbild hl. Johannes von Gott) und im Stiegenhaus die Figur eines Barmherzigen Bruders (um 1780). Im Refektorium

Zwei Beschreibungen von Eisenstadt

„Das reizend am Ostabhang des Leithagebirges, mitten in einem üppigen Kranz von prächtigen Weinbergen gebettete Eisenstadt, heute die liebliche Hauptstadt des Burgenlandes, kann ohne jede Übertreibung und mit vollem Recht das Weimar des alten Ungarn – zu welchem Land es früher gehörte – genannt werden, wo die Fürsten des Stammes Esterházy für die Förderung des Schönen und Künstlerischen mehr taten, als die übrigen ungarischen Magnaten insgesamt. Wie in Weimar den Mittelpunkt des Tun und Lassens der biederen Bürger das Hofleben bildete, so war auch in Eisenstadt die Achse des ganzen öffentlichen Lebens das großartige, im 17. Jahrhundert erbaute fürstliche Schloß . . . um die sich alles drehte.“

Karl Benyovsky, 1937

„Das Land, aus dem wir vertrieben wurden, heißt das Burgenland, die Hauptstadt dieses Landes, in der wir lebten, Eisenstadt. Diese Hauptstadt ist nur ein lächerliches Landstädtchen, eine Stunde von Wien entfernt. Niemand in der Welt kennt auch nur den Namen. Wenn jetzt in der Fremde dieser Name unter uns fällt, dann zucken wir die Achseln und sagen: Drecknest. Wer diese Heimat verloren hat, der hat nicht viel verloren. Trotzdem geschieht es bis zum heutigen Tage oft, daß ich vom Burgenland und von Eisenstadt träume.“

Franz Werfel

hängen vier Ölgemälde, die die Fürsten Nikolaus I. und II., Anton I. und Paul II. Esterházy darstellen.

Die einschiffige, hochbarocke Antoniuskirche (Spitalskirche der Barmherzigen Brüder) öffnet sich nach einer kleinen, von einem prächtigen Schmiedeeisengitter mit Esterházywappen und Maskaron aus Messing (um 1740) abgegrenzten Vorhalle und gibt den Blick frei auf den reichdekorierten Hochaltar von 1760 mit Opfergangsportalen und geschweiften Volutengiebeln. Das Ölbild über dem Tabernakel zeigt die Hl. Familie, das Altarbild an der Apsiswand stellt den hl. Antonius mit dem Christkind (1768) dar. Die beiden seitlichen Ölbilder zeigen den Tod des hl. Joseph und den hl. Johannes von Gott. Bemerkenswert sind die prächtigen Rokokorahmen.

Die Bilder der Seitenaltäre stellen (links) die schmerzhafte Muttergottes mit Kruzifix und Maria Magdalena und (rechts) einen heiligen Bischof und den hl. Johannes von Gott unter Kranken dar. Bemerkenswert sind auch die barocken Schnitzfiguren der hl. Maria mit Kind (an der Westwand) und des hl. Josef mit Kind (in der Seitenkapelle).

An der bergan führenden Leithabergstraße steht ein alter Tabernakelpfeiler („Kaiserkreuz“) von 1680.

Forchtenstein

Lage: Politischer Bezirk Mattersburg; rund 5 km südwestlich von Mattersburg liegende Gemeinde im Tal der Wulka (sie entspringt hier im Rosaliengebirge), die aus dem Grabendorf Forchtenau und dem Straßendorf Neustift an der Rosalia besteht

Einwohnerzahl von Forchtenau: 1 648; von Neustift: 923

Sehenswert: Katholische Pfarr- und Wallfahrtskirche mit Servitenkloster; Esterházyscher Meierhof; Burg Forchtenstein; Rosalienkapelle

Kulturelle Veranstaltung: Burgfestspiele von Mitte Juni bis Ende Juli (hauptsächlich Grillparzer-Dramen)

Der wahrscheinlich Anfang des 14. Jahrhunderts gegründete Ort Forchtenau besaß schon im Jahre 1347 eine Kirche, die aber den Türkenstürmen des 16. Jahrhunderts zum Opfer fiel. Um 1660 entstand die heutige katholische Pfarr- und Wallfahrtskirche Mariä Himmelfahrt, die 1695 barock erweitert und zuletzt 1977 restauriert wurde. An der Giebelfassade ist noch ein schönes gotisches Portal vorhanden, die Vorhalle stammt aus dem 19. Jahrhundert.

Auf dem prunkvollen barocken Hochaltar von 1754 ist eine bemerkenswerte Madonna mit Kind (ehemaliges Gnadenbild) zu sehen,

Die auf einem Felsplateau thronende Burg Forchtenstein ist seit mehr als einem halben Jahrtausend lebendiges Zeugnis einer ereignisreichen Vergangenheit

eine Holzschnitzarbeit aus dem 15. Jahrhundert in barocker Fassung. Die Seitenfiguren stellen den hl. Joachim und die hl. Anna dar. Aus der Zeit um 1756 stammen die Kanzel und die Seitenaltäre (links mit Pietà, rechts hl. Peregrinus mit Kruzifix), alle mit schönem Rokokodekor. Barocke Schnitzfiguren schmücken die Langhauspfeiler. Der Taufstein stammt aus der Zeit um 1700, bemerkenswert sind Grabsteine aus dem 17. und 18. Jahrhundert. Die Deckenmalerei „Mariä Himmelfahrt“ wurde 1926 angebracht.

Vor der Kirche steht eine Dreifaltigkeitssäule, vor der Schule ein Tabernakelpfeiler und am östlichen Ortsende eine Lichtsäule, alle aus dem 17. Jahrhundert.

An die Kirche grenzt das 1692 gegründete Servitenkloster an, mit Esterházy-Wappen über dem Portal und Glockenmadonna (1773) im Sprenggiebel. Bemerkenswert sind sein Kreuzgang, die kleine Klosterkapelle mit holzgeschnitzter Muttergottes aus der Mitte des 18. Jahrhunderts, das aus der gleichen Zeit stammende Kruzifix im Stiegenhaus und die schönen Schnitzfiguren des hl. Sebastian und hl. Rochus (1767) in der Sakristei. Das sogenannte „Esterházy-Zimmer“ des Klosters enthält wertvolle Meßgeräte.

Hinter der Kirche liegt am Berghang die 1699 bis 1704 erbaute, heute leider verfallene Scala Sancta, eine „Heilige Treppe“ aus drei unter Tonnengewölben parallel ansteigenden Stufenreihen, die ursprünglich mit der Kirche verbunden waren.

Aus einem ehemaligen Rittersitz des 15. Jahrhunderts entstand Ende des 16. Jahrhunderts der heute an der Hauptstraße liegende Esterházysche Meierhof, der auch seit 1627 als Wohn- und Amtsgebäude der Grafschaftsverwaltung dient. Berühmt ist der Blick, den man vom Portalbogen des zweigeschossigen Gebäudes auf die Burg Forchtenstein genießt.

Kleine Hauskapellen kann man in der Talgasse Nr. 4 (mit barocker Pietà aus dem 18. Jh.) und Nr. 24 (mit Johannes-Nepomuk-Figur des 18. Jh.) sehen. Die Kapelle auf dem Weg zum Stausee stammt aus dem Jahre 1724. Auf einem Feld nördlich des Ortes steht eine Antonisäule von 1747.

Burg Forchtenstein

Der Überlieferung nach wurde sie Anfang des 14. Jahrhunderts von den Grafen von Mattersdorf erbaut, einem Adelsgeschlecht, das zu Beginn des 13. Jahrhunderts aus Spanien eingewandert war und den ungarischen Königen diente. Die aus dem 13. Jahrhundert stammende Stammburg der Mattersdorfer soll sich am Hausberg von Forchtenau befunden haben, der der heutigen Burg Forchtenstein unmittelbar gegenüber liegt. Diese Burg wurde von Herzog Albrecht I. von Österreich 1289 im Zuge der „Güssinger Fehde“ (die Mattersdorfer waren mit den Güssinger Grafen verbündet) erobert und 1291 geschleift. Heute zieht sich längs der mittelalterlichen Gräben und Wälle der ehemaligen Burg ein Kreuzweg aus der Zeit um 1700 (mit sieben Wegkapellen) auf den Hausberg; oben steht ein Kruzifix auf einem gemauerten Sockel (19. Jh.).

Kurz nach der Zerstörung des alten Stammsitzes begannen die Mattersdorfer mit der Errichtung der neuen Burg, die Mitte des 14. Jahrhunderts fertiggestellt war. Im Jahre 1352 nahmen die Mattersdorfer den Namen ihrer Burg an und nannten sich fortan Grafen von Forchtenstein.

1447 erwarb Herzog Albrecht VI. die Burg und gab sie später seinem Bruder, dem späteren Kaiser Friedrich III., weiter. Dieser betraute Sigismund Weisspriach mit der Verwaltung, der jedoch auf die Seite des Ungarnkönigs Matthias Corvinus übertrat und von ihm dafür die Burg geschenkt erhielt. Nach der Wiedereroberung durch Kaiser Maximilian I. gelangte sie zuerst als Pfand an die steirischen Grafen von Hardegg, wechselte dann mehrmals den Besitzer, bis sie 1622 durch Ferdinand II. an die Esterházy vergeben wurde und seither im Besitz dieser Familie ist.

Die Burg liegt in beherrschender Lage über dem Wulkatal. Sie zählt zu den besterhaltenen und bedeutendsten Burgen Österreichs. Zur Zeit der Festspiele bietet die Burg die Kulisse für die Freilicht-Theateraufführungen, bei denen hauptsächlich Dramen von Grillparzer aufgeführt werden.

Ältester Teil der Burg ist der Bergfried aus dem beginnenden 14. Jahrhundert, der 50 Meter hoch ist und 5 bis 7 Meter dicke Mauern besitzt. Sein zwölfeckiges Obergeschoß mit Kegeldach und krönender Statue des Erzengels Michael erhielt er im 17. Jahrhundert. Um diesen Turm entstand nach der Demolierung der alten Anlage ab 1635 die neue Burg mit Tor- und Schloßbauten, Türmen und Bastionen.

Man betritt die Burg über eine Holzbrücke (ehemalige Zugbrücke) und durch eine Torhalle, in der früher die Wachstube der fürstlichen Grenadiere und ein Gefängnis untergebracht waren. Über dem Portal befindet sich eine Marienstatue, seitlich die Statuen der Könige Ladislaus, Emmerich, Stephan und Wenzel. Die Vorhalle führt in den Vorhof mit einem barocken Neptunbrunnen, den ein Esterházy-Wappen schmückt. Der Zwinger umgibt die Burg an drei Seiten mit bis zu zehn Meter hohen Mauern.

Durch einen gewölbten Gang gelangt man zur eigentlichen Hochburg mit ihren charakteristischen Türmen. Der Baukomplex erhielt seine Geschlossenheit durch zwei Aufstockungen: die eine liegt über dem nördlichen Gewölbegang, die andere erstreckt sich an der Südseite und umschließt die früher frei herausragende Schloßkapelle aus dem 17. Jahrhundert (Einrichtung aus der gleichen Zeit). Über dem Hauptportal der Burg befinden sich die Wappen von Nikolaus Esterházy und seiner Gemahlin sowie seitlich je zwei Nischenfiguren (hl. Albrecht und hl. Adalbert, hl. Margarethe und hl. Elisabeth).

Der in den Felsen geschlagene Brunnen, der die Burg mit Wasser versorgte, ist 142 Meter tief. Er wurde 1660 bis 1690 von türkischen Kriegsgefangenen durch den Kalkfelsen geschlagen und durch ein Tretrad von sechs Metern Durchmesser in Betrieb gehalten.

Der Innenhof der Hochburg zeigt noch Reste einer Freskendekoration; das Reiterstandbild (1691) stellt den Fürsten Paul Esterházy dar.

In den beiden Obergeschossen der Burg und im Zeughaus sind die bedeutenden Schloßsammlungen untergebracht: eine bemerkenswerte Bildergalerie, historische Fahnen, Beutestücke Esterházyscher Regimenter aus preußischem, französischem und türkischem Besitz (u. a. ein prächtiges, 1686 bei Ofen erbeutetes Türkenzelt), die fürstliche Jagdkammer mit kostbaren Jagdflinten des 17. und 18. Jahrhunderts und Pistolen, teils sogar italienischer und schottischer Herkunft, Gegenstände der grundherrlichen Gerichtsbarkeit, Möbel, Kamine,

Kachelöfen des Rokoko u. v. a. In Räumen und Korridoren sind bemerkenswerte Schlachtenbilder zu sehen.

Besondere Aufmerksamkeit verdienen ferner die Sammlung fürstlicher Wagen und Kutschen und vor allem das Zeughaus mit der kriegerischen Ausrüstung der Esterházyschen Truppen seit dem 17. Jahrhundert: Uniformen, Luntenmusketen mit Gewehrgabeln, Kürasse mit Brust- und Rückenstücken, Sturmhauben, Reiterpistolen und Karabiner mit Radschlössern, schwere Hakenbüchsen, Reiter- und Fußvolkdegen u. v. a. Auch einige gegossene Geschützrohre sind erhalten. Unverändert erhalten ist auch die alte Burgküche.

Die Burg ist ganzjährig geöffnet; im Sommer täglich von 8 bis 17 Uhr, im Winter von 9 bis 15 Uhr.

Vor der Burg befinden sich eine bemerkenswerte Mariensäule (1687) und eine Matthiassäule von 1682.

Rosalienkapelle

Die am höchsten Punkt des Rosaliengebirges errichtete Wallfahrtskapelle zu Ehren der hl. Rosalia wurde 1670 an der Stelle einer früheren Holzkirche erbaut. Die Inneneinrichtung stammt aus der Bauzeit. Die Marienstatue aus der ersten Kapelle wird derzeit im Servitenkloster von Forchtenau aufbewahrt.

Bemerkenswert sind der prunkvolle Hochaltar mit Liegefigur der hl. Rosalia in verglaster Nische, flankiert von den Eremitenheiligen Paulus und Antonius, die ähnlich prunkvollen Seitenaltäre, die prächtige Kanzel (gekrönt vom Erzengel Michael) und die Rosaliengrotte in einem Glasschrein.

In der Nähe der Kapelle steht das 1749 errichtete „Jägerkreuz", eine Figur des hl. Florian auf toskanischer Säule.

Frauenkirchen

Lage: Politischer Bezirk Neusiedl am See; 16 km südöstlich von Neusiedl im Seewinkel liegender Marktort
Einwohnerzahl: 2 723
Sehenswert: Wallfahrtskirche; Kalvarienberg; barocke Bildstöcke

Zahlreiche römerzeitliche Funde am Südrand des Ortes weisen auf eine frühe Besiedlung hin. Aus der Umgebung stammen auch Funde aus der Jungsteinzeit.

Bekannt ist Frauenkirchen aber hauptsächlich wegen seiner berühmten Wallfahrtskirche. Schon 1324 wurde der Ort als „Zenmaria"

Die prächtige Barockfassade von Frauenkirchen, dem berühmtesten Wallfahrtsort des Burgenlandes

erwähnt, schon 1335 hatte er den Ruf eines bekannten Wallfahrtsortes. 1529 von den Türken vernichtet, wiederum aufgebaut und 1683 abermals zerstört, litt Frauenkirchen obendrein bis in die Mitte des 19. Jahrhunderts an verheerenden Großbränden, so daß sein heute ältester Ortsteil (Franziskanergasse, Amthausgasse, Kirchplatz) großteils erst in der zweiten Hälfte des 19. Jahrhunderts entstand. Zu den wenigen älteren Gebäuden zählen das Alte Brauhaus in der Franziskanergasse, ein Barockbau mit Hoflauben sowie das ehemalige Esterházy-Schlössel (heute Schule), das aus einem Kastell des 17. Jahrhunderts hervorging und in der ersten Hälfte des 18. Jahrhunderts zu einem schönen Barockbau umgestaltet wurde. Die Johannes-Nepomuk-Statue aus dem 18. Jahrhundert wurde 1863 an ihren heutigen Platz bei der Schule versetzt.

Erhalten ist auch noch ein vierstöckiges Granarium (Speicherbau) mit Wappen der Fürsten Esterházy (1766) am Raiffeisenplatz.

Von der ursprünglichen, von den Türken zweimal zerstörten Wallfahrtskirche ist nichts mehr erhalten. Ein kleiner, nach 1684 errichteter Neubau mußte abgebrochen werden, weil er den Zustrom der Wallfahrer nicht fassen konnte.

Die heutige Wallfahrtskirche (auch Pfarrkirche Mariä Geburt) wurde vom Fürsten Paul Esterházy gestiftet und 1702 geweiht. Ursprünglich hatte sie nur einen Turm über dem Sanktuarium, der jedoch bald nach seiner Erbauung einstürzte. Daraufhin erhielt der mächtige Barockbau seine schöne Doppelturmfassade mit vorgeschobenem Giebelrisalit und flach gestufter Pilastergliederung. Die 53 m hohen Türme werden von hohen Doppelzwiebelhelmen bedeckt und sind ein weithin sichtbares Wahrzeichen des Seewinkels. Die Nische über dem Mittelportal enthält eine Marienfigur, Engelstatuen krönen den Giebel.

Die Barockkirche ist ein Meisterwerk des Italieners Francesco Martielli, auch ihre Ausschmückung nahmen italienische Künstler vor. Die prächtigen Stuckornamente im Schiff und Chorgewölbe und in den Seitenkapellen schuf Petro Antonio Conti, die schönen Gewölbe- und Deckenfresken stammen von Antonio Colombo; sie zeigen im Schiff die Kreuzigung, die Auferstehung und Himmelfahrt, die Krönung Mariens und im Chor die Verkündigung Mariens, Jesus im Tempel und den zwölfjährigen Jesus unter den Schriftgelehrten; in den Kappenfeldern Szenen aus dem Leidensweg und der Verklärung Jesu; in den Schildbogen der Nordwand Heilige des Franziskanerordens (Kardinal Bonaventura, Franz von Assisi, Antonius von Padua, Ludwig von Toulouse, Petrus von Alcantara, Bernhardin von Siena, Johannes von Capistran, die sieben marokkanischen Märtyrer und Franciscus Solan mit Indianern).

Hochaltar und Gnadenstatue

Der prunkvolle barocke Hochaltar mit mächtigem Aufsatz stammt aus der Zeit um 1700 und schließt den netzrippengewölbten Chor in seiner gesamten Breite und Höhe ab. Links und rechts flankieren die zwischen korinthischen Säulen stehenden überlebensgroßen Figuren der hl. Ungarnkönige Stephan und Ladislaus die Mittelnische, in der zwischen je drei gedrehten Säulchen und unter einem Baldachin die von barocken Putten umgebene Gnadenstatue thront: Die Muttergottes mit Kind wurde im 14. Jahrhundert (nach anderen Auslegungen schon um 1240) aus Lindenholz geschnitzt und zählt zu den bemerkenswertesten gotischen Madonnenfiguren des Landes; dem Beschauer bleibt das Schnitzwerk leider verborgen, da Madonna und Kind bekleidet wurden und nur deren Köpfe sichtbar sind.

Die Gnadenstatue stand ursprünglich in der Burgkapelle von Forchtenstein und wurde vom Fürsten Paul Esterházy 1661 nach Frauenkirchen gebracht, wo er neben der Kirche auch ein Franziskanerkloster gegründet hatte. Die Statue wurde über dem Hochaltar der damals erst halbfertigen Kirche aufgestellt. Beim Herannahen der Türken im Jahre 1683 wurde sie wieder in die Burg Forchtenstein in Sicherheit gebracht und später in der neuen Kirche wiederaufgestellt.

Auf den Seitenaufsätzen des Hochaltars stehen die von Engeln flankierten Statuen des hl. Joachim und der hl. Anna selbdritt. Im Giebelaufsatz ist zwischen zwei korinthischen Säulenpaaren in einem ovalen Rahmen Gottvater dargestellt; über dem Bild steht auf dem Segmentgiebel die Figur des hl. Joseph. Der überreich verzierte barocke Thron neben dem Hochaltar (Sedile für die Meßfeiern) zeigt als Aufsatzfigur den Heiland, ihm zur Seite die hl. Diakone Stephanus und Laurentius, flankiert von Engeln.

Beachtung verdient auch das gegenüberliegende, als Balkon aus der Chorwand heraustretende Oratorium zwischen gedrehten Säulen mit barocken Engelfiguren und Esterházy-Wappen.

Die hinter dem Hochaltar befindliche Sakristei enthält u. a. schöne Votivbilder aus dem 18. Jahrhundert.

Seitenkapellen und Kanzel

Die um 1700 und später gestifteten Seitenkapellen sind mit herrlichen Stuckdekorationen und Fresken mit Szenen aus dem Neuen Testament bzw. aus dem Leben der Heiligen verziert. In jeder Kapelle steht ein Barockaltar. Auf der Evangelienseite: Herzmarienkapelle, Franziskus-Kapelle, Jakobus-Kapelle und Georgs-Kapelle; auf der Epistelseite: Herzjesukapelle, Antonius-Kapelle, Maria-Magdalenen-Kapelle, Barbara-Kapelle.

Die erste Kapelle auf der Evangelienseite ist die Herzmarienkapelle und der Hl. Familie geweiht. Das Altarbild (Maria mit Kind) war das ursprüngliche Gnadenbild der Kirche, das man nach deren Zerstörung durch die Türken im Jahre 1529 unversehrt auffand. Bei Restaurierungen wurde es übermalt, doch hat man 1948 die obere Schicht vorsichtig abgehoben, so daß das ursprüngliche Bild wieder zum Vorschein kam. Die Seitenfiguren stellen Johannes d. T. und Johannes Ev. dar.

Es folgt die zweite Kapelle mit dem Altarbild des hl. Franz von Assisi mit Engeln; Seitenfiguren sind (unten) die hl. Elisabeth und der hl. Zacharias und (oben) ein Schutzengel und die hl. Katharina.

In der dritten Kapelle stellt das Altarbild das Martyrium des hl. Jakobus dar; Seitenfiguren sind unten der hl. Franziskus und der hl. Petrus von Alcantara und oben Christus und Engel.

Das Altarbild der vierten Kapelle zeigt den hl. Georg, das Aufsatzbild die hl. Helena; Seitenfiguren sind die hl. Diakone Stephan und Laurentius.

Auf der gegenüberliegenden Epistelseite steht in der ersten Kapelle der Altar mit dem Herzjesubild und den Seitenfiguren des hl. Zacharias und des Königs David.

In der zweiten Kapelle zeigt das Altarbild den hl. Antonius von Padua; Seitenfiguren sind (unten) der hl. Antonius und hl. Franziskus, und (oben) die Erzengel Gabriel und Raffael; im Aufsatz Marienkrönung.

Das Altarbild der dritten Kapelle zeigt die büßende Maria Magdalena; Seitenfiguren sind unten der hl. Johannes Capistran und der hl. Antonius, oben hl. Pulcheria und Erzengel Michael; am Aufsatz eine Immaculata und Christus.

In der vierten Kapelle wird das ovale Altarbild, das die Enthauptung der hl. Barbara zeigt, von den Figuren der hl. Klara und der hl. Theresa flankiert. Das Aufsatzbild zeigt Maria mit dem Kind. Seitenfiguren sind der hl. Georg und ein Schutzengel.

Die barocke Kanzel aus der Zeit um 1700 zählt zu den kostbarsten Schnitzarbeiten der Kirche. Sie besitzt einen reichen Figurenschmuck, vor allem am hoch aufgebauten Schalldeckel (Engel; Evangelisten); an der Rückwand befindet sich zwischen gedrehten Säulen ein Madonnenrelief.

Schließlich verdient auch die barocke Orgel auf der reichverzierten Empore Aufmerksamkeit; sie wurde 1878 restauriert.

Am Chorgestühl sind in den Rahmen über den Sitzen verschiedene Heilige gemalt.

Kloster, Kalvarienberg, Bildstöcke

Das an die Kirche angrenzende Franziskanerkloster wurde 1669 vom Palatin Paul Esterházy gestiftet, 1683 von den Türken zerstört und 1687 wiederaufgebaut. Der Gartenflügel des Klosters entstand 1720–1733. Im Kreuzgang stellen Ölbilder in den Schildbögen des Gewölbes Szenen aus dem Leben Jesu dar. Den Brunnen im Hof schmückt eine Steinfigur des hl. Johannes Nepomuk. Das Refektorium, das durch ein bemerkenswertes schmiedeeisernes Gitter abgeschlossen ist, besitzt eine schöne intarsierte Wandtäfelung aus dem Anfang des 18. Jahrhunderts. Aus der ehemaligen Schatzkammer stammt eine kostbare silberne Marienstatue von 1695. Im früheren Refektorium (sogenannte „Winterkirche“), das 1978 restauriert wurde, sind sowohl die reichen Stuckdekorationen aus dem Ende des 17. Jahrhunderts wie auch die Reliefs bemerkenswert, die offenkundig Darstellungen von damals lebenden Franziskanerpatres zeigen.

Vor der Kirche wurde nach 1683 der von Paul Esterházy gestiftete Kalvarienberg errichtet, jedoch bei der Restaurierung von 1958 an die

Südseite der Kirche versetzt. An Kapellen mit Reliefdarstellungen aus dem Leidensweg Christi vorbei gelangt man auf spiralförmig ansteigendem Weg zu der erhöht stehenden Kreuzigungsgruppe (mit Steinfiguren von Maria, Magdalena und Johannes) von 1759.

Vor der Kirche stehen heute eine hohe Mariensäule (um 1700) mit Engelfiguren auf dem Sockel und Esterházy-Wappen sowie eine Anna-Säule aus der gleichen Zeit. Weitere Marienstatuen stehen auf Säulen an der Südseite der Kirche (erstes Viertel 18. Jh.), in der Franziskanergasse (jetzt als Kriegerdenkmal dienend; moderne Figur), hinter dem Kalvarienberg (um 1700) und neben der Rochuskapelle (1765) am östlichen Ortsrand. Die kleine Kapelle wurde 1713 erbaut und 1972 restauriert.

Schließlich ist noch der in der Josefsgasse stehende Bildstock mit der Steinfigur des hl. Joseph auf einer Weinlaubsäule (18. Jh.) zu erwähnen.

Am südlichen Ortsrand gibt es einen kleinen jüdischen Friedhof mit Grabsteinen aus dem Ende des 17. bis 19. Jahrhunderts.

Die breit geöffneten Dörfer, die uferlosen Dorfstraßen, schmal besäumt nur von niederen Häusern, unregelmäßig von vereinzelten Bäumen bestanden, um welche die Wagengeleise in flachen Bogen ausweichen, bewatschelt von den Wanderzügen der Gänse; so etwa in Frauenkirchen, das dennoch ein deutsch redendes Dorf ist, östlich vom Nordteil des großen Sees. Am Wirtshaus Zum Storchen-Nest zeigt sich der Adebar doppelt: einmal gemalt im Schilde, und gerade darüber in vollem Familienleben, mit Beute ankommend, die Fittiche zusammenlegend, stelzend, fütternd, klappernd, wieder entschwebend mit beachtlichem Aufschwung. Gegenüber steht als pausbäckig geblasene Barock-Fanfare die Wallfahrtskirche Unserer Lieben Frau. Der Kalvarienberg links daneben ist schon beinahe so etwas wie ein Angsttraum, den der ganze Kreuzweg mit allen seinen Stationen ist auf einen kleinen Raum zusammen- und übereinandergedrängt, man geht in Grotten und Bogen darin herum.

Heimito von Doderer

Erwähnenswert ist sicherlich auch, daß Frauenkirchen der Geburtsort von Michael Brand-Mosonyi (1814–1871) ist, der sich vor allem als Komponist von Kirchenmusik einen Namen machte und ein großer Freund von Richard Wagner und Franz Liszt war.

Gaas

Lage: Politischer Bezirk Güssing; 14 km östlich von Güssing an der Einmündung des Rodlingbaches in die Pinka liegendes Schmalangerdorf an der ungarischen Grenze (kein Grenzübergang)
Einwohnerzahl: 357
Sehenswert: Ortsbild; Wallfahrtskirche Maria Weinberg

Das schon 1221 urkundlich erwähnte Dorf besitzt noch schöne alte Bauernhöfe mit Laubengängen und – etwas außerhalb – eine charakteristische Kellerstraße.

Die im Dorf stehende katholische Filialkirche hl. Anna aus dem Jahre 1892 geht auf eine kleine Kapelle aus dem Jahre 1739 zurück und besitzt auf ihrem Altar eine handgeschnitzte Pietàgruppe; die Seitenfiguren stellen die heiligen Ungarnkönige Stephan und Ladislaus dar.

Wesentlich sehenswerter ist aber die katholische Pfarr- und Wallfahrtskirche Mariä Himmelfahrt, besser bekannt als „Maria am Weinberg", die sich südlich von Gaas auf einer Anhöhe des Kulmer Waldes befindet. Sie gilt als schönstes und bedeutendstes Marienheiligtum des südlichen Burgenlandes (Wallfahrten an Marienfeiertagen, hauptsächlich 15. August). 70 Stufen führen zu der Kirche empor, von wo aus man einen weiten Blick bis nach Ungarn hat.

Schon im 12. Jahrhundert soll an dieser Stelle die Burg Kertes (Gaas) oder „Heinrichshaus" gestanden haben, die von 1221 bis 1369 urkundlich aufscheint und im 13. Jahrhundert den Grafen von Güssing gehörte.

Die einschiffige gotische Kirche wurde 1475–1525 erbaut und geht wahrscheinlich aus einer romanischen Kapelle der ehemaligen Burg hervor. Im gotischen Sanktuarium (mit Sakramentshäuschen) hält ein historisierendes Chronogramm die Jahreszahl 1155 fest, womit der Zeitpunkt der Gründung einer ersten romanischen Burgkapelle gemeint sein könnte.

Der an die westliche Giebelfassade (Barockportal) angrenzende, mit einem barocken Zwiebelhelm bekrönte Turm ist in seinem Unterbau (er enthält das gotische Taufbecken) noch mittelalterlich. Barock ist der südliche Sakristei-Anbau, modern das Kruzifix an der Außenwand der Apsis.

Das Langhaus besitzt ein weitmaschiges Netzrippengewölbe auf Wappenkonsolen mit Steinmetz und Hauszeichen aus dem Anfang des 16. Jahrhunderts. Wesentlich feiner ist das Netzrippengewölbe des schmäleren und niedrigeren Chors mit Konsolen in der Form von kleinen Tierköpfen aus der zweiten Hälfte des 15. Jahrhunderts.

Über dem Triumphbogen wurden 1965 eindrucksvolle Fresken

aus dem 17. Jahrhundert freigelegt, die die Kreuzabnahme zeigen. Die Wandmalereien an der Emporenbrüstung (18. Jh.) zeigen musizierende Engel und Heilige.

Zu den großen Kunstschätzen der Kirche zählen eine wundervolle spätgotische Madonna auf der Mondsichel, eine Schnitzarbeit von 1460 (Hände und Jesuskind wurden erneuert), die als Gnadenbild in der Mittelnische des von Doppelsäulen flankierten klassizistischen Hochaltars (um 1800) thront; ferner – vor dem Sanktuarium – eine prachtvolle „Säulenmadonna" von 1625 (die einzige des Burgenlandes, die an ihrem angestammten Platz verblieb) sowie ein (1975 restauriertes) gotisches Kruzifix.

Bemerkenswert sind auch die geschnitzten Hochaltarfiguren, die die heiligen Ungarnkönige Stephan und Ladislaus, den hl. Joachim und die hl. Anna sowie – auf dem Aufsatz – den auferstandenen Christus zeigen.

Auch die Kanzel, die Beichtstühle mit Aufsatzbildern und die Seitenaltäre stammen aus dem Ende des 18. Jahrhunderts. Die Schnitzfiguren auf dem rechten Seitenaltar stellen die hll. Georg, Patricius und Rochus dar, auf dem linken die hll. Antonius von Padua, Donatus und Florian. Unter der Empore ist ein Votivbild aus dem Jahr 1718 mit der Mariazeller Muttergottes und einer alten Ansicht der Kirche zu sehen. Ein anderes Votivbild stellt den hl. Andreas dar.

Neben der Kirche verdient der unterirdische Karner (Gruft) Aufmerksamkeit, mit einer kleinen spätgotischen Kapelle darüber, die später barock umgestaltet wurde. Sie enthält einen Altar mit einer Kreuzigungsgruppe aus dem 17. Jahrhundert. In der Umgebung des Ortes stehen mehrere schöne Kapellenbildstöcke aus dem 18. und 19. Jahrhundert.

Gattendorf

Lage: Politischer Bezirk Neusiedl am See; 15 km nordöstlich von Neusiedl am Nordrand der Parndorfer Heide liegendes Straßendorf an der Leitha
Einwohnerzahl: 1 077
Sehenswert: Katholische Pfarrkirche; Anna-Kapelle; Schloß

Den Archäologen ist Gattendorf seit dem Ende des 19. Jahrhunderts als prähistorische Fundstätte bekannt. Aus der bronzezeitlichen „Wieselburger Kultur" (um 1500 v. Chr.), die hier erstmals festgestellt wurde, stammen Hockergräber, Schwerter und Spiralnadeln. Auch die Römer hinterließen hier ihre Spuren, wie drei aufgefundene Inschriftsteine zeigen. Im Mittelalter befand sich hier eine ungarische Grenzwächtersiedlung. Die Bewachung der alten Leithabrücke war von großer Bedeutung, da über sie eine wichtige Handelsstraße nach Preßburg führte. 1146 sollen sich an dieser Stelle die ungarischen Truppen gegen das deutsche Heer gesammelt haben. (Der Babenbergerherzog Heinrich Jasomirgott erlitt damals eine vernichtende Niederlage.)

Die erste urkundliche Erwähnung des Ortes stammt jedoch erst aus dem Jahre 1209. Noch im 14. Jahrhundert wurden die ungarischen Grenzwächter durch König Ludwig angewiesen, „mit guten Pferden und wohlbewaffnet" an der österreichischen Grenze Wache zu halten. Von einem ehemaligen Kastell aus dem 15. oder 16. Jahrhundert sind aber keine Spuren mehr erhalten.

Das sogenannte Alte Schloß geht im Kern bis in das 17. Jahrhundert zurück, der große, zweigeschossige Bau mit Mansardendach ist wegen seiner Fassadengliederung durch ionische Riesenpilaster (18. Jh.) bemerkenswert. Das rustizierte Portal stammt wahrscheinlich noch aus dem Ende des 17. Jahrhunderts.

Das gleichfalls zweigeschossige Neue Schloß (18. Jh.) besteht aus einem straßenseitigen Verwaltungstrakt und einem pavillonartigen Mittelteil mit schöner Gartenfassade mit seitlichen Risalitgiebeln und zweiflügeliger Freitreppe. Unter dem hohen Mansardendach befindet sich auf kurzer Attika das gräfliche Esterházy-Wappen.

Die katholische Pfarrkirche Hl. Dreifaltigkeit ist ein mittelalterlicher Bau, der aber im 17. Jahrhundert stark barock verändert wurde und dabei auch Seitenkapellen angebaut bekam. Der schlanke, 28 Meter hohe Turm mit Halbkreisgiebeln und achtseitigem Pyramidenhelm besitzt schmale Schlitzfenster. Bei Erweiterungs- und Restaurierungsarbeiten wurden 1978 Teile des früheren romanischen Portals und frühgotische Fenster im Chor freigelegt.

Der Hochaltar mit hohem Tabernakel und anbetenden Engeln stammt aus der Zeit um 1780, das spätbarocke Ölgemälde darüber zeigt die Hl. Dreifaltigkeit. Ein anderes Dreifaltigkeitsbild aus der Mitte des 19. Jahrhunderts befindet sich in der rechten Seitenkapelle. Das Ölgemälde an der Nordwand, das die hl. Elisabeth von Thüringen darstellt, stammt aus der Zeit um 1900.

Die sehr schöne, mit Putten geschmückte Kanzel (erste Hälfte 18. Jh.) besitzt am Schalldeckel ein reich verziertes Esterházy-Wappen.

Auf dem linken Kapellenaltar befinden sich eine holzgeschnitzte Pietà (18. Jh.), flankiert von Engeln und barocken Heiligenfiguren (Johannes Nepomuk; Florian). Bemerkenswert sind ferner eine holzgeschnitzte Immaculata (erste Hälfte 18. Jh.), ein Vortragekreuz (18. Jh.) und der Taufstein (17. Jh.).

Im Kirchhof steht ein Bildstock mit dem hl. Florian (Anfang

19. Jh.). An der Straße nach Neudorf erhebt sich ein steinerner Lichtpfeiler von 1625. Ein Bildstock mit dem hl. Johannes Nepomuk stammt aus dem Anfang des 18. Jahrhunderts, ein Steinpfeiler mit Maria und Kind aus dem Jahre 1745.

Früher gab es in Gattendorf auch einen kleinen Judentempel, doch ist der in romanisierenden Formen gehaltene, rechteckige Bau längst profaniert. Am Waldrand sind noch Reste des einstigen jüdischen Friedhofs erhalten.

Südwestlich des Ortes steht an erhöhter Stelle in einem kleinen Wäldchen die stimmungsvolle Anna-Kapelle aus dem Ende des 18. Jahrhunderts, die auf einen Vorgängerbau des Jahres 1705 zurückgeht. Sie ist auch ein Wallfahrtsort. Über dem Eingang befindet sich das gräfliche Esterházy-Wappen von 1712. Das Altargemälde stellt die hl. Anna dar (18. Jh.). Die Holzfigur Ecce Homo in der Sakristei stammt aus der Zeit um 1700.

Hinter der Kapelle sind noch Reste einer steinernen Ölberggruppe (um 1830) zu sehen. Aus der Mitte des 19. Jahrhunderts stammen das Kruzifix mit eisernem Corpus und die Kreuzwegstationen. Unter der Kapelle liegt eine Familiengruft der Esterházy.

Ein für das südliche Burgenland typischer strohgedeckter alter Stall, der sonst längst schon der Hacke zum Opfer gefallen wäre, fand im „Ensemble Gerersdorf" eine neue Aufstellung

Gerersdorf-Sulz

Lage: Politischer Bezirk Güssing; 8 km westlich von Güssing am Zickenbach liegend das Haufendorf Gerersdorf, nördlich benachbart das eingemeindete Angerdorf Sulz
Einwohnerzahl von Gerersdorf: 531; von Sulz: 383
Sehenswert: Charakteristische strohgedeckte Holzblockbauten in Gerersdorf; ehemaliges Kastell Festetics und Vitaquelle in Sulz

Man vermutet, daß hier schon um das Jahr 1190 eine Siedlung bestanden hat, die auf eine Familie Gerolt (Gyrolth) zurückgeht und die auch dem Ort den Namen gab, doch fehlen genaue urkundliche Nachweise bis zum Jahr 1346. Durch eine Schenkung des Königs Matthias Corvinus kam Gerersdorf 1465 unter die Herrschaft des Burgherrn von Schlaining, Andreas Baumkircher, dann im Jahre 1544 in den Besitz der Batthyány.

Einer Urkunde zufolge gab es schon im Jahre 1457 ein Kastell in Gerersdorf, das aber im Zuge der kriegerischen Auseinandersetzungen des 15. und 16. Jahrhunderts zerstört wurde.

Südwestlich der Gemeinde, am rechten Ufer des Zickenbaches, sind Reste einer mittelalterlichen Wasserburg zu sehen: Der sogenannte „Taborriegel“, der zur Anlage gehört, besteht aus einer künstlichen Erdaufschüttung mit einer 12 Meter im Durchmesser betragenden Plattform, die von einem mehr als 4 Meter breiten (heute eingeebneten) Ringgraben umgeben war. Das Wasser erhielt er vom Zickenbach. Auf diesem Rundling stand wahrscheinlich ein turmartiger Wehrbau, doch fehlen genaue Hinweise.

Die einfache Pfarrkirche St. Martin wurde 1811 errichtet, ihre Einrichtung stammt durchwegs aus dem 19. Jahrhundert.

Von besonderer Bedeutung sind die erst vor wenigen Jahren restaurierten alten Bauernhäuser mit Strohdächern, denen weitere original eingerichtete Wohn- und Wirtschaftsgebäude zu einer Art Freilichtmuseum hinzugefügt wurden: ein Blockwerkspeicher und ein Kreuzstadl aus Großmürbisch, ein Streckhof mit Strohdeckung aus Tschanigraben, ein Schüttkasten aus Tauchen, ein Weinkeller aus Bildein, ein Preßhaus aus Winten-Bergen, ein Kitting aus Unterschützen u. a. Dieses „Ensemble Gerersdorf“ liegt südlich außerhalb des Dorfes.

Das nördlich benachbarte Angerdorf *Sulz,* das im 16. Jahrhundert mit kroatischen Wehrbauern neu besiedelt worden war, ist vor allem wegen seiner Vitaquelle (Güssinger Mineralwasser) bekannt; das klassizistische Brunnenhaus stammt aus der ersten Hälfte des 19. Jahrhunderts.

Auch das ehemalige Kastell Festetics mit einer Säulenfront

stammt aus dieser Zeit, geht aber auf ein älteres Kastell zurück. In dem klassizistischen, schloßartigen Bau gaben die Grafen Festetics, unter denen auch der Badebetrieb sehr gefördert wurde, große Feste. Um 1800 traf sich hier die vornehme ungarische Welt.

Sulz ist aber auch wegen seiner archäologischen Grabungsfunde bekannt, die darauf hinweisen, daß seine vier Mineralwasserquellen schon den Römern bekannt waren.

Etwa 3 km westlich von Gerersdorf liegt das schon 1283 urkundlich erwähnte langgestreckte Breitangerdorf *Kukmirn* mit spätbarokker katholischer Pfarrkirche (1760–1765), die dem hl. Joseph geweiht ist. Der Kirche ist ein Turm vorgebaut, unter dem sich der von drei Seiten durch Rundbogen gestaltete Eingang befindet. Der einfache barocke Hochaltar zeigt ein großes Bild des hl. Joseph (um 1770) mit seitlichen Figuren von Johannes d. T. und dem hl. Bartholomäus. Der rechte Seitenaltar besitzt eine Nischenwand mit bemerkenswerten Säulen aus dem 17. Jahrhundert und eine aus Kupfer getriebene Muttergottes aus dem Jahre 1765. Von den früheren Kirchen des Ortes, der schon im 14. Jahrhundert ein kirchlicher Mittelpunkt der Gegend war, ist nichts mehr erhalten.

Neben dem Turm der evangelischen Pfarrkirche (1784–1786) kann man eine römerzeitliche Säulenbasis sehen. Der klassizistische Kanzelaltar der Kirche stammt aus dem Ende des 18. Jahrhunderts und zeigt als Altarbild die Kreuzigung.

Das ehemalige evangelische Pfarrhaus (heute Kindergarten), das so wie die Kirche um 1976 restauriert wurde, stammt aus der ersten Hälfte des 19. Jahrhunderts und besitzt schöne Biedermeierfassaden.

Aus dem Tal des Angerbaches stammen jungsteinzeitliche Funde.

Gols

Lage: Politischer Bezirk Neusiedl am See; 7 km südöstlich von Neusiedl liegender Markt und Weinbaugemeinde
Einwohnerzahl: 3 379
Sehenswert: Katholische Pfarrkirche

Wie alle Orte östlich des Neusiedler Sees, liegt auch Gols in einer weiten Ebene und ist seit altersher durch seinen Weinbau bekannt. Urkundlich erst im Jahre 1217 erwähnt, doch wird angenommen, daß der Ort älter ist, worauf u. a. auch romanische Bauteile der Kirche hinweisen.

Aus der Umgebung von Gols stammen Funde aus der Jungsteinzeit, der Hallstattzeit und der Römerzeit. Im Mittelalter war der Ort befestigt, doch sind von seinen Wehranlagen, den beiden befestigten Toren und der ehemaligen Bastei nur mehr spärliche Reste von Bruchsteinmauern erhalten.

Charakteristisch sind die alten Scheunenstraßen; am „Anger“ befindet sich eine geschlossene Reihe von Tschardaken, das sind Speicher für Maiskolben in der Form hoher, überdachter Lattenkästen. Vereinzelt stehen auch noch schöne alte Streckhöfe und Giebelhäuser, vor allem in der Marktgasse, am Hauptplatz und in der Hauptstraße.

Die erhöht stehende Pfarrkirche St. Jakobus d. Ä. geht auf eine früher befestigte Wehrkirche aus dem 12./13. Jahrhundert zurück, hat aber vielfach Umbauten erfahren und mußte nach schweren Brandschäden (1721) gänzlich restauriert werden. Veränderungen, die vom fehlenden Kunstsinn zeigen, fanden noch im Jahre 1922 statt, als man die aus romanischer Zeit stammenden Fensteröffnungen erweiterte bzw. durch größere Rundbogenfenster ersetzte. Nach einer neuerlichen Restaurierung im Jahre 1969 wurde aber der mittelalterliche Charakter der Kirche wieder augenscheinlich; an ihrer Südseite wurde romanisches Quaderwerk freigelegt.

Der vor der Kirche liegende Friedhof war ursprünglich von einer Wehrmauer umgeben. Neben der Kirchenstiege verdient eine 1976 restaurierte Dreifaltigkeitssäule aus der Zeit um 1700 Beachtung. Eine zweite Dreifaltigkeitssäule (1618) steht an der Bundesstraße.

Die evangelische Pfarrkirche A. B. geht auf ein Bethaus von 1818 zurück und wurde 1888 erweitert und dabei auch mit einem Turm in neuromanischen Formen bereichert. Bemerkenswert ist das Altarbild „Anbetung der Könige“ (1537) nach einem Holzschnitt von Albrecht Dürer.

Interessant ist in diesem Zusammenhang, daß Gols eine Hochburg des Protestantismus gewesen ist. Alten Aufzeichnungen zufolge waren noch 1696 die Einwohner des Ortes „unduldsame Ketzer“. Auch die mit Waffengewalt versuchten Rekatholisierungen waren zum Scheitern verurteilt. Die Kirche mußte zwar den Katholiken zurückgestellt werden, doch soll es im ganzen Ort nur zwei katholische Hausbesitzer gegeben haben.

Großhöflein

Lage: Politischer Bezirk Eisenstadt-Umgebung; knapp 3 km westlich von Eisenstadt, am Südrand des westlichen Leithagebirges liegender Markt und Breitangerdorf
Einwohnerzahl: 1 565
Sehenswert: Edelhof; Rathaus; Pleiningerhaus mit Radegundiskapelle; Dreifaltigkeitssäule; katholische Pfarrkirche; Antonikapelle

Auf der südwestlich des Ortes ansteigenden Höhe des Föllik (286 m) wurden reiche Funde aus der Jungsteinzeit, Bronzezeit und Römerzeit gemacht, die auf eine fortlaufende Besiedlung hinweisen. Aus der Zeit um 400 n. Chr. stammt ein germanisches Gräberfeld, aus dem 7./8. Jahrhundert ein Awarenfriedhof.

Die erste urkundliche Erwähnung als Heuchelin stammt aus dem Jahre 1153, doch kann es sich dabei auch um das Nachbardorf Kleinhöflein gehandelt haben. Nach der Zerstörung durch die Türken im Jahre 1529 wurde der Ort teilweise mit Kroaten neu besiedelt. Weitere Verwüstungen erlitt Großhöflein 1605 im Bocskay-Aufstand, 1683 durch die Türken, 1707 durch Kuruzzen und 1732 bei einem Großbrand.

Schöne Gruppen von alten Giebelhäusern (vereinzelt mit Hoflauben) kann man noch in der Hauptstraße und Radegundisstraße sehen. Die Gartengasse zeigt noch eine Reihe alter Scheunen aus dem 19. Jahrhundert.

Von einem ehemaligen mittelalterlichen Rittersitz ist heute nichts mehr erhalten, doch liegt an seiner Stelle ein im 17. Jahrhundert neu erbauter Edelhof, der auf diesen zurückgeht. Bei der alten Radegundis-Schwefelquelle gelegen, diente er längere Zeit Graf Nicolaus Esterházy (er starb hier im Jahre 1645), der ihn nach 1630 erneuern ließ, als Residenz. Esterházy gestaltete auch die alte Schwefelquelle zu einem Hofbad aus und ließ die Radegundiskapelle neu errichten. Als später das Bad seine Bedeutung verloren hatte, begann auch der Edelhof zu verfallen. Das ehemalige Badhaus (bei der Hauptstraße Nr. 22) stammt in seinem Kern noch aus dem 17. Jahrhundert; im 19. Jahrhundert wurde es umgebaut.

Ebenfalls auf einen alten Adelssitz geht das heutige Rathaus zurück: die Front zur Hauptstraße (rundbogige Einfahrt; barocke Nischenfigur des hl. Simeon) und dreigeschossiger Hoftrakt mit schönen Arkadengängen. Möglicherweise wurde der Bau im 17. Jahrhundert von den Eisenstädter Schloßbaumeistern Carlone errichtet. Er gehörte später dem Eisenstädter Nonnenkloster, wurde dann Wirtshaus, Schulhaus und schließlich Rathaus.

Vor der Hauptstraße Nr. 2 steht ein Tabernakelpfeiler von 1651 mit Gnadenstuhl. Vor dem Haus Nr. 32 ist der alte Pranger zu sehen, ein hoher achteckiger Pfeiler mit spitzem Pyramidenaufsatz, aus dem Jahre 1714.

Hauptstraße Nr. 3 ist das sogenannte „Pleiningerhaus", ein Bürgerhaus aus dem 18. Jahrhundert mit bemerkenswertem Fassadenschmuck und Muttergottesbild unter Glas, schönem Hofportal und gemauertem Taubenschlag. An die Ostseite des Hauses angebaut ist die Radegundiskapelle, die in ihrer heutigen Gestalt aus der zweiten Hälfte des 18. Jahrhunderts stammt. Möglicherweise wurde die Kapelle schon im frühen Mittelalter gegründet, da die Frankenkönigin Radegundis (6. Jh.) schon sehr früh hier verehrt wurde. Ein älterer Kapellenbau wurde jedenfalls im 15. Jahrhundert zerstört und durch Graf Nicolaus Esterházy um 1639 wiederhergestellt und in ein Marienheiligtum (bemerkenswerte Muttergottes-Gnadenstatue in Rokoko-Glasschrein) umgewandelt. Aus dem 18. Jahrhundert stammen die Reste der Wandmalereien (Taufe der hl. Radegundis) über der Altarwand und die beiden Ölgemälde, die den hl. Antonius und den hl. Johannes Nepomuk darstellen. Andere bemerkenswerte Häuser in der Hauptstraße sind Nr. 21, mit alten Hofarkaden; Nr. 31–33, mit Stiegenlaube im Hof; Nr. 124 mit Pietà aus dem 18. Jahrhundert (aus der Pfarrkirche stammend) über der Einfahrt.

Eine prächtige Dreifaltigkeitssäule (Pestsäule) aus dem Jahr 1713 ziert den Hauptplatz; über dem Sockel (Relief mit hl. Franz Xaver) stehen die Figuren der Pestheiligen, auf hoher korinthischer Säule Marienkrönung. Eine weitere (kleinere) Pestsäule steht an der Straße nach Wulkaprodersdorf (Weinlaubsäule von 1713, Gnadenstuhl 1953 erneuert), eine Pestkapelle (1716) liegt am Badeweg im Ort.

Zu den weiteren Bildstöcken des Ortes zählen eine Dreifaltigkeitssäule (18. Jh.) am südlichen Ortsrand, eine Sebastianssäule (1657) an der Straßengabelung nach Müllendorf, eine Marienstatue („Maria Schnee", 18. Jh.) an der Straße nach Kleinhöflein, eine Pietà auf achteckigem Pfeiler (18. Jh.) am östlichen Ortsrand, daneben ein (erneuertes) Hotterkreuz von 1836; außerdem drei (erneuerte) Ecce-Homo-Pfeiler aus dem 17. Jahrhundert: beim neuen Autobahnkreuz, an der Straße nach Kleinhöflein und beim Friedhof („Türkenkreuz"). Die klassizistische Friedhofskapelle (1833) wurde 1977 in eine Kriegergedächtniskapelle umgewandelt.

Oberhalb der Bundesstraße liegt die Florianikapelle (1888) mit barocker Nischenfigur des hl. Florian über dem Portal. Der Altar (um 1720) stammt aus einer älteren Kapelle. Weiter nördlich, im Wald des Leithagebirges, stehen mehrere Bildstöcke und Wegkreuze aus dem 17. Jahrhundert, so das „Weiße Kreuz" (ein Tabernakelpfeiler von 1656), das „Zechmeisterkreuz" (Tabernakelpfeiler von 1660) und das „Schwarze Kreuz" (Tabernakelpfeiler von 1676, mit Reliefdarstellungen Kruzifix, hl. Maria, hl. Sebastian und hl. Rochus).

Pfarrkirche

Die spätgotische, dem hl. Johannes d. T. geweihte katholische Pfarrkirche (16. Jh.) wurde 1669 erweitert und nach der Zerstörung durch die Türken im Jahre 1683 wiederhergestellt. Ihr viergeschossiger Turm, mit steinernem Pyramidenhelm und Balkon, stammt aus dem Jahr 1675; in der Portalnische steht eine Steinfigur Johannes d. T. An den Kirchenwänden verdienen mehrere bemerkenswerte (Wappen-)Grabsteine aus dem 17. und 18. Jahrhundert Beachtung.

Zwischen dem netzrippengewölbten spätgotischen Langhaus und dem frühbarocken Chor (Reste von Wandfresken aus dem 18. Jh.) spannt sich ein breiter, spitzbogiger Triumphbogen. Der große Hochaltar mit korinthischen Säulen, baldachinartigem Aufsatz und reichem figuralen Schmuck stammt aus der Mitte des 18. Jahrhunderts. Eine Nische enthält eine Maria mit Kind (Eisenstädter Gnadenbild), seitlich stehen die Figuren der hll. Petrus, Paulus, Johannes d. T. und Josef.

Bemerkenswert ist auch die Kanzel, die aus der Zeit vor 1700 stammt und reichen ornamentalen Schmuck aufweist; an der Brüstung sind der Heiland und die Evangelisten Lukas und Markus zu sehen, auf dem kunstvoll gestalteten Schalldeckel die Statuetten von drei Kirchenvätern und den Evangelisten Johannes und Matthäus, auf der reichen Volutenkrone der Erzengel Michael.

Kunsthistorisch bedeutend ist ferner die prächtige Barockstatue des hl. Sebastian am rechten Seitenaltar (Anfang 18. Jh.) der südlichen Chorjochnische, flankiert von den kleineren Figuren der hll. Rochus und Franz Xaver. Das Aufsatzbild des Altars stellt die Marienkrönung (um 1710) dar. In der nördlichen Chorjochnische verdient eine Kreuzigungsgruppe (19. Jh.) Beachtung. Der muschelförmige Taufstein stammt aus dem Anfang des 18. Jahrhunderts.

Antonikapelle

Am südlichen Ortsrand steht die kleine, 1730 gestiftete Antonikapelle mit eingelassenem Tabernakelpfeiler (ehemalige Antoniussäule) in der Apsismauer.

Wandmalereien aus dem 18. Jahrhundert zieren das Querschiff. Aus der zweiten Hälfte des 18. Jahrhunderts stammt die kostbare Innenausstattung mit Rokoko-Hochaltar (in Mittelnische die von Putten umgebene Antoniusstatue), Seitenaltären und Ölgemälden „Schmerzhafte Muttergottes“ und „Christus mit Dornenkrone“. Der linke Seitenaltar zeigt in der von Figuren des hl. Donatus und des hl. Leonhard flankierten Mittelnische die hl. Anna mit Maria (Aufsatzbild Tod des hl. Josef); in der Mittelnische des rechten Seitenaltars wird eine Nachbildung der Mariazeller Muttergottes von den Figuren der Erzengel Michael und Gabriel flankiert (Aufsatzbild Herz Jesu).

Die Bilder an der Holzempore stellen Szenen aus dem Leben des hl. Antonius dar und stammen aus der Mitte des 18. Jahrhunderts.

Föllik-Berg

Das auf der Höhe des Föllik befindliche kleine Jagdschloß der Esterházy (zweite Hälfte 18. Jh.) ist ein ebenerdiger Bau mit vorspringendem Mittelteil und Mansardendach, das derzeit leider zur Ruine verfällt.

Am Föllik steht auch eine 1908 restaurierte Annakapelle aus dem 18. Jahrhundert; nicht weit davon entfernt befindet sich ein Wegkreuz aus dem Jahre 1782.

Großpetersdorf

Lage: Politischer Bezirk Oberwart; 11 km südöstlich von Oberwart auf einer Anhöhe zwischen dem Zickenbach und dem Tauchenbach liegender Marktort
Einwohnerzahl: 2 467 (Gemeindegebiet: 4 409)
Sehenswert: Katholische Pfarrkirche

Der urkundlich bereits 1273 als „villa Sancti michaelis" erwähnte Ort wurde 1846 von einem Großbrand verheert, so daß nur mehr wenige alte Häuser erhalten sind. Im östlichen Teil des Ortes gibt es noch einige schöne, zum Teil laubengeschmückte Höfe mit Giebeldächern aus dem Ende des 19. Jahrhunderts, so z. B. in der Wiesengasse und Feldgasse.

Auch die mittelalterliche Kirche fiel der Brandkatastrophe zum Opfer. Die heutige katholische Pfarrkirche St. Michael entstand 1850, ihre schöne Innenausstattung in barocken Formen stammt aus der gleichen Zeit.

Am Hochaltar (1850) verdient der reichgegliederte und vergoldete Tabernakel mit Putten und Engeln Beachtung; bemerkenswert ist auch die vergoldete Figurengruppe der hl. Anna, die Maria das Lesen lehrt. Das Altarbild an der Apsiswand stellt den Erzengel Michael dar. Am rechten Seitenaltar ist die Hl. Dreifaltigkeit, am linken die Immaculata dargestellt.

Die Deckenmalereien am Tonnengewölbe des Langhauses schuf H. A. Brunner im Jahre 1949, sie zeigen Szenen aus dem Neuen Testament. In der Sakristei hängt ein schönes Madonnenbild (nach der Schwarzen Madonna von Czenstochau) aus dem 19. Jahrhundert.

Die evangelische Pfarrkirche A. B. ist ein einfacher Saalbau aus den Jahren 1820–1823. Der evangelische Pfarrhof, ein schönes zweistöckiges Biedermeierhaus aus dem Jahr 1847, erhielt 1906 einen Säulenerker mit Giebel vorgesetzt.

Die kleine Dorfkirche Christi Himmelfahrt im südlich benachbarten Kleinpetersdorf stammt aus dem 19. Jahrhundert.

Knapp 5 km westlich von Großpetersdorf liegt an der Pinka das kleine Dorf *Jabing,* das ebenfalls noch zur Gemeinde Großpetersdorf gehört. Urkundlich 1440 erstmals erwähnt, war es früher als „Kleinjabing“ von ungarischen Grenzwächtern und als „Großjabing“ von angesiedelten deutschen Bauern bewohnt. Aus der Zeit um 1475 stammt auch ein bedeutender Münzfund. Auch an vor- und frühgeschichtlichen Funden ist die Umgebung des Dorfes reich.

Längs der Pinka reihen sich noch schöne alte Bauernhöfe, unter denen ein 1973 restaurierter Hakenhof mit Laubengang (Haus Nr. 28) herausragt.

Am Westrand des Ortes steht die 1788 erbaute, 1820 erweiterte und 1836 neu gewölbte klassizistische katholische Pfarrkirche hl. Anna. In einer Nische über dem Turmportal steht die Steinfigur des hl. Johannes Nepomuk. Aus der Mitte des 19. Jahrhunderts stammt der neuromanische Hochaltar, das Altarbild der hl. Anna aus der Zeit um 1800. Älteren Datums ist der Seitenaltar (um 1790) zu Ehren des hl. Patricius.

Im Dorf steht auch ein turmbekröntes evangelisches Bethaus aus der zweiten Hälfte des 19. Jahrhunderts.

Zwischen der Volkstumsgrenze und der politischen Grenze des Königreichs Ungarn lag ein menscharmer wenn auch nicht menschenleerer Gürtel, im Ungarischen „gyepü“ genannt. Ein Grenzsaum, in dem nur eine dünne Besiedlung vorhanden war, dessen Durchgänge durch Verhaue und Grenzwächtersiedlungen gesperrt waren. Hier saßen kleine, freie magyarische Gruppen, kriegerische freie Bauern, die man später zum Adel zählte und von denen sich noch die kleinen magyarischen Sprachinseln um Oberpullendorf und Oberwart erhalten haben. Anderwärts erinnern nur noch Ortsnamen, wie Jois und Gols im Norden, Jabing im Süden an sie.

Otto Brunner, 1937

Großwarasdorf

Lage: Politischer Bezirk Oberpullendorf; 7 km nordöstlich von Oberpullendorf bzw. 4 km südlich von Raiding am Raidingbach liegendes Breitangerdorf
Einwohnerzahl: 760 (Gemeindegebiet: 1 982)
Sehenswert: Barockeinrichtung der katholischen Pfarrkirche

Nach den Zerstörungen in den Türkenkriegen von 1529 und 1532 wurde das schon 1194 urkundlich genannte Dorf mit Kroaten neu besiedelt.

Am westlichen Dorfende steht auf einer Anhöhe die aus der ersten Hälfte des 18. Jahrhunderts stammende einschiffige katholische Pfarrkirche St. Demetrius, zuletzt 1958 restauriert.

Die Einrichtung stammt großteils aus der Mitte des 18. Jahrhunderts, so der von den Schnitzfiguren von Petrus, Paulus und der heiligen Ungarnkönige Stephan und Ladislaus flankierte Hochaltar mit dem Altarbild des hl. Demetrius, die beiden Seitenaltäre (links mit Bild des hl. Joseph und Seitenfiguren hl. Sebastian und hl. Rochus, rechts mit Immaculata-Bild und Seitenfiguren hl. Joachim und hl. Anna), die Kanzel (mit Sitzfiguren der Evangelisten) und das große Kruzifix an der rechten Wand. Die Schnitzfigur der Maria mit Kind an der linken Wand stammt aus der ersten Hälfte des 19. Jahrhunderts.

Vor der Kirche erhebt sich eine schöne, 1742 errichtete Dreifaltigkeitssäule mit Dreifaltigkeitsgruppe, Statuen der hl. Maria und des hl. Joseph und Sockelrelief Mariä Verkündigung.

Aus der gleichen Zeit stammt die Mariensäule auf dem Anger (Pestsäule mit Maria zwischen dem hl. Rochus und dem hl. Sebastian). Am westlichen Ortsende steht ein Tabernakelbildstock aus dem 17. Jahrhundert.

Am nördlichen Ende des Dorfes liegt eine kleine Lourdeskapelle (erbaut um 1900), nicht weit entfernt steht an der Straße nach Raiding eine Johannessäule (zweite Hälfte 19. Jh.). Aus dem Ende des 19. Jahrhunderts stammt auch die einfache Christi-Himmelfahrts-Kapelle, während die rechteckige Michaelskapelle mit geschweiftem Rundgiebel am südlichen Dorfende schon im 18. Jahrhundert erbaut wurde. Ein anderer einfacher Kapellenbau aus der Zeit um 1800, die Urbanikapelle, liegt am nahen Ragerberg.

Auch im östlich benachbarten *Kleinwarasdorf,* das die Geschichte von Großwarasdorf teilt, gibt es mehrere alte Kapellen und Bildstökke, so die 1975 renovierte Florianikapelle (Ende 17. Jh.) am westlichen Dorfausgang und die südlich des Dorfes in den Weingärten stehende Donatuskapelle (um 1800). Die katholische Pfarrkirche St. Anna, ein einschiffiger Saalbau mit halbrund geschlossenem Chor, steht an der Stelle einer bereits um 1505 erbauten Kirche und wurde

1860 erweitert. Am Turm ist noch der mittelalterliche Kern erkennbar. Bemerkenswert ist der Mitte des 18. Jahrhunderts entstandene Hochaltar, dessen weiß gefaßte Heiligenfiguren (Emmerich, Stephan, Ladislaus, Elisabeth) ein neues Altarbild der hl. Anna flankieren. Der linke Seitenaltar besitzt einen spätbarocken Kastentabernakel. Die Madonna im Strahlenkranz am modernen rechten Seitenaltar stammt aus der Zeit um 1700. Dem Ende des 17. Jahrhunderts ist die Kanzel zuzuordnen.

> *Die Kroatendörfer erscheinen wie eingestreute Kolonien und ihre Bewohner wie ein absterbendes Volkselement. Früher rühmte man die Größe und Stärke der kroatischen Männer dieser Gegend und die Schönheit der Mädchen.*
>
> Wilhelm Heinrich Riehl, 1868

Güssing

Lage: Politischer Bezirk Güssing; im südlichen Burgenland liegende Stadt an der Einmündung des Zickenbachs in den Strembach
Einwohnerzahl: 3 249 (Gemeindegebiet: 3 895)
Sehenswert: Burg; katholische Pfarrkirche; Franziskanerkirche und -kloster; Schloß Draskovich; Wildpark Punitz

Aus der unmittelbaren Umgebung der um den Burgberg herum angelegten Stadt stammen bedeutende prähistorische und römerzeitliche Grabungsfunde.

Eine erste, hölzerne Burg wurde bereits in der zweiten Hälfte des 12. Jahrhunderts zusammen mit einem Benediktinerkloster auf dem Burgkegel errichtet. Das Kloster hatte nur kurzen Bestand. Nach seiner Aufhebung im Jahre 1180 wurde unter König Béla III. eine erste steinerne Burg (novum castrum) erbaut, die wohl 1242 als Bollwerk gegen die Tataren gehalten werden konnte, aber 1289 in der „Güssinger Fehde" durch Herzog Albrecht von Österreich eingenommen wurde.

Die Grafen von Güssing waren einst das mächtigste Adelsgeschlecht im Burgenland, doch gerieten sie in ihrem Bemühen, sich ein großes, unabhängiges Fürstentum zu schaffen, sowohl in Konflikt mit den Königen von Ungarn wie auch mit den Herzögen Österreichs, was zu fortlaufenden Kriegen, der „Güssinger Fehde", führte. Erst 1327

Trotz vieler Zerstörungen bietet die Burg Güssing heute noch den Anblick einer wehrhaften, mittelalterlichen Burg

kam es zu einer endgültigen Niederlage der Güssinger, woraufhin die Burg sehr oft ihren Besitzer wechselte. Mitte des 15. Jahrhunderts setzte sich Nicolaus Ujlaky, der Woiwode von Siebenbürgen, in ihren Besitz und ließ hier im Jahre 1459 die mit dem Ungarnkönig Matthias Corvinus unzufriedenen Magnaten versammeln und den Habsburger Friedrich III. auch zum König von Ungarn wählen. 1524 überträgt König Ludwig II. seinem Obermundschenk Franz Batthyány die Burg, die seither im Besitz dieses Adelsgeschlechts ist.

In den Türkenkriegen spielte Burg Güssing eine wichtige Rolle. Mit ihren gut erhaltenen Basteien und Bastionen bietet sie heute noch das Musterbeispiel eines befestigten alten Adelssitzes. Im 16. und 17. Jahrhundert wurde die Burg ausgebaut und verstärkt, dabei auch der mittelalterliche Bergfried zum Kirchturm umgebaut. Ende des 18. Jahrhunderts, als sie ihre Bedeutung als Wehrburg verloren hatte, begann man, ihre Befestigungsanlagen abzutragen.

Der Ort, der sich um die Burg entwickelt hatte, wird 1427 als „civitas" genannt und erhielt im 16. Jahrhundert das Stadtrecht. Aus dieser Zeit stammen auch die Befestigungsmauern, die sich heute noch in Nord-Süd-Richtung zwischen der Burg und dem Franziskanerkloster einerseits und in West-Ost-Richtung zwischen der Burg und dem alten Rathaus andererseits hinziehen.

Auch auf kulturellem Gebiet spielte die Burg unter der Herrschaft der Batthyány eine Rolle. Im 16. Jahrhundert war Burg Güssing unter dem Humanisten Balthasar Batthyány ein weitbekanntes kulturelles Zentrum mit einer „Schule für adelige Jünglinge". 1582 gab es hier eine Druckerei des Manlius. Auch der berühmte Botaniker Carolus Clusius soll sich hier als Gast der Batthyány aufgehalten und sein Werk über die pannonische Pflanzenwelt geschrieben haben, das heute als erstes wissenschaftliches Werk der Botanik angesehen wird.

Der Aufstieg zur Burg führt auf einem durch Wehrmauern, Torbauten, Türmen, Basteien und Bastionen des 16. und 17. Jahrhunderts geschützten Weg zu einem langen, rundbogigen Tortunnel (15. Jh.), hinter dem sich der weite, von den Resten alter Wehrmauern und Befestigungsbauten umgebene Burghof (mit Zisterne von 1571) öffnet. Die Hochburg (Aufgang über eine eindrucksvolle, breite Freitreppe) ist zum Teil noch romanisch, Treppenhaus und Bastionen barock. Die Räume im Untergeschoß sind großteils aus dem Felsen gehauen.

Der ehemalige Bergfried ist nur mehr in seinem unteren Teil mittelalterlich, sein überdachtes Glockengeschoß erhielt er im 17. Jahrhundert. Durch einen offenen Gang ist er mit dem Treppenhaus der Burg verbunden.

Zahlreiche Räume der Burg sind heute als Museum zugänglich: Rittersaal und Ahnensaal mit Familiensammlung und Gemälden der Batthyány, Rüstkammer mit alten Waffen, Kunstkammer, Clusius-Gedenkraum usw. Das Burgmuseum ist täglich von April bis Oktober geöffnet; Führungen ab fünf Personen.

Die zuletzt 1964 restaurierte gotische Burgkapelle Maria Schnee (15. Jh.) besitzt einen neugotischen Altar von 1794 („Hohenberggotik"), einen Seitenaltar von 1662 mit Figuren des hl. Rochus und hl. Sebastian, ein neugotisches Gestühl und – an den Wänden – interessante Totenschilde der Batthyány aus dem 17. Jahrhundert. Aus der gleichen Zeit stammen auch die beiden barocken Wappengrabsteine. Die kostbare (restaurierte) Truhenorgel der Burgkapelle, die aus der Zeit um 1650 stammt, ist heute im Burgmuseum zu besichtigen.

Die Pfarrkirche

Am Osthang des Burgbergs und außerhalb der Altstadt liegt auf einer künstlich geebneten Kuppe, die durch einen Steilabfall und einen Hohlweg isoliert ist, die dem hl. Jakobus d. Ä. geweihte katholische Pfarrkirche. Der um das Jahr 1200 errichtete kleine, romanische Bau mit Halbkreisapsis ist die alte Mutterpfarre der Stadt; die pfarrlichen Funktionen werden aber heute in der Franziskanerkirche ausgeübt.

Bei der Restaurierung von 1962–1964 wurde das ursprüngliche romanische Aussehen der Kirche wiederhergestellt. Der in die Westfront vorspringende, schmale Turmrisalit endet in einem horizontalen Vorsprung. Darüber erhebt sich der dachreiterähnliche barocke Turm mit Pyramidendach. Die später angebaute Sakristei und die neuzeitliche Totenkammer werden von einem einheitlichen Schleppdach überdeckt.

Über dem rundbogigen Triumphbogen des flach gedeckten Langhauses ist noch ein gemalter romanischer Schuppenfries (teilweise ergänzt) zu sehen.

Franziskanerkloster und -kirche

Am Beginn der Hauptstraße (östliche Stadteinfahrt) liegt das 1649 von Adam Batthyány gegründete und erst kürzlich restaurierte Franziskanerkloster. Zusammen mit seiner Kirche Mariä Heimsuchung war das Kloster auch eine Eckbastion der Stadtbefestigung. Das Kloster beherbergt u. a. die berühmte Bibliothek der Batthyány mit wertvollen Handschriften, Inkunabeln und Erstdrucken, einen der kostbarsten kulturellen Schätze Güssings. Im Kreuzgang befindet sich ein hier ausgegrabener römischer Grabstein mit Grabinschrift.

An der langgestreckten Südfront der Klosterkirche wurden bei der Restauration von 1977 drei gotische Fenster freigelegt.

Neben dem Giebelportal verdienen zwei Grabsteine aus dem 16. Jahrhundert Aufmerksamkeit: der Rotmarmorstein zeigt das Relief eines Batthyány-Ritters in Rüstung und mit Fahne, links unten das Batthyány-Wappen; der Weißmarmorstein des 1590 verstorbenen Balthasar Batthyány zeigt dessen von zwei Knaben gehaltenen Wappenschild. Hier liegt auch der klassizistische Eingang zur Batthyány-Gruft. An der Kirchenmauer befindet sich auch eine Franz Xaver Säule von 1846.

Das kreuzgratgewölbte Kirchenschiff ist durch Wandpfeiler gegliedert und besitzt einen interessanten Hochaltar aus dem Jahre 1649, der wahrscheinlich vom kaiserlichen Hofbaumeister Filiberto Lucchese entworfen wurde. Mit seinem figurenreichen Aufbau ähnelt er einem tempelartigen Gebäude. Das von einem Schuppendach bedeckte Altarbild „Mariä Heimsuchung“ (19. Jh.) wird von den zwischen Säulen stehenden Figuren der hl. Ungarnkönige Stephan und Ladislaus und zwei Franziskanern flankiert. Über dem Dach zeigt das Obergeschoß des Altars ein Bild der Himmelfahrt Mariens und acht Figuren von Heiligen. Auch darüber ist ein Schuppendach angebracht, ein Aufsatzbild (Trinitas) über dem Sprenggiebel wird von Engelfiguren flankiert, darüber die Muttergottes.

Einen ähnlichen, jedoch wesentlich einfacheren Aufbau zeigen die beiden Seitenaltäre am Triumphbogen. Die Altarbilder aus der Mitte des 17. Jahrhunderts stellen (links) den hl. Franz Xaver und (rechts) den hl. Antonius dar. Die beiden anderen Seitenaltäre im Schiff stam-

Aus dem Jahre 1590 stammt der Grabstein des Balthasar Batthyány mit dessen recht eigenwilligem Wappenschild (neben dem Portal der Franziskanerkirche von Güssing)

men aus der ersten Hälfte des 18. Jahrhunderts und zeigen (links) ein reich gerahmtes Bild mit einer alten Ansicht von Maria Trost bei Graz mit Mariazeller Muttergottes und (rechts) einen mächtigen Säulenaufbau mit einem Bild des hl. Johannes Nepomuk. Auch die Kanzel, der Taufstein und die 14 Kreuzwegbilder stammen aus dem 18. Jahrhundert.

Vom rechten Chorjoch führt ein pilastergerahmtes Portal in die Loretto-Kapelle (17. Jh.); ihr Barockaltar zeigt eine Schwarze Muttergottes im Glockenmantel (18. Jh.).

Schließlich ist noch ein prächtiger Paramentenschrank (1725) in der Sakristei erwähnenswert, der mit reichem Schnitzwerk und Bilderschmuck verziert ist.

Eine Sehenswürdigkeit besonderer Art ist die 1648 gegründete Batthyány-Gruft, die 1830 und 1970 erweitert wurde. Die Figuren des Todesengels und des Glaubens am Grufteingang stammen aus dem

An der Hauptstraße von Güssing liegt das Kastell Batthyány, ein schöner Bau aus der Mitte des 18. Jahrhunderts

Jahre 1830. Die weiträumige Gruft unter der Kirche besteht aus mehreren Räumen mit etwa hundert einfachen Särgen, aus denen der reichverzierte Bleisarkophag des im Jahr 1722 verstorbenen Fürsten Karl Batthyány, den Balthasar Moll gestaltete, herausragt.

Kastell Batthyány

Von der Franziskanerkirche führt die Hauptstraße weiter zum Kastell Batthyány (um 1740), das noch von der Familie bewohnt wird. Der zweiflügelige Bau besitzt zweigeschossige (teilweise verglaste) Hofarkaden.

Östlich vom Kastell steigt der Clusiusweg zur Burg an. Hier liegen ein großes (ehemaliges) Wirtschaftsgebäude und der große Baukomplex der einstigen Bezirkshauptmannschaft (17. Jh.) mit Biedermeierfassade.

Östlicher Stadtteil

Östlich des Franziskanerklosters liegt in der P.-Gratian-Leser-Straße das große sogenannte „Judengebäude“ von 1740 (in Güssing lebte eine bedeutende Judengemeinde) mit Pfeilerarkaden im Hof. In der gleichen Straße verdienen auch die aus der ersten Hälfte des 19. Jahrhunderts stammenden Häuser Nr. 6 und 11–13 mit Erdgeschoßarkaden Beachtung.

Eine Zufahrt führt zum 1804 erbauten Schloß Draskovich. Der große (noch von der Familie bewohnte) klassizistische Bau beherbergt kostbare Empiremöbel, eine prächtige Porzellansammlung und eine Hauskapelle mit dem einzigen im Burgenland vorhandenen gotischen Flügelaltar; er stammt aus dem Jahr 1469, wurde 1967 restauriert und zeigt auf seinen fünf Tafeln verschiedene Passionsszenen (Besichtigung nach Anmeldung möglich).

Erwähnt soll noch werden, daß Güssing der Geburtsort des burgenländischen Mundartdichters Josef Reichl (1860–1924) ist. Ebenfalls beheimatet in Güssing war der Universitätsprofessor, Pfarrer und Dichter Franz Faludi (1704–1779), der gerne als einer der Bahnbrecher der nationalen ungarischen Literatur bezeichnet wird. An den Geburtshäusern der beiden Dichter (Reichlgasse, Faludigasse) sind Gedenktafeln angebracht.

Nur wenige Kilometer außerhalb von Güssing liegt der *Wildpark Punitz,* ein Freiwildgehege mit Auerochsen, Tarpanen, Büffel, Rotwild, Damwild u. v. a. Hier werden bedeutende zoologische Versuche durchgeführt.

Güttenbach

Lage: Politischer Bezirk Güssing; 13 km nördlich von Güssing bzw. 4 km nördlich von St. Michael liegendes, locker verbautes Dorf
Einwohnerzahl: 1 130
Sehenswert: Katholische Pfarrkirche

Der 1428 erstmals erwähnte Ort ist wegen seines berühmten „keltischen Münzfundes“ aus der Zeit zwischen 150 und 50 v. Chr. (etwa 180 Silbermünzen mit Darstellung Philipps von Makedonien) bekannt geworden. Der in einem Tongefäß aufgefundene Münzschatz ist im Landesmuseum von Eisenstadt ausgestellt.

Die Pfarrkirche St. Joseph wurde 1930 an der Stelle einer 1763 erbauten, 1837 erweiterten und 1929 abgetragenen Kapelle errichtet. In der modernen Kirche sind vor allem die in Majolika gefertigten Kreuzwegstationen und der ebenfalls in Majolika gestaltete Hochaltar bemerkenswert.

Der originelle runde Glockenturm ist über den hohen, rechteckigen Fensteröffnungen im oberen Teil mit Ornamenten geschmückt und mit einem Kegeldach bedeckt. Ein niedrigeres Rundtürmchen mit Kegeldach befindet sich an der Südwestecke der Kirche.

Hagensdorf

Lage: Politischer Bezirk Güssing; 14 km südöstlich von Güssing am Strembach und nahe an der ungarischen Grenze (kein Grenzübergang) liegendes Schmalangerdorf
Einwohnerzahl: 295
Sehenswert: Ortsbild

Das zur Gemeinde Heiligenbrunn gehörende Dorf, das urkundlich bereits 1221 erwähnt wurde, besitzt noch ein malerisches Ortsbild. Da bei einem Großbrand im Jahre 1843 fast alle Häuser des Dorfes zerstört wurden, stammen die charakteristischen, teilweise noch mit Laubengängen versehenen Streckhöfe alle aus späterer Zeit.

Die katholische Pfarrkirche St. Kosmas und Damian wurde 1788 erbaut und 1878 vergrößert. Aus der Bauzeit stammen noch die Orgel, die einfache Kanzel und die spätbarocken Figuren, die Petrus, Paulus, Kosmas und Damian darstellen und das moderne Bild an der Apsiswand flankieren. Die frühere Kirche aus der ersten Hälfte des 15. Jahrhunderts wurde 1788 wegen Baufälligkeit abgetragen.

Von geschichtlicher Bedeutung ist der sogenannte „Hausberg" (heute Friedhofshügel), eine künstliche Aufschüttung nordöstlich des Ortes, der im Norden steil zum Pinkatal abfällt. Der etwa 4 m hohe Kegelstumpf ist von einem noch erkennbaren Wall umgeben, während der einstige Graben gänzlich eingeebnet erscheint. Wahrscheinlich handelte es sich hier um eine Befestigungsanlage zum Schutz der Pinka-Brücke, die schon 1221 urkundlich erwähnt wurde, bzw. zur Sperre des Pinkaübergangs.

Das Hagensdorf im Osten benachbarte Straßendorf *Luising* liegt an der Pinka, die hier die Grenze zu Ungarn bildet. Auch in diesem Dorf gibt es noch alte Höfe mit Laubengängen.

Halbturn

Lage: Politischer Bezirk Neusiedl am See; 13 km südöstlich von Neusiedl nahe an der ungarischen Grenze im Seewinkel liegender Markt und Breitangerdorf
Einwohnerzahl: 1 916
Sehenswert: Schloß; katholische Pfarrkirche; Ortsbild

Halbturn besitzt ein schönes Ortsbild mit geraden, baumbestandenen Straßen und Häusern mit Putzdekor aus den letzten Jahren des 19. Jahrhunderts (Wienerstraße, Budapesterstraße, Erzherzog-Friedrich-Straße) und langen Hofgassen; auch noch charakteristische alte

Schloß Halbturn, 1711 von Lukas von Hildebrandt erbaut und später mehrmals verändert, wurde sachgemäß restauriert und dient heute wieder für kulturelle Veranstaltungen

Scheunen und Tschardaken (aus Latten gefertigte, überdachte Maiskolbenspeicher) aus der zweiten Hälfte des 19. Jahrhunderts.

Der urkundlich 1466 erstmals erwähnte Ort wurde 1529 von den Türken zerstört, 1672 neu gegründet und 1683 neuerlich von den Türken verwüstet, so daß er wiederum neu aufgebaut werden mußte. Zu Beginn des 18. Jahrhunderts wurde an der Stelle eines von den Türken niedergebrannten Jagdschlosses von dem berühmten Barockbaumeister Lukas von Hildebrandt für den Grafen Harrach ein neues Schloß erbaut, das 1711 fertiggestellt war und heute als schönster barocker Profanbau des Burgenlandes gilt.

Unter der Kaiserin Maria Theresia wurde es von F. A. Hillebrandt teilweise umgestaltet. Der vorstehende, statuengeschmückte Mittelteil der durch ionische Riesenpilaster gegliederten Schloßfassade besitzt einen geschwungenen Giebel, den kaiserliche Adler mit Wappen schmücken.

Um 1765 wurde in die Hoffront ein prächtiges Vestibül eingebaut. Franz Anton Maulpertsch schuf um diese Zeit auch das großartige Deckenfresko im reichausgestatteten Mittelsaal, das eine Apotheose des Sonnengottes als Frühlingsbringer mit Aurora, Göttin der Morgenröte, Flora und anderen Gottheiten darstellt. Nach schweren Brandschäden 1949 wurde das Schloß nach 1960 in alter Pracht wiederhergestellt. Das Schloß zählte Kaiser Karl VI. (er benutzte es als Jagdschloß und verbrachte hier seine letzten Lebenstage), Kaiserin Maria Theresia und viele Könige, Fürsten und Erzherzöge zu seinen Gästen. Heute finden hier große Kunstausstellungen und kulturelle Veranstaltungen statt. Es ist von Mitte Mai bis Oktober zwischen 9.30 und 17.30 Uhr zugänglich.

1724–1727 entstand der prächtige Schloßpark; an die Wirtschaftsseite schließen drei Höfe an (Schmiedeeisengitter mit reichgeschmückten Toren), bemerkenswert ist vor allem der Ehrenhof; der zweite Hof (mit barockem Brunnenbecken) wird von den Stallungen, der dritte von den Wirtschaftsgebäuden und ehemaligen Gesindewohnungen flankiert. Die Stallungen beherbergten im 18. Jahrhundert das berühmte kaiserliche Lipizzanergestüt.

Dem Parkeingang gegenüber liegt der sogenannte Rote Hof, ein schloßartiger Wohnbau des 17. Jahrhunderts, der 1683 zerstört und im 19. Jahrhundert in barocken Formen neu errichtet wurde.

Ein Barockbau aus dem Anfang des 18. Jahrhunderts ist auch die dem hl. Josef geweihte (zuletzt 1978 restaurierte) katholische Pfarrkirche, die um 1730 von Joseph Emanuel Fischer von Erlach umgestaltet und erweitert wurde.

Bemerkenswert ist vor allem der prächtige neubarocke Hochaltar (drittes Viertel 19. Jh.) mit überlebensgroßer Holzfigur des hl. Josef, flankiert von qualitätsvollen Engelfiguren. Aus der Zeit um 1870 stammen die Seitenaltäre (Herzjesualtar und Herzmarienaltar), älter ist die goldverzierte Kanzel aus dem Anfang des 18. Jahrhunderts. Aus dieser Zeit stammen auch die beiden Ölgemälde (hl. Elisabeth und hl. Karl Borromäus) an den Querschiffwänden, während das Ecce-Homo-Bild aus der Zeit um 1700 stammt.

Die Wand- und Deckenmalereien (hl. Antonius; Vermählung Mariens) aus dem Jahre 1931 schuf Josef Pandur.

Im alten, vor der Kirche liegenden Friedhof befinden sich noch schöne Grabsteine und schmiedeeiserne Kreuze aus dem 18. Jahrhundert. Vor der Kirche steht eine Mariensäule von 1717, auf dem

Anger eine Pietà-Säule („Pitzerkreuz") aus dem 19. Jahrhundert. Bemerkenswert sind ferner eine Immaculata-Säule (1747) mit Sockelfiguren der hll. Florian und Leonhard, eine Sebastiansäule (1678), eine Dreifaltigkeitssäule (1713) und ein Laurentiuskreuz von 1825.

Am nördlichen Ortsende liegt eine kleine, dem hl. Johannes Nepomuk geweihte Kapelle von 1809, in der Nähe steht auch ein diesem Heiligen geweihter Bildstock aus dem Ende des 18. Jahrhunderts. Südwestlich des Ortes stehen ein 1954 restauriertes Franziskuskreuz von 1680 und ein Antoniuskreuz („Weißes Kreuz") von 1822.

An der nahe gelegenen ungarischen Grenze stehen ein Wegkreuz von 1711 und ein steinerner Pietà-Bildstock von 1760.

Hannersdorf

Lage: Politischer Bezirk Oberwart; 17 km südöstlich von Oberwart bzw. 6 km von Großpetersdorf. Das am Tauchenbach, zu Füßen des Königsberges liegende Dorf ist nur knapp 5 km von der ungarischen Grenze entfernt
Einwohnerzahl: 522 (Gemeindegebiet: 1 020)
Sehenswert: Katholische Pfarrkirche

Das 1406 erstmals urkundlich erwähnte, aber wahrscheinlich viel ältere Dorf wurde beim Türkeneinfall von 1532 verwüstet, später dann teilweise mit Kroaten neu besiedelt. Im 17. Jahrhundert war der Ort eine Zufluchtsstätte für die aus der Steiermark vertriebenen Protestanten, die hier eine neue Heimat fanden.

An der Hauptstraße liegen noch zahlreiche Streckhöfe mit einfachem Putzdekor an den Fassaden, hofseitig auch mit Lauben, fast alle aus der Zeit um 1900.

Die kleine katholische Pfarrkirche Mariä Geburt steht auf einer Anhöhe, das Dorf überragend, inmitten eines ummauerten Kirchhofs. Als Bauzeit kann das Ende des 15. Jahrhunderts angenommen werden.

Im 18. Jahrhundert barockisiert, erfolgte ab 1893 ein teilweises Rückführen in den ursprünglich gotischen Stil; Innen- und Außenrestaurierungen fanden 1967/68 bzw. 1973 statt.

Aus der gotischen Zeit ist noch ein schönes Spitzbogenfenster mit Terrakottamaßwerk im Chor erhalten. Das Maßwerk der drei Fenster in der Südwand wurde hingegen erneuert. Das spätgotische Westportal besitzt ein 1893 erneuertes Bogenfeld. Neben dem Südportal kann man den Rest einer etwa zweihundert Jahre alten Wandmalerei erkennen.

Am nördlichen Strebepfeiler des Kirchenschiffs befindet sich eine interessante römerzeitliche Reliefplatte aus dem 2. Jahrhundert n. Chr. mit der Darstellung eines Weinstocks. Die aus der gleichen Zeit stammende Marmorplastik am östlichen Strebepfeiler des Chors stellt einen Löwen dar, dessen Pranken einen Widderkopf festhalten. Beide stammen aus der ehemaligen römischen Befestigungsanlage Castrum Ovar, die sich etwa 3 km weiter östlich in einer Schleife des Tauchenbachs, der dort in die Pinka einmündet, befand. Heute liegt dort der Ort Burg.

Die zum großen Teil barocke Ausstattung der Kirche stammt aus dem 18. Jahrhundert: der Hochaltar mit schräg gestellten Säulen, schwerem Gebälk und großen Engelfiguren, das Altargemälde Mariä Geburt, die Marienfigur auf dem Tabernakel, die Kanzel mit den Sitzfiguren der Evangelisten, die Schnitzfigur des Erzengels Michael an der Nordwand, das Ölgemälde des hl. Johannes Nepomuk an der Südwand. Der Seitenaltar des hl. Joseph wurde schon Ende des 17. Jahrhunderts gefertigt. Das Altarbild des Heiligen wird von den Statuen des hl. Gregor und des hl. Rochus flankiert.

An der Nordwand des Schiffs sind noch (stark restaurierte) Wandmalereien aus dem ersten Viertel des 16. Jahrhunderts erhalten; auch im Chor kann man noch Reste von Dekorationsmalereien erkennen. Die Orgel besitzt ein neugotisches Gehäuse von 1893. Die 14 Kreuzwegbilder stammen aus der Zeit zwischen 1830 und 1840, sie wurden kürzlich restauriert.

Bemerkenswert sind schließlich auch die in der Apsis befindlichen Wappengrabsteine aus der zweiten Hälfte des 17. Jahrhunderts.

Heiligenbrunn

Lage: Politischer Bezirk Güssing; 12 km südöstlich von Güssing nahe an der ungarischen Grenze liegendes Dorf am Strembach
Einwohnerzahl: 284 (Gemeindegebiet: 1 134)
Sehenswert: Kellerviertel

Heiligenbrunn wurde bereits im Jahre 1198 urkundlich erwähnt. Schon damals war der Weinbau in der Umgebung verbreitet. Leider sind die charakteristischen alten Streckhöfe und Lauben des Straßendorfes zum großen Teil der Modernisierung zum Opfer gefallen.

Ausgezeichnet erhalten ist hingegen das seit 1969 unter Landschaftsschutz stehende Kellerviertel oberhalb des Dorfes, das sich an den Hang des Stifterberges anlehnt. Zu beiden Seiten der Straße ste-

Im Unterschied zu den zu Freilichtmuseen zusammengestellten alten Häusern, die man da und dort im Burgenland antrifft, dient das historische Kellerviertel von Heiligenbrunn heute noch seinem ursprünglichen Zweck: der Lagerung von Wein und als Speicher für die Feldfrucht

hen mehrere Dutzend einfache, lehmbeworfene Holzblockbauten mit weiß gekalkten Wänden und Strohdächern, fast alle aus dem 18. und 19. Jahrhundert. Viele dieser Holzbauten sind heute noch in Funktion. Sie besitzen zwei Räume: den Wein„keller“, wo die Fässer gelagert werden, und den Preßraum. Fast unverändert sind heute noch die schweren Eichenpfostentüren erhalten, die den Kellerraum abschließen; viele sind datiert und monogrammiert. An der Außenseite befindet sich zumeist eine zweite, strohgeflochtene Schutztür zum Abhalten der Hitze. Auch die charakteristischen hölzernen Balkendecken gibt es noch. Andere, quadratische Holzhäuser, die nur aus einem Raum bestehen, dienen als Fruchtspeicher.

Erwähnt werden soll auch die einfache katholische Pfarrkirche St. Clemens, die an der Stelle einer früheren, mittelalterlichen Kirche aus der Zeit um 1400 im Jahre 1764 erbaut wurde. Ihre letzte Restaurierung fand 1977 statt. Die einfache Einrichtung der spätbarocken Kirche stammt aus dem Ende des 18. Jahrhunderts, so etwa der Hochaltar mit dem Gemälde des hl. Clemens, schönem Säulenaufbau und kunstvollen Schnitzfiguren. Über dem Triumphbogen kann man noch das Doppelwappen der Batthyány und der Erdödy sehen.

Unterhalb der Kirche liegt in einem Eichenhain an der Stelle der bereits 1198 über einem „heiligen Brunnen“ (er gab dem Ort den Namen) erbauten Kapelle die heutige kleine Wallfahrtskapelle St. Ulrich aus dem Jahre 1926. Sie wurde 1978 restauriert. Die heilige Quelle entspringt jetzt vor der Kapelle; das Kirchweihfest findet am 4. Juli (hl. Ulrich) statt.

Heiligenkreuz im Lafnitztal

Lage: Politischer Bezirk Jennersdorf; 16 km nordöstlich von Jennersdorf bzw. 12 km südlich von Güssing im Lafnitztal liegender Marktort an der ungarischen Grenze (Grenzübergang)
Einwohnerzahl: 987 (Gemeindegebiet: 1 421)
Sehenswert: Ortsbild

Urkundlich wurde der Ort erstmals 1427 als Mautstelle erwähnt, doch war er schon Ende des 14. Jahrhunderts als „Kereztur“ bekannt. Seine katholische Pfarrkirche Zur Kreuzauffindung aus dem Jahre 1712

Eine Besonderheit ersten Ranges sind die im Garten des Gasthofs Gibiser zu einem kleinen „pannonischen Dörfchen“ zusammengestellten und als Ferienwohnung revitalisierten „Kellerstöckl“ aus der ersten Hälfte des 18. Jahrhunderts

wurde 1796–1800 in neugotischen Formen neu erbaut und besitzt einen schönen Fassadenturm mit spitzem Giebelhelm. Von der ursprünglich mittelalterlichen Kirche ist nichts mehr vorhanden. Die Kircheneinrichtung ist modern.

Unterhalb der Kirche steht eine kleine Kreuzkapelle aus dem Anfang des 19. Jahrhunderts.

Eine Sehenswürdigkeit besonderer Art sind die im Garten des Gasthofs Edith Gibiser wiederaufgestellten alten „Kellerstöckl“ aus dem Jahr 1739, charakteristische strohgedeckte Holzblockbauten, die – mit moderner Innenausstattung – heute als Ferienwohnungen (das kleine „pannonische Dörfchen“) vermietet werden.

Horitschon

Lage: Politischer Bezirk Oberpullendorf; 14 km nordöstlich von Oberpullendorf bzw. 6 km südwestlich von Deutschkreutz am Frauenbrunnbach liegendes Dreiecksangerdorf
Einwohnerzahl: 1 397 (Gemeindegebiet: 1 903)
Sehenswert: Inneneinrichtung der modernen Pfarrkirche; Giebelhäuser

Das Dorf wurde 1389 erstmals urkundlich erwähnt (als „villa Ratschu“ schon 1229). Aus der Umgebung stammen Funde aus der Römerzeit.

Die frühere Barockkirche mit Resten einer noch älteren Kirche aus dem 15. Jahrhundert stand am östlichen Dorfende im Friedhof, wurde aber bei Kriegshandlungen 1945 zerstört und mußte abgetragen werden. Aus dem Horitschoner Friedhof stammt ein im Landesmuseum in Eisenstadt aufbewahrter mittelalterlicher Reliefstein eines Ritters (möglicherweise 13. Jh.), bei dem es sich vermutlich um ein Epitaph der Athinai handelt, die bis in die erste Hälfte des 15. Jahrhunderts die Grundherren von Horitschon waren.

Die neue Pfarrkirche wurde 1947–1949 in der Mitte des Dorfes erbaut und ist – wie auch die frühere Kirche – der hl. Margareta geweiht. Das Altarbild dieser früheren Kirche (Darstellung der hl. Margareta; zweite Hälfte des 18. Jh.) wurde 1979 restauriert und an der linken Seite des Schiffs angebracht. Die Inneneinrichtung der neuen Kirche besteht aus künstlerisch wertvollen Arbeiten aus Adneter Marmor (Hauptaltar, Marienaltar, Taufstein und Kommunionbank), Holzschnitzarbeiten (Wandkreuz, Marienstatue, Nebenaltar mit Herzjesufigur, Kanzel), einem Freskogemälde im Altarraum, Kunstschmiedearbeiten (Luster, Wandleuchten), Kupferreliefs (Kommunionbank), Mosaik-Kreuzwegbilder und farbigen Fenstern.

Auf dem Friedhof befinden sich ein schöner spätbarocker Priestergrabstein (Ende 18. Jh.) und eine Mariensäule von 1697 zur Erinnerung an die Abtretung der Pfarre von dem damals evangelischen Nachbarort Neckenmarkt. Eine andere Mariensäule (1886) befindet sich an der Wegkreuzung nach Neckenmarkt, und eine dritte (mit moderner Figur) am westlichen Ortsrand. Weitere Bildstöcke sind dem hl. Johannes Nepomuk (1742), dem hl. Joseph (neue Figur auf Säule aus der Zeit um 1800) und dem hl. Aloysius (1891) geweiht.

Am Weg von Horitschon nach Deutschkreutz führt knapp 3 km nach der Ortsausfahrt links eine Zufahrt nach *Haschendorf,* das durch seinen berühmten Fund aus der jüngeren Hallstattzeit („Haschendorfer Trommel“, wahrscheinlich ein Kultgegenstand, heute im Museum von Sopron) bekannt wurde.

Das kleine, einzeilige Straßendorf besitzt noch alte Streckhöfe und Hakenhöfe aus dem 19. Jahrhundert und an seinem Ostrand einige charakteristische Bruchsteinscheunen.

Die Filialkirche „Zur Unbefleckten Empfängnis“ wurde 1864 in neuromanischen Formen mit einem achteckigen Fassadentürmchen und halbrunder Apsis erbaut. Eine kleine Lourdeskapelle stammt aus dem Jahr 1890, ein am Nordrand von Haschendorf befindlicher Bildstock (Pfeiler mit Gnadenstuhl) aus dem Jahre 1690.

Hornstein

Lage: Politischer Bezirk Eisenstadt-Umgebung; 10 km nordwestlich von Eisenstadt am Westhang des Leithagebirges zu Füßen des 484 m hohen Sonnenberges liegender Marktort
Einwohnerzahl: 2 267
Sehenswert: Alte Giebelhäuser; geringe Reste mittelalterlicher Wehranlagen

Aus der Umgebung des Ortes stammen prähistorische und römerzeitliche Funde. Urkundlich erwähnt wurde er schon 1271, um 1340 entstand hier auf einer Anhöhe östlich des heutigen Friedhofs zum Schutz gegen Österreich eine ungarische Burg, von der aber nur mehr spärliche Mauerreste erhalten sind.

Von 1364 bis 1440 stand der Ort unter der Herrschaft der Familie Kanizsai, die sich später als „Herren von Harrenstein“ bezeichneten, woraus sich der heutige Ortsname ableitet. Nach 1440 zuerst im Besitz österreichischer Herzöge, vorübergehend auch Hunyadis, dann Stützpunkt tschechischer Söldner und räuberischer Horden, wurde die Burg wahrscheinlich im Kampf mit letzteren oder aber in den Grenzkämpfen zwischen König Matthias Corvinus und Kaiser Friedrich III. im Jahre 1463 zerstört und nicht wieder aufgebaut. Auch von der 1363 unterhalb der Burg errichteten Pfarrkirche St. Anna steht heute nichts mehr; ihre Reste wurden 1776 abgetragen.

Am Weg vom alten Friedhof (mit einfacher Barockkapelle und teilweise unterirdischem Karner mit Bruchsteinpyramide) in den Ort sind an der Friedhofstraße und der Alten Allee noch künstliche Erdwerke, ein schon im Mittelalter angelegter Graben mit Vorwall und Hauptwall, zu erkennen. Auch an anderen Stellen gibt es noch Reste früherer Schanzen.

Nach der Zerstörung des Ortes durch die Türken (1529 und 1532) wurde das entvölkerte Hornstein mit Kroaten neu besiedelt.

Die Einrichtung der 1782 erbauten Pfarrkirche St. Anna stammt zum Hauptteil aus dem 18. Jahrhundert. In einer Glasvitrine kann man die bekleidete Schnitzfigur einer „Schmerzhaften Muttergottes" (das ehemalige Gnadenbild stammt möglicherweise aus Loretto) sehen. Das Hochaltarbild stellt die hl. Anna mit Maria, das linke Seitenaltarbild den hl. Florian, das rechte die Muttergottes dar. Die hl. Anna mit Maria ist auch als Steinfigur auf einem Pfeiler zu sehen. Die grisaillenartig gemalten Bilder am Kanzelkorb (1780) zeigen Jesus im Tempel und Jesus und die Samariterin. Ein Ölbild aus der Zeit um 1700 stellt einen Servitenheiligen und die 14 Nothelfer dar. Das steinerne Weihwasserbecken wurde um 1614 angefertigt.

Vor der Kirche ist die laubumwundene Pietàsäule (18. Jh.) mit zwei Pietàgruppen bemerkenswert. Im Ort steht auch eine kleine, der hl. Theresia geweihte neugotische Kapelle (1877), daneben ein dem hl. Johannes Nepomuk geweihter Bildstock (um 1800). Ein ehemaliger Ecce-Homo-Bildstock (1722) steht an der Straße nach Müllendorf. In die Mauer der alten Schule (1852, restauriert 1979) eingelassen ist der ehemalige Pranger mit Steinkugel.

In der Linken und Rechten Hauptzeile stehen noch schöne alte Giebelhäuser aus dem 19. Jahrhundert.

Hornstein ist meist von Kroaten bewohnt, liegt schon in Ungarn und zwar im Ödenburger Comitate. Es war gerade der Gottesdienst vorüber, als ich in Hornstein anlangte. Ich stand überrascht über die Menge der hübschen Landdirnen, welchen überdies ihre Tracht ein noch reizenderes Ansehen gab. Um den Kopf hatten sie ein reines, weißes, gesticktes Tuch gewunden; ein niedliches mit Bändern und Schmuck geziertes Leibchen umfaßte den schlanken Körperbau, und ein kurzer Faltenrock warf sich üppig über die Form der übrigen Teile der schönen Kroatinnen.

Adalbert Krickel, 1831

Illmitz

Lage: Politischer Bezirk Neusiedl am See; 25 km südlich von Neusiedl und östlich des Sees im Seewinkel liegender und von Weingärten umgebener Marktort, nahe bei den Naturschutzgebieten von Zicksee, Kirchsee, Lange Lacke u. a.
Einwohnerzahl: 2 447
Sehenswert: Ortsbild; Naturschutzgebiete

Wie an vielen Stellen des Seewinkels wurden auch bei Illmitz zahlreiche Funde aus der Jungsteinzeit bis zur Römerzeit gemacht. Eine Grabstelle aus der „Urnenfelderkultur" (um 1250 v. Chr.) ist heute im Landesmuseum von Eisenstadt zu sehen. Weiters wurden bei Illmitz ein römischer Sarkophag und eine bronzene Amor-Statuette gefunden. Von einer Hutweide südlich des Ortes stammen die Reste eines Mithras-Heiligtums.

Der urkundlich schon 1217 genannte Ort wurde mehrmals verwüstet, so auch von den Türken 1529 und 1683, und 1704–1707 in den Kuruzzenkriegen. Von einer urkundlich schon 1299 genannten Kirche ist nichts mehr erhalten.

Die heutige katholische Pfarrkirche St. Bartholomäus wurde 1775–1792 im spätbarocken Stil erbaut, der Turm 1954 erhöht. 1978 wurde ein moderner Erweiterungsbau an der Nordseite angefügt.

Der mit einem hohen Aufbau versehene Hochaltar aus dem Jahre 1658 stammt aus dem aufgelassenen Augustinerinnenkloster von Eisenstadt; das von den Figuren des hl. Rochus und des hl. Sebastian flankierte Altarbild zeigt den hl. Bartholomäus, das Aufsatzbild die Hl. Dreifaltigkeit. Der reichgeschmückte Tabernakel stammt aus dem Ende des 18. Jahrhunderts, die mit Reliefdarstellungen der Evangelisten geschmückte Kanzel aus dem Jahre 1812. Bemerkenswert sind auch die barocken Schnitzfiguren (erste Hälfte 18. Jh.) am Triumphbogen und auf Pfeilern, die den hl. Martin, hl. Ulrich, hl. Christophorus und hl. Florian darstellen. Aus der gleichen Zeit stammt eine Pietàsäule, die im modernen Kirchenteil aufgestellt ist.

Die ursprünglich so charakteristischen, alten, rohrgedeckten Häuser des Ortes sind in den letzten Jahren fast alle modernisiert worden; vereinzelt sieht man sie noch in der Hauptstraße und Florianigasse. Leider sind sehr viele der typischen alten Rohrscheunen (eine Kreuzscheune steht unter Denkmalschutz) bereits verschwunden.

Rund um den Ort, an den Rändern der etwa einen halben bis einen Meter tiefen Salzlacken und im Schilfgürtel des Neusiedler Sees nisten über zweihundert Vogelarten. Das Wasser der Lacken ist immer trüb; wenn es verdunstet, bedeckt „Zickstaub" (Salz) den Boden. Der salzhaltige Boden beherbergt auch eine seltene Pflanzenwelt. Das ganze Gebiet gilt als westlicher Ausläufer der asiatischen Salzsteppe.

Jennersdorf

Lage: Politischer Bezirk Jennersdorf; im südlichsten Teil des Burgenlandes am Nordufer der Raab und nahe an der ungarischen und jugoslawischen Grenze liegendes Städtchen und Bezirkshauptort, 14 km südlich von Fürstenfeld
Einwohnerzahl: 2 188 (Gemeindegebiet: 4 131)
Sehenswert: Katholische Pfarrkirche

Der im Raabtal liegende einstige Marktort gehörte bis 1848 zur Herrschaft des Zisterzienserstiftes von St. Gotthard (Ungarn). Die Stadterhebung erfolgte 1977.

Die katholische Pfarrkirche ist dem hl. Wenzel geweiht. Sie gehörte ursprünglich zur alten Mutterpfarre St. Martin in Mogersdorf und wurde erst 1578 zur selbständigen Pfarre erhoben. In der Zeit von etwa 1591 bis 1680 war die Pfarre evangelisch.

Das erhöht stehende Gotteshaus stellt in seinem Äußeren mit schön gegliederter Turmfassade und barockem Zwiebelhelm einen für das südliche Burgenland typischen Bau dar. Erbaut wurde die Kirche vom Stift Heiligenkreuz zwischen den Jahren 1780 und 1800, restauriert wurde sie 1970 und innen 1978.

Das Kircheninnere ist durch drei von Gurten getrennten Platzlgewölben gegliedert und zeigt einfache Deckenfresken aus neuerer Zeit. Der neugotische Hochaltar ist eine Tiroler Schnitzarbeit aus St. Ulrich im Grödnertal und zeigt in seinem reichen Aufbau verschiedenen Figurenschmuck. Er wurde 1904 aufgestellt. Sehr schön gestaltet ist die Barockkanzel von 1760 mit vergoldetem Rokokodekor.

Die barock nachempfundenen Seitenaltäre stammen aus der Mitte des 19. Jahrhunderts. Das Ölgemälde am linken Altar zeigt die Madonna im Rosenkranz (Madonna um 1750, Medaillons um 1780), flankiert von Statuen der heiligen Ungarnkönige Stephan und Ladislaus. Am rechten Seitenaltarbild (1782) ist die heilige Familie dargestellt.

Etwa 6 km nordöstlich von Jennersdorf liegt *Maria Bild,* ein kleiner Kirchweiler oberhalb von Weichselbaum mit Wallfahrtskirche Mariä Heimsuchung. Die Wallfahrt begann dort im Jahre 1749, nachdem ein an einem Baum befestigtes Marienbild in den Ort Weichselbaum gebracht wurde, aber wieder in den Wald zurückgekehrt sein soll.

Die heutige Kirche entstand an der Stelle einer früheren Kapelle Ende des 18. Jahrhunderts und wurde nach schweren Kriegsschäden 1945 wiederhergestellt. Die vordere Fassade wird von einem wuchtigen Rechteckturm beherrscht, der von einem achtseitigen Spitzhelm gekrönt ist. Ungewöhnlich sind die nach oben gewölbten Simse der Turmbegrenzung, unter die die Zifferblätter der Uhr gesetzt wurden.

Das Kircheninnere (1974 restauriert) zeigt sich als schlichte einschiffige Hallenkirche, die von einem Tonnengewölbe überdeckt ist; der etwas eingezogene Chor hat einen halbkreisförmigen Abschluß. Bemerkenswert ist der von vier Säulen flankierte Hochaltar, der 1958 aus verschiedenen Altarteilen des 18. und 19. Jahrhunderts zusammengesetzt wurde. Das Gnadenbild „Maria Pötsch" ist eine Kopie nach Original im Wiener Stephansdom. Über der Sakristeitür hängt ein modernes Marienbild in einem schönen Akanthusrahmen des 18. Jahrhunderts. Beachtung verdient auch die Kanzel aus dem Ende des 18. Jahrhunderts.

Jois

Lage: Politischer Bezirk Neusiedl am See; 3 km westlich von Neusiedl am nördlichen Schilfrand des Neusiedler Sees (Joiser Seewiesen) liegender Marktort
Einwohnerzahl: 1 292
Sehenswert: Innenausstattung der alten katholischen Pfarrkirche

Das Gebiet um Jois ist ein reiches Fundgebiet aus der Jungsteinzeit, Bronzezeit, Hallstattzeit und Römerzeit. Ein frühbronzezeitlicher Grabhügel enthielt fünfzehn Hockergräber. Aus der Hallstattzeit stammen Hausreste; aus der Zeit um 500 n. Chr. ein – wahrscheinlich langobardischer – steinerner Grabbau mit Resten von Sakral- und Opferfeuern.

Urkundlich 1214 erstmals erwähnt, wurde Jois schon 1546 mit dem Marktrecht ausgestattet. In den Türkenjahren 1529 und 1683 wurde der Ort zweimal zerstört.

Am Hauptplatz sowie in der Oberen und Unteren Hauptstraße und in der Joseph-Haydn-Gasse sind noch einige charakteristische alte Häuser und Höfe erhalten, so etwa der Wetschkahof (Hauptplatz 7) mit Brucker Stadtwappen an der Fassade und gewölbten Räumen, der auf einen mittelalterlichen Edelhof („Latteshof") zurückgeht, und der Saliterhof, eine ehemalige Salpetersiederei (heute Weinlokal) mit schöner barocker Einfahrt. Auf dem Hauptplatz befinden sich auch die schöne Mariensäule von 1877 sowie einige alte Grenzsteine aus der Zeit um 1731.

Am Beginn der Oberen Hauptstraße verdient eine große gotische Lichtsäule („Lentschkreuz") aus dem 15. Jahrhundert, mit barocker Nischenfigur der Immaculata (18. Jh.), Beachtung.

Im Gemeindeamt (Hauptstraße 23) ist eine ortskundliche Sammlung mit volkskundlichen Gegenständen und Dokumenten zur Ortsgeschichte untergebracht (Besichtigung gegen Voranmeldung, Tel. 02160/310).

In der Unteren Hauptstraße steht die neue katholische Herzjesu-Pfarrkirche von 1898, die 1937 zu einer Dollfuß-Gedächtniskirche ausgebaut wurde (nach Dr. Engelbert Dollfuß, 1892–1934, der sich auch als unermüdlicher Vorkämpfer der Landwirtschaft einen Namen machte).

Auf einer Anhöhe liegt die alte katholische Pfarrkirche St. Georg aus der zweiten Hälfte des 18. Jahrhunderts. Sie steht an der Stelle einer von den Türken zerstörten ehemaligen romanischen Kirche, von der noch Bauteile in der Vorhalle der heutigen Kirche zu sehen sind.

Die Barockkirche besitzt am Triumphbogen (Christus und die Samariterin) und am Chorjochgewölbe („Fußwaschung") Wandmalereien aus dem 18. Jahrhundert. Aus der gleichen Zeit stammt auch die kunstvolle Barockausstattung. Der prächtige Hochaltar, dessen hoher Aufbau mit einer Georgsfigur und zwei weiblichen Heiligenfiguren bekrönt wird, besitzt über den Opfergangsportalen die in weiß gehaltenen Statuen des hl. Rochus und hl. Sebastian, während das Altarbild der hl. Maria mit Stiftern (1863) von den Statuen der hll. Ungarnkönige Stephan und Ladislaus flankiert wird.

Die beiden ebenso prächtigen barocken Seitenaltäre wurden um 1760 gefertigt. Der rechte Altar besitzt als Nischenfigur über dem Tabernakel eine thronende Muttergottes, oben Lamm Gottes und Buch mit sieben Siegeln, am Aufsatz Gottvater und Engel. Am linken Seitenaltar, der von dem reichgerahmten Reliefbild des hl. Johannes Nepomuk beherrscht wird, befindet sich am Aufsatz eine Figur von St. Georg als Drachentöter.

Auch die Kanzel stammt aus der Zeit um 1760 und ist wegen ihrer reichen Rokoko-Ornamente sehenswert; Symbolfiguren stellen den Glauben und die Hoffnung dar, dazwischen zeigt ein Relief die Berufung eines Apostels, ein Engel mit Posaune bekrönt den von Ornamenten überwucherten hohen Schalldeckel.

Die Sitzfigur (1766) an der Orgel stellt König David dar. Das Vesperbild unter der Orgel stammt aus dem 18. Jahrhundert, ebenso die 14 Kreuzwegbilder.

Am Ortsrand und in der Umgebung stehen zahlreiche Bildstöcke aus dem 17. bis 19. Jahrhundert, bemerkenswert vor allem die Kreuzsäule (1736) auf dem Weg nach Winden mit Kruzifix und trauernder Muttergottes sowie Reliefdarstellung der Dornenkrönung Jesu.

Am westlichen Ortsrand liegt ein Flaumeichenbuschwald (Naturschutzgebiet) mit seltener Flora. Im Schilfgürtel nisten Reiher und Löffler.

Kaisersteinbruch

Lage: Politischer Bezirk Neusiedl am See; 14 km nordwestlich von Neusiedl am nördlichen Leithagebirge liegendes Haufendorf an der niederösterreichischen Grenze
Einwohnerzahl: 262
Sehenswert: Katholische Pfarrkirche; Königshof

Grabungsfunde von der Jungsteinzeit bis zur Römerzeit weisen auf eine frühe Besiedlung des Gebietes hin. Westlich des Ortes wurde ein römischer Straßenzug, nördlich davon, bei Königshof, ein römischer Gutshof mit Herrenhaus entdeckt. In karolingischer Zeit entstand dort ein Erdwall mit Schanzen und „Königshof". Königshof gelangte 1203 in den Besitz der Zisterzienser von Heiligenkreuz und wurde 1529 von den Türken zerstört.

Steinmetze aus Heiligenkreuz gründeten Ende des 16. Jahrhunderts den Ort Kaisersteinbruch, der 1590 erstmals urkundlich erwähnt wird. In der Barockzeit entstand hier dank des „kaiserlichen Steinbruchs" eine bedeutende Steinmetzzunft. Heute noch ist der Ort wegen seiner bedeutenden Steinbrüche (sarmatischer Kalkstein) bekannt. Außerdem befindet sich hier ein großer Truppenübungsplatz mit Kaserne.

In der Ortsmitte liegt der Friedhof mit der 1617 gestifteten zweitürmigen Pfarrkirche St. Rochus und Sebastian. Steinfiguren dieser beiden Heiligen und der Immaculata schmücken die Fassade. Die Nischenfigur stellt die hl. Rosalia dar. Die Kirche wurde 1745 umgebaut und erweitert und nach Brand von 1814 erneuert. 1857 wurde der Chor neu erbaut. Die schweren Kriegsschäden von 1945 wurden zwischen 1960 und 1968 großteils behoben. In der Mitte des 18. Jahrhunderts wurden an die Südseite der Kirche eine Vorhalle mit gewölbtem Laubengang und eine zweigeschossige Sakristei angebaut. Neben der Sakristeitür verdient der Grabstein des 1755 verstorbenen berühmten Steinmetzen und Baumeisters Elias Hügel (mit Steinmetzzeichen) Beachtung. Auf dem Friedhof befinden sich noch zahlreiche weitere Gräber von bekannten Steinmetzen.

Der einschiffige Innenraum der Kirche wird von dem prachtvollen Hochaltar von 1720 beherrscht, dessen Holzkruzifix zwischen korinthischen Säulen von den Steinfiguren der hl. Barbara und Katharina flankiert wird. Auf den Podesten sind die Namen der Steinmetze (u. a. auch Elias Hügel) genannt. Den Namen von Elias Hügel trägt auch der Säulenaltar in der nördlichen Seitenkapelle. An der Stelle der ursprünglichen, im Krieg zerstörten Kreuzigungsgruppe aus Stein wurde die 1964 restaurierte hölzerne Kreuzigungsgruppe von 1894 gesetzt, die sich ursprünglich an der Außenwand der Kirche befand.

Ein schöner Barockgiebel mit dem Wappen von Heiligenkreuz schmückt den alten Meierhof „Königshof" bei Kaisersteinbruch

Bemerkenswert ist auch das Friedhofsportal mit einfachen Steinfiguren (hl. Maria; seitlich hl. Sebastian und hl. Rochus) aus der Mitte des 17. Jahrhunderts.

Der weiter nördlich, an der Leitha liegende Ortsteil *Königshof* besteht aus einem schloßartigen Komplex mit Kern aus dem Anfang des 17. Jahrhunderts mit mehreren Wohn- und Wirtschaftsgebäuden. Ursprünglich befand sich hier ein befestigter „Königshof" aus dem 9. Jahrhundert, wie er den karolingischen Kaisern bei ihren Reisen als Stützpunkt diente. Zur Karolingerzeit wurden hier über den Resten eines ehemaligen römischen Gutshofes mit Herrenhaus (bei archäologischen Grabungen 1903 freigelegt) ein rechteckiges, durch Schanzen befestigtes Erdkastell erbaut, das eine Seitenlänge von 109 x 130 Metern besaß. Die ungarischen Könige, die das Gebiet später in Besitz nahmen, schenkten es 1203 den Zisterziensern von Heiligenkreuz, die hier mit dem Bau eines Klosters und einer großen Kirche begannen, die aber unvollendet blieb und 1270 beim Tatarensturm zerstört wurde. Ein neuer Kirchenbau wurde 1529 von den Türken zerstört.

Auch der heutige bei der Wilfleinsdorfer Mühle neu erbaute „Königshof" aus dem 17. Jahrhundert erlitt im Türkenjahr 1683 und beim

Einfall der Kuruzzen (1703) schwere Schäden und wurde im 18. und 19. Jahrhundert mehrmals umgebaut. Heute ist in dem weiträumigen Gebäudekomplex eine Bundesversuchsanstalt untergebracht.

Am Osttrakt ist ein Barockportal mit Rundgiebelaufsatz und Wappen von Heiligenkreuz erhalten. Zwei barocke Steinfiguren stellen den hl. Johannes Nepomuk (1731) und den hl. Bernhard von Clairvaux (1727) dar. Eine tonnengewölbte Einfahrt führt in einen dreiseitigen Hof. Im Westflügel befindet sich ebenfalls eine gewölbte Einfahrt in einen zweiten Hof, mit einem kleinen Eckerker aus dem 17. Jahrhundert.

Die aus Quadern gemauerte Brücke über den Mühlbach ist mit der Jahreszahl 1672 bezeichnet; das Barockportal am Mühlhaus zeigt im Sprenggiebel das Heiligenkreuzer Wappen.

Kittsee

Lage: Politischer Bezirk Neusiedl am See; 26 km nordöstlich von Neusiedl bzw. 9 km südlich von Preßburg an der tschechischen Grenze liegender Marktort (Grenzübergang 4,5 km weiter nördlich: Engerau/Petržalka)
Einwohnerzahl: 2 176 (Gemeindegebiet mit Edelstal: 2 709)
Sehenswert: Altes und Neues Schloß; Ethnographisches Museum

Der historisch bedeutende Ort, aus dessen Umgebung jungsteinzeitliche Funde und bronzezeitliche Funde der „Wieselburger Kultur" stammen, war schon im frühen Mittelalter ein wichtiger Grenzort. Hier wurden im 11. Jahrhundert von den Ungarn Petschenegen (ein turkstämmiges Reitervolk) als Grenzwächter gegen Österreich angesiedelt, hier soll sich auch das berühmte „viervelt" (vizz, vizze) befunden haben, auf dem 1198 Kaiser Friedrich I. Barbarossa auf seinem Kreuzzug gelagert und Heerschau gehalten hat. Hier fand 1264 die Trauung Kunigundes von Brandenburg, der Nichte Przemysl Ottokars, mit dem Sohn des Ungarnkönigs Béla IV. statt. Nach der Rückeroberung des durch den Babenbergerherzog Albrecht I. von Österreich besetzten Gebietes durch den Ungarnkönig Andreas III. wurde hier der „Hainburger Friede" von 1291 unterzeichnet. Aus diesem Jahr stammt auch die erste urkundliche Erwähnung des Ortes.

Im 13. Jahrhundert erfolgte die Errichtung einer Mautstelle, 1416 wurde der Ort zum Markt erhoben. Mitte des 15. Jahrhunderts, als Kaiser Friedrich III. Ungarn für das Haus Habsburg erwerben will und gegen den Ungarnkönig Matthias Corvinus Krieg führt, versucht Papst Sixtus IV. in Kittsee Frieden zu stiften.

1529 und 1683 wurde der Ort von den Türken zerstört. 1683 fand hier auch die berühmte Heerschau Kaiser Leopolds über seine Truppen gegen die Türken statt.

Um 1700 siedelte sich in Kittsee eine große, aus Preßburg vertriebene Judengemeinde an und spielt in der Folgezeit als drittes Volkselement neben den österreichischen und kroatischen Einwohnern bis zum Jahre 1938 eine Rolle im Wirtschaftsleben und Grenzhandel.

Im 16. und 17. Jahrhundert gab es in Kittsee bis zu sechs bedeutende Edelhöfe („Freihöfe") verschiedener Adelsfamilien, von denen aber heute nichts mehr erhalten ist.

Ältester Teil des Ortes ist das Viertel um das sogenannte „Schanzl" beim alten Schloß; auch am Hauptplatz stehen noch schöne Häuser mit Fassadendekor aus dem 19. Jahrhundert. Bemerkenswert ist auch das zweigeschossige Bürgerhaus in der Preßburgerstraße Nr. 7 mit einem Erker aus dem Ende des 18. Jahrhunderts. Eine Gedenktafel erinnert daran, daß 1831 in diesem Haus der berühmte Geigenvirtuose Joseph Joachim geboren wurde, der 1868 Direktor der Musikhochschule in Berlin wurde. Das angrenzende Haus Nr. 9 besitzt noch ein Rundbogenportal aus der ersten Hälfte des 18. Jahrhunderts.

Die 1978 restaurierte, dreischiffige Pfarrkirche Zur Kreuzerhöhung ist ein moderner Bau von 1952 bis 1956, der anstatt der 1945 gesprengten Barockkirche errichtet wurde. Auch von der ursprünglichen, aus dem Mittelalter stammenden Kirche des Ortes ist nichts mehr erhalten. Auf dem Hochaltar der neuen Kirche ist eine holzgeschnitzte Kreuzigungsgruppe aus der ersten Hälfte des 18. Jahrhunderts angebracht. Aus der gleichen Zeit stammen auch das Marienbild über der Sakristeitür und der Taufstein.

Auf dem Dorfanger stehen eine Immaculata-Säule und eine Dreifaltigkeitssäule (Pestsäule), beide aus der ersten Hälfte des 18. Jahrhunderts. 1752 wurde das sogenannte „Blaue Kreuz" östlich des Ortes errichtet, eine Pietà-Säule mit Batthyány-Wappen am Sockel. Eine Mariensäule aus dem Ende des 17. Jahrhunderts (restauriert 1974) steht bei der Zollwache.

Altes und Neues Schloß

Das Alte Schloß war ursprünglich eine Wasserburg an einer Donauschlinge und reicht in seinen ältesten Teilen bis in das 12. Jahrhundert zurück. Im Kampf um das Babenberger-Erbe wurde die Burg 1270 oder 1271 vom Böhmenkönig Przemysl Ottokar zerstört.

Vom dreigeschossigen Schloßneubau aus dem 16. und 17. Jahrhundert sind eine Wendeltreppe im Hof (mit Wappen und Jahreszahl 1552 oder 1553), der achteckige Turm und das spätgotische Tor zum Keller bemerkenswert. An der Nordseite des Schlosses befindet sich ein beachtlicher Keller mit Gratgewölbe, das von sechs Steinquaderpfeilern getragen wird; darüber ein ehemaliger Schüttkasten. Hinter dem Alten Schloß liegt der jüdische Friedhof.

Das Neue Schloß wurde Anfang des 17. Jahrhunderts als Meierhof erbaut, unter Johann Listy 1668 erweitert und unter Fürst Paul Esterházy 1730–1740 umgestaltet. Nach 1870 gelangte der Schloßbau (ebenso wie das Alte Schloß) in den Besitz der Batthyány.

Im Jahr 1900 wurde eine aus der ersten Hälfte des 18. Jahrhunderts stammende, von Atlanten getragene Altane vom Primatial-Sommerpalais in Preßburg vor die Giebelfront der Hoffassade angebaut. Die vermauerten Erdgeschoßarkaden, die den Ehrenhof umgeben, wurden 1970 geöffnet. Bemerkenswert sind der reichgegliederte und mit Schmiedeeisengittern versehene zweiarmige Stiegenaufgang in das Obergeschoß, der große Festsaal mit ionischer Pilastergliederung, Stuckdecke und prächtigem Mittelspiegel, der kleine Festsaal (Jagdsaal) mit schönen Stuckdekorationen und Stuckmedaillon mit Hirschjagd sowie die noch vorhandenen neubarocken Kachelöfen.

Der hufeisenförmige Schloßbau mit reichgegliedertem Mittelpavillon beherbergt seit 1974 ein Ethnographisches Museum mit kunst- und kulturgeschichtlichen Exponaten (Möbel, Trachten, Textilien, Keramiken, Schmuck usw.) aus Ost- und Südosteuropa. Es ist täglich von 10–12 und 13–17 Uhr geöffnet. Auch Sonder- und Wechselausstellungen finden hier statt.

Bemerkenswert ist auch der ehemalige Schloßpark; das schöne Hauptportal mit Schmiedeeisengitter zierte einst den österreichisch-ungarischen Pavillon auf der Pariser Weltausstellung von 1900. Von vier früheren Eckbastionen (17. Jh.) ist nur mehr eine erhalten. Ein Steinportal mit Inschrift von 1668 stammt noch vom ursprünglichen Schloßbau des 17. Jahrhunderts.

Von der alten, 1529 von den Türken zerstörten nahegelegenen Siedlung Lebarn blieb nur der Turm der mittelalterlichen Kirche stehen, der heute im Volksmund als „Heidenturm" bezeichnet wird.

Westlich von Kittsee liegt an der niederösterreichischen Grenze das noch zum Gemeindegebiet von Kittsee gehörende Straßendorf *Edelstal* mit einer dem hl. Ungarnkönig Stephan geweihten katholischen Pfarrkirche aus dem 18. Jahrhundert (bemerkenswert sind Hochaltar und Kanzel aus dem 18. Jh.) und einem charakteristischen Kellerviertel am Hang des Steinbergs.

Edelstal ist auch den Archäologen als mittelalterliche Fundstätte bekannt. Aus der Zeit der Völkerwanderung wurden hier zahlreiche Gräber eines Awarenfriedhofs entdeckt mit Lebensmittelbeigaben, Keramiken, Glasperlen, Eisengerät und Bronzen. Aus dem 14./15. Jahrhundert stammt ein Fund von etwa 3 000 Münzen.

Aus Edelstal stammen auch Vater und Großvater von Franz Liszt. Letzterer wirkte über elf Jahre als Schulmeister in Kittsee.

Kleinfrauenhaid

Lage: Politischer Bezirk Mattersburg; 5 km nördlich von Mattersburg, zum Ort Zemendorf und zum Gemeindegebiet von Pöttelsdorf gehörender Kirchweiler
Sehenswert: Katholische Pfarr- und Wallfahrtskirche; Friedhofskirche

Die katholische Pfarr- und Wallfahrtskirche Mariä Himmelfahrt geht auf eine mittelalterliche Pfarre des 13. Jahrhunderts zurück, stammt aber in ihrer heutigen Form aus dem 17. und 18. Jahrhundert. Nach Zerstörung beim Türkeneinfall von 1683 ließ der Palatin Fürst Paul Esterházy schon zehn Jahre später den Neubau der Kirche beginnen. Der reichgegliederte Turm an der Giebelfassade wurde 1778 hinzugefügt und 1977 restauriert. Bei Renovierungsarbeiten im Jahre 1979 entdeckte man im Innern der Kirche noch romanische Bauteile.

Das zweijochige Langhaus der mächtigen, spätbarocken Kirche stammt aus der Zeit um 1700, die Rundapsis aus dem Ende des 18. Jahrhunderts. Die Kapelle des hl. Franz Xaver an der Südwand wurde 1694 erbaut, die Kapelle an der Nordseite hingegen (sie besitzt schöne Terrakottaverzierungen) wurde erst in der zweiten Hälfte des 19. Jahrhunderts angefügt; sie dient als Familienmausoleum.

Der Hochaltar besteht aus einem freistehenden, spätbarocken Tabernakel in der Form eines kleinen, kuppelgekrönten Rundtempels; das Gnadenbild an der Apsiswand zeigt eine prächtig gerahmte „Schwarze Madonna“ von 1461, die wahrscheinlich im 17. Jahrhundert nach altem Vorbild gestaltet wurde. Dieses aus Forchtenstein stammende Marienbild wurde 1736 gestiftet und war ursprünglich im Besitz der Familie Esterházy. Bemerkenswert sind ferner der silberne Ewig-Licht-Leuchter und die kunstvolle steinerne Kommunionbank.

Das rechte Seitenaltarbild zeigt den hl. Joseph (Ende 18. Jh.), das Gemälde am linken Seitenaltar („Die hl. Anna lehrt Maria das Lesen“) stammt von Stefan Dorfmeister (1784). Vom gleichen Künstler signiert ist auch das im Langhaus hängende Gemälde „Fürbitte des hl. Joseph“. Auch die „Heilige Dreifaltigkeit mit Maria und Joseph“ wird ihm zugeschrieben.

Ein weiteres Gemälde an der Langhauswand stellt den hl. Johannes Nepomuk und den hl. Franz Xaver dar; es stammt aus der zweiten Hälfte des 18. Jahrhunderts. An der Kanzel (zweite Hälfte 18. Jh.) befindet sich eine Figur des Guten Hirten. Auf dem Deckel des Taufsteins ist ein holzgeschnitzter Christus aus der gleichen Zeit angebracht.

Die in der Sakristei befindlichen Ölgemälde stellen Judith mit dem Haupt des Holofernes (eine italienische Arbeit aus der Zeit um 1700) sowie die Köpfe von Petrus und Paulus (Kopien nach Rubens, 17. Jh.) dar.

Die Wallfahrtskirche von Kleinfrauenhaid, ein großer spätbarocker Bau aus der Zeit um 1700 mit Turm von 1778

Neben der Kirche breitet sich der alte Friedhof aus, an dessen Nordmauer drei kleine, aus dem Jahre 1866 stammende Kapellen mit schönen Schmiedeeisengittern stehen. In den Nischen befinden sich links eine holzgeschnitzte Mater Dolorosa, in der Mitte ein Kruzifix (Ende 18. Jh.) und rechts ein Vesperbild aus dem 17. Jahrhundert. Das Portal an der Westmauer (1662) stammt von der Pfarrkirche und wurde 1975 hierher versetzt.

Die Friedhofskapelle besitzt noch einen romanischen Unterbau und einen frühgotischen Oberbau. Es gibt eine Theorie, nach der es sich bei diesem Bau um die ursprüngliche Heiliggeist-Pfarrkirche des 13. Jahrhunderts handeln soll. Sie diente später als Karner. 1718 wurde sie umgebaut und erhielt dabei ihr barock gegliedertes Kirchenschiff. Im eingezogenen, rechteckigen Chor ist das hochgotische Kreuzrippengewölbe bemerkenswert. Derzeit dient die Kapelle als Kriegergedächtnisstätte.

Der Pfarrhof, der wie die Kirche 1683 von den Türken zerstört worden war, wurde kurz danach wieder aufgebaut, mehrmals verändert und hat sein heutiges Aussehen aus dem 19. Jahrhundert. Das barocke Holzkruzifix im Stiegenhaus stammt aus dem 18. Jahrhundert.

Der schon aus dem 15. Jahrhundert stammende Tabernakelpfeiler am nördlichen Ortsende wurde 1975 restauriert. Der Immaculata-Bildstock am südlichen Ortsende wurde 1894 aufgestellt. Aus dem 19. Jahrhundert stammt auch eine Dreifaltigkeitssäule. Älter ist eine Steinstatue des hl. Johannes Nepomuk (1736).

Kleinhöflein

Lage: Politischer Bezirk Eisenstadt-Umgebung, Ortsteil von Eisenstadt; unmittelbar westlich an die Landeshauptstadt angrenzendes Angerdorf
Einwohnerzahl: 1 021
Sehenswert: Katholische Pfarrkirche; Ortsbild

Kleinhöflein ist ein reiches archäologisches Fundgebiet; jungsteinzeitliche Siedlungen gab es u. a. auch am Fuß des Kirchhügels. Urkundlich wurde der Ort erstmals 1334 erwähnt (möglicherweise schon 1153 als „Heuchelin“, wobei es sich aber auch um Großhöflein handeln kann), seit 1515 ist er Bestandteil der Eisenstädter Herrschaft, ab 1622 im Besitz der Esterházy. In den Türkenkriegen von 1529, 1532 und 1683 wie auch 1704 von den Kuruzzen verwüstet, teilte der Ort im großen und ganzen die Geschicke Eisenstadts.

Schöne Giebelhäuser aus dem 17. und 18. Jahrhundert (mit großteils im 19. Jh. erneuerten Fassaden) kann man noch in der Hauptstraße und in der Wiener Straße sehen.

Auf einem Hügel hoch über dem Ort steht im alten Friedhof (von Resten einer alten Wehrmauer umgeben) die katholische Pfarrkirche St. Veit mit kreuzrippengewölbtem Chor aus dem 15. Jahrhundert und spätgotischen Langhaus (1528) mit Netzrippengewölbe und 40 m hohem Barockturm aus dem Jahre 1700 mit steinernem Spitzhelm. Beachtenswert sind die beiden spätgotischen Portale und die spitzbogigen Maßwerkfenster. Neben dem Südportal springt ein 1528 erbauter Treppenturm vor. Über dem Turmeingang ist eine Skulptur des hl. Veit (um 1700) zu sehen.

Die Inneneinrichtung der Kirche wurde 1683 von den Türken zerstört. Sie erhielt Ende des 18. Jahrhunderts eine neue, prächtige Spätbarock- bzw. Rokoko-Ausstattung mit einem reichgeschmückten, monumentalen Hochaltar mit Opfergangsportalen. Das Altarbild zeigt das Martyrium des hl. Veit, vier große, seitliche Schnitzfiguren stellen (außen) die Heiligen Petrus und Paulus und (innen) Kajetan und Johannes Nepomuk dar.

Das Altarbild „Kreuzigung“ am rechten Seitenaltar (Aufsatzbild Maria Magdalena) wird von den Schnitzfiguren des hl. Sebastian und der hl. Anna mit Maria flankiert; auf der Mensa eine große Pietà-Gruppe. Der linke Seitenaltar wurde unter Verwendung barocker Teile 1963 erneuert. Bemerkenswert ist die Mittelfigur, Maria mit Kind (17. Jh.); seitlich Schnitzfiguren des hl. Joseph und Simeon, am Aufsatz Hl. Dreifaltigkeit.

Die reichgeschmückte Rokokokanzel zeigt am Korb die Figuren des Heilands und der Evangelisten, auf dem Schalldeckel Wappen und Kirchenväter, zuoberst die Immaculata.

Bemerkenswert ist auch die Maria mit Kind am rechten Triumphbogenpfeiler, eine Schnitzfigur aus dem Anfang des 18. Jahrhunderts. Der Musikchor aus spätgotischer Zeit trägt an der Brüstung Apostelbilder aus dem Ende des 17. Jahrhunderts.

Am Friedhofeingang vor der Kirche steht eine Mariensäule (Anfang 18. Jh.). Aus dem 17. Jahrhundert stammt am südlichen Ortsende ein Tabernakelpfeiler mit Hl. Familie und Relieffiguren.

Eine Dreifaltigkeitssäule von 1680 mit Gnadenstuhl auf Weinlaubsäule (Sockelfiguren hll. Veit, Rosalia, Sebastian und Rochus) steht oberhalb des Landesgerichts, eine zweite aus dem Jahre 1765 (mit Gnadenstuhl auf achteckigem Pfeiler) auf dem Dorfanger. Am Feldweg nach Großhöflein steht das „Mattersdorfer Kreuz" (zweite Hälfte 17. Jh.) mit Nischenfiguren der hll. Rochus, Sebastian, Michael und des Guten Hirten.

In der Umgebung des Ortes, vor allem am alten Weg nach Loretto, stehen noch zahlreiche weitere bemerkenswerte Bildstöcke, Wegkreuze und kleine Kapellen aus dem 17. bis 19. Jahrhundert.

Klostermarienberg

Lage: Politischer Bezirk Oberpullendorf; 12 km südlich von Oberpullendorf an der Rabnitz liegendes Straßendorf, zur Gemeinde Mannersdorf gehörend. Obwohl an der ungarischen Grenze gelegen (südlich benachbart die Stadt Güns/Köszeg), befindet sich der Grenzübergang im 6 km entfernten Rattersdorf
Einwohnerzahl: 400
Sehenswert: Katholische Pfarrkirche und ehemaliges Kloster

Die Besiedlung des Ortes läßt sich bereits zur Römerzeit nachweisen. Urkundlich schon 1195 durch Gründung eines Zisterzienserklosters erwähnt und von Heiligenkreuz aus besiedelt, wurde der Ort 1532 von den Türken zerstört und in der Folgezeit neu gegründet.

Der Standort des ursprünglichen Klosters ist umstritten. Das neue Kloster aus dem Jahre 1680, mit Kirche aus der gleichen Zeit (heute profaniert), ist ein schmuckloser, einfacher Bau mit einem Klostergang, in dem noch Spuren des ehemals gotischen Kreuzgangs zu erkennen sind. Am Gang steht eine bemerkenswerte Schnitzfigur aus der Zeit um 1700, die den hl. Bernhard von Clairvaux darstellt. Im Stiegenhaus befindet sich ein kleines Kruzifix aus der ersten Hälfte des 18. Jahrhunderts. Ein großes Kruzifix aus der gleichen Zeit befindet sich im Lapidarium, das auch architektonische Fundstücke des ursprünglichen Baus (Pfeilerbasen und Kapitelle, Mauerbruchstücke usw.) enthält. Bemerkenswert ist das gotische Kapellengewölbe, das auf einem Mittelpfeiler ruht, und der noch ursprüngliche steinerne Handlauf an der Stiege.

Die katholische Pfarrkirche St. Georg und Mariä Himmelfahrt, die an das Kloster angrenzt, ist ein Neubau aus der Zeit zwischen 1741 und 1774 auf dem Grundriß eines griechischen Kreuzes mit abgerundeten Ecken. Aus der pilastergegliederten Giebelfassade steigt ein schöner, mit Pyramidenhelm bekrönter Turm auf. Die Einrichtung des kuppelüberwölbten Innenraums stammt aus dem letzten Viertel des 18. Jahrhunderts und ist in einheitlichem Rokokostil gehalten.

Bemerkenswert ist der Hochaltar mit reichgegliedertem Aufsatz, prächtigem Tabernakel und Himmelfahrtsbild von Stephan Schaller (1757), seitlich davon die Figuren der hll. Ungarnkönige Stephan und Ladislaus sowie des hl. Benedikt und hl. Bernhard. Das Aufsatzbild stellt den hl. Georg dar.

Die seitlichen Wandaltäre mit Rocaillenrahmung besitzen ebenfalls Altarblätter von Stephan Schaller: hl. Joachim und hl. Anna mit Maria (links) und hl. Johannes Nepomuk (rechts).

Einen großartigen Aufbau mit Rokokodekorationen zeigen die Seitenaltäre im Querarm; am linken befindet sich unter einem Baldachin eine Figurengruppe der Hl. Familie, die Seitenfiguren stellen den hl. Joachim und die hl. Anna dar; am rechten wird ein Bild des hl. Antonius vor der Muttergottes von den Figuren des hl. Johannes d. T. und der hl. Anna flankiert.

An der Kanzel stellen die symbolischen Relieffiguren Glauben, Liebe und Hoffnung dar, die Figur auf dem Schalldeckel den Guten Hirten. Als Gegenstück steht gegenüber eine große Kreuzigungsgruppe mit Johannes und Magdalena.

Bemerkenswert ist auch die Dreifaltigkeitssäule des Ortes, die 1729 errichtet wurde; die Sockelfiguren stellen die Muttergottes, den hl. Sebastian und hl. Florian dar. Eine kleine Marienkapelle stammt aus dem Jahre 1856. Die Weinbergkapelle südlich des Ortes (18. Jh.) soll verschiedenen Auslegungen zufolge der Standort des mittelalterlichen Klosters gewesen sein.

Kobersdorf

Lage: Politischer Bezirk Oberpullendorf; 14 km nordwestlich von Oberpullendorf bzw. 2 km nordwestlich von Weppersdorf liegender Markt und Festspielort am Schwarzbach, zu Füßen des 761 m hohen Pauliberges, eines erloschenen Vulkans
Einwohnerzahl: 1 017 (Gemeindegebiet: 1 903)
Sehenswert: Wasserschloß; katholische und evangelische Pfarrkirche; Heimathaus
Kulturelle Veranstaltungen: Schloßspiele Kobersdorf, alljährlich im Juli (literarische und musikalische Komödien und Schwänke)

Die erste urkundliche Erwähnung des Ortes – von dem bei der Überschwemmungskatastrophe von 1895 zwei Drittel zerstört wurden – fällt mit dem Bau der Wasserburg (zwischen 1222 und 1229) zusammen. Es gibt aber auch Vermutungen, daß es sich bei Kobersdorf um die karolingische Siedlung Kundpoldesdorf (9. Jh.) handelt, die im Salzburger Urkundenbuch erwähnt wird und 1073 zur Grafschaft Pitten gehört hat.

Der Ort selber erlangte im 15. Jahrhundert nach seiner Erhebung zum Markt neben der wehrhaften auch wirtschaftliche Bedeutung. Eine Rolle spielte dabei auch eine Judengemeinde, die sich im 16. Jahrhundert hier niederließ und bis zum Jahre 1938 bestand. Der Wasserburg gegenüber steht die 1848 erbaute und teilweise restaurierte Synagoge, ein Ziegelbau mit hohem Giebel. Am Waldrand befindet sich ein kleiner jüdischer Friedhof.

Aus dem Jahr 1850 stammt das ehemalige ungarische Zollhaus in der Waldgasse 15; heute beherbergt es das Heimatmuseum, das hauptsächlich bäuerlichen Hausrat enthält, überdies auch eine Sammlung schöner kunstgewerblicher Arbeiten. Es kann täglich nach Voranmeldung (Tel. 02618/8213) besichtigt werden.

Erwähnenswert ist auch das heilkräftige Kobersdorfer Mineralwasser (Säuerling) für Trinkkuren; die modern gefaßte Heilquelle liegt im Elisabethpark. Westlich des Ortes, am Nordhang des Pauliberges, befindet sich die sogenannte Waldquelle (Waldsauerbrunn).

Die Kirchen

Die in erhöhter Lage stehende katholische Pfarrkirche St. Nikolaus wurde 1728 erbaut, geht jedoch auf eine frühere gotische Kirche zurück, die ursprünglich als Wehrkirche erbaut worden und von einer zinnenbekrönten Wehrmauer umgeben war. Schwalbenschwanzzinnen aus dem 17. Jahrhundert kann man noch am Friedhofstor sehen. Die Innenausstattung der Kirche stammt aus dem 18. Jahrhundert, der Aufbau des Hochaltars wurde 1970 erneuert. Das Altarbild des hl. Nikolaus wird von den Figuren der hll. Augustin und Nikolaus flankiert; im Aufsatz ist die Hl. Dreifaltigkeit dargestellt. Die Figuren an den Apsisecken stellen Petrus und Paulus dar.

Die evangelische Pfarrkirche A. B. wurde 1785 erbaut und 1856 umgestaltet. Dabei wurde auch der Turm mit neugotischem, achteckigem Oberteil und Spitzhelm errichtet. Aus der gleichen Zeit stammt auch das neugotische Maßwerkportal. Bemerkenswert ist der reichgeschnitzte und vergoldete Altar (1680), der aus einem 1786 aufgelassenen Pauliner-Eremitenkloster stammt; das Altarbild „Kreuzigung" (1787) stammt von Stefan Dorfmeister. Ein Aufsatzbild zeigt die Auferstehung. Die seitlichen Figuren stellen König David und Moses dar. Sehr schön ist auch die aus dem 18. Jahrhundert stammende, vergoldete Kanzel mit einer Figur des „Guten Hirten" auf dem Schalldeckel. Der evangelische Pfarrhof aus dem 19. Jahrhundert verdient wegen seiner schönen Arkaden Beachtung.

In der am nördlichen Ortsende stehenden Florianikapelle befindet sich am Altar ein aus der Zeit um 1700 stammendes Bild des hl. Florian. Aus dem 17. Jahrhundert stammt die Lichtsäule, die an der Straße nach Weppersdorf steht.

Die Wasserburg

Die 1229 errichtete Burg wurde 1289 im Zuge der „Güssinger Fehde" von Herzog Albrecht I. von Österreich eingenommen, 1291 aber wieder den Ungarn zurückgegeben. 1329 gelangte sie in den Besitz der Grafen von Mattersdorf, 1447 an Herzog Albrecht VI. von Österreich und 1451 an Kaiser Friedrich III. und damit auch vorübergehend an die Habsburger. Vom 16. Jahrhundert an wechselte die Burg oft ihre Besitzer, die sie im 16. Jahrhundert durch das sogenannte „Neue Schloß" erweitern ließen. Unter den Grafen Kéry wurden im 17. Jahrhundert die noch vorhandenen mittelalterlichen Bauteile zu einer Renaissanceburg umgestaltet. 1704 erwarb sie Paul Esterházy.

Während der Türkenkriege war die Burg ein wichtiges Bollwerk gegen den Osten. Heute spielt sie im Rahmen der burgenländischen Festspiele eine bedeutende kulturelle Rolle. Alljährlich im Juli finden im Schloßhof die „Schloßspiele" statt.

Man betritt das Schloß über die ehemalige Zugbrücke an der Nordwestseite, die zu einem mächtigen Torbau (Barbakane) führt, die aus dem Jahre 1658 stammt. Daraufhin betritt man über eine weitere, gewölbte Brücke und durch ein Wehrtor mit Fallgitter das eigentliche Schloß, dessen Trakte sich um einen malerischen Innenhof mit zwei Brunnen gruppieren. An der Westseite verläuft eine vorgelegte Arkadenfront von 1654. Bemerkenswert sind die Renaissancefenster.

Von diesem westlichen Teil der Burg ragen drei Rundtürme in den äußeren Schloßgraben; der südliche Turm ist noch ein Rest der mittel-

Die ehemalige mittelalterliche Wasserburg von Kobersdorf, die während der Türkenkriege eine wichtige Rolle spielte, wurde später zu einer eindrucksvollen Renaissanceburg umgestaltet

alterlichen Burg. In den Rundtürmen und im ehemaligen Festsaal sind noch Stuckdekorationen und Wand- und Deckenmalereien aus dem Ende des 17. Jahrhunderts erhalten.

Vom Innenhof führt ein Zugang zum großen Turnierhof, an dessen Nord-, Ost- und Südecke sich Basteitürme mit Kegeldächern erheben, die die sogenannte „Innere Bastei" verstärken. An der Nordseite dieses Hofs liegt die Schloßkapelle mit schönen Stuckdekorationen aus dem 17. Jahrhundert und bemerkenswerter Kanzel und Marienaltar mit Esterházy-Wappen (18. Jh.). Angrenzend ist eine kleine gotische Kapelle, bei der es sich wahrscheinlich um die ursprüngliche mittelalterliche Burgkapelle handelt; 1979 wurden hier Reste bedeutender Fresken des 14. Jahrhunderts aufgedeckt.

Bemerkenswert ist schließlich auch der sechseckige Brunnen mit dem Wappen der Grafen Kéry (1656).

Knapp 2 km nördlich von Kobersdorf liegt das noch zu dessen Gemeinde gehörende Straßendorf *Oberpetersdorf,* dessen 1978 restaurierte romanische Filialkirche hl. Johannes d. T. um 1302 erstmals als Wehrkirche genannt wird, aber schon im 12. Jahrhundert existiert haben dürfte. Man nimmt an, daß die Kirche aus einem Burgbau der Familie Osl (möglicherweise aus einem umgebauten Wehrturm) entstanden ist. Während der Grenzkämpfe in der zweiten Hälfte des

15. Jahrhunderts hat die Kirche sehr gelitten, so daß sie – auf ihren starken Bruchsteinmauern – größtenteils neu errichtet werden mußte.

An der Ostwand baut sich hinter dem Volksaltar der frühere Hochaltar (Anfang 18. Jh.) mit reichgeschnitztem Akanthus-Rankenwerk um zwei Nischen auf. Die halbkreisförmige untere Nische enthält als Figurengruppe eine Pietà, die obere eine Schnitzfigur Johannes d. T., flankiert von der hl. Katharina und der hl. Barbara. Die Schnitzfiguren an der Wand stellen den hl. Antonius und den hl. Franz Xaver (beide 18. Jh.) dar. Aus der gleichen Zeit stammt auch die Muttergottes mit Kind unter der Empore, während das Kruzifix erneuert wurde.

Kohfidisch

Lage: Politischer Bezirk Oberwart; 17 km südöstlich von Oberwart bzw. 8 km südlich von Großpetersdorf am Westrand des Fidischer Waldes und des Csaterberges liegendes Straßendorf
Einwohnerzahl: 950 (Gemeindegebiet: 1 964)
Sehenswert: Schloß

Mehrfach gekrümmte Straßen und alte Bauernhöfe mit Lauben prägen das schon 1221 urkundlich erwähnte Dorf. Aus der Umgebung stammen Funde aus römischen Hügelgräbern. Am Csaterberg wurde ein unter Kaiser Hadrian um 131 n. Chr. aufgestellter römischer Meilenstein später in das Stiegenhaus des Schlosses versetzt, dann in der neuen Schule aufgestellt.

Inmitten einer parkförmigen Gartenanlage mit alten Bäumen erhebt sich an erhöhter Stelle das Schloß der Erdödy. Es wurde im 18. Jahrhundert erbaut, die Fassade schuf möglicherweise F. A. Hillebrandt; der Mittelrisalit des Haupttraktes ist durch ein Zeltdach hervorgehoben. An der einfacheren Hoffassade mit Rundbogenfenstern ist ein weit ausladender Balkon (schönes Geländer) auf klassizistischen Konsolen bemerkenswert.

Das Schloß entstand durch den Ausbau eines für die Renaissancezeit charakteristischen Wohnkastells, von dem noch die ebenerdigen Seitenflügel aus dem 16. und 17. Jahrhundert erhalten sind. Die drei Wohntrakte umschließen hufeisenförmig einen weiten Ehrenhof.

Die um 1860 umgebaute Schloßkapelle wurde neugotisch ausgemalt. Ihre Einrichtung wurde ebenso wie die des Schlosses nach den Kriegshandlungen von 1945 verwüstet, Instandsetzungsarbeiten haben 1975 begonnen.

Vom Schloß führt eine Allee zu der abseits im Wald stehenden Grabkapelle der Erdödy. Ihr romanisches Doppelkapitäl stammt von der ehemaligen romanischen Martinskirche in Deutsch Schützen. Die Kapelle enthält einen mittelalterlichen Grabstein mit deutscher Inschrift.

Im Ort steht eine einfache Kapelle mit Glockenturm (19. Jh.). Am Hoch-Csaterberg, östlich von Kohfidisch, liegt oberhalb von Weingärten mit kleinen Kellerhäuschen die barocke Marienkapelle aus dem 18. Jahrhundert. Die Verlobungskapelle am Klein-Csaterberg stammt aus der Zeit um 1900.

Das zur Gemeinde Kohfidisch gehörende, südlich benachbarte Straßendorf *Kirchfidisch* besitzt eine langgestreckte, einschiffige Pfarrkirche aus der Zeit um 1770. Sie ist den hll. Petrus und Paulus geweiht und wurde 1868 erweitert. Der schöne, kreuzgratgewölbte Innenraum besitzt eine neugotische Ausstattung aus dem Ende des 18. und des 19. Jahrhunderts. Aus der Schloßkapelle von Kohfidisch stammt der am linken Triumphbogenpfeiler angebrachte Grabstein für Graf Ludwig Erdödy (1794).

Königsdorf

Lage: Politischer Bezirk Jennersdorf; 9 km nördlich von Jennersdorf an der Mündung des Limbachs in die Lafnitz liegendes Breitangerdorf
Einwohnerzahl: 838
Sehenswert: Katholische Pfarrkirche

Der urkundlich 1427 erstmals erwähnte Ort wurde 1647 zum Markt erhoben und besitzt noch schöne Drei- und Vierseithöfe aus dem 19. Jahrhundert, teilweise mit Hoflauben.

Die dem heiligen König Stephan von Ungarn geweihte Pfarrkirche wurde 1757–1759 erbaut und besitzt eine schöne Turmfassade mit etwas gedrückt wirkendem Zwiebelturm. Die Kirche ist einige Male abgebrannt, zuletzt 1945, wurde aber danach total renoviert und neu eingerichtet. Bemerkenswert sind der schlichte Volksaltar aus Veronamarmor und die Fatimastatue aus Lindenholz. Eindrucksvoll ist das moderne Freskogemälde in der Apsis.

Nahebei steht auch das evangelische Schul- und Bethaus (19. Jh.) mit einem eigenwilligen Turm und einer Giebelvorhalle von 1925.

Die Johannes-Nepomuk-Statue stammt aus dem Jahre 1771, die Dreifaltigkeitssäule am nördlichen Dorfausgang aus der Zeit um

1800. In der Volksschule kann man noch einen Rest des alten Prangers aus dem Jahr 1838 sehen.

Etwa 2 km weiter östlich liegt *Eltendorf,* das noch ein charakteristisches Ortsbild mit Hakenhöfen und Dreiseithöfen (großteils aus dem 19. Jh.) zu beiden Seiten des von einem kleinen Bach durchflossenen Angers besitzt. Die evangelische Pfarrkirche A. B. wurde 1795 erbaut und besitzt einen einschiffigen, getäfelten Innenraum. In der Kirchengasse verdient das Ebenspangerhaus wegen seiner klassizistischen Fassade mit Säulenportikus (erste Hälfte 19. Jh.) Beachtung.

Knapp 2 km weiter nördlich liegt das zur Gemeinde Eltendorf gehörende Angerdorf *Zahling* mit vereinzelt noch strohgedeckten Bauernhöfen. Die altehrwürdige katholische Filialkirche St. Laurentius – einst Mutterkirche des ganzen Lafnitztales – ist romanischen Ursprungs. Der wuchtige, gedrungene Turm besitzt zwei Arkadeneingänge (eine ursprünglich dritte Arkade ist vermauert), im Langhaus befindet sich ein einfacher barocker Säulenaltar aus der zweiten Hälfte des 18. Jahrhunderts; das Altarbild ist neu. Neben dem romanischen Rundbogenportal ist vor allem der 1966 an der südlichen Außenwand des Langhauses aufgedeckte frühgotische Freskenrest mit Darstellung des hl. Christophorus bemerkenswert. Kostbar ist die alte Turmglocke aus dem Jahre 1404.

Das evangelische Bethaus mit seinem eigenwilligen Turm stammt aus der Zeit um 1900.

Lackenbach

Lage: Politischer Bezirk Oberpullendorf; 12 km nördlich von Oberpullendorf am Südrand des Ödenburger Gebirges liegendes und vom Selitzabach durchflossenes Mehrstraßendorf
Einwohnerzahl: 1 072
Sehenswert: Schloß; Kirche in Ritzing

Der urkundlich schon 1222 als Lók und 1410 als Lakenpoch erwähnte Ort gehörte ursprünglich zur Herrschaft von Landsee und besaß bereits in der Mitte des 16. Jahrhunderts eine Wasserburg, die später erweitert und 1618 unter dem Palatin Nikolaus Esterházy zu einem Schloß umgebaut wurde.

1806 fiel ein Teil des zweigeschossigen Schlosses einem Brand zum Opfer und wurde nicht wieder hergestellt. Über dem rundbogigen Hauptportal (1618) sind die Wappen der Dersffy und Esterházy angebracht, darüber eine bekrönende Muttergottesfigur aus dem 18. Jahr-

Eindrucksvoll sind die edlen Proportionen des Arkadenhofs von Schloß Lackenbach, der zu den schönsten seiner Art im Burgenland zählt

hundert. An der Innenseite der Hofdurchfahrt sind noch die Fundamente des abgebrannten Turmes erkennbar.

Bemerkenswert ist der an zwei Seiten von Arkaden umgebene Innenhof. An der Südostecke befand sich die (heute profanierte) Schloßkapelle. An der Nordwestseite des Hofes liegt ein großes, zweigeschossiges Granarium aus dem Ende des 18. Jahrhunderts.

Historische Bedeutung erlangte das Schloß im Jahr 1620, als es von den aufständischen ungarischen Bethlen-Truppen belagert wurde; das Schloß wurde von den kaisertreuen Truppen des Nikolaus Esterházy verteidigt. Durch das Eingreifen des kaiserlichen Generals Dampierre konnte der Belagerungsring um das Schloß gesprengt werden; die Esterházy legten sich damit endgültig für die prohabsburgische Seite Ungarns fest, ihrem Aufstieg zur ersten Adelsfamilie Ungarns stand nichts mehr im Wege.

An die „Schlacht bei Lackenbach“ erinnern ein von Nikolaus Esterházy 1623 gestifteter Steinepitaph für Matthias Tarrody, einem Anführer der Bethlentruppen (er steht am östlichen Ortsende), sowie der historische Volksbrauch des „Neckenmarkter Fahnenschwingens“.

Beim Schloßeingang steht eine Mariensäule aus der zweiten Hälfte des 17. Jahrhunderts. Aus der gleichen Zeit stammt die Antonisäule mit gräflichem Esterházywappen und neuer Heiligenfigur am westlichen Ortsende. Die Dreifaltigkeitssäule in der Antonigasse stammt aus der ersten Hälfte des 18. Jahrhunderts.

Die katholische Pfarrkirche St. Rochus wurde 1962 erbaut und modern eingerichtet; nur das Kruzifix über dem Hochaltar stammt aus dem 18. Jahrhundert. Nördlich der Kirche liegt der jüdische Friedhof, der daran erinnert, daß hier im 17. Jahrhundert eine Judengemeinde angesiedelt wurde.

Am Beginn der nach Norden ansteigenden Postgasse (Nr. 1a) steht ein altes Giebelhaus mit schönen, barocken Hofarkaden.

Auf einer Anhöhe, etwas abseits vom östlich benachbarten Breitangerdorf *Lackendorf,* steht die weithin sichtbare kleine Filialkirche St. Rochus (17. Jh.) mit einem im 19. Jahrhundert angebauten Turm. Altar und Kanzel stammen aus der ersten Hälfte des 18. Jahrhunderts, das Altarbild des hl. Rochus wird von den Schnitzfiguren der hll. Urban und Sebastian flankiert. Während die in der Hauptstraße von Lackendorf liegende Johannes-Nepomuk-Kapelle neueren Datums ist, stammt die südlich des Ortes befindliche Marienkapelle (auch „Nikolauskapelle") aus dem Jahre 1693.

Von Lackenbach und Lackendorf führen Landstraßen in das nördlich benachbarte, am Fuß des Ödenburger Gebirges liegende Angerdorf *Ritzing,* dessen dem hl. Jakobus d. Ä. geweihte, 1975 restaurierte katholische Pfarrkirche noch einen romanischen Kern (Quadermauern an der Nordseite) besitzt. Aus gotischer Zeit stammen der Triumphbogen und der Chor mit Sakristeitor. Das kreuzgratgewölbte Schiff wurde 1640–1647 barockisiert. Neueren Datums sind die Zubauten.

An der Südwand ist ein Epitaph aus dem 17. Jahrhundert bemerkenswert. Einen reichen Figurenschmuck besitzt der Hochaltar aus der Zeit um 1700 mit einer zwischen der hl. Anna und dem hl. Josef knienden Christusfigur, die von den hll. Urban und Stephanus flankiert wird; den Aufsatz schmückt eine Trinitas, flankiert von den Figuren der hll. Katharina und Barbara.

Auch die Kanzel stammt aus der Zeit um 1700, an der Wand befinden sich die Evangelistenfiguren, auf dem Schalldeckel die Figuren der Kirchenväter, darüber der Erzengel Michael.

Der die Kirche umgebende Friedhof besitzt noch eine alte Wehrmauer mit Schießscharten. Bemerkenswert sind der kleine, viereckige Karner mit Rundbogenportal, die vor der Kirche stehende Kreuzigungsgruppe (1705) sowie mehrere Bildstöcke aus dem 17. und 18. Jahrhundert im Ort und seiner unmittelbaren Umgebung.

Die Rosalienkapelle oberhalb des Ortes wurde 1732 erbaut. Aus der gleichen Zeit stammt die sogenannte Waldarbeiterkapelle.

Landsee

Lage: Politischer Bezirk Oberpullendorf; 16 km nordwestlich von Oberpullendorf nahe an der steirischen Grenze am Fuße des 761 m hohen Pauliberges liegendes Schmalangerdorf
Einwohnerzahl: 307
Sehenswert: Burgruine; Burgenländisches Steinmuseum

Das urkundlich erstmals 1425 erwähnte Dorf, mit schönen Streck- und Hakenhöfen am Anger, wird im Osten von der Burgruine Landsee überragt. Die Burg wird 1263 erstmals genannt, muß aber schon im 12. Jahrhundert als Grenzburg gegen Ungarn existiert haben, da sich schon zu dieser Zeit ein steirisches Adelsgeschlecht nach ihr benannte.

In der Güssinger Fehde wurde die Burg von Herzog Albrecht von Österreich 1289 erobert, aber 1291 wieder den Ungarn zugesprochen. Später wechselte sie oft ihre Besitzer, bis sie 1612 an das Haus Esterházy kam. In den Türkenkriegen zu einer uneinnehmbaren Festung ausgebaut, spielte die Burg in den Kriegen selber keine militärische Rolle, diente aber als Zufluchtsort der Landbevölkerung.

Die hoch aufragenden Mauern der Burgruine von Landsee stammen noch aus romanischer und gotischer Zeit. Landsee war eine der stärksten Burgen Österreichs und bildet heute eine der größten Burgruinen Mitteleuropas

Als ältester Bauteil der Burg gilt der romanische Wohnturm (Bergfried) des 12./13. Jahrhunderts, an den ein kleiner, spätgotischer Hof angrenzt. Aus dem 16. und 17. Jahrhundert stammen die vier mächtigen Mauerringe mit dazwischenliegenden Gräben, Wehrtürmen und Bastionen, die den Burghügel befestigen. Das erste Tor trägt die Jahreszahl 1668; das zweite Tor, mit Wehrturm und Gußerker, war nur über eine Zugbrücke zu erreichen, ebenso das dritte. Durch das vierte Tor (gleichfalls mit Zugbrücke) gelangt man in den Hof der eigentlichen Hochburg, das fünfte und sechste Tor führen in den Kern der Anlage mit dem vieleckigen Wohnturm (Bergfried); an seiner Westseite sind seine Mauern bis zu zehn Meter stark. An den Turm ist ein gotischer Wohnbau angebaut worden. Im Südflügel befand sich die Küche mit hohem Rauchabzug (spätes 15. Jh.). Das kleine Stiegenhaus im inneren Burghof wurde im 17. Jahrhundert eingebaut. Die dem Innenhof vorgelagerten Erweiterungsbauten stammen aus dem 17. und 18. Jahrhundert.

1707 kam es zu einer Pulverexplosion, die an zahlreichen Wohnräumen schwere Schäden anrichtete; 1772 fiel die Burg einem Großbrand zum Opfer und wurde – da sie keinen strategischen Wert mehr besaß – nicht wieder instandgesetzt. Obwohl sie nur mehr als Ruine erhalten ist, bietet sie – die einst zu den stärksten und mächtigsten Burgen Österreichs gehörte – heute noch einen eindrucksvollen Anblick und zählt zu den größten Burgruinen Mitteleuropas.

Dem Burgberg gegenüber erhebt sich der 659 Meter hohe Heidriegel mit den Resten einer ehemaligen Fluchtburg, von der noch Teile eines Steinwalls und eines Turms erhalten sind.

Die dem hl. Michael geweihte katholische Pfarrkirche von Landsee stammt aus der Zeit um 1800 und wurde nach einem Brand von 1897 erneuert. Am Hochaltar, mit klassizistischem Tabernakel, befindet sich im Aufsatz eine einfache Nachbildung der Mariazeller Muttergottes, dahinter eine moderne Wandmalerei. Den Hochaltar flankieren zwei Barockfiguren von Kirchenvätern. Weitere Heiligenfiguren des 18. Jahrhunderts stellen Petrus und Paulus (am Triumphbogen), die Immaculata sowie Johannes d. T. und Johannes Nepomuk (unter der Empore) dar. Die Kanzel (zweite Hälfte 17. Jh.) stammt aus dem 1786 aufgehobenen Paulinerkloster Wandorf. (Der bemerkenswerte Hochaltar dieses Klosters befindet sich heute in der evangelischen Pfarrkirche von Kobersdorf.)

Erwähnenswert sind die Kreuzwegbilder (um 1750) in Rocaillerahmen. Das klassizistische Gestühl und der Taufstein stammen aus der Zeit um 1800.

Vor der Kirche steht eine einfache Steinfigur des hl. Johannes Nepomuk (Mitte 18. Jh.). Vor dem Friedhofseingang verdient eine Grabstele aus der Zeit nach 1800 Beachtung.

Die kleine Lourdeskapelle und die Heiligkreuzkapelle stammen aus der zweiten Hälfte des 19. Jahrhunderts, die Oswaldkapelle wurde 1763, die Herzjesukapelle 1902 errichtet.

Am Klosterberg befinden sich Ruinen eines 1701 gegründeten kleinen Kamaldulenserklosters, das 1782 aufgehoben wurde. Auch im Ortsteil Rehbreiten befindet sich eine kleine Kirchenruine aus dem 16. oder 17. Jahrhundert.

Am Ortsrand von Landsee liegt das Burgenländische Steinmuseum, eine jederzeit frei zugängliche Freilichtanlage mit 40 Großsteinen (Basalte, Süßwasserkalke, Serpentin, Leithakalk usw.), die bis zu zweieinhalb Tonnen schwer sind, als Dokumentation des erdgeschichtlichen Werdegangs des Burgenlandes.

Leithaprodersdorf

Lage: Politischer Bezirk Eisenstadt-Umgebung; 17 km nördlich von Eisenstadt liegender Ort am südlichen Ufer der Leitha, die hier die Grenze zu Niederösterreich bildet
Einwohnerzahl: 990 (Gemeindegebiet: 1 973)
Sehenswert: Katholische Pfarrkirche; Kirchenruine

Der alte Übergang über die Leitha ist den Archäologen als besonders reichhaltiges prähistorisches Fundgebiet bekannt. Es gibt jungsteinzeitliche Streufunde, und man entdeckte Hockergräber der Glockenbecherkultur. Weitere Funde stammen aus der Bronzezeit (Wieselburger Kultur; Urnenfelderkultur) sowie aus einer spätrömischen Nekropole. Schließlich gibt es aus diesem Raum auch Funde aus der Zeit der Völkerwanderung; aus dem 8./9. Jahrhundert stammt eine Nekropole der Awaren.

Die erste urkundliche Erwähnung des Ortes geschah 1232. Damals gab es schon eine Burg hier, das „castrum Pordan", das 1273 vom Böhmenkönig Przemysl Ottokar II. zerstört wurde. Am östlichen Ortsausgang liegen (am Beginn der Straße zu dem nur 4 km entfernten Loretto) die Reste einer im Volksmund „Gschlössl" genannten mittelalterlichen Wehranlage mit Erdaufschüttungen und Gräben (Hinweistafel mit erklärendem Text).

1532 und 1683 wurde der Ort von den Türken, 1705 von den Kuruzzen (aufständische Ungarn) zerstört. Bis in das Mittelalter lassen sich die Spuren der schon 1285 von Zisterziensern aus Heiligenkreuz erbauten Kirche verfolgen, die nach ihrer Zerstörung durch die Türken (1683) als Ruine zurückblieb. Sie liegt am südwestlichen Orts-

Der gotische Turm und Teile der romanischen Apsis sind der letzte Rest der mittelalterlichen Zisterzienserkirche von Leithaprodersdorf

rand beim Friedhof. Die ehemals dreischiffige Kirche besaß eine romanische Halbkreisapsis und ein flachgedecktes Langhaus sowie einen gotischen Turm. Ihre Ruine wurde 1907 restauriert. Wegen ihres Aussehens wird sie im Volksmund „Pfefferbüchsl" genannt. 1975 wurden in ihrer Turmkapelle mittelalterliche Freskenreste entdeckt.

Die heutige Pfarrkirche hl. Magdalena ging aus einer Kapelle aus der Zeit um 1650 hervor, die Ende des 17. Jahrhunderts barock erneuert wurde. Die barocke Turmbemalung wurde bei der Restaurierung von 1973 rekonstruiert. An die Südwand ist eine offene Kapelle angebaut, die ein großes Holzkruzifix und die Figuren des hl. Rochus und des hl. Sebastian enthält.

Der barocke Hochaltar (Mitte 18. Jh.) der Kirche, mit den Schnitzfiguren des hl. Franz von Assisi und des hl. Franz Xaver, wurde im 19. Jahrhundert verändert. Sein Altarbild stellt die hl. Magdalena dar, seitlich stehen die Figuren des hl. Leonhard und des hl. Florian.

Das Altarbild am Nischenaltar stammt aus dem 19. Jahrhundert und stellt eine Kreuzigung dar. Auch die anderen Gemälde der Kirche stammen aus dieser Zeit.

Der Pfarrhof (1718) besitzt ein schön gerahmtes Portal und eine

Loretto-Muttergottes aus dem 17. Jahrhundert. Die Jagenbreinkapelle im Dorf wurde 1883 errichtet.

Die Dreifaltigkeitssäule stammt aus der zweiten Hälfte des 19. Jahrhunderts. Am Auweg steht ein Tabernakelpfeiler („Raaber Kreuz") mit Inschriften von 1595 und 1598. An der Straße nach Loretto befinden sich ein weiterer Tabernakelpfeiler aus dem 19. Jahrhundert mit einem Relief, das die Taufe Christi zeigt, ferner eine Mariensäule (1726) und eine Kreuzsäule (zweite Hälfte 17. Jh.) mit verwittertem Pietà- und Himmelfahrtsrelief.

An der Straße zu dem südwestlich des Ortes liegenden ehemaligen Badhaus (erste Hälfte 19. Jh.) steht ein alter Bildstock (früher eine Ecce-Homo-Säule) mit der Figur der hl. Anna. Eine Pietà-Säule beim Badhaus stammt aus dem Jahre 1936.

Lockenhaus

Lage: Politischer Bezirk Oberpullendorf; 15 km südwestlich von Oberpullendorf von den Wäldern des Günser Gebirges umgebener Marktort an der Güns, nahe an der ungarischen Grenze
Einwohnerzahl: 998 (Gemeindegebiet: 2 145)
Sehenswert: Burg; katholische Pfarr- und Wallfahrtskirche; Naturkundliches Museum; Kreuzweg

Der malerisch im Tal der Güns liegende Marktort wurde schon im Jahre 1242 urkundlich erwähnt. Seine Geschichte ist eng mit jener der Burg Lockenhaus verbunden, die im 13. Jahrhundert auf einem von der Güns umflossenen Felsen als Sperrfestung des Tals erbaut worden war. Sie wurde 1242 erstmals erwähnt, widerstand dem Tatarensturm und spielte in den mittelalterlichen Grenzkriegen zwischen Österreich und Ungarn (oftmalige Eroberungen und Rückeroberungen) eine bedeutende Rolle.

Im 13. und 14. Jahrhundert besaßen die Güssinger die Burg, nach 1270 war sie auch kurze Zeit im Besitz des Böhmenkönigs Ottokar; 1390 gelangte sie an die Kanizsai, die sie mit wechselndem Erfolg verteidigten. Ab 1535 waren die Nádasdy die Burgherren, ab 1676 die Esterházy; letztere ließen die „Untere Burg" in der Zeit nach 1900 restaurieren.

Die sogenannte „Untere Burg" (Vorburg), die man nach steilem Anstieg durch einen Torturm erreicht, wurde 1636 unter den Nádasdy erbaut und umschließt einen engen Hof mit einer Sonnenuhr von 1655. Dieser Teil ist heute als Hotel bzw. Frühstückspension einge-

Ein gedeckter Stiegenaufgang führt von der Vorburg oder „Unteren Burg“ zum mittleren Burghof mit einem Zugang zur Hochburg von Lockenhaus

Der zweischiffige gotische Rittersaal von Burg Lockenhaus ist sagenumwoben und wird oft mit den Rittern des Johanniterordens in Zusammenhang gebracht

richtet. Von dem unteren Burghof steigt man auf einem Stiegenaufgang mit Arkaden zum mittleren Burghof an, wo sich der Zugang zu den Wehrgängen und zur ehemaligen Kapelle befinden. Hier liegt auch der durch das Untergeschoß des Bergfrieds zugängliche, eigenartige Apsidenraum aus frühgotischer Zeit mit einer Lichtöffnung an der Decke. Man nimmt an, daß es sich um einen Kultraum gehandelt hat, möglicherweise trafen sich hier Mitglieder des Johanniterordens zu geheimen Zusammenkünften.

Über einen weiteren Stiegenaufgang erreicht man die „Obere Burg“ (Hochburg). Ältester Teil ist der aus dem 13. Jahrhundert stammende fünfeckige Bergfried mit Zeltdach über dem ehemaligen Zinnenkranz. Bergfried, Palas und der schlanke Kapellenturm umschließen den oberen Burghof. Der tiefe Brunnen wurde 1548/49 angelegt.

Am Kapellenturm beachte man das romanische Säulenpaar in der Höhe der Zinnen, wie die frühgotischen Fenster und Freskenreste (älteste des Burgenlandes) aus dem 13. Jahrhundert. Eine schmale Wendeltreppe führt zur sogenannten „Pfaffenstube" hinauf mit Freskenschmuck und Kanizsai-Wappen aus dem 16. Jahrhundert.

Rechts vom Kapellenturm und dem Bergfried gegenüber befindet sich der Eingang zum Palas (Stiegenhaus 16. Jh.), in dessen Erdgeschoß sich der bemerkenswerte „Rittersaal" befindet: eine zweischiffige gotische Halle über gekrümmtem Grundriß, deren Kreuzrippengewölbe von wuchtigen, achteckigen Säulen getragen wird. Auch dieser Saal wird mit einer möglichen Anwesenheit der Templer oder der Johanniter in Zusammenhang gebracht.

Damit verbunden mag es ganz interessant erscheinen, daß Rudolf Steiner, der Begründer der Anthroposophie, sich hier zu Studienzwecken aufhielt und den Rittersaal der Burg als szenischen Rahmen für sein zweites Mysterienspiel „Die Prüfung der Seele" wählte. Bei der Uraufführung in München (1911) war der Aufriß des Rittersaals das Szenenbild.

Die Frage, ob Lockenhaus eine Burg der Tempelritter gewesen sei, hebt sich frühe aus dem Dunkel der Überlieferungen und wird zunächst als Sage vom Volk weitergegeben . . .
In der Beschreibung der Burglokalitäten aus dem Jahre 1670 wird jedenfalls lapidar festgestellt, daß dies der Kapitelsaal der Tempelritter gewesen sei . . . Der Apsidenraum, diese Bezeichnung dürfte für den rätselhaften Raum die zutreffendste sein, ist jener Bauteil der Burg, über den wohl am meisten herumgerätselt wurde. Der rechteckige Raum ist von Halbapsiden abgeschlossen und empfängt sein Licht aus einer Lichtöffnung im oberen Hof der Burg. In den Kreuzritterburgen in Syrien etwa und auch in den Burgen anderer Länder sind vielfach in den Gewölbescheiteln solche Lichtöffnungen eingeblendet.
Auch über den Rittersaal ist viel geschrieben worden. Er als spezifisch bedeutendes Baugesicht hat vor allem den Namen der Burg in die Welt getragen und die Annahme begründet, es sei dies der Kapitelsaal der Kreuzritter, der Templer oder der Johanniter gewesen . . . Im Zusammenklang: Rittersaal – Apsidenraum ist die Templerüberlieferung zu Lockenhaus fundiert.

Paul Anton Keller

Pfarrkirche

Ein weiteres Wahrzeichen von Lockenhaus ist seine dem hl. Nikolaus geweihte katholische Pfarr- und Wallfahrtskirche mit dem ehemaligen Augustiner-Eremiten-Kloster. Der hohe, frühbarocke Kirchenbau (1656–1669) mit Giebelfassade und 57 Meter hohem, angebautem Turm mit Zwiebelhelm ist das Werk von Pietro Orsolini aus Siena. Nur der Eingang ist noch im Renaissancestil gehalten.

Interessant ist die Architektur des mächtigen Deckengewölbes, das mit seiner ganzen Schwere auf den relativ schwachen Seitenwänden ruht. Die Kirche erhebt sich über einem hohen Unterbau, der die Gruft der Familie Nádasdy birgt.

Die Innenausstattung der Kirche ist sehr reichhaltig. Der prächtige Hochaltar von 1656, mit später angebrachter Rokokozier, bedeckt die ganze Chorwand. Das Altarbild zeigt die hll. Eremiten Paulus und Antonius (1675), die großen Figuren über den Opfergangsportalen stellen die Schutzheiligen der Kirche dar, den hl. Nikolaus von Tolentino und den hl. Nikolaus von Bari. Als Gesimsfiguren sind die hll. Ungarnkönige Stephan und Ladislaus dargestellt, auf dem Aufsatz die hll. Barbara, Katharina und Elisabeth. Über dem Altarbild ist das Doppelwappen der Nádasdy und Esterházy angebracht. Am freistehenden Tabernakel befindet sich das Mariengnadenbild von Lockenhaus, die „Mutter vom guten Rat".

Über der Sakristeitür hängen zwei Ölbilder aus der Mitte des 17. Jahrhunderts, die den hl. Sebastian und die hl. Katharina darstellen; die Heiligen tragen die Gesichtszüge des Grafen Franz Nádasdy und seiner Gemahlin Juliana Esterházy.

Ein besonderes Schmuckstück der Kirche ist der barocke Marienaltar im nördlichen Querarm, dessen ganze Wand mit großen, stukkierten Akanthusranken bedeckt ist; darüber ein Nádasdy-Wappen von 1710. Das Altarbild zeigt die Gottesmutter mit dem Kind als Magna Mater Hungariae im ungarischen Krönungsornat als Siegerin über die Türken in der Schlacht bei Buda im Jahre 1686. Der Altar im südlichen Querarm zeigt eine Kreuzigungsgruppe aus der Mitte des 18. Jahrhunderts.

Die Seitenaltäre in den westlichen und östlichen Nischen stammen aus der zweiten Hälfte des 17. Jahrhunderts, die Ölgemälde der westlichen Seitenaltäre (hl. Donatus und hl. Johannes Nepomuk) aus dem 18. Jahrhundert.

Die prächtige Rokokokanzel aus dem dritten Viertel des 18. Jahrhunderts ist mit den Sitzfiguren von Moses und Johannes d. T. geschmückt, das Korbrelief zeigt Jonas und den Walfisch, das Rückwandrelief den Sämann. Auf dem Schalldeckel stellen drei symbolische Frauenfiguren Glaube, Liebe und Hoffnung dar.

Bemerkenswert sind auch die Barockfiguren des hl. Sebastian und dcs hl. Rochus an den Chorpfeilern. Die Deckenmalereien wurden 1913 angebracht.

Der unter der Kirche liegende, dreischiffige Gruftraum war die Begräbnisstätte der Familie Nádasdy. Die 1704 aufgestellte (wundertätige) Marienstatue auf dem Altar genießt besondere Verehrung, ihre Geschichte ist auf zwei Holztafeln überliefert. Die Wandmalereien (Totentanz) stammen aus dem Jahr 1772.

In einer prunkvollen Rotmarmor-Tumba mit Engelfiguren, Wappen und Putten aus weißem Marmor sind Franz Nádasdy, der Bauherr der Kirche (1671 in Wien enthauptet), und seine Gemahlin bestattet. Gegenüber steht die rotmarmorne Renaissance-Tumba des Palatin Thomas Nádasdy (gestorben 1562, übergeführt 1669) und seiner Gemahlin Ursula Kanizsai; beide sind als kniende Figuren unter einem Kruzifix auf dem Deckelrelief dargestellt. Spruchtafeln und Wappen der beiden Adelshäuser schmücken die Seitenflächen.

Aus dem 18. Jahrhundert stammen die beiden Marmorgräber des Franz Nádasdy (gestorben 1710) und des Leopold Florian Nádasdy (gestorben 1758), während die Gräber von Leopold Nádasdy (gestorben 1813) und seiner Gemahlin aus neugotischen Zinnsärgen bestehen.

In die Wände der Gruft eingemauert ruhen Mönche und Brüder der Augustiner-Eremiten.

Hinter dem Altarraum liegt die Sakristei (Marmorlavabo und Schränke aus dem 17. Jh.); den Altar des ehemaligen Mönchsoratoriums schmückt das Original des Rattersdorfer Gnadenbildes (1644).

Die Pfarre Lockenhaus wurde von 1656 bis 1820 von Augustiner-Eremiten verwaltet. Ihr Kloster, das an die Kirche angrenzt, war ein geistiger und kultureller Mittelpunkt der ganzen Umgebung. Es wurde im Zuge der josephinischen Reformen aufgelöst und 1868 zum Sommerschloß der Esterházy umgestaltet.

Vor der Kirche steht eine Immaculata-Säule von 1719 (Pestsäule) mit Sockelfiguren der hll. Rochus und Sebastian. Die neben der Kirche befindliche Kreuzkapelle (1828) enthält ein großes Holzkruzifix. An der Auffahrt zur Burg steht ein Bildstock von 1908, an der Straße nach Glashütten ein Kapellenbildstock von 1908.

In der Hauptstraße 15 befindet sich ein von Ostern bis Oktober geöffnetes Naturkundliches Museum mit bemerkenswerten überregionalen mineralogischen, zoologischen und botanischen Sammlungen, darunter Schnabeltiere, Kolibris, südamerikanische Schlangen u. dgl. Das Museum ist täglich außer Montag von 9–12 und 13–17 Uhr geöffnet.

Auf einem bewaldeten Rücken im Nordosten des Ortes wurden 1851 die 14 Kreuzwegstationen errichtet, doch gab es schon im 18. Jahrhundert hier eine Kalvarienberganlage. In den Wegkapellen sind die Bilder der Passion in Tonreliefs dargestellt. Wuchtig wirkt die 12. Station. Auf der Höhe stehen die drei Kreuze in einem gemauerten Rondell. Die Kalvarienbergkirche (1864) ist modern eingerichtet.

Südlich von Lockenhaus liegt das noch zum Gemeindegebiet gehörende *Glashütten* (bei Lockenhaus) mit der einzigen Erdbeben- und Wetterstation des Burgenlandes.

Ebenfalls noch zur Gemeinde Lockenhaus gehörend ist das etwa 2 km nördlich liegende Dorf *Hochstraß* mit schönen alten Bauernhöfen (teilweise mit hölzernen Ständerlauben) und Filialkirche hl. Anna, die 1775 erbaut (Turm von 1837) und 1977 erweitert wurde. Am östlichen Ortsrand steht ein Kapellenbildstock von 1780 mit Steinfigur des hl. Johannes Nepomuk.

Loretto

Lage: Politischer Bezirk Eisenstadt-Umgebung; 13 km nördlich von Eisenstadt am Nordrand des westlichen Leithagebirges liegender Wallfahrtsort
Einwohnerzahl: 274
Sehenswert: Pfarr- und Wallfahrtskirche; Dorfplatz mit alten Häusern

Die im 17. Jahrhundert gegründete Kirchensiedlung befindet sich an der Stelle, an der sich schon eine ausgedehnte jungsteinzeitliche Siedlung befunden hat. Bei archäologischen Grabungen wurden auch viele Gräber aus der Hallstatt- und La-Tène-Zeit freigelegt. Besonders interessante Funde waren die Mondidole, bei denen es sich wahrscheinlich um religiöse Symbole gehandelt hat. Die Besiedlung des Gebietes reicht von der Jungsteinzeit bis zum Ende der Römerzeit (4. Jh. n. Chr.).

Die erste klösterliche Niederlassung entstand kurz nach der Gründung einer ersten Wallfahrtskapelle (1644) durch Hans Rudolf von Stotzingen. Die Geschichte berichtet, daß Stotzingen auf einer Italienreise auch die Gnadenstätte in Loreto besuchte und davon so ergriffen war, daß er eine Kopie der Gnadenstatue anfertigen ließ, um sie dann in einer neuerbauten Kapelle auf seinem Besitz aufstellen zu lassen.

Der große Pilgerstrom machte bald darauf einen größeren Kirchenbau (1659) notwendig. Die Gnadenkapelle wurde im inneren Kirchhof dieser neuen Kirche aufs neue errichtet.

Nach der Brandschatzung des ganzen Ortes durch die Türken im Jahre 1683 (die Gnadenstatue war zuvor auf die Burg Forchtenstein in Sicherheit gebracht worden) mußten Kirche und Kloster neu errichtet werden. Die neue Wallfahrtskirche wurde 1707 wieder geweiht.

Die reichgegliederte Kirchenfassade entstand noch in der ersten Hälfte des 18. Jahrhunderts, ihre zwei Türme verloren aber bei dem Großbrand von 1781, der die Hälfte des Ortes einäscherte, ihre Zwiebelhelme, die seither nicht mehr erneuert wurden. An ihre Stelle traten niedere Pyramidendächer.

Unter Joseph II. wurde das Kloster 1787 aufgehoben, die Wallfahrt verboten. Während der Franzosenkriege war das Kloster Militärspital, von 1806 bis 1860 diente es als Wolldepot, dann stand es leer. Erst 1926 übernahmen wieder Serviten die Seelsorge der Pfarre und den Schutz des Marienheiligtums; seit 1964 ist der marianische Orden der Oblaten der Jungfrau Maria Betreuer des Marienheiligtums.

Das ursprüngliche Gnadenbild „Schwarze Muttergottes von Loretto" wurde im Heiligen Jahr 1954 in einem wahren marianischen Triumphzug in die Pfarren des nördlichen Burgenlandes getragen. Dieses Gnadenbild ist nach dem Original zu Loreto in Italien angefertigt und dort auch geweiht worden; es ist eine kostbare Erinnerung an den Ursprung des „Heiligen Hauses", da das alte Bild zu Loreto inzwischen verbrannt ist. So besitzt Loretto im Burgenland ein älteres lauretanisches Gnadenbild als selbst der Ursprung in Italien.

Sr. Dr. Irmgardis Strauss

Man erreicht die Kirche durch einen großen Vorhof, über dessen Torbogen eine alte steinerne Marienfigur angebracht ist. Die 10 Meter hohe Mariensäule (um 1700) im Hof zeigt auf ihrem Aufsatz Reliefdarstellungen aus dem Leben Jesu.

Über dem Portal der Kirche, die der Unbefleckten Empfängnis geweiht ist, steht in einer Nische die Figur der hl. Barbara. Die Nischenfiguren am unteren Teil der Turmfassade stellen die heiligen Ungarnkönige Stephan und Ladislaus, am oberen Teil zwei heilige Bischöfe dar. Sehr schön ist das reich verzierte schmiedeeiserne Tor (1691), durch das man die Kirche betritt.

Das hohe, einschiffige Langhaus ist zu beiden Seiten mit tonnengewölbten Kapellen ausgestattet, über deren Korbbogen sich niedere Emporen öffnen. Mit Akanthusranken verzierte Pilaster trennen die Kapellen; über den Arkadenrahmen sind Engelfiguren und Wappenkartuschen angebracht. Die kostbaren Stuckarbeiten im Langhaus stammen noch aus der ersten Bauperiode (1650–1670) und werden der Carlone-Schule zugeordnet.

Der prächtige, grünmarmorierte Hochaltar mit hohem Säulenaufbau stammt in seiner heutigen Form aus dem Jahre 1766. Das Altarbild, die Immaculata darstellend, wird von den hl. Ungarnkönigen

Stephan und Ladislaus flankiert. An den Wänden des Sanktuariums sind große Ölgemälde („Heimsuchung Mariens" und „Aufnahme Mariens in den Himmel", nach 1650) zu sehen, ferner eine Kopie des bekannten Lucas-Cranach-Bildes „Maria Hilf" (um 1700) und eine „Anbetung der Eucharistie" (um 1720), beide in vergoldeten Barockrahmen. Am Triumphbogen stellen zwei Schnitzfiguren aus dem 18. Jahrhundert den hl. Johannes Nepomuk und den hl. Florian dar.

Die steinerne Kommunionbank, die das Kirchenschiff vom Presbyterium trennt, ist eine qualitätvolle Arbeit von 1773; sie zeigt Reliefdarstellungen der sieben Schmerzen Mariens.

Hinter dem Hochaltar ist der Eingang in die Sakristei. Vom Presbyterium aus kann man in einen kleinen Raum gelangen, in dem eine große Zahl von Votivbildern, teilweise noch aus dem 19. Jahrhundert, eine große Krippenanlage (im Hintergrund Bethlehem) sowie barocke Schnitzfiguren von Maria und Johannes, aus dem Ende des 17. Jahrhunderts, zu sehen sind.

Die Seitenaltäre

Besichtigung von Norden nach Süden, ausgehend vom Presbyterium: Muttergotteskapelle, Peregrinikapelle, Judas-Thaddäus-Kapelle, Kapelle der Pestpatrone; auf der anderen Seite zurück, von Süden nach Norden: Allerheiligenaltar, Benitiuskapelle, Stephanuskapelle, Johannes-Nepomuk-Kapelle.

Der „Schmerzhaften Muttergottes" ist die Seitenkapelle neben dem Presbyterium geweiht. Ein prächtiger Altaraufbau (um 1700) mit der Pietà und zwei Engeln wird von den Schnitzfiguren der hl. Maria Magdalena und des hl. Johannes flankiert. An der Wölbung findet man wiederum Darstellungen der sieben Schmerzen Mariens. Interessant ist die Freskodarstellung der Muttergottes mit den sieben Schwertern in der Brust, in Form der Schutzmantelmadonna; unter dem Schutz der Gottesmutter sind drei Servitinnen, ein Papst und zwei Ordensmänner zu erkennen. Ein Ölgemälde in der Kapelle zeigt ein Martyrium. An der Kapellenrückwand liegt ein Wappenepitaph aus der Mitte des 18. Jahrhunderts.

Die nächste Kapelle ist die Peregrinikapelle. An den Seitenwänden ist die Bekehrung des Servitenheiligen St. Peregrinus und seine Aufnahme in den Orden dargestellt. Der hl. Peregrinus ist auch im Altarblatt zu sehen (wegen seines – später geheilten – Fußleidens, mit verbundenem Fuß; er wird deshalb als Helfer bei Fußerkrankungen angerufen); daneben die Schnitzfiguren der hl. Agnes und einer anderen Heiligen. Das ältere Esterházywappen über der Bogenöffnung der Kapelle weist darauf hin, daß hier ursprünglich die vom Grafen Esterházy errichtete Allerheiligenkapelle war, deren Altar später unter den Nordturm versetzt wurde.

Es folgt die 1767 erneuerte Judas-Thaddäus-Kapelle. Das Altarbild zeigt den Heiligen zusammen mit Jesus, seinem „Bruder", dem er ähnlich sieht. Die Fresken zeigen Szenen aus dem Leben jenes Heiligen. Die Altarfiguren stellen Petrus und Paulus dar. Ein barocker Glasschrein enthält das Jesuskind mit einer Weltkugel.

Die letzte Kapelle der Reihe ist die Kapelle der Pestpatrone. Sie sind auf den beim Kapelleneingang angebrachten Stucco-Medaillons und auf dem Altarblatt – neben der Hl. Dreifaltigkeit – zu sehen: Rochus, Sebastian, Rosalia und Martin. Historisch interessant sind die auf der unteren Bildhälfte dargestellten Burgen von Hornstein (schon als Ruine), Seibersdorf und Pottendorf sowie die alte Wallfahrtskirche von Loretto mit noch turmloser Fassade. Die Fresken zeigen Bilder aus dem Leben der genannten Heiligen, an der rechten Seite die Mantelteilung des hl. Martin.

Man geht nun auf die andere Seite des Schiffs. Unter dem Nordturm befindet sich der Allerheiligenaltar mit einer Kopie der Gnadenfigur („Schwarze Madonna"). Auf dem Altar sind auch zwei Servitenheilige und eine Krönung Mariens mit Engeln zu sehen.

Es folgt die Benitiuskapelle (sie liegt der Pestkapelle gegenüber) mit der Freskendarstellung des Lebens des hl. Benitius (er war Generaloberer der Serviten und im 13. Jahrhundert Ratgeber des Kaisers Rudolf von Habsburg). Das Altarbild stellt den hl. Philipp dar, wie er aus der Hand der Muttergottes das Skapulier (Teil des Ordenskleides) erhält. Die Stucco-Medaillons beim Kapelleneingang stellen in symbolischer Form Glaube, Hoffnung, Liebe und Gerechtigkeit dar.

Die angrenzende Stephanuskapelle ist dem hl. Ungarnkönig geweiht, der auch – zusammen mit seinem Sohn Emmerich – auf dem Altarblatt dargestellt ist. Auch die Fresken zeigen den hl. Stephan. Seitlich vom Altar stehen die Figuren der hl. Barbara und der hl. Elisabeth von Thüringen (sie stammt auch aus dem ungarischen Königsgeschlecht der Arpaden).

Es folgt die 1733 neu ausgestattete Johannes-Nepomuk-Kapelle (sie war früher dem hl. Antonius von Padua geweiht). Das Altarblatt zeigt den Heiligen, wie er über das Wasser schreitet. Die Fresken stellen die Beichte der Königin und den Brückensturz dar. In der Kapelle befindet sich auch der rotmarmorne Taufbrunnen aus der ersten Hälfte des 18. Jahrhunderts.

Schließlich ist in der Kirche auch noch die alte Orgel (Mitte 18. Jh.) sehenswert wie auch die mit Engelfiguren reich verzierte, geschnitzte Orgelbrüstung. Die Kanzel stammt aus dem Jahre 1911.

Die Gnadenkapelle

Im inneren Kirchhof liegt die von einem Kreuzgang des 18. Jahrhunderts umgebene, rechteckige Gnadenkapelle, die 1659 geweiht wurde. Die frühere Gnadenkapelle stand im äußeren Kirchhof, wo heute die Mariensäule steht. Durch den Bau der neuen Wallfahrtskirche war ihre Verlegung an die heutige Stelle notwendig. Die Kapelle ist eine Nachbildung des sogenannten „Heiligen Hauses" (Casa Santa) der Maria in der Gnadenkirche der italienischen Stadt Loreto. (Nach der Legende wurde das „Heilige Haus" durch Engel aus Nazareth entfernt, um es nicht in die Hände der Ungläubigen fallen zu lassen.)

Die durch viele brennende Kerzen erleuchtete Kapelle ist durch ein Holzgitter in zwei Räume geteilt. In dem kleineren befindet sich das Gnadenbild der „Schwarzen Muttergottes" mit einer Silberkrone, im größeren steht der um 1750 errichtete Gnadenaltar mit Tabernakel; davor befindet sich eine steinerne Kommunionbank. Eine Kapellenwand wird von einem großen Ölgemälde „Mariä Verkündigung" eines italienischen Meisters des 17. Jahrhunderts bedeckt. In die Seitenwände der Kapelle sind schwere Holzbalken eingemauert.

Die Wallfahrten finden hauptsächlich an den Marienfeiertagen statt, besonders aber am Festtag der Aufnahme Mariens in den Himmel und am sogenannten „Kroatischen Sonntag", der am dritten Sonntag im September begangen wird; zu dieser Zeit kommen Tausende von Kroaten aus den nordburgenländischen Orten nach Loretto.

> *Der 13. Juli (1683) war ein unheilvoller Tag für den kleinen Ort Loretto; er wurde von vier Seiten angezündet. Eine Abteilung der türkischen Mordbrenner bestieg den Turm der Kirche und steckte ihn in Brand. Das Feuer ergriff bald die Kirche und das Kloster. Die 38 Zentner schwere Glocke zerschmolz, die Gnadenkapelle wurde ein Raub der Flammen. Was noch stehen blieb, wurde nach zwei Wochen gewaltsam zerstört, das Kircheninnere und die Klostereinrichtung durch neuerliche Brandlegung vernichtet, ja sogar Grüfte und Gräber wurden geschändet. Auch in Stotzing blieben von Kirche und Kloster nur die nackten Mauern stehen.*
>
> Sr. Dr. Irmgardis Strauss

Der große Dorfplatz vor der Kirche und den Klostergebäuden wird an den anderen drei Seiten von schönen alten (oft modernisierten) Höfen gerahmt, die teilweise noch rustizierte Hoftore und Portale aus dem 17. und 18. Jahrhundert besitzen. Auf dem Platz befinden sich eine 1680 errichtete Pestsäule (Säulenfigur hl. Sebastian; Sockelfiguren hll. Rochus, Rosalia, Karl Borromäus, Bischof Birminius), eine Pietà aus der ersten Hälfte des 18. Jahrhunderts (Sockelreliefs mit Fegefeuer, Christus am Ölberg, hl. Franz von Assisi) und eine Dreifaltigkeitssäule (Dreifaltigkeitsgruppe auf Sechskantpfeiler; Sockelfiguren hll. Florian, Johannes Nepomuk, Antonius) aus der gleichen Zeit.

Nur mehr in Fragmenten erhalten, deshalb aber nicht weniger eindrucksvoll ist die steinerne Pietà auf dem Anger vor der Wallfahrtskirche von Loretto

Die Giebelfigur (1890) am Brunnenhäuschen an der Klostermauer stellt die hl. Elisabeth von Thüringen dar.

Ein Bildstock mit einer Pietà und eine Mariensäule, die beim Friedhof stehen, stammen aus dem 17. Jahrhundert; aus der gleichen Zeit auch das „Purbacher Kreuz" an der Straße nach Stotzing (die Marienfigur des Bildstocks ist modern).

Lutzmannsburg

Lage: Politischer Bezirk Oberpullendorf; 12 km südöstlich von Oberpullendorf an der Rabnitz liegender Marktort, fast unmittelbar an der ungarischen Grenze (kein Grenzübergang)
Einwohnerzahl: 733 (Gemeindegebiet: 1 078)
Sehenswert: Katholische Pfarrkirche; Häuser mit Hoflauben

Die karolingische Gründung erhielt schon 1156 das Marktrecht und war im Mittelalter Sitz einer ungarischen Burggespanschaft (das Königreich Ungarn war in Komitate eingeteilt, an deren Spitze der „Gespan“ stand), der einzige derartige Herrschaftssitz auf österreichischem Boden. Die Anlage, die wahrscheinlich auf römischen Grundmauern errichtet und 1171 erstmals urkundlich genannt wird, befand sich auf dem heute von Friedhöfen bedeckten Kirchberg, den ursprünglich ein hoher Wall und ein Graben umgab. Bei archäologischen Grabungen wurden römische Ziegel, Spuren verbrannter Palisaden und eine große Menge von Eisenschlacke entdeckt.

Vom alten Ort ist heute nichts mehr erhalten, da nach den verheerenden Überschwemmungen von 1813 und 1814 der Marktort westlich des ursprünglichen an erhöhter Stelle neu angelegt werden mußte. Dabei verschwand auch eine frühere Wehranlage mit einem befestigten Torturm.

Aus dem späten 19. Jahrhundert stammen noch zahlreiche Häuser in der Hauptstraße und der Hofstatt, teils noch mit einfachen Fassadendekorationen, viele auch mit sehr schönen Hoflauben.

Auf dem Anger befinden sich eine Dreifaltigkeitssäule (18. Jh.) und die Reste eines alten Prangers. Dort steht auch die einfache klassizistische evangelische Pfarrkirche.

Neben dem katholischen Pfarrhof (schöne Lauben) in der Hofstatt steht ein Johannes-Nepomuk-Bildstock aus der Zeit um 1800. Die ebenfalls in der Hofstatt liegende kleine Marienkapelle in neugotischem Stil wurde 1906 erbaut.

Auf dem Kirchberg liegt die katholische Pfarrkirche St. Veit, die 1674 über den Resten einer mittelalterlichen Kirche erbaut wurde. Der eingezogene Chor (gotische Spitzbogenfenster) stammt noch aus dem 15. Jahrhundert. Bei archäologischen Grabungen deckte man unterhalb des gotischen Baukerns der Kirche ältere Fundamente auf, die zum Teil mit großen Steinplatten gepflastert sind.

Der vierstöckige Turm ist mit einem steinernen Pyramidendach bedeckt und besitzt schießschartenartige Schlitzfenster. Die Turmbemalung aus dem 18. Jahrhundert wurde 1974 rekonstruiert. Ein Steinkruzifix an der Westwand trägt die Jahreszahl 1779.

Der Hochaltar ist neugotisch, während die Seitenaltäre aus der

Mitte des 18. Jahrhunderts stammen. Am linken Seitenaltar ist die Muttergottes mit Kind zwischen der hl. Barbara und der hl. Katharina, am rechten der hl. Johannes Nepomuk zwischen dem hl. Joachim und dem hl. Isidor dargestellt. An der Kanzel (Mitte 18. Jh.) zeigt ein Relief eine Christuserscheinung, Sitzfiguren symbolisieren Liebe und Hoffnung, auf dem Schalldeckel den Glauben.

Auch das Kruzifix an der Nordwand stammt noch aus dem 18. Jahrhundert.

Lutzmannsburg im Westen benachbart ist das noch zum Gemeindegebiet gehörende Straßendorf *Strebersdorf,* wo der Raidingbach und der Stooberbach in die Rabnitz münden. Grabungsfunde weisen auf eine römerzeitliche Besiedlung hin. Der Ort wurde 1195 erstmals urkundlich erwähnt.

Wie in Lutzmannsburg haben auch hier viele Häuser noch sehr schöne Hoflauben erhalten. Die Filialkirche „Zur Kreuzerhöhung" wurde 1904 als neuromanischer Saalbau errichtet.

Mannersdorf an der Rabnitz

Lage: Politischer Bezirk Oberpullendorf; 10 km südlich von Oberpullendorf zwischen Rabnitz und Güns liegendes Angerdorf. Zur Gemeinde Mannersdorf gehören auch die Nachbardörfer Rattersdorf (Grenzübergang nach Ungarn) und Klostermarienberg, denen eigene Kapitel gewidmet sind
Einwohnerzahl: 687 (Gemeindegebiet: 2 961)
Sehenswert: Katholische Pfarrkirche

Die katholische Pfarrkirche der urkundlich schon 1190 erwähnten Ortschaft ist der Hl. Dreifaltigkeit geweiht und wird von einer alten Wehrmauer umgeben. Die Barockkirche wurde 1748 an der Stelle einer wesentlich älteren Kirche errichtet, von der noch der gotische Chor aus dem 14. Jahrhundert erhalten ist. Bei Restaurierungsarbeiten wurden 1965 Reste gotischer Wandmalereien aus dem 14. und 15. Jahrhundert freigelegt.

Das Kreuzrippengewölbe des Chors ruht auf interessanten Konsolköpfen (drei Menschenköpfe, ein Hundekopf, die anderen mit Maßwerk); am Schlußstein ein Kleeblatt.

Die Innenausstattung stammt – mit Ausnahme des neuen Volksaltars – aus der zweiten Hälfte des 18. Jahrhunderts, so der dem hl. Johannes Nepomuk geweihte Seitenaltar, die Holzschnitzfiguren der Immaculata und des hl. Joseph, wie auch das große Kruzifix am Triumphbogen. Nur die Säulenmadonna an der rechten Wand des Langhauses (zweite Hälfte 17. Jh.) ist älter.

Die Dreifaltigkeitssäule am Dorfplatz stammt aus dem Jahre 1729, ihre Sockelfiguren stellen den hl. Antonius und den hl. Aloysius dar.

Aus dem 19. Jahrhundert stammen die Rosalienkapelle und die Florianikapelle.

Nördlich benachbart und durch eine Brücke über die Rabnitz mit Mannersdorf verbunden ist *Unterloisdorf*. Seine katholische Filialkirche hl. Radegundis (1775) ist wegen ihrer schönen Innenausstattung aus der Bauzeit sehenswert. Hochaltar mit Rokoko-Tabernakel und Gnadenbild „Maria vom Guten Rat"; an der Apsiswand im Rokokorahmen ein Bild der hl. Radegundis (1775), seitlich die holzgeschnitzten Figuren von Petrus und Paulus. Das Bild des linken Seitenaltars zeigt das Jesuskind mit Engeln, jenes des rechten Seitenaltars den hl. Antonius von Padua. Das Relief an der Kanzel (18. Jh.) stellt Jesus und die Samariterin dar, die Frauenfigur auf dem Schalldeckel symbolisiert den Glauben. Die Steinsäule mit der Figur der hl. Maria mit Kind stammt aus dem Jahre 1694.

Die kleinen Dorfkapellen stammen alle aus dem 19. Jahrhundert. Vom ehemaligen, 1706 zerstörten Renaissance-Kastell am Tabor ist nichts mehr erhalten.

Die katholische Pfarrkirche St. Rochus im nördlich angrenzenden *Oberloisdorf* stammt aus dem 18. Jahrhundert, sie besitzt aber noch den mittelalterlichen Turm eines Vorgängerbaus.

Mariasdorf

Lage: Politischer Bezirk Oberwart; 9 km nördlich von Oberwart bzw. 6 km südlich von Bernstein liegendes Schmalangerdorf
Einwohnerzahl: 527 (Gemeindegebiet: 1 374)
Sehenswert: Katholische Pfarrkirche

Der Ort wurde 1388 erstmals urkundlich erwähnt, in diese Zeit dürfte auch der Kirchenbau fallen. Aus dem 14. Jahrhundert stammt auch der aus 1 909 Stücken bestehende Silbermünzschatz, der hier in einer uralten Sparbüchse gefunden wurde und heute im Landesmuseum von Eisenstadt zu sehen ist.

Schon im Mittelalter gab es hier ein Eisenbergwerk. An der Straße zum Bergwerk steht eine kleine Johannes-Nepomuk-Kapelle aus dem Jahre 1857. Außerdem gibt es zwei Marienkapellen; die am südlichen Ortsende stammt aus dem Jahre 1856, die an der Straße nach Stadtschlaining wurde 1757 erbaut.

Die große Sehenswürdigkeit des Ortes ist aber seine an erhöhter

Vom Ende des 15. Jahrhunderts stammt das Südportal der Pfarrkirche von Mariasdorf mit verstäbtem Rahmen und Kielbogen

Stelle liegende katholische Pfarrkirche Mariä Himmelfahrt, die zu den schönsten spätgotischen Kirchen des Landes zählt. Sie wurde in zwei Phasen, um das Jahr 1400 (Chor) und Ende des 15. Jahrhunderts (Langhaus) erbaut, 1666 barockisiert und im 18. und 19. Jahrhundert mehrmals renoviert und verändert. Um 1882 begann die Regotisierung, wobei auch das Chordach erniedrigt und die anderen Dächer erneuert sowie zahlreiche Ergänzungen angebracht wurden. So etwa sind die Treppentürmchen in ihrem oberen Teil ergänzt, und auch der hohe Dachreiter ist neu.

Das Hauptportal an der Westfront reicht noch in die spätgotische Zeit zurück; sein Bogenfeld zeigt im Relief einen Rosenstock und zwei Wappen (Einhorn, Löwe); die Krabben, Fialen und die Kreuzblume des Portals sind hingegen erneuert. Auch der Balkon und die Marienfigur und ebenso das Rosenfenster im Giebel entstanden erst Ende des 19. Jahrhunderts bei der Regotisierung.

Am breiten Südportal stammen der verstäbte Rahmen und der Kielbogen noch aus dem 15. Jahrhundert, während die Krabben und die Kreuzblume erst 1884 angebracht wurden.

Das Innere der Kirche besitzt über dem dreijochigen Schiff ein Kreuzrippengewölbe, über dem zweijochigen Chor und der Apsis ein steiles Netzrippengewölbe, das nach der Demolierung des Barockgewölbes Ende des 19. Jahrhunderts aufgeführt wurde.

An der südlichen Chorjochwand sind noch eine spätgotische Tür mit Wappenschilden und kleinem Maßwerkfenster, in der nördlichen Chorjochwand das über sechs Stufen liegende Sakristeiportal aus dem 15. Jahrhundert erhalten. Am Sakramentshäuschen (1483) an der nördlichen Chorwand wurde bei der Regotisierung der Aufsatz stark ergänzt.

Neugotisch sind der Hochaltar aus Fayence, ebenso Kanzel und Taufbecken, alle 1884 in einer Keramikfabrik Fünfkirchens gefertigt. Der Deckel des Taufbeckens ist aus Schmiedeeisen. Der neugotische Seitenaltar des hl. Joseph (1889) besitzt noch ein barockes Altarbild aus der Mitte des 18. Jahrhunderts. Der Opferstock stammt aus dem Jahre 1666.

Markt Allhau

Lage: Politischer Bezirk Oberwart; 11 km westlich von Oberwart liegendes Mehrstraßendorf am Stegersbach nahe an der steirischen Landesgrenze
Einwohnerzahl: 1 140 (Gemeindegebiet: 1 711)
Sehenswert: Evangelische Pfarrkirche

Der urkundlich im Jahre 1331 erwähnte Ort wurde im 18. Jahrhundert zum Markt erhoben und besitzt – in seinem östlichen Teil – noch alte Dreiseithöfe mit schönen Lauben.

Die neue, der hl. Lucia geweihte kleine katholische Filialkirche (1956–1963) enthält noch den reichverzierten barocken Hochaltar der früheren Kirche. Das prächtig gerahmte Altarbild stellt den gekreuzigten Heiland als Retter der Seelen dar.

In klassizistischem Stil wurde 1784–1786 die evangelische Pfarrkirche A. B. errichtet und 1979 restauriert. Der mit einem hohen Zwiebelhelm bedeckte Turm wurde 1832 angebaut. Der eindrucksvolle Innenraum mit dem Grundriß eines griechischen Kreuzes ist mit einem flachen Kuppelgewölbe eingedeckt. An drei Seiten ziehen sich die Emporen hin, die von den vier Mittelgewölbepfeilern getragen werden. Die vierte Seite beherrscht der sehenswerte Kanzelaltar mit der darüberliegenden Orgel.

Vor der Kirche steht ein aus der ersten Hälfte des 19. Jahrhunderts stammender Steinobelisk, der als Pranger diente. Aus der gleichen Zeit stammt auch das evangelische Pfarrhaus.

Rund 4 km weiter südlich liegt das Breitangerdorf *Wolfau,* in dessen Nähe man römerzeitliche Hügelgräber fand. Der urkundlich 1365 erwähnte Ort war 1455 eine Mautstelle. Am Dorfplatz stehen noch gut erhaltene Dreiseithöfe; die Berghäuser am südlichen Ortsrand besitzen vielfach noch Laubenhöfe.

Die katholische Pfarrkirche Hl. Dreifaltigkeit wurde im 18. Jahrhundert als einfache Dorfkirche erbaut, 1865 neu gewölbt und zuletzt 1971 restauriert. Die Giebelfassade besitzt noch einen schönen spätbarocken Stuckdekor. Von der Einrichtung ist der Hochaltar von 1757 bemerkenswert, der aber zweimal (1902 nach Brand und 1952) umgestaltet wurde. Neu ist das Altarbild der Hl. Dreifaltigkeit (das ursprüngliche Altarbild schmückt heute die Dreifaltigkeitskapelle bei den oben erwähnten Berghäusern). Die seitlichen Schnitzfiguren (Petrus und Paulus) schuf 1769 Josef Hilt aus Hartberg. Aus der zweiten Hälfte des 18. Jahrhunderts stammen noch das große Kruzifix am Kreuzaltar und die Seitenfiguren der hl. Maria und des hl. Johannes.

Markt Sankt Martin

Lage: Politischer Bezirk Oberpullendorf; 9 km nordwestlich von Oberpullendorf am Stooberbach liegender Ort
Einwohnerzahl: 710 (Gemeindegebiet: 1 263)
Sehenswert: Katholische Pfarrkirche

Bronzezeitliche Funde aus dem Stooberbachtal haben den Ort bei Archäologen bekannt gemacht. Ein Fundgebiet aus der Römerzeit liegt etwas weiter südlich, bei Neutal, wo 1924 ein römisches Landhaus mit Hypokaustheizung ausgegraben wurde.

Die ersten urkundlichen Erwähnungen stammen aus den Jahren 1222 (villa sancti Martini) und 1263 (ecclesia sancti Martini). Im Jahre

1359 war der Ort eine Mautstation der Burg Landsee; um 1600 erhielt er das Marktrecht.

Einige schöne Ensembles mit gestaffelten Häusern findet man noch in der Hauptstraße, dem Beginn der Bahngasse und in der Neugasse. Auch Bildstöcke verschönern den Ort; so der Tabernakelbildstock („Wasinger Kreuz“) aus dem 17. Jahrhundert, die Immaculatasäule (1719) bei der Kirche, der neugotische Kapellenbildstock mit Pietà (Ende 19. Jh.) am Südrand des Ortes und die Steinsäule mit Pietà des 18. Jahrhunderts an der Straße nach Neutal, ferner eine Mariensäule (1678) im nördlichen Ortsteil und schließlich auch eine aus dem Schloß Kobersdorf stammende Meerjungfrau mit Delphin (18. Jh.) im Park.

Die katholische Pfarrkirche St. Martin wurde Ende des 18. Jahrhunderts erbaut, 1872 umgebaut, 1906 mit einem neuen, ungewöhnlich hohen Turm versehen (der alte stürzte 1904 ein) und zuletzt 1976 restauriert. Der vorgelagerte Kirchturm besitzt eine bemerkenswerte neuromanische Gliederung und einen recht eigenwilligen Steinhelm.

Im Innern der Kirche zeigt der schmale Hochaltar (Ende 19. Jh.) als Mittelfigur den hl. Martin.

Die Kreuzwegstationen an der Friedhofmauer stammen aus dem Jahre 1906; der Kalvarienberg ist ein künstlicher Hügel mit einem „Heiligen Grab“ (1837) in einer Grotte.

Am westlichen Ortsrand steht die kleine barocke Oswaldkapelle, deren Altarbild (hl. Oswald) aus der zweiten Hälfte des 18. Jahrhunderts stammt.

Der nördliche Nachbarort *Weppersdorf*, urkundlich schon 1222 erwähnt, besitzt in seiner der Hl. Dreifaltigkeit geweihten Kirche eine in historisierender neugotischer Form gestaltete Einrichtung aus der Zeit nach 1900. Die Kirche selber ist ein mittelalterlicher Bau aus dem 14. Jahrhundert mit gotisch eingezogenem Chor und 1753 barock umgestalteten Langhaus, in dem bei Restaurationsarbeiten im Jahre 1973 gotische Fenster entdeckt wurden. Die gotischen Chorfenster sind vermauert. In einer Nische des Chorjochs ist eine Steinfigur des hl. Johannes Nepomuk (18. Jh.) angebracht. Der Kirchturm stammt aus der Mitte des 18. Jahrhunderts; er besitzt einen hohen, achtseitigen Steinhelm.

Die evangelische Pfarrkirche A. B. ist ein eigenwilliger, schlößchenartiger Bau aus dem Jahre 1930.

An der Abzweigung nach Kobersdorf steht ein Tabernakelbildstock aus dem 18. Jahrhundert mit einer steinernen Pietà.

Marz

Lage: Politischer Bezirk Mattersburg; 2 km südlich von Mattersburg liegender Ort zu Füßen des 386 m hohen Marzer Kogels
Einwohnerzahl: 1 855
Sehenswert: Katholische Pfarrkirche

Funde von Steinbeilen haben bewiesen, daß das Gebiet um Marz schon in der Jüngeren Steinzeit besiedelt war. Auch aus der Hallstattzeit stammen interessante Funde. Auf dem Höhenrücken südlich des Ortes gab es bis 1880 neun Grabhügel; die reichen Funde (Urnen, Gefäße) sind heute im Naturhistorischen Museum von Wien.

Urkundlich zum ersten Mal erwähnt wurde der Ort 1202 als villa Mouruhc, doch gab es alten Aufzeichnungen gemäß schon im 8. Jahrhundert hier eine hölzerne Kirche, die vom hl. Bischof Willibald gegründet worden war. Unter den im Jahre 1074 hier angesiedelten Schwaben („Heanzen") entstanden ein Augustinerkloster und eine erste Kirche aus Stein. Das Kloster bestand bis 1438; von ihm ist nichts mehr erhalten. Die Kirche wurde später gotisch erneuert und 1604 von den Truppen des Stephan Bocskay, 1620 von den Scharen des Gabor Bethlen und schließlich auch 1683 von den Türken verwüstet. Man hat sie unter Verwendung des noch vorhandenen ursprünglichen gotischen Mauerwerks 1691 wiederaufgebaut. Bei der Restaurierung von 1979 wurde ein gotisches Fenster neu entdeckt.

Daß die Kirche ursprünglich eine Wehrkirche war, bezeugen die zahlreichen Schlüsselscharten, die in einer langen Reihe unter dem Dachrand der südseitigen Langhauswand heute noch sichtbar sind. Ursprünglich befand sich hier ein gotischer Wehrgang. Schießscharten besitzen auch die kleinen seitlichen Dreieckgiebel vor dem spitz zulaufenden steinernen Turmhelm. Um 1970 wurden auch zahlreiche Schießscharten in der ehemaligen Wehrmauer (heutige Friedhofsmauer), die die katholische Pfarrkirche umgibt, freigelegt.

Die Pfarrkirche Krönung Mariens besitzt ein schönes Südportal mit einem spitzbogigen Tympanum über dem spätgotischen Kragbogensturz; eine 1959 aufgedeckte Wandmalerei aus der Zeit um 1390 zeigt Christus am Kreuz mit Maria und Johannes, das Schweißtuch der Veronika und rechts eine Schutzmantel-Muttergottes mit Figurengruppe, außerdem den Kirchenstifter mit Frau und Sohn. Ungewöhnlich an der Darstellung der Muttergottes ist, daß sich unter ihrem Mantel nur gewöhnliche Menschen (wahrscheinlich die Pfarrgemeinde) befinden, da im allgemeinen bei solchen Schutzmantelbildern immer nur Papst, Kaiser, Edelleute, Ritter usw. abgebildet sind.

Das Westportal besitzt schönen Stuckdekor aus dem Ende des 17. Jahrhunderts und als Nischenfigur eine Muttergottes.

Sehenswert ist der prächtige Hochaltar (Ende 18. Jh.) mit hohem Säulenaufbau und Figuren des hl. Joachim und der hl. Anna sowie Petrus und Paulus, die das Hochaltarbild (Krönung Mariens) aus dem Jahre 1802 flankieren. Die Seitenaltäre stammen aus den Jahren 1930 und 1931.

Die Kanzel (Ende 17. Jh.) zeigt auf dem Schalldeckel eine schöne Immaculata über der Weltkugel, die von einem Löwen getragen wird. Die Kanzel trägt ferner – wie auch am rundbogigen Triumphbogen und an der Außenseite des Turms – das Wappen des neuen Kirchenstifters Zacharias Gundian (1691).

Bemerkenswert ist auch ein großes Kruzifixus aus der ersten Hälfte des 18. Jahrhunderts und – in der Taufkapelle – ein barockes Taufbecken.

Vor der Kirche stehen eine Mariensäule (Pestsäule) von 1715 und eine spätgotische Lichtsäule (15. Jh.) mit Tabernakel und gedrehtem Schaft; als Wappen sieht man Pflugscharen und Hirtenhörner. Beim Pfarrheim unter der Friedhofmauer befindet sich ein gotisches Sühnekreuz („Radkreuz"); man meint, daß es im Mittelalter zur Sühne für ein Verbrechen gesetzt wurde. In der Zacharias-Gundian-Straße steht das „Rote Kreuz" (1683) mit einem im 18. Jahrhundert erneuerten Holzkruzifixus.

Erwähnenswert ist ferner die Dreifaltigkeitssäule von 1723 bei der Rimpflmühle, das Antoniuskreuz (1863) an der Straße nach Rohrbach und das Donatikreuz (erste Hälfte 19. Jh.) in den Weinbergen.

Am Marzerbach liegt die Wallfahrtskapelle hl. Johannes Nepomuk, eine barocke Heiligenbrunnkapelle aus dem Jahre 1767 mit schönem, schmiedeeisernem Gitter. Schon 1699 wird der Ort als Wallfahrtsziel genannt. Die Quelle befindet sich heute (unsichtbar) unter dem Chorfundament.

Schließlich kann man in Marz auch noch einige schöne Hausensembles mit verzierten Fassaden (hauptsächlich in der Hauptstraße, Schulstraße und Bachstraße) aus dem letzten Viertel des 19. Jahrhunderts bzw. aus der Zeit um die Jahrhundertwende sehen.

An Marz grenzt im Süden das Straßendorf *Rohrbach bei Mattersburg* an, wo sich einst eine mittelalterliche Burg und seit dem 16. Jahrhundert auch ein Edelhof mit barockem Ziergarten befanden. Von beiden ist heute nichts mehr erhalten, hingegen besitzen einige Häuser in der Hauptstraße, Berggasse und Waldgasse noch hübsche Fassaden und Giebel aus dem letzten Viertel des 19. Jahrhunderts bzw. aus der Zeit kurz nach der Jahrhundertwende.

Die Dreifaltigkeitssäule des Ortes (1645) wurde 1863 erneuert, die Sebastianssäule (15. Jh.) erhielt 1975 eine neue Figur, die Mariensäule beim Kriegerdenkmal wurde 1857 aufgestellt. Am Kirchhügel verdient das Sebastianskreuz (1628), das 1853 renoviert wurde und dessen Heiligenfigur aus dem 18. Jahrhundert stammt, Beachtung. Die am Fuße des Hügels liegende Florianikapelle stammt aus dem 18. Jahrhundert, die sogenannte Markussäule auf dem Hügel aus dem Jahre 1652.

Die moderne katholische Pfarrkirche St. Sebastian wurde 1959 bis 1962 erbaut, die frühere Pfarrkirche 1970 wegen Baufälligkeit abgetragen. Die Kirche enthält ein interessantes Votivbild aus dem Jahre 1683, das zum Dank für die Errettung aus türkischer Gefangenschaft gestiftet wurde. Die Bilder der Hl. Familie, der hl. Rosalia und der hl. Anna selbdritt stammen aus der zweiten Hälfte des 18. Jahrhunderts.

Mattersburg

Lage: Politischer Bezirk Mattersburg; an der Wulka liegende Stadt im nördlichen Burgenland, 17 km südöstlich von Wiener Neustadt bzw. 16 km südwestlich von Eisenstadt
Einwohnerzahl: 4 882 (Gemeindegebiet: 5 582)
Sehenswert: Katholische Pfarrkirche; Stadmuseum. Im Ortsteil Walbersdorf katholische Pfarrkirche
Kulturelle Veranstaltungen: Im Kulturzentrum Mattersburg Theateraufführungen, Dichterlesungen und Vorträge, Konzerte u. a. Alljährlich am ersten Sonntag im Juni der „Robitsch-Kirtag", ein farbenprächtiger Volksbrauch mit Umzug und Tanz

Zahlreiche Funde aus der näheren Umgebung weisen auf bereits prähistorische Besiedlung des Wulkatales hin. Viele Grabungsfunde aus dem Neolithikum befinden sich heute im Landesmuseum von Eisenstadt. Funde von Mauerwerk, Tonscherben, Bruchstücken von Ziegeln u. dgl. deuten auch auf eine römische Ansiedlung hin. Im Ortsteil Walbersdorf lag eine römische Veteranensiedlung.

Westlich der Stadt wurden 1930 – vermischt mit römischen Skelettgräbern – zahlreiche Langobardengräber aus dem 6. Jahrhundert mit reichen Schmuckbeigaben aufgefunden.

Erstmals urkundlich erwähnt wird der Ort 1202 als „villa Martini" (wahrscheinlich nach dem Kirchenheiligen), 1304 als Mertinsdorf. Möglicherweise ist der Ort auch mit dem in einer Regensburger Aufzeichnung von 808 genannten „locus Eoluespah" identisch.

Im 13. Jahrhundert war der Ort Stammsitz der Grafen von Mattersdorf (später auch Forchtenstein), die aus einer spanischen Familie stammen. Die Lage ihrer Burg ist unbekannt; es kann sein, daß sie bei der Pfarrkirche stand, die schon im Mittelalter als Wehrkirche erbaut worden war, vielleicht aber auch an der Stelle des ehemaligen Meierhofs und späteren Ghettos. Bei Bauarbeiten auf dem Gelände dieses ehemaligen Judenviertels (heute steht dort ein modernes Hochhaus) stieß man jedenfalls auf breite Mauern, die wohl einer Burg angehört haben konnten. Auch von einem bis in das 17. Jahrhundert existierenden herrschaftlichen Edelhof ist heute nichts mehr erhalten.

1605 wurde der Ort im Bocskay-Aufstand, 1683 von den Türken und 1708 von den Kuruzzen verwüstet. Einem Großbrand fielen 1774 fast alle Häuser des Marktes zum Opfer, 1856 wurden bei einer Brandkatastrophe zwei Drittel des Ortes eingeäschert. Auch Überschwemmungen der Wulka richteten bis zu ihrer Regulierung anfangs des 20. Jahrhunderts jedesmal schwere Schäden an. Es ist daher nicht

Über die Heinzen:
Unter dem Namen der Hienzen (Henzen oder Heinzen) sind die Deutschen im Eisenburger und Ödenburger Komitate bekannt. Die geschichtlichen Spuren, viele deutsche alte Ortsnamen und zum Teil auch die alte Mundart in manchen Orten, zeigen, daß in den Gebirgsstrecken Pannoniens, an Deutschlands Grenze, auch nach der Einwanderung der Magyaren sich fortwährend eine bajuwarisch-fränkische Bevölkerung erhalten habe.
Woher der Name Hienzen stammt ist unbekannt. Vielleicht bedeutete er die letzten oder äußersten Deutschen (hinz, d. i. bis, zuletzt), oder er deutet auf den Namen Heinz oder Henz (Heinrich) und bezeichnet vielleicht die dortigen Deutschen als Heinrich's Leute, d. i. als Anhänger Kaiser Heinrich's III., welcher Ungarn zum deutschen Vasallenreiche machte, wofür der Umstand spräche, daß Hienz von den Ungarn als Stichwort und Spottname der Deutschen daselbst oft gebraucht wird.

Karl Czoernig, 1855

Die „Hienzen" und die „Heidebauern" führen mich noch zu einer Bemerkung in Parenthese. Nach Czoernig sollen die Hienzen bayrischen, alemannischen und fränkischen Stammes sein, die Heidebauern dagegen Schwaben. Wir erhalten also . . . zugleich die bunteste Musterkarte der Volkselemente: Deutsche vielerlei Stammes und Kroaten und Magyaren dazu.

Wilhelm Heinrich Riehl, 1868

verwunderlich, wenn die Stadt, mit Ausnahme der erhöht stehenden Pfarrkirche, kaum noch Gebäude besitzt, die vor der zweiten Hälfte des 19. Jahrhunderts erbaut worden sind.

Noch vor der Loslösung des Burgenlandes vom Königreich Ungarn wurde 1918 in Mattersdorf die „Republik Heinzenland" ausgerufen. Im Zuge der (gescheiterten) Bemühungen, den Ort dann zur Landeshauptstadt des Burgenlandes zu erklären, wurde der Name Mattersdorf 1924 in Mattersburg verändert. 1926 wurde Mattersburg zur Stadt erhoben.

Die katholische Pfarrkirche St. Martin erhebt sich in beherrschender Lage im alten, von einer Wehrmauer mit Schießscharten umgebenen Friedhof im Süden der Stadt. Sie wird urkundlich bereits 1390 erwähnt, ist aber wahrscheinlich noch älteren Ursprungs. Der heutige Bau stammt teilweise noch aus dem 14. und 15. Jahrhundert. Mitte des 18. Jahrhunderts wurde die Kirche um zwei Seitenschiffe erweitert. An das südliche Schiff wurde eine Barockkapelle angebaut. Der Turm wurde 1907 erneuert.

Zwischen dem spätgotischen netzrippengewölbten Langhaus und dem langen Chor, der ebenfalls ein Netzrippengewölbe aufweist (das Maßwerk der Spitzbogenfenster wurde erneuert), liegt – als ehemaliges Turmjoch – ein Joch mit starken Spitzbogengurten und Kreuzrippengewölbe; dieser Teil ist möglicherweise noch ein Rest der früheren Kirche aus dem 14. Jahrhundert.

Neben dem neugotischen Hochaltar von 1870 ist vor allem der Marienaltar im linken Seitenschiff aus dem Jahre 1736 bemerkenswert. Seine Marienfigur wird von zwei Evangelisten flankiert.

Gegen Ende des 18. Jahrhunderts wurde der marmorne Seitenaltar am südlichen Triumphbogenpfeiler gefertigt; das Altarblatt stellt den hl. Antonius und das Christkind dar. Auf der Kanzel, aus der Zeit um 1700, sind der Heiland, Petrus, Paulus und die Evangelisten figürlich dargestellt, auf dem Schalldeckel eine Immaculata.

Aus dem 18. Jahrhundert stammen auch zwei hölzerne Engelfiguren im Chor, zwei Chorstühle und der alte Beichtstuhl im südlichen Seitenschiff. Neugotisch (1895) sind Sakramentshäuschen und Taufstein.

In der südlich angebauten barocken Kuppelkapelle ist ein Pestaltar mit dem Bild des hl. Sebastian (1741) und den Statuen des hl. Franz Xaver und des hl. Joseph zu sehen. Die Sitzfigur auf dem Baldachin stellt den hl. Johannes auf Patmos dar.

Vor der Kirche stehen eine Mariensäule und eine Annasäule, beide aus dem 17. Jahrhundert. Aus der gleichen Zeit stammt auch die Sebastianssäule unterhalb der Kirche mit Figuren des hl. Sebastian und des hl. Rochus. Andere bemerkenswerte Bildstöcke stehen in der Hintergasse („Frischherzkreuz" von 1711, mit Gnadenstuhl und

Aus gotischer Zeit stammt noch das Halterkreuz von Mattersburg, eine Lichtsäule aus dem Jahre 1446

Zu Schauwänden zusammengestellt wurden die noch erhaltenen, sehr oft hohen künstlerischen Wert repräsentierenden alten jüdischen Grabsteine im ehemaligen Judenfriedhof von Mattersburg

Sockelrelief in Form von Faß und Zirkel als Zunftzeichen der Faßbinder) und in der Hirtengasse (neugotisch verändertes „Poschkreuz" von 1713; Dreifaltigkeitssäule aus der ersten Hälfte des 18. Jh. mit Krönung Mariens). In einem kleinem Park steht eine gotische Lichtsäule, das sogenannte Halterkreuz, aus dem Jahre 1446, ein architektonisches Kleindenkmal von hoher Qualität, das Ende des 19. Jahrhunderts restauriert und teilweise erneuert wurde.

Auf dem Hauptplatz erhebt sich eine barocke Pestsäule von 1714 mit Gnadenstuhl und Sockelfiguren der Immaculata, der hll. Rosalia, Sebastian, Rochus, Magdalena und Barbara.

An der Straße nach Marz verdient die kleine, spätbarocke Rinnsalkapelle Beachtung. Hier befand sich bereits im 17. Jahrhundert ein Wallfahrtsort. Das Mariengnadenbild (es ist der hl. Madonna von Czenstochau geweiht) am stuckierten Altar wird von den Statuen des hl. Joachim und der hl. Anna flankiert. Das Retabelbild stellt den hl. Wendelin dar.

Aus der am südlichen Stadtrand stehenden Ausreithkapelle wurde das sehenswerte Holzrelief „Christus und die armen Seelen im Fegefeuer" (zweite Hälfte 18. Jh.) in das Stadtmuseum übertragen. An der Straße nach Sauerbrunn steht das sogenannte „Rote Kreuz", ein 1665 errichteter und 1968 restaurierter Pfeilerbildstock. Am westlichen Stadtrand steht das Tillkreuz (1853) mit Reliefdarstellungen der Immaculata, der hll. Florian, Sebastian, Donatus und eines Kruzifixes.

Beim neuen Friedhof steht die 1853 erbaute Bergerkapelle. Sie enthält die Gruft des Generalfeldzeugmeisters Johann Nepomuk Berger Freiherr von der Pleisse (1768–1864), der als der Sohn eines einfachen Mattersburger Bauern höchsten militärischen Ruhm erlangte. Der neugotische Ziegelbau hat an den Ecken achteckige Strebepfeiler, über deren formenreichen Blattkapitälen pyramidenartige Türmchen aufgesetzt sind. – Ein anderer berühmter Mattersburger war Paul Kitaibel (1757–1817), der sich als Botaniker einen Namen machte.

Schließlich sei noch auf das Stadtmuseum von Mattersburg hingewiesen (Hauptplatz 14; geöffnet Mitte April bis Mitte Oktober sonntags von 10–12 Uhr und 14–16 Uhr, aber auch an anderen Tagen nach Voranmeldung; Tel. 02626/2333 oder 2473), das bemerkenswerte Sammlungen zur Stadtgeschichte und Volkskunde, archäologische Grabungsfunde, eine Darstellung des Zunftwesens und Judaica beherbergt.

Der jüdische Friedhof, der zusammen mit dem Ghetto und der Synagoge 1940 zerstört wurde, erinnert als Gedenkstätte mit noch erhaltenen alten Grabsteinen und Bruchstücken, die 1966 im Friedhof zu Schauwänden zusammengestellt wurden, an die sehr bedeutende Judengemeinde, die Mattersburg bereits im 16. Jahrhundert besaß und die – mit Unterbrechungen – bis zum Jahre 1938 bestand.

Im Pogrom von 1572 dürften die Juden, zumindest für kurze Zeit, aus Mattersburg entfernt worden sein . . . Nach einer erneuten Ausweisung unter Leopold I. 1671 wurden sie von Graf Paul Esterházy zurückgerufen und unter den Schutz der Herrschaft gestellt . . . Eine jüdische Schule in Mattersburg ist seit der ersten Hälfte des 18. Jahrhunderts nachweisbar . . . Über die Entwicklung der Mattersburger Jeschiwa, einer Art freier hebräischer Hochschule für Thora- und Talmudkunde, die zwar nur wenige Schüler zählte, ihrem Anschein nach aber zu den hervorragendsten Schulen Ungarns gehörte, fehlen die Quellen. Den Höhepunkt in der Geistesgeschichte der Kehilla Mattersburg stellt das Rabbinat des aus Frankfurt gebürtigen R. Mosche Sofer (1798–1806 Rabbiner in Mattersburg) dar, der als Kapazität in der gesamten jüdischen Orthodoxie Europas galt . . .

F. P. Hodik, Geschichte der Juden in Mattersburg

Das Mattersburg im Osten benachbarte und ebenfalls von der Wulka durchflossene *Walbersdorf* ist bekannt als Fundort eines römischen Meierhofes, römischer Grabsteine und Steinkistenbrandgräber (1. Jh. n. Chr.), die heute im Museum von Sopron aufbewahrt werden. Der Ort selber wurde 1202 erstmals urkundlich erwähnt.

Die katholische Pfarrkirche St. Leonhard wurde 1794–1797 im spätbarocken Stil an der Stelle einer früheren Kirche erbaut und zuletzt 1979 restauriert. Auffallend ist ihr pagodenförmiger Turmhelm.

Die Innenausstattung aus dem 18. Jahrhundert stammt zum großen Teil aus dem aufgelassenen Augustinerinnenkloster. Das große Altarbild an der Chorwand stellt die Vermählung Mariens dar. Über dem reichverzierten Tabernakel auf dem Hochaltar, den je drei vergoldete Leuchter flankieren, ist in einem bemerkenswerten Strahlenkranzrahmen der hl. Leonhard dargestellt, ihm zur Seite die Holzschnitzfiguren zweier Kirchenväter.

Der linke Seitenaltar wird von den Figuren des hl. Joachim und der hl. Anna flankiert, das Altarbild zeigt die Kreuzigung. Ein Rokoko-Tabernakel enthält als heilige Reliquie einen Kreuzpartikel.

Am rechten Seitenaltar, mit dem Altarbild „Geburt Christi“ und den Seitenfiguren der heiligen Ungarnkönige Stephan und Ladislaus, enthält ein Rokokoschrein eine Nachbildung des Mariazeller Gnadenbildes. Eine Nachbildung des „Prager Jesulein“ befindet sich in einer Vitrine unter der Empore.

Das Kanzelrelief zeigt den Guten Hirten und auf dem Schalldeckel eine Bischofsfigur. Die beiden Ölgemälde (Anfang 18. Jh.) an den Chorjochwänden stellen das Letzte Abendmahl und die Anbetung der Könige dar.

Der Kirche schräg gegenüber erhebt sich ein um 1800 errichteter und 1972 restaurierter evangelischer Glockenturm. Aus dem 18. Jahrhundert stammen die Mariensäule in der Hauptstraße und die Dreifaltigkeitssäule oberhalb der Berggasse.

Mogersdorf

Lage: Politischer Bezirk Jennersdorf; 7 km östlich von Jennersdorf direkt an der ungarischen Grenze liegender Marktort am nördlichen Ufer der Raab (sie bildet hier die Grenze), in die im (bereits ungarischen) Nachbardorf Szentgotthárd (St. Gotthard) die Lafnitz mündet. Kein Grenzübergang
Einwohnerzahl: 692 (Gemeindegebiet: 1 324)
Sehenswert: Gedenkstätte am Schlößlberg; historische Stätten

Mogersdorf, das durch die Türkenschlacht von 1664 in die Geschichte eingegangen ist, wurde urkundlich 1187 erstmals erwähnt. Drei Gedenkstätten erinnern an den Sieg der alliierten christlichen Heere über die Türken am 1. August 1664. Zuerst das „Weiße Kreuz" (1840) im sogenannten Türkenfriedhof am Westrand des Ortes mit den über einem Massengrab errichteten Inschrifttafeln in deutscher, ungarischer, französischer und lateinischer Sprache: „Den tapferen Helden allen, die im Jahre 1664 hier gefallen, durch bewaffnete Türkenhand, kämpfend für Gott, Kaiser und Vaterland."

Weiters die Annakapelle am westlichen Ortsausgang, ein Rundbau von 1670 mit kegelförmigem Dach, in der sich ein bemerkenswertes Altarbild der hl. Anna (1664) und eine lateinische Inschrift mit Bezug auf die Türkenschlacht befinden. Angeblich ist die Kapelle von der Gemahlin des bei der Türkenschlacht gefallenen Heerführers Graf Trautmannsdorff gestiftet worden. Nach anderen Auslegungen handelt es sich bei dieser Kapelle um das (später veränderte) Grabmal für einen türkischen Pascha. Man sagt, daß bis zum Ende des 19. Jahrhunderts alljährlich am Jahrestag der Schlacht eine türkische Delegation nach Mogersdorf gekommen sei, um bei der Kapelle einen Kranz niederzulegen.

Schließlich die Gedenkstätte auf dem nördlich des Ortes ansteigenden Schlößlberg, auf dem sich schon im Mittelalter ein befestigtes „Schlößl" befunden hat, von dem aber nichts mehr erhalten blieb. Wahrscheinlich handelte es sich dabei um einen befestigten Wirtschaftshof des schon 1183 von König Béla III. gegründeten Zisterzienserstiftes St. Gotthard, das später zum Kastell ausgebaut wurde.

Der eigenwillige Rundbau der Annakapelle von Mogersdorf (17. Jh.) erinnert an die berühmte Türkenschlacht von 1664

Die heutige Gedenkstätte auf dem Schlößlberg besteht aus einem mächtigen, 15 Meter hohen Steinkreuz und aus einer Kapelle, die 1964 aus den Bauresten einer am Ende des Zweiten Weltkriegs zerstörten neugotischen Kapelle errichtet wurde. Eine Neugestaltung und Modernisierung der Kapelle fand 1979 statt; dabei wurde die kostbare Marienstatue von 1739 entfernt und auf den Hochaltar der Pfarrkirche des Ortes versetzt.

1973 wurde auch ein charakteristisches altes Kreuzstadl aus der Zeit um 1700 auf den Schlößlberg versetzt, das als historischer Gedächtnisraum eingerichtet ist und eine Dokumentation mit Erinnerungsstücken an die Türkenschlacht enthält. Er ist ganzjährig von 10–18 Uhr geöffnet.

Dem von Süden heranziehenden Heer von rund 100 000 Türken unter dem Oberbefehl von Achmed Köprili stellte sich bei Mogersdorf oder St. Gotthard das kaiserliche Heer, bestehend aus 8 300 Mann (Schwaben, Niedersachsen, Westfalen, Franken und Bayern), aus 7 200 Mann österreichischen Reichstruppen, aus 1 250 Mann alliierter Rheinbundtruppen sowie aus einem französischen Hilfskorps von 6 500 Mann zur Schlacht. Dieses Heer, das unter dem Oberbefehl von Raimund Graf Montecuccoli stand, errang gegen die mehr als vierfach überlegene türkische Streitmacht einen entscheidenden Sieg. Dieser Sieg verhinderte vorerst das Eindringen der türkisch-islamischen Heerscharen nach Österreich und Mitteleuropa. Es verschaffte Österreich und mit ihm dem gesamten Abendland eine längere Verschnaufpause, denn erst 19 Jahre später rückten die Türken erneut an und konnten erst nach ihrer vergeblichen Belagerung Wiens (1683) zurückgeschlagen werden.

In diesem Zusammenhang ist auch interessant, daß die Schlacht bei Mogersdorf den historischen Hintergrund für das lyrische Epos „Die Weise von Liebe und Tod des Cornet Christoph Rilke" von Rainer Maria Rilke (in der ersten Handschrift mit „1664" betitelt) gebildet haben soll. Rilke soll dabei als Quelle den Kriegsbericht des Generalquartiermeisters der Reichskriegsarmee, Johann von Stauffenberg, benutzt haben.

In Mogersdorf verdient schließlich auch die Pfarrkirche St. Joseph Beachtung. Die 1775 erbaute und zuletzt 1975 restaurierte Kirche besitzt am Triumphbogen die 1912 von Josef Rösch gestaltete Wandmalerei: „Schlacht bei Mogersdorf". Aus der Zeit um 1900 stammen Hochaltar und Seitenaltar, aus der zweiten Hälfte des 18. Jahrhunderts die Rokoko-Kanzel. Das Turmuntergeschoß enthält eine kostbare holzgeschnitzte Pietà aus der Mitte des 18. Jahrhunderts.

„Dahero ging es und war ein Geschrei da: sa sa! Marsch, Marsch, Feind, Feind, heraus, heraus! hunderttausend Sacrament heraus, heraus! Obrist, Wachtmeister, Adjudant, stellt, richtet Picken in die Mitte! Allarm, Allarm! Tambour schlag Larm, Larm! Der Feind ist über, der Feind ist über! sa, sa, hau, stich, stoß, schlag, schmeiß die Hunde sa sa! Die Officir teils liefen von ihren Matratzen: Laquai, Furierschütz, Tambour! mein Stiefel, mein Schuh her! Corporal auf, auf, Larm, Larm, meinen Diener ruf her, holla da heraus, heraus, sattle mein Pferd! wo ist mein Degen? wo sind meine Pistolen? Lad, spann, Pulver auf die Pfann! und eh er halb angezogen, rief vor Schrecken: heraus, heraus, heraus, ruckt aus ihr Hunde in tausend Teufel Namen, heraus! Schlag, prügel, hau, stich, Corporal . . ."

Johann von Stauffenberg, 1665

Man verfolgte sie (die Türken) in einiger Entfernung, bis sie sich alle in die Raab warfen ... Die meisten ertranken, der Rest wurde durch die Salve, welche wir auf sie vom Ufer her abgaben, getötet, als sie sich ins Wasser gestürzt hatten. Nie sah man ein diesem ähnliches Schauspiel! Man erblickte mit einem Schlage kein Wasser mehr: das war nichts als ein schwimmender Friedhof, darin eine aus einer Menge menschlicher Leiber, aus Waffen und Pferden gemischte Masse ... Unsere Soldaten stürzten sich ihnen nach, um die zu greifen, für die es noch einen Funken Hoffnung auf Rettung gab, und wenn noch einer am Ufer blieb, tat er es, um die wenigen zu erschlagen, denen es nach vieler Mühe gelang, das Ufer zu gewinnen ...“

Comte de Coligny-Saligny, 1664

Mönchhof

Lage: Politischer Bezirk Neusiedl am See; 10 km südöstlich von Neusiedl am Nordrand des Seewinkels liegendes Angerdorf
Einwohnerzahl: 2 202
Sehenswert: Katholische Pfarrkirche

Die erste urkundliche Erwähnung des Ortes erfolgte 1217, als König Andreas II. von Ungarn das ehemalige Petschenegen-Gut „Leginthov“ den Zisterziensern von Heiligenkreuz überschrieb. Kurz darauf erfolgte die Gründung einer klösterlichen Niederlassung, die aber 1241 im Mongolensturm zerstört wurde. Eine neuerliche Verwüstung des Ortes erfolgte 1529 durch die Türken. Zur gleichen Zeit wurde auch der Nachbarort Halbturn zerstört und das kaiserliche Gestüt (Gestüte aus Spanien und dem Karst, später Lipizzaner genannt) von dort in den noch erhaltenen Gutshof des Stiftes verlegt, wo es von 1553 bis 1672 verblieb. Zu dieser Zeit entstand der befestigte Ort Ratschin als Wohnort der Gestütsbediensteten. Nach der Verlegung des Gestüts nach Prag (1672) wurde Ratschin Mönchhof einverleibt.

Nach einer neuerlichen Zerstörung des Ortes und des Klosters durch die Türken im Jahre 1683 begann Ende des 17. Jahrhunderts der Wiederaufbau. In die erste Hälfte des 18. Jahrhunderts fällt auch der Kirchenneubau und der Bau des weiträumigen Pfarrhofs. Auch ein langgestreckter Speicherbau („Granarium“) mit Krüppelwalmdach ist aus dieser Zeit noch erhalten.

An dem Neubau der katholischen Pfarrkirche Heilige Magdalena (1729–1734) beteiligten sich der bekannte Mönchhofer Maurermeister Karl Moispointner, der Kaisersteinbrucher Steinmetz Elias Hügel, der Windener Steinmetz Jakob Gramaschy und andere Künstler des Heiligenkreuzer Kreises. Der 1972 restaurierte Barockbau besitzt eine sehenswerte Innenausstattung aus dem 18. Jahrhundert. Bemerkenswert vor allem die prächtigen Volutenkapitelle auf den Pilastern, die die Gurten des Kreuzgratgewölbes tragen.

Der mit Putten und Engeln geschmückte, freistehende Hochaltar von Elias Hügel (1739) besitzt als Altarblatt eine Darstellung der büßenden Magdalena, ein Werk aus der Schule Altomontes (nach anderer Auslegung von Martin Altomonte selber gemalt). Darüber das Wappen von Heiligenkreuz. Die Seitenfiguren aus der Werkstatt Giovanni Giulianis stellen Moses und König David dar.

Das linke Seitenaltarbild zeigt die Krönung Mariens (von Martin Altomonte, 1741), das rechte den hl. Joseph, darunter eine Schnitzfigur der Mariazeller Muttergottes.

Die Kanzelreliefs stellen Szenen aus dem Leben der hl. Magdalena dar, auf dem Schalldeckel die Sitzfiguren der Evangelisten. Über der Tür zum Pfarrhof stellt ein Ölbild aus der Mitte des 18. Jahrhunderts den hl. Bernhard von Clairvaux dar.

Direkt an die Kirchenfassade, die ein gedrungener Turm mit Zwiebelhelm krönt, grenzt der 1729 erbaute Pfarrhof. Er steht an der Stelle eines mittelalterlichen Edelhofes, den das Kloster als Pfarrhaus und Verwaltungshaus für das Klostergut verwendet hatte und der im 18. Jahrhundert wegen Baufälligkeit abgerissen wurde. Der zweistökkige Bau besitzt ein weitausladendes Stiegenhaus mit einer Figur des hl. Johannes Nepomuk (erste Hälfte 18. Jh.) und schöne kreuzgrat- oder tonnengewölbte Räume.

In der Hauptstraße erweckt ein Glockenturm (ehemaliger Wehrturm) mit modernem Steinhelm Aufmerksamkeit. Es handelt sich wahrscheinlich um den Turm der früheren Pfarrkirche, der 1669 restauriert wurde.

An der Hauptstraße steht auch eine barocke Familiensäule von 1767, am Hauptplatz eine Dreifaltigkeitssäule von 1714. Die Lichtsäule an der Ecke der Bahngasse stammt aus dem Jahre 1622, der Tabernakelbildstock am Nordrand des Ortes an der Abzweigung nach Zurndorf aus dem 15. Jahrhundert. An der Straße nach Zurndorf liegt auch die kleine Cholerakapelle von 1838.

Das Friedhofskreuz (1773), mit schöner Pietà, besitzt am Sockel ein Relief mit der Darstellung des Fegefeuers. In der Umgebung des Ortes stehen noch weitere Bildstöcke und Wegkreuze.

Schließlich soll noch das 1959 gegründete Kloster Marienkron erwähnt werden, das von Zisterzienserinnen bewohnt wird. Diese ließen 1969 einen Anbau des Klosters zu einem modernen Kneipp-Kurheim einrichten, das als Hotel geführt wird.

Mörbisch am See

Lage: Politischer Bezirk Eisenstadt-Umgebung; 19 km südöstlich von Eisenstadt bzw. 5 km südlich von Rust am Westufer des Neusiedler Sees liegendes Schmalangerdorf und Festspielort (viel Fremdenverkehr). Südlich des Ortes verläuft die ungarische Grenze (kein Grenzübergang)
Einwohnerzahl: 2 364
Sehenswert: Malerische Hofgassen mit Lauben; charakteristische Hauergasse; Heimathaus; gotischer Kirchturm
Kulturelle Veranstaltungen: Operettenaufführungen auf der Seebühne im Juli und August

Wie Grabungsfunde beweisen, war die Gegend um Mörbisch schon zur Jungsteinzeit besiedelt. Andere archäologische Funde, die aus einem 1951 entdeckten römerzeitlichen Gutshof stammen, bezeugen auch die spätere Besiedlung des Ortes. Im 5. Jahrhundert waren die Goten anwesend.

Die erste urkundliche Erwähnung des Ortes stammt aus dem Jahre 1254. Ein halbes Jahrtausend (1385–1848) stand Mörbisch unter der Herrschaft der Stadt Ödenburg, die nur 12 km weiter südlich liegt. Eine „Mörbischer Revolte" gegen diese Herrschaft wurde 1597 niedergeschlagen.

1529 und 1683 von den Türken und 1704/05 von den Kuruzzen niedergebrannt, fielen die später wieder aufgebauten Häuser des Dorfes großen Bränden in den Jahren 1843 und 1846 zum Opfer, so daß sein heutiges Aussehen in die zweite Hälfte des 19. Jahrhunderts zu verlegen ist. Leider verloren in den letzten Jahren viele Hausfassaden ihr charakteristisches Aussehen durch Modernisierung, doch macht der Ort mit seinen Giebelhäusern und langgestreckten Hofgassen mit gewölbten Einfahrten, Stiegenvorbauten und malerischen Lauben mit Säulenschmuck immer noch einen sehr sehenswerten Gesamteindruck. Zu den sehenswerten Straßenzügen zählen die Hauptstraße, Wurditschgasse, Berggasse, Hauergasse u. v. a. Die Hauergasse zeigt mit der Giebelreihe alter Scheunen ein besonders charakteristisches Bild.

Wie in Rust, nisten auch hier die Störche auf zahlreichen Dächern, oft auch am Kirchturm.

Eines der sehenswertesten Ensembles ist als Heimathaus museal zugänglich gemacht worden: Heimathaus Mörbisch, Hauptstraße 55; geöffnet von Ostern bis gegen Ende Oktober von 9–12 und 13–17 Uhr. Es handelt sich hier um ein langgestrecktes, schönes altes Winzerhaus in einer typischen Hofgasse mit mehreren kleinen Wohn- und Wirtschaftsgebäuden; zwei Wohnstuben, Küche, Keller mit Preßhaus, Stall und Speicher sind noch aus der Zeit um die Jahrhundertwende eingerichtet.

Von der urkundlich schon 1331 erwähnten ersten Pfarrkirche, die der hl. Katharina geweiht war, steht nichts mehr. Ein Nachfolgerbau entstand im 15. Jahrhundert und war dem hl. Ulrich geweiht. Von diesem gotischen Bau steht noch der Westturm mit achteckigem Unterbau (tonnengewölbte Vorhalle) und Glockenstube; über den schmalen Spitzbogenfenstern verläuft ein Giebelkranz mit Kreuzblumen. Die achteckige Laterne und der Spitzhelm wurden im 19. Jahrhundert erneuert.

Die Kirche selber (katholische Pfarrkirche Zur Kreuzerhöhung) besitzt eine einfache klassizistische Fassade und wurde 1961/62 erweitert. Aus spätgotischer Zeit stammt noch der Taufstein mit einem Becken aus rötlichem Marmor. Das Hochaltarbild (Kreuzerhöhung und Hl. Dreifaltigkeit) von Josef Molitor ist mit 1834 datiert.

Neben der erneuerten katholischen besitzt Mörbisch auch eine evangelische Pfarrkirche (A. B.) aus dem Jahre 1792, deren Fassade und Turm 1853/54 neugotisch verändert wurden. Bemerkenswert ist ihr schöner Kanzelaltar (1792).

Die Sebastianssäule am südlichen Ortsende wurde 1713 aufgestellt.

Ein kulturelles Ereignis sind die alljährlich stattfindenden Mörbischer Seespiele. Im Juli und August werden auf der Seebühne, vor der Kulisse des Neusiedler Sees, Operetten aufgeführt. Was 1957 als Laienbühne mit viel Einsatz und Idealismus der Mörbischer begonnen hatte, wurde im Laufe der Jahre zu einem festen Bestandteil des burgenländischen Kulturlebens.

Müllendorf

Lage: Politischer Bezirk Eisenstadt-Umgebung; 4 km westlich von Eisenstadt am westlichen Rand des Leithagebirges liegendes Angerdorf
Einwohnerzahl: 1 173
Sehenswert: Johannes-Nepomuk-Kapelle

Müllendorf und seine Umgebung sind für Archäologen ein reiches Fundgebiet aus römischer Zeit. Zahlreiche römische Gräber, Inschrifttafeln und andere Funde sowie Teile einer römischen Kanalisation, die heute noch unter der Hauptstraße verläuft, weisen auf die frühe Besiedlung des 1271 erstmals urkundlich erwähnten Ortes hin. Im Mittelalter hatte der Ort eine gewisse Bedeutung als Mautstelle (1320) und Marktplatz.

Nach Zerstörungen in den Türkenkriegen, im Bocskay-Aufstand

und in den Kuruzzenkriegen verheerte auch noch ein Großbrand (1915) den Ort.

Die 1978 restaurierte katholische Pfarrkirche St. Ägidius ist ein sehr schöner und großer neugotischer Bau aus dem Jahre 1905, der an der Stelle einer mittelalterlichen, gotischen Kirche steht, die 1904 abgetragen werden mußte. Auch die Innenausstattung der Kirche ist neugotisch mit Ausnahme einer aus dem Jahre 1693 stammenden Pietà auf einer Steinsäule.

Vor der Kirche steht eine Pestsäule mit einer Dreifaltigkeitsgruppe auf einer Weinlaubsäule und auf dem Sockel den Pestheiligen Sebastian und Rochus sowie der Liegefigur der hl. Rosalia. Sie stammt aus dem Jahre 1748. Eine andere Dreifaltigkeitssäule (1795) steht – ebenso wie ein Kruzifix aus dem Jahre 1835 – an der Straße nach Steinbrunn. Am westlichen Ortsende verdient eine schöne Mariensäule aus dem Anfang des 18. Jahrhunderts (renoviert 1883) Beachtung.

Älter als die Pfarrkirche ist die schon in der ersten Hälfte des 18. Jahrhunderts erbaute Johannes-Nepomuk-Kapelle am östlichen Ortsrand, die 1977 restauriert wurde. Sie enthält einen bemerkenswerten Schnitzaltar von 1734 mit Engelfiguren, den Figuren des hl. Joseph und der Maria mit Kind sowie – im Altarschrein – des hl. Johannes Nepomuk. Das Ecce-Homo-Bild stammt aus der Zeit um 1700.

Auf dem Hartlberg steht die kleine Wegkapelle „Maria auf der Heide“ (auch „Weißes Kreuz“) aus der Zeit um 1697 mit einem Bild der Marienkrönung aus dem Anfang des 18. Jahrhunderts. Nördlich des Ortes, an erhöhter Stelle im Leithagebirge, liegt die kleine Georgskapelle von 1656, ein Nischenbau mit Giebel und Balustrade.

Nebersdorf

Lage: Politischer Bezirk Oberpullendorf; 6 km östlich von Oberpullendorf, zur Gemeinde des nördlich benachbarten Großwarasdorf gehörendes Straßendorf am Raidingbach
Einwohnerzahl: 609
Sehenswert: Schloß

Aus der Umgebung des urkundlich 1225 erstmals genannten Ortes stammen steinzeitliche und römerzeitliche Funde.

Das Dorf besitzt eine einfache katholische Pfarrkirche, die 1881 neu erbaut wurde. Auch aus der zweiten Hälfte des 19. Jahrhunderts stammen die Dreifaltigkeitssäule, die Donatussäule und die Mariensäule.

In der Mitte des Dorfes steht das 1770 in frühklassizistischem Stil erbaute Schloß der Familie Niczky. Von einem wesentlich älteren Kastell ist heute nichts mehr erhalten.

Der zweistöckige Mittelbau des Schlosses ist mit einem hohen Mansardendach eingedeckt, der Gartenfassade ist ein ovaler Säulenportikus mit kegelförmigem Dach vorgelegt. Innen führt eine zweiarmige Treppe zum Mittelsaal hinauf, der durch ionische Pilaster gegliedert ist. Die Flachdecke des Saals schmückt ein Deckengemälde von Stefan Dorfmeister („Götter im Olymp") aus dem Jahre 1773.

Neckenmarkt

Lage: Politischer Bezirk Oberpullendorf; 15 km nördlich von Oberpullendorf bzw. 11 km östlich von Weppersdorf am Südrand des Ödenburger Gebirges liegender Marktort nahe an der ungarischen Grenze (kein Grenzübergang)
Einwohnerzahl: 1 664 (Gemeindegebiet: 1 821)
Sehenswert: Katholische Pfarrkirche; alte Kapellen; Bildstöcke, Giebelhäuser
Kulturelle Veranstaltungen: „Neckenmarkter Fahnenschwingen", ein farbenprächtiger Volksbrauch zu Fronleichnam zur Erinnerung an die Schlacht von Lackenbach (1620)

Die frühere Bedeutung des 1279 erstmals urkundlich erwähnten Ortes lag darin, daß er an der Römerstraße und später an der mittelalterlichen Straße von Steinamanger über Ödenburg zur Donau lag. Neben römischen Funden weisen aber auch Siedlungsfunde aus der Bronzezeit und der Hallstattzeit auf seine einstige Bedeutung hin.

Von der mittelalterlichen Burg „Ekendorf" am Südwestrand des Ortes ist heute nichts mehr erhalten. Nach ihrer Eroberung durch den Herzog Albrecht I. von Österreich wurde sie zerstört und verfiel noch im Spätmittelalter.

Erhalten ist hingegen noch die mittelalterliche katholische Pfarrkirche Hl. Geist, die als gotische Wehrkirche erbaut und 1642 barockisiert wurde. Die mit Schießscharten versehene Wehrmauer, die einst die Kirche umgab, existiert aber nicht mehr. Das dreijochige, von einem Tonnengewölbe mit Stichkappen überdeckte Langhaus hat noch Strebepfeiler und im Norden und Süden je ein gekuppeltes Fenster mit Würfelkapitellen an den Trennungssäulchen. Im Chorjoch und in der Apsis ist noch das gotische Rippengewölbe erkennbar, die Strebepfeiler sind unter der Giebelverdachung mit kleinen Barockköpfen versehen.

Der an der Westseite der Kirche befindliche Turm ist in seinem Kern wohl noch gotisch, erhielt aber sein heutiges Aussehen mit einer auf Kragsteinen vorstehenden Galerie in nachmittelalterlicher Zeit; sein achtseitiger, pyramidenförmiger Steinhelm wurde im 17. Jahrhundert erneuert.

An die Südseite des Chors und einen Teil des Langhauses ist die sogenannte „Haschendorfer Kapelle“ angebaut, ursprünglich ein Wehrbau mit Schlüsselloch-Schießscharten und einem Gesims mit Schwalbenschwanzzinnen.

Von der Inneneinrichtung sind die beiden barocken Seitenaltäre aus dem 18. Jahrhundert bemerkenswert. Auf dem rechten Seitenaltar am Triumphbogen rahmt ein hoher Aufbau aus blau-gold gefaßten Akanthusranken das Gnadenbild „Maria Hilf“ unter einem Baldachin. Das ovale Aufsatzbild zeigt Gottvater. Zwei Figuren im Rahmen stellen den hl. Sebastian und den hl. Rochus dar. Große Engelfiguren flankieren den Tabernakel.

Der Altar in der südlichen Seitenkapelle besitzt einen ebenso reichen blau-gold gefaßten Akanthusrahmen mit Engeln und Heiligenfiguren, die Mittelnische zeigt eine Vesperbildgruppe.

Der neugotische Hochaltar stammt aus dem Jahre 1913. Aus der zweiten Hälfte des 17. Jahrhunderts stammen der rotmarmorne Taufstein mit einer Schnitzfigur von Johannes d. T. (18. Jh.) auf dem Dekkel sowie die Kanzel mit Darstellung der Evangelisten zwischen gedrehten Säulen und einer Immaculata auf dem Schalldeckel. Von ehemaligen Bildstöcken aus der Zeit um 1700 stammen ein steinernes Vesperbild und die Steinfigur des hl. Antonius in der Vorhalle.

Am Pfarrhof befindet sich das Portal (1631) der ehemaligen St. Georgskirche, das 1926 hierher versetzt wurde.

Die Dreifaltigkeitssäule bei der Kirche (Sockelfiguren hll. Sebastian, Rosalia, Urban und Barbara) wurde 1681 gestiftet, die Johannes-Nepomuk-Säule oberhalb der Kirche stammt aus dem Jahr 1721.

Im Ort und in seiner unmittelbaren Umgebung liegen noch zahlreiche weitere Bildstöcke und Kapellen. Die Friedhofkapelle und ihr schöner Säulenaltar stammen aus der Mitte des 18. Jahrhunderts; am Friedhofeingang fordert ein bemerkenswertes Steinkruzifix (1775) mit trauernder Muttergottes Beachtung.

In der Kirchengasse (Nr. 9 mit Portalwappen von 1794 und Hoflauben) kann man noch eine der ursprünglich sieben alten Mühlen am Goldbach sehen. Am Goldbach liegt auch die 1775 erbaute Johannes-Nepomuk-Kapelle mit Darstellung der Hl. Dreifaltigkeit im geschweiften Rundgiebel und Nischenfiguren des hl. Sebastian und der hl. Rosalia zu beiden Seiten des Tors. Eine andere (moderne) Johannes-Nepomuk-Kapelle (mit Heiligenfigur von 1749) liegt in der Augasse, einem gekrümmten Straßenzug mit Hoflauben im Haus Nr. 8. In der nahen Herrengasse stehen auch noch schöne alte Häuser aus dem 18. und 19. Jahrhundert.

Unterhalb der Langen Zeile (alte Giebelhäuser, Nr. 1 mit Hoflauben) steht der sogenannte Frauenbrunnen (1666) mit einer Marienfigur auf einer Weinlaubsäule. Ein Bildstock aus der gleichen Zeit mit Reliefbild der Leiden Christi („Leiden Christi Kreuz“) befindet sich in der Königsgasse.

Östlich des Ortes liegt die schon um 1700 erbaute kleine Florianikapelle; sie enthält ein Votivbild von 1696, auf dem die hll. Maria, Sebastian, Rochus und Rosalia dargestellt sind. Am Weg zur Kapelle steht eine Familiensäule aus dem 18. Jahrhundert.

Am nordwestlichen Ortsrand kann man eine kleine Marienkapelle aus der Zeit um 1700 sehen. An der nach Norden führenden Straße stehen zwei Tabernakelbildstöcke („Kinderlkreuz“ und „Geißelungskreuz“) aus dem 17. Jahrhundert sowie ein Antoniuskreuz von 1781. Im nördlich angrenzenden Wald liegt die 1750 erbaute Oswaldkapelle.

Schließlich sei noch auf die Mariensäule am westlichen Ortsrand hingewiesen, auf deren alter Weinlaubsäule eine moderne Marienfigur angebracht wurde.

Das „Neckenmarkter Fahnenschwingen“ mit einer Fahne, die 1620 den Neckenmarktern für ihren tapferen Kampf gegen aufständische Ungarn geschenkt wurde, zählt zu den bedeutendsten historischen Bräuchen des Burgenlandes. – Nach achttägiger Belagerung des Schlosses Lackenbach durch die Truppen des Siebenbürger Fürsten Gabriel Bethlen, die bis nach Ödenburg vorgedrungen waren, ließ deren Anführer Tarrody an den im Schloß belagerten Grafen Nikolaus Esterházy die Aufforderung ergehen, sich unverzüglich zu ergeben. Esterházy aber kämpfte weiter, und am nächsten Tag trafen die Truppen des kaiserlichen Generals Dampierre ein, die den Belagerungsring sprengten.
Tarrody wurde – nicht zuletzt mit Hilfe der Neckenmarkter Bauern – besiegt und im Kampf getötet. Die Bethlentruppen beklagten in diesem Kampf 1 700 Tote, 14 Fahnen wurden erbeutet. Esterházy hatte sich damit endgültig auf die prohabsburgische Seite Ungarns geschlagen, der Aufstieg seiner Familie zur ersten Ungarns war somit eingeleitet.

Neudorf bei Parndorf

Lage: Politischer Bezirk Neusiedl am See; 11 km nördlich von Neusiedl am Nordrand der Parndorfer Heide liegendes Angerdorf
Einwohnerzahl: 672
Sehenswert: Katholische Pfarrkirche

Wie an vielen Stellen der Parndorfer Heide wurden auch hier bei archäologischen Grabungen römische Funde (Steinplattengräber aus dem 2. Jh. n. Chr.) zutage gebracht.

Die erste urkundliche Erwähnung des Ortes stammt aus dem Jahre 1074, als Kaiser Heinrich IV. „Nowendorf" dem Bistum Freising schenkte. Nach der Zerstörung durch die Türken (1529, 1532) wurde der entvölkerte Ort 1570 mit Kroaten neu besiedelt.

Im alten Friedhof am Ortsrand steht die ursprünglich romanische katholische Pfarrkirche St. Leonhard, die noch einen romanischen Baukern besitzt. Sie wurde Ende des 16. Jahrhunderts erneuert und im 17. Jahrhundert barockisiert und erweitert. Ihr mächtiger, mit steinernem Pyramidenhelm und Eckaufsetzen bedeckter Turm entstand 1629 auf den Resten eines mittelalterlichen Vorgängerbaus.

Die barocke Inneneinrichtung stammt hauptsächlich aus dem 18. Jahrhundert, so die reichverzierten Seitenaltäre (um 1765) vom bekannten Brucker Bildhauer Martin Vögerl, die Rokokokanzel (um 1770) mit Sitzfiguren der Evangelisten und Figur des Erzengels Michael am Schalldeckel, das barocke Taufbecken (um 1700) und die Figur des hl. Johannes Nepomuk, das Ölgemälde des hl. Leonhard von Johann Christian Brand (ursprüngliches Hochaltarbild, heute an der Nordwand) wie auch die beiden ansehnlichen barocken Konsolen im Turmraum.

Die ovalen Seitenaltarbilder (18. Jh.) in prächtig gestalteten Rokokorahmen stammen wahrscheinlich von Stefan Dorfmeister. Das linke Bild stellt die Hl. Familie dar, flankiert von den Figuren des hl. Antonius und der hl. Anna, das rechte Bild zeigt den hl. Martin, flankiert vom hl. Rochus und einem Apostel.

Der einfache Hauptaltar mit Mensa und klassizistischem Tabernakel (19. Jh.), über dem ein von Engelfiguren flankiertes Kruzifix aus dem 18. Jahrhundert zu sehen ist, wird von den tiefgezogenen Stichkappen des Chorgewölbes gerahmt.

Die Dreifaltigkeitssäule auf dem Anger wurde 1913 aufgestellt; älter ist der Bildstock mit dem hl. Johannes Nepomuk (18. Jh.) bei der Mühle.

Neudörfl

Lage: Politischer Bezirk Mattersburg; 12 km nordwestlich von Mattersburg bzw. 4 km östlich von Wiener Neustadt liegender Marktort. Die Leitha bildet hier die Grenze zwischen Niederösterreich und dem Burgenland
Einwohnerzahl: 3 249
Sehenswert: Johannes-Nepomuk-Kapelle

Im Mittelalter befand sich hier eine Mautstelle an der Leithabrücke, über die die Straße von Wiener Neustadt nach Ungarn führte. Im 11. Jahrhundert wurden hier ungarische Grenzwächter angesiedelt, doch verschwand der Ort im 14. Jahrhundert wieder.

Urkundlich erst 1644 als St. Nikolaus a. d. Leitha neu gegründet, erhielt der Ort um 1652 die ersten Marktrechte und zog sich dabei den Unwillen Wiener Neustadts zu, das um seine eigenen Privilegien fürchtete.

An der Leithabrücke steht die kleine, barocke Johannes-Nepomuk-Kapelle aus dem Jahre 1745 mit reichgegliederter Fassade. Sie birgt ein schönes Standbild des Heiligen auf einem Sockel mit einem Relief, auf dem der Brückensturz dargestellt ist. Bei einer Straßenregulierung wurde die Kapelle 1969 abgetragen und am jetzigen Platz wieder aufgestellt.

Am westlichen Ortsrand liegt auch das um 1650 erbaute und im 18. Jahrhundert vergrößerte ehemalige Kastell der Esterházy, deren Wappen heute noch über dem Portal zu sehen ist. Das Kastell wurde später als Mühle, Bierbrauerei, Schnapsbrennerei, herrschaftliches Wirtshaus u. a. verwendet.

Die barocke katholische Pfarrkirche Mariä Geburt aus dem Jahre 1669 (sie war ursprünglich dem hl. Nikolaus geweiht) wurde nach der Zerstörung durch die Türken 1683 erneuert und 1783 vergrößert; aus dieser Zeit stammt auch ihr Turm. 1952 wurde sie neu ausgestattet, nachdem man ihre kostbare Barockeinrichtung entfernt hatte. Nur die alte Barockfigur des hl. Nikolaus, die früher in einer Portalnische stand, ist noch in der Kirche zu sehen. Am Durchgang zur Seitenkapelle hängt ein ehemaliges Wallfahrtsbild aus dem 17. Jahrhundert mit der Inschrift: „Dieses Frauen-Bild ist Anno 1683 in dißen Löbl. Gotteshaus mitten in der feuersbrunst als sie von den Türcken abgebrent worden, unverletzt gebliben."

Im Ort steht auch noch eine barocke Dreifaltigkeitssäule. Am Bahnhof ist eine Gedenktafel für Rudolf Steiner (1861–1925), den Begründer der Anthroposophie, angebracht, der in den Jahren 1869–1879 als Kind hier lebte und u. a. auch in der Pfarrkirche des Ortes ministrierte.

„Wir Schulknaben hatten den Ministranten- und Chordienst zu verrichten bei Messen, Totenfeiern und Leichenbegängnissen. Das Feierliche der lateinischen Sprache und der Kultus war ein Element, in dem meine Knabenseele gerne lebte. Ich war dadurch, daß ich an diesem Kirchendienste bis zu meinem zehnten Jahre intensiv teilnahm, oft in der Umgebung des von mir so geschätzten Pfarrers. Mir steht von meiner Neudörfler Knabenzeit stark dieses vor der Seele, wie die Anschauung des Kultus in Verbindung mit der musikalischen Opferfeierlichkeit vor dem Geiste in stark suggestiver Art die Rätselfragen des Daseins aufsteigen läßt. Der Bibel- und Katechismus-Unterricht, den der Pfarrer erteilte, war weit weniger wirksam innerhalb meiner Seelenwelt als das, was er als Ausübender des Kultus tat in Vermittelung zwischen der sinnlichen und der übersinnlichen Welt. Von Anfang an war mir das alles nicht eine bloße Form, sondern tiefgehendes Erlebnis. Das war um so mehr der Fall, als ich damit im Elternhause ein Fremdling war.“

Rudolf Steiner

Neuhaus am Klausenbach

Lage: Politischer Bezirk Jennersdorf; 14 km südlich von Jennersdorf, am Klausenbach liegender und von Wäldern umgebener Marktort nahe an der Dreiländerecke Österreich, Ungarn und Jugoslawien. Kein Grenzübergang nach Ungarn; Grenzübergang nach Jugoslawien bei Bonisdorf
Einwohnerzahl: 576 (Gemeindegebiet: 1 720)
Sehenswert: Ortsbild mit Kirchen; Taborschlößchen

Schon 1170 wurde die über dem Klausenbach thronende Burg als „novum castrum“ erwähnt. Die erste urkundliche Erwähnung des Ortes („terra Dobra“) stammt hingegen aus dem Jahre 1213; im Jahre 1478 wurde der Ort zum Markt erhoben.

Malerisch ist der Blick auf die beiden hoch über dem Ort am Hang des Burgberges liegenden Kirchen, deren Türme mit hohen Zwiebelhelmen bekrönt sind. Die katholische Pfarrkirche, die dem hl. Ungarnkönig Stephan geweiht ist, wurde Ende des 17. Jahrhunderts an der Stelle einer früheren (von 1591–1680 evangelischen) Kirche wiedererrichtet und 1975 restauriert. Das ehemalige Hochaltarbild des hl. Stephan (17. Jh.) hängt jetzt in einem schönen Akanthusrahmen an der Apsiswand. Es wird von den Barockstatuen des hl. Florian und des hl. Donatus oder Bartholomäus (beide erstes Viertel 18. Jh.) flankiert.

Neben der katholischen Kirche erhebt sich die evangelische Pfarrkirche A. B., die 1801 erbaut wurde. Aus der gleichen Zeit stammt auch ihr einfacher Kanzelaltar. An dem einschiffigen klassizistischen Bau fällt die reichgegliederte Rahmung der Kirchenschiff-Fenster auf.

Im Ort selber stehen noch einige schöne Häuser und Gehöfte, zum Teil mit Laubenhöfen; am südlichen Ortsende auch eine alte Schmiede.

Überragt wird Neuhaus von der Ruine einer schon aus dem 12. Jahrhundert stammenden Burg, die im Mittelalter abwechselnd im Besitz der Güssinger Grafen und des Klosters St. Gotthard war und 1387 in den Besitz des Palatins Nicolaus Széchy gelangte. 1467 wurde sie von Andreas Baumkircher, dem Burgherrn von Schlaining, erobert und zerstört. Teilweise wiederaufgebaut, gelangte sie in den Besitz der Batthyány, doch setzte schon im 17. Jahrhundert ihr Verfall ein.

Nach der Zerstörung der Burg im 15. Jahrhundert wurde nördlich von Neuhaus auf einem Hügel ein wehrhaftes Schlößchen („Tabor") erbaut, das man im 17. Jahrhundert barock erneuern und mit zweistöckigen Hofarkaden (1968 wieder freigelegt) versehen ließ. Aus dem 15. Jahrhundert stammt möglicherweise noch der Rundturm.

An der Straße zum Taborschlößchen steht ein Nischenbildstock des hl. Florian aus der Zeit um 1750.

Neusiedl am See

Lage: Politischer Bezirk Neusiedl am See; Stadt am Nordufer des Neusiedler Sees
Einwohnerzahl: 4 151
Sehenswert: Katholische Pfarrkirche; Bildstöcke; Seemuseum

Wie prähistorische Funde beweisen, lag schon in der Jungsteinzeit eine Siedlung am See. Auch in den Folgezeiten (Bronzezeit, Hallstattzeit, Römerzeit) finden sich Nachweise einer Besiedlung.

In einer ersten urkundlichen Erwähnung von 1209 wird der Ort villa Sumbotheil genannt und war bereits als Marktplatz bekannt. Nach seiner Zerstörung durch die Tataren wurde er 1282 als Nuisidel neu gegründet. Möglicherweise wurde damals schon eine Burg über der Stadt errichtet, die dann als Witwensitz der Königinnen Agnes (Gemahlin von Andreas III. von Ungarn; um 1300) und Maria (um 1390) diente.

Von dieser Burg sollen die Ruinen des alten Turmes (Tabor) auf der Höhe des Wagram stammen. Dieser Turm diente seit dem 16. Jahrhundert als „Kreutfeuerstelle“ (bei feindlichen Einfällen wurden hier Warnfeuer entzündet) und wurde 1708, im Kuruzzenkrieg, mit Schanzen und einem Wall befestigt und von einem Graben umzogen. Der Tabor bildete auch den Eckpfeiler der „Alten Schanze“, die im 18. Jahrhundert zwischen dem Neusiedler See und der Donau (Petronell) verlief.

Im Mittelalter wurden auch mehrere Edelhöfe errichtet, von denen manche verfielen, andere aber in der Barockzeit erneuert wurden. Einer dieser Edelhöfe aus dem 15. Jahrhundert ist noch am Hauptplatz 30 (Turmgasthof) identifizierbar; er wurde im 17. Jahrhundert erneuert und erhielt eine neue Fassade. Am Hauptplatz lagen noch zwei weitere alte Edelhöfe (Nr. 14; 27), ebenso in der Hauptstraße (Nr. 24; 27). An der Stelle des ehemaligen „Braunhofs“ in der Hauptstraße 24 stand das 1687 gestiftete Paulinerkloster, das 1786 durch Joseph II. aufgehoben wurde; erhalten blieb die Stiftungsinschrift.

Vereinzelt sieht man auch an anderen Häusern am Hauptplatz, in der Hauptstraße und in der Salittergasse („Salitterschlößl“ von 1731) noch ansehnliche alte Rundbogentore oder Barockportale.

Schwer in Mitleidenschaft gezogen wurde der Ort 1529 und 1683 durch die Türken, ferner im Bocskay-Aufstand (1605), im Bethlen-Aufstand (1620), in den Kuruzzenkriegen (1704–1709) und bei mehreren Großbränden in der zweiten Hälfte des 18. Jahrhunderts. Die Stadterhebung erfolgte 1926.

Heute macht Neusiedl einen kleinstädtischen Eindruck, das Ortsbild ist modernisiert, es gibt einen regen Fremdenverkehr. Charakteristische alte Weinkeller aus dem 19. Jahrhundert kann man noch in der Kellergasse am Wagram sehen.

An erhöhter Stelle im alten Friedhof liegt die katholische Pfarrkirche St. Nikolaus und Gallus. Sie wurde 1460–1464 in gotischem Stil erbaut, 1683 zerstört und kurz danach wieder aufgebaut. 1735–1737 erfolgte ein Umbau, wobei der Turm einstürzte und erneuert werden mußte. 1873 wurde an der Nordseite eine neugotische Kapelle angebaut; sie enthält einen neugotischen Flügelaltar (Ende 19. Jh.) mit Darstellungen von Christi Geburt, Kreuzigung und Auferstehung.

1951 wurde die Kirche mit dem Deckengemälde der Himmelfahrt Mariens ausgestattet. Der Hochaltar besteht aus einer frei stehenden Altarwand (1898) mit einem interessanten Gemälde von 1738, das neben der Muttergottes und den Kirchenpatronen Nikolaus und Gallus auch ein Landschaftsbild von Neusiedl zeigt, wobei der Strand schilffrei ist. Die barocken Seitenfiguren aus der ersten Hälfte des 18. Jahrhunderts stellen Petrus und Paulus dar.

Die übrige Kirchenausstattung und die Heiligenbilder stammen durchwegs aus dem 18. Jahrhundert, so die Seitenaltäre, links dem Herzen Jesu (Seitenfiguren unten Ordensheilige, oben Mönche), rechts dem Herzen Mariens (Seitenfiguren unten hl. Elisabeth und eine Ordensheilige, oben hll. Barbara und Katharina) geweiht. Der Seitenaltar an der Nordwand zeigt eine Pietà.

Sehenswert ist die sogenannte „Fischerkanzel" (um 1780) in der Form eines Schiffes, an der Chorwand Bug und Mast; eine Figurengruppe zeigt Jesus mit dem im Meer versinkenden Petrus, dahinter Johannes. Auf der Glockenhaube des Schalldeckels sind die Gesetzestafeln Mose zu sehen.

Beim Kirchenaufgang steht eine Florianisäule von 1745.

Die Dreifaltigkeitssäule (Pestsäule) am Hauptplatz wurde 1713 errichtet; die von der Hl. Dreifaltigkeit gekrönte Säule wird von den Sockelfiguren der hll. Rochus, Sebastian, Johannes Nepomuk und der hl. Rosalia umgeben. Eine weitere (restaurierte) Pestsäule (um 1696) steht im Nordwesten der Stadt, bei der Abzweigung nach Parndorf; neben dem Gnadenstuhl der Madonna zeigt sie als Nischenfiguren die hll. Nikolaus und Donatus. An der Straße nach Parndorf steht auch eine Josefssäule („Hirschfeldkreuz") aus dem Jahre 1749, mit erneuerter Figur des Heiligen. Einen Tabernakelpfeiler von 1679 („Floriankreuz") kann man bei der Abzweigung nach Jois sehen, einen anderen von 1609 („Christussäule") mit im 18. Jahrhundert erneuerter Figur im Nyikuspark. An der Abzweigung nach Jois steht auch eine alte Mautsäule von 1616.

Weitere Bildstöcke sind das sogenannte „Blaue Kreuz" in der Eisenstädter Straße mit einer Figur der Immaculata aus der zweiten Hälfte des 18. Jahrhunderts (in der Eisenstädter Straße steht auch eine kleine Florianikapelle aus dem Ende des 18. Jahrhunderts), das „Leinerkreuz" von 1710 hinter dem Bahnhof und das Pietà-Kreuz von 1753 bei der Eremiten-Kapelle.

Die kleine barocke Eremitenkapelle (auch Johanneskapelle) ist ein 1739 an der Stelle einer früheren Einsiedelei gestifteter Bau am Südostende der Stadt; das Altarbild der Kapelle stellt den Brückensturz des hl. Johannes Nepomuk dar, zwei Schnitzfiguren (Mitte 18. Jh.) zeigen den hl. Rochus und den hl. Sebastian. Nahebei liegt der Kalvarienberg von 1753 mit schöner Kreuzgruppe; die neugotischen Reliefbildstöcke der Kreuzwegstationen wurden 1871 gestiftet, ebenso die neugotische Kapelle mit kleinem Fassadentürmchen.

Von einer alten Windmühle am südlichen Stadtrand ist nur mehr der Kegelstumpf erhalten.

Bei der 1854 erbauten Kaserne liegt die aus dem 18. Jahrhundert stammende kleine barocke Zeinerkapelle.

Schließlich ist noch das große Stück eines mehrfärbigen Fußbodenmosaiks bemerkenswert, das aus dem bei Bruckneudorf ausgegrabenen römischen Herrenhaus stammt. Es wurde im Stiegenhaus der neuen Bezirkshauptmannschaft (nahe dem ehemaligen „Salitterschlößl“) angebracht.

Eine Dammstraße führt durch das Schilf zum Neusiedler See. Dort liegt das Seemuseum, das 1967 neu erbaut wurde, nachdem der einfache Schauraum in einer Fischerhütte zu klein geworden war. Die ausgestellten Exponate bieten einen Überblick über Flora und Fauna rund um den See, vor allem über die Vogelwelt, wie Graugans, Stock- und Knäckente, Bläßhuhn, Zwergtaucher, Lachmöwe, Seeschwalbe, Säbelschnäbler, Regenpfeifer, Strandläufer, Wachtel, Ralle, Großtrappe, Graureiher, Silberreiher und Rohrdommel, aber auch über Fische, Insekten und Naturschutz.

> *Vor unseren Augen breitete sich der Schilfsee von Neusiedl, eines der größten Binnengewässer Mitteleuropas . . . Hier bin ich das erste Mal der Natur begegnet. Das mannshohe Schilf, das vom Frühjahr bis zum Herbst den See in kilometerbreiten Streifen umsäumt, war jetzt abgeerntet. Statt seiner geheimnisvollen Wälder erstreckte sich entlarvter Sumpf ringsum. Schloß ich aber die Augen, war alles da wie im Mai und Juni, wenn dichte tropische Dunsthitze über diesem gleichsam asiatischen Erdtiegel waltet. Purpurreiher und Silberreiher und Löffelschnabel flatterten aus dem ungeheueren Rohricht und zogen in Geschwaden unterm Himmel. In giftgrünen Schilflücken sah ich den ägyptischen Ibis auf einem Beine stehen, denn nur am Nil und hier nistet er . . . Wie hätte ich nur gewünscht, es wäre jetzt Juni.*
>
> Franz Werfel

Der Neusiedler See

Er ist der einzige Steppensee Europas mit nur hier vorkommender Überschneidung von europäischer und asiatischer Fauna und Flora. Er ist keineswegs der Rest eines alten Meeres, da das Tertiärmeer, das sich vor rund 60 Millionen Jahren hier gebildet und den sogenannten Leithakalk abgesetzt hat, etwa 50 Millionen Jahre später absank und landfest wurde. Aus dieser Urzeit sind die versteinerten Reste von Kalkalgen der Korallenriffe, von Haien, Pilgermuscheln usw. geblieben.

Landschaftsformen und Bodenablagerungen weisen darauf hin, daß der Neusiedler See vor rund 10 000 Jahren auf dem Senkungsfeld eines späteiszeitlichen Ur-Donaulaufes entstanden ist, nachdem der Strom längst seinen heutigen Lauf angenommen hatte. Der abflußlose

See begann dann langsam zu versalzen. Forschungen zufolge liegen in der Tiefe zwei Schichten von hochmineralisierten Wässern verschiedenster Zusammensetzung, wahrscheinlich die größte Mineralwasserlagerstätte Europas. Was seine für Europa einzigartige Fauna und Flora betrifft, muß auf naturwissenschaftliche Abhandlungen hingewiesen werden.

Aus der Jungsteinzeit stammt ein aufgefundener Einbaum. Ufersiedlungen aus dieser Zeit wurden früher fälschlich als Pfahlbauten bezeichnet.

Für die jeweilige Seehöhe waren Grundwasserzufluß, Niederschlagsmengen und Verdunstung maßgebend. Die Römer sprechen bereits von einem „lacus Peiso", die Ungarn bezeichnen den See als „fertö" (Sumpf). Hochwässer und vollkommene Austrocknung wechselten im Laufe der Jahrhunderte. Im Jahre 1096 sollen Kreuzfahrer den See reitend überquert haben. 1270 wiederum sollen 40 Reiter und 300 Fußsoldaten des Königs Ottokar im Eise des Sees eingebrochen sein.

Um 1740 war der Boden des Sees so trocken, daß sein Boden landwirtschaftlich bebaut werden sollte. 1786 kehrte das Wasser zurück und der See erreichte fast die doppelte Größe von heute, um in den sechziger Jahren des 19. Jahrhunderts wieder auszutrocknen. Um 1864 sollen vom See nur mehr vereinzelt Tümpel mit 15 bis 20 cm hohem Wasserstand vorhanden gewesen sein.

Dementsprechend ist auch die Größe des Sees großen Schwankungen unterworfen. Er bedeckt eine Fläche von rund 270 km^2, wobei die Schilffläche über 100 km^2 einnimmt. Der Schilfgürtel rund um den See ist 2 bis 5 km breit. Die Seetiefe beträgt 0,70 bis 1,40 Meter, an wenigen Stellen ist er fast 2 Meter tief. Ende des vergangenen Jahrhunderts wurde der Einserkanal an seinem Südufer angelegt, der dem See Wasser entzog und die (ungarische) Landschaft des Hanság trokkenlegte. Damit verbunden war auch ein kräftiges Übergreifen des Schilfwuchses.

Von wirtschaftlicher Bedeutung ist der See heute hauptsächlich als Anziehungspunkt für Tourismus und Fremdenverkehr. Wegen der Wichtigkeit des Naturschutzes sinkt die Verwertung des Schilfrohres.

Nikitsch

Lage: Politischer Bezirk Oberpullendorf; 16 km nordöstlich von Oberpullendorf bzw. 8 km südlich von Deutschkreutz zwischen Wäldern liegendes Schmalangerdorf am Nikitschbach. Die ungarische Grenze (kein Grenzübergang) liegt nur 4 km entfernt
Einwohnerzahl: 1 002 (Gemeindegebiet: 2 042)
Sehenswert: Schloß; Barockeinrichtung der Laurentiuskirche; alte Bildstöcke

Aus der Umgebung des urkundlich schon um 1153 genannten Ortes stammen steinzeitliche und römerzeitliche Funde. Gräberfunde stammen aus einem Langobardenfriedhof.

Die Häuser des Dorfes besitzen teilweise noch Hoflauben und einen einfachen Putzdekor aus der Zeit um 1900. Die katholische Pfarrkirche St. Laurentius wurde 1931 unter Einbeziehung älterer Teile eines Vorgängerbaus, mit breitem, flachtonnengewölbtem Langhaus und halbrunder Apsis neu errichtet.

Aus der früheren Pfarrkirche stammt noch die Barockeinrichtung (18. Jh.): der Hochaltar, die Seitenaltäre, die Kanzel, der Taufstein mit plastischer Täufergruppe sowie das große Kruzifix. Den Hochaltar (Altarbild des hl. Laurentius) schmücken die Figuren von Petrus und Paulus (innen) und des hl. Georg und hl. Martin (außen). Am linken Seitenaltar befinden sich das Ölgemälde „Die heilige Anna lehrt Maria“ und das Retabelbild des hl. Antonius (schöner Rokokorahmen) sowie als Seitenfiguren die Heiligen Rochus und Rosalia.

Das Gemälde am einfachen rechten Seitenaltar stellt die Auffindung der Leiche des hl. Sebastian dar. Der Kanzelkorb (um 1800) zeigt ein Relief mit der Auferstehung Christi sowie auf dem Schalldeckel die Tafeln des Moses.

In der sogenannten „Winterkapelle“ der Kirche sind die Barockfiguren des hl. Joachim und der hl. Anna sowie die zwei Ölbilder – ebenfalls aus dem 18. Jahrhundert – „Marienkrönung“ und „Heiliger Sebastian“ bemerkenswert.

Vor der Kirche verdient der große Bildstock mit dem hl. Johannes Nepomuk unter einem Baldachin (18. Jh.) Aufmerksamkeit. Ein Ecce-Homo-Bildstock (bezeichnet 1659) steht am westlichen, ein Bildstock mit dem hl. Antonius (1742) am nördlichen Dorfrand.

Im südlichen Ortsteil liegt eine kleine Marienkapelle mit neu gefaßter barocker Pietà; vor der Kapelle steht ein Bildstock (1659) mit Schmerzensmann. An die Straße nach Deutschkreutz stellte man 1848 die „Drei Kreuze“; sie wurden 1964 restauriert.

Das in Privatbesitz befindliche Schloß aus dem 17. Jahrhundert liegt inmitten eines weiträumigen englischen Parks und geht auf ein Kastell aus der Zeit um 1300 zurück, das ursprünglich von einer

Ringmauer umgeben war, die man über eine Zugbrücke erreichte. Das Kastell wechselte mehrmals seinen Besitzer und wurde oft umgestaltet. Bei einem Umbau im Jahre 1840 wurden die Gartenfassade, der Mittelrisalit im Hof und der Torbau errichtet.

Im Nordflügel des Schlosses befindet sich eine Kapelle mit ovalem Altarraum aus der zweiten Hälfte des 18. Jahrhunderts, der eine interessante Wandmalerei mit Scheinarchitektur und ein Deckenfresko von Stefan Dorfmeister („Allegorie des Glaubens"; 1781) besitzt. Beachtenswert ist auch die schöne steinerne Kommunionbank. Über der Eingangstür zur Kapelle zeigt ein von Stephan Schaller um 1776 gemaltes Medaillon die Mariazeller Muttergottes.

Kroatisch Minihof, das durch den Nikitschbach getrennte südliche Nachbardorf von Nikitsch, existierte urkundlich bereits seit 1195. Nach der Zerstörung durch die Türken im 16. Jahrhundert wurde es mit Kroaten neu besiedelt. Auf dem baumbestandenen Anger steht die katholische Pfarrkirche „Zur Heiligen Dreifaltigkeit", die 1874 an der Stelle einer älteren Kirche aus dem Jahre 1731 erbaut wurde.

Mit Ausnahme des barocken Hochaltars (um 1740, mit Darstellung der Hl. Dreifaltigkeit am Aufsatz und kleinen Seitenfiguren des hl. Sebastian und hl. Rochus) stammt die Einrichtung der Kirche (Seitenaltäre, Kanzel, Taufbecken, 14 nazarenische Kreuzwegbilder) aus dem 19. Jahrhundert.

An der Nordwand ist eine vielfarbig bekleidete Marien-Schnitzfigur („Glockenmadonna") aus dem Ende des 17. Jahrhunderts sehenswert.

Vor der Kirche steht eine Familiensäule aus dem 18. Jahrhundert. Aus der gleichen Zeit stammt die Dreifaltigkeitssäule. Am westlichen Dorfrand liegt die Familienkapelle (1897) mit einer großen Figurengruppe der Hl. Familie.

Oberkohlstätten

Lage: Politischer Bezirk Oberwart; 17 km nordöstlich von Oberwart bzw. 11 km südöstlich von Bernstein am Nordhang des Günser Gebirges, zu Füßen des 862 m hohen Hirschenstein liegendes Straßendorf
Einwohnerzahl: 219
Sehenswert: Katholische Pfarrkirche

Die Umgebung des als Kohlenbrennersiedlung im 16. Jahrhundert gegründeten Dorfes war schon zur Römerzeit besiedelt.

Die katholische Pfarrkirche St. Leonhard ging aus einer kleinen Kapelle von 1747 hervor, die um 1800 vergrößert wurde und dabei auch ihren eingebundenen Fassadenturm mit achtseitigem Pyramidenhelm erhielt.

Am einfachen Hochaltar mit neuromanischem Tabernakel rahmen Säulen das Ölgemälde des hl. Leonhard, der die Dreifaltigkeit anbetet. Bemerkenswert ist die Kanzel mit einem ovalen barocken Relief aus Lindenholz (Anfang 18. Jh.), das Moses mit den Gesetzestafeln darstellt. Spätbarock ist das Vortragekreuz (18. Jh.) an der Wand.

An der Straße zum westlichen Nachbardorf *Unterkohlstätten* steht eine kleine Kapelle von 1800. Die kleine katholische Filialkirche des Dorfes wurde 1858 erbaut. Vor der Kirche steht ein hübscher Brunnen von 1904, der als Steinfigur einen Löffelreiher zeigt.

Oberpullendorf

Lage: Politischer Bezirk Oberpullendorf; am Stooberbach liegende Stadt im mittleren Burgenland, 13 km nördlich des ungarischen Grenzübergangs bei Köszeg (Güns)
Einwohnerzahl: 2 455
Sehenswert: Ehemaliges Schloß, Freilichtanlage Pingenfeld–Unterpullendorf–Zerwald

Das Becken von Oberpullendorf ist ein Fundort der Badener Kultur (jungsteinzeitlich). Seit etwa 500 v. Chr. wurde im Bezirk Oberpullendorf Eisen gewonnen. Der Ort selber wurde erstmals 1225 als „Pula“ erwähnt; die Stadterhebung erfolgte 1975.

Möglicherweise mittelalterlichen Ursprungs ist das ehemalige Schloß der Familie Rohonczy in der Mühlbachgasse. Der heutige Bau stammt aus dem 17. Jahrhundert. Die Schießscharten des Turms wurden bei der Restaurierung 1880 verkehrt eingemauert. Grabenreste weisen auf einen früheren äußeren Befestigungsring hin. Heute dient das Schloß nach Umbau und Zubau eines neuen Traktes als Sitz des landwirtschaftlichen Bezirksreferates und als landwirtschaftliche Fachschule. Von den früheren Edelhöfen des ungarischen Kleinadels ist heute nichts mehr erhalten.

Die katholische Pfarrkirche stammt aus dem Jahre 1935 und ist dem hl. Clemens Maria Hofbauer geweiht. Neben der neuen Einrichtung enthält sie auch eine 1978 restaurierte steinerne Pietà aus dem 18. Jahrhundert.

Aus dem Ende des 18. Jahrhunderts stammt die kleine, dem hl. Franz von Assisi geweihte Kapelle. Das Altarbild, das den Heiligen darstellt, ist eine Kopie nach Domenichino (17. Jh.). Das Kreuzigungsbild stammt aus dem 18. Jahrhundert, eine restaurierte Holzstatue der Madonna mit Kind aus der Zeit um 1700.

An der Brücke über den Stooberbach steht ein Bildstock mit dem hl. Johannes Nepomuk (18. Jh.).

Im Rathaus der Stadt gibt es einen interessanten Schauraum, in dem durch Karten, Pläne, Fotos und Originalobjekte die ur- und frühgeschichtliche Eisengewinnung (seit etwa 500 v. Chr.) im Gemeindebezirk illustriert wird (Besichtigung ganzjährig Montag bis Donnerstag 8–16, Freitag 8–12 Uhr).

Von dem knapp 4 km weiter südöstlich benachbarten *Unterpullendorf* gelangt man (nördlich der Straße nach Frankenau) zur Freilichtanlage „Pingenfeld–Unterpullendorf–Zerwald" mit etwa 200 Trichtergruben auf 25 000 m^2 Fläche; hier sind noch alte Abbauspuren auf Toneisenstein zu erkennen. Nahebei steht eine Schautafel mit Plan und erklärendem Text.

In Unterpullendorf gibt es auch eine große neugotische Kirche (1905) mit schönen holzgeschnitzten Barockfiguren aus dem 18. Jahrhundert (Petrus, Paulus, Johannes Nepomuk; Kruzifix unter der Empore). Im neugotischen Stil wurde 1870 auch die kleine Floriankapelle erbaut. Aus dem 18. Jahrhundert stammen eine Mariensäule und eine Pietà-Säule, aus dem Jahre 1882 eine Dreifaltigkeitssäule.

Zwischen Oberpullendorf und Unterpullendorf liegt *Mitterpullendorf* mit vereinzelt noch erhaltenen Laubenhäusern aus dem 19. Jahrhundert (Ungargasse, Mühlgasse) und einem Gutshof (17./18. Jh.) der Familie Rohonczy. Die 1978/79 restaurierte katholische Pfarrkirche ist den Aposteln Simon und Judas Thaddäus geweiht; ihre Fassade wurde neugotisch verändert. Die Inneneinrichtung (Hochaltar mit Rokokotabernakel, Barockfiguren Petrus und Paulus, Seitenaltar mit Bild des hl. Laurentius, Kanzel, Taufstein mit geschnitzter Figurengruppe, Gemälde des hl. Joseph über der Sakristeitür) stammt aus dem 18. Jahrhundert, die holzgeschnitzte Marienfigur an der Südwand aus der Zeit um 1700.

Oberschützen

Lage: Politischer Bezirk Oberwart; 6 km nördlich von Oberwart bzw. 8 km südöstlich von Pinkafeld im Tal des Willersbaches gelegenes, von Obstgärten umgebenes Mehrstraßendorf, das aber seinen dörflichen Charakter weitgehend verloren hat und den Eindruck einer Villensiedlung macht
Einwohnerzahl: 1 076 (Gemeindegebiet: 2 495)
Sehenswert: Historische Hausfassaden und Heimathaus; in Unterschützen charakteristische Kittinge

Erstmals urkundlich erwähnt wird der Ort im Jahre 1327, doch dürfte hier schon früher eine Grenzschutzsiedlung bestanden haben, da Oberschützen – wie auch andere Orte der Umgebung – als Ansiedlung von Bogenschützen bekannt war.

Während der Religionswirren zählte Oberschützen zu den lutheranischen Zentren. Im 19. Jahrhundert erlebte der Ort dank der vom evangelischen Pfarrer Gottlieb August Wimmer (1791–1863) gegründeten Lehranstalten einen kulturellen Aufschwung; heute noch ist der Ort ein Schulzentrum (Lehrerbildungsanstalt; Expositur der Hochschule für Musik und darstellende Kunst u. a.). G. A. Wimmer errichtete man nahe bei seinem Wohnhaus (von 1814) im Jahre 1958 ein modernes Denkmal aus Serpentinstein.

Die Lehrerbildungsanstalt (Mitte 19. Jh.) bildet zusammen mit dem mit breiten Arkaden geschmückten evangelischen Pfarrhof von 1836, der 1979 gründlich restauriert wurde, und mit der evangelischen Pfarrkirche (größte und zweitälteste evangelische Kirche des Burgendlandes) ein bemerkenswertes Ensemble. Die Kirche wurde 1784 erbaut, der Turm 1803 in barocken Formen angefügt; der heutige Turmhelm stammt von 1875. In der flach gedeckten Saalkirche sind der 1862 umgestaltete Kanzelaltar aus dem Jahre 1788, das Altarbild „Gekreuzigter Christus“ (1862) und das Taufbecken mit einer plastischen Täufergruppe (1785) bemerkenswert. Die 1962 restaurierte Orgel stammt aus dem Jahre 1862.

Einige alte Wohnhäuser und Dreiseithöfe mit schönen Fassaden und Lauben kann man noch im nordwestlichen Teil des Ortes sehen. Beachtenswert ist vor allem das „Heimathaus Oberschützen“ (Oberschützen Nr. 19), ein Laubenhaus aus der Zeit um 1800, das mit bäuerlichem Hausrat und alten landwirtschaftlichen Geräten aus dieser Gegend museal ausgestattet ist. Es kann zwischen Ostern und Oktober jeden Freitag von 8–12 und von 14–16 Uhr, aber auch zu anderen Zeiten gegen Voranmeldung (Tel. 03353/342) besichtigt werden.

Am Südrand von Oberschützen steht auf einer Anhöhe die katholische Filialkirche St. Bartholomäus, die aus einer mittelalterlichen Pfarre hervorging und im Kern noch romanische Bauteile besitzt. Eine

„Ich war gestern in Oberschützen bei der öffentlichen Prüfung eines Privatinstitutes, das aber jetzt die Rechte eines Gymnasiums erhalten hat. Es wird von Protestanten besorgt. Unglaublich ist, was die Zöglinge, durchaus Kinder unter 12 Jahren, leisten, und das Institut dürfte einzig in Österreich sein. Der Eifer der Knaben ist ohne Beispiel. Am besten hat mir gefallen, daß außer den Zöglingen auch die Bauernknaben des Ortes an dem Unterricht teilnehmen ... Zwei von den gegenwärtigen Lehrern sind solche herangebildete Bauernknaben ... Das Ganze wurde von einem Pastor Wimmer gegründet, der, was das Merkwürdigste von allem ist, die durchaus aus Landbauern bestehende Gemeinde zu bestimmen wußte, die ersten Errichtungskosten zusammenzusteuern."

Franz Grillparzer, 1852

umfangreiche Restaurierung und ein Neubau von Fassade (mit neuen Fenstern im Langhaus) und Turm fand im 19. Jahrhundert statt. 1964 wurde das Schiff erhöht und die Einrichtung erneuert. 1979 entdeckte man bei Ausbesserungsarbeiten mittelalterliche Fresken. Vom ursprünglichen Kirchenbau sind auch noch zwei romanische Bogenfenster aus dem 13. Jahrhundert zu erkennen. An der Südseite der Fassade sind alte Grabsteine aus dem 18. Jahrhundert eingemauert.

Im südlich benachbarten Dreiecksangerdorf *Unterschützen* sind die alten Bauernhäuser, manche noch mit schönen Lauben, zum großen Teil erhalten geblieben. Überdies kann man hier noch etwa sechs charakteristische Kittinge dieser Gegend in den Gärten hinter den Gehöften sehen; das sind Blockwerkspeicher für Feldfrüchte, mit einem Tonnengewölbe aus Holzbalken. Die Außenwände sind mit

Eine Sonderform des an Sonderformen reichen Burgenlandes bilden die Blockbauspeicher, die einst „In der Wart" häufiger waren und sich heute auf Unterschützen beschränken. Es sind „Schatzhäuser" für die Feldfrucht, durch schwierig handzuhabende Holzschlösser, Lehmbewurf und Balkenmächtigkeit gegen Einbruch und Zerstörung geschützte Tresore, die gewisse Analogien im übrigen Osteuropa besitzen und mit ihrem Spitztonnengewölbe, das nicht mit dem feuergefährlichen Strohdach verbunden ist, offensichtlich Verwandtschaft mit lykischen Speicherbauten aufweisen, die dort, schon in der Antike in Stein nachgeahmt, die Zeiten überdauert haben.

Leopold Schmidt

weißgekalktem Lehmputz beworfen. Ursprünglich war das Strohdach nur aufgelegt, um es bei Brandgefahr rasch entfernen zu können. Die ältesten dieser Kittinge stammen aus den Jahren 1740, 1761, 1771 und 1793. Als wichtige Zeugen bäuerlicher Volksarchitektur stehen sie unter Denkmalschutz.

Die große evangelische Pfarrkirche von Unterschützen (A. B.) entstand in den Jahren 1859–1861 in neugotischen Formen und wurde 1972–1974 restauriert. Das Altarbild von Johann Rohrer an dem hohen, in barocker Art errichteten Kanzelaltar (1861) zeigt die „Auferstehung".

Der nördliche Nachbarort (3 km) von Oberschützen ist *Willersdorf,* wo sich einst in der Schlucht des Willersbaches (1 km nördlich des Dorfes) eine mittelalterliche Wehranlage befand. Von der ehemaligen Burg der Güssinger Grafen aus dem 13. Jahrhundert ist aber heute – mit Ausnahme von spärlichen Mauerresten – nichts mehr erhalten.

Die erhöht im alten Friedhof des Dorfes stehende kleine Filialkirche St. Katharina besitzt im Chor noch ein romanisches Schlitzfenster aus dem 13. Jahrhundert. Die Spitzbogenfenster des Langhauses wurden 1964 färbig verglast. Aus der romanischen Bauzeit stammt auch noch der rundbogige Triumphbogen, aus der spätgotischen Zeit des 15. Jahrhunderts das Westportal. Bemerkenswert ist die gemauerte Kirchenkanzel und eine 1965 restaurierte barocke Schnitzfigur aus der ersten Hälfte des 18. Jahrhunderts, die wahrscheinlich die hl. Katharina darstellt.

Etwa 7 km nördlich von Willersdorf liegt an den südlichen Ausläufern der Buckligen Welt das Grabendorf *Aschau* mit noch ursprünglichem Ortsbild. Die am Ortsrand erhöht stehende katholische Filialkirche St. Oswald aus dem 15. Jahrhundert wurde teilweise 1773 im Barockstil erneuert und zuletzt 1975 restauriert. Die einfache Innenausstattung mit hölzerner Empore und flacher Bretterdecke wird durch einen kleinen Barockaltar aus dem Ende des 17. Jahrhunderts und einem Kruzifix aus der gleichen Zeit am spitzbogigen Triumphbogen bereichert. Bemerkenswert ist ferner das schön gefugte Plattenpflaster.

Oberwart

Lage: Politischer Bezirk Oberwart; an der Pinka gelegene Stadt im südlichen Burgenland
Einwohnerzahl: 5 744 (Gemeindegebiet: 5 973)
Sehenswert: Pfarrzentrum mit alter und neuer Pfarrkirche

Oberwart war ursprünglich eine ungarische Grenzwächtersiedlung für Bogenschützen, die in der zweiten Hälfte des 13. Jahrhunderts unter die Herrschaft der Güssinger Grafen gelangte. Nach deren Niederwerfung wurden die „Warten" neuerlich mit ungarischen Grenzwächtern besiedelt. Aus dieser Zeit (1327) stammt auch die erste urkundliche Erwähnung des Ortes. Nach den alten Grenzwarten heißt das Gebiet des mittleren Pinkatales heute noch „In der Wart". Von einer ursprünglichen mittelalterlichen Befestigung ist aber nichts mehr erhalten.

Im Laufe seiner Geschichte eher ein unbedeutendes Dorf, erhielt Oberwart erst im Jahre 1841 das Marktrecht. Die Stadterhebung erfolgte 1939. Als ursprünglich ungarische Siedlung bekannt (Felsö Eör), gibt es heute noch eine ungarische Minderheit hier. Zusammen mit Unterwart und Siget zählt es zu den bedeutendsten ungarischen Sprachinseln des Burgenlandes. Früher gab es hier auch eine größere Zigeunersiedlung (Cigányszer), heute leben nur mehr wenige Zigeunerfamilien hier.

> *Ober-Warth (Felsö Eör), Unter-Warth (Alsó Eör) und Szigeth in der Warth (Eöri Sziget) sind drei Gemeinden mit magyarischer Bevölkerung, deren Vorfahren die ungarische Grenze gehütet haben. Diese Grenzer erhielten von den Königen bedeutende Vorrechte. König Karl bestätigt in einer Urkunde von 1327 den zwischen den Burgen Güssing und Bernstein wohnenden Grenzern (spiculatores) die Privilegien, deren sie sich schon unter Béla IV., Stefan V. und Ladislaus IV. erfreut haben . . . Rudolf II. (1582) und Matthias II. (1611) bestätigen die Privilegien der Ober- und Unter-Warther neuerdings.*
>
> Julius Balogh, 1896

Die in beherrschender Lage stehende ehemalige katholische Pfarrkirche Mariä Himmelfahrt (sie dient heute als Aufbahrungskirche) befindet sich an der Stelle einer schon im 14. Jahrhundert entstandenen Kirche, von der noch mittelalterliche Mauerteile, ein 1975 freigelegtes romanisches Fenster und Reste gotischer Wandmalereien erhalten sind. Urkundlich erstmals erwähnt wird die Kirche im Jahre

1463. Barocke Veränderungen und Zubauten entstanden im 17. und 18. Jahrhundert.

Auf dem spätbarocken Hochaltar flankieren die Schnitzfiguren der hl. Ungarnkönige Stephan und Ladislaus (möglicherweise von Georg Dorfmeister) das Altarbild „Himmelfahrt Mariens" von Stephan Dorfmeister. Auf der Kanzel (1779) sind die vier Sitzfiguren der Evangelisten, auf ihrem Schalldeckel eine Figurengruppe mit dem Lamm Gottes und Putten angebracht. Das Ölgemälde über der Sakristeitür stellt den hl. Johannes Nepomuk dar und stammt aus dem Jahre 1728.

Die neue katholische Pfarrkirche Auferstehung Christi ist ein moderner Glas- und Betonbau aus den Jahren 1967–1969 und besitzt eine ebenso moderne Innenausstattung. Sie ist – ebenso wie die alte Pfarrkirche und der moderne Pfarrhof – in das neue „Pfarrzentrum" einbezogen.

Am westlichen Stadtrand steht die evangelische Pfarrkirche A. B. aus dem Jahre 1771. Sie ist die älteste kalvinistische Kirche des Landes. Ihr mächtiger Turm wurde 1808 erbaut. Bemerkenswert ist auch das angrenzende ehemalige Pfarrhaus (1784) mit sehr schönem Laubenhof.

Die evangelische Pfarrkirche A. B. entstand in den Jahren 1812–1815 und wurde 1979 restauriert.

Nordöstlich von Oberwart liegt das noch zum Gemeindegebiet gehörende Breitangerdorf *Sankt Martin in der Wart* mit charakteristischem alten Ortsbild und vielen schönen Laubenhöfen. Die kleine katholische Pfarrkirche St. Martin (1795) besitzt einen klassizistischen Hochaltar aus dem Ende des 18. Jahrhunderts. Das Altargemälde stellt den hl. Martin bei der Almosenverteilung dar, zu beiden Seiten stehen die Figuren des hl. Florian und des hl. Augustinus (zweite Hälfte 19. Jh.). Bemerkenswert ist ferner das aus dem 17. Jahrhundert stammende Ölgemälde im westlichen Kreuzarm, das die Kreuzauffindung durch Kaiserin Helena zeigt. Die frühklassizistische Kanzel mit Zopfdekor stammt aus dem Jahre 1798.

Von St. Martin führt eine Landstraße in das südlich benachbarte Straßendorf *Eisenzicken,* das gleichfalls noch ein guterhaltenes Ortsbild mit vielen schönen Laubenhöfen besitzt. Vor der kleinen Filialkirche (1819) des Ortes steht eine Mariensäule aus der Zeit um 1700, die 1970 von Oberwart hierher versetzt wurde.

Etwa 7 km südlich von Oberwart liegt an der Straße nach Stegersbach das Haufendorf *Kemeten* mit mehreren laubengeschmückten Bauernhöfen und einer ansehnlichen, im 18. Jahrhundert erbauten katholischen Pfarrkirche, die dem hl. Nikolaus geweiht ist. Sie besitzt in der Apsis ein schönes Kruzifix (zweite Hälfte 18. Jh.) und sehenswerte Holzschnitzarbeiten: spätgotisch (Anfang 16. Jh.) ist die 1967 restaurierte Figur des hl. Florian, aus der Zeit um 1770 stammen die früheren Hochaltarfiguren der hl. Ungarnkönige Ladislaus und Stephan, aus der zweiten Hälfte des 18. Jahrhunderts die hl. Barbara, der hl. Johannes Nepomuk sowie die Sitzfiguren der Evangelisten an der Orgelempore (sie stammen von der 1966 abgebrochenen Kanzel).

Oggau

Lage: Politischer Bezirk Eisenstadt-Umgebung; 14 km östlich von Eisenstadt bzw. 4 km nördlich von Rust, am Schilfgürtel des westlichen Neusiedler-See-Ufers liegendes Schmalangerdorf, das halbkreisförmig von der Oggauer Heide umgeben wird
Einwohnerzahl: 1 880
Sehenswert: Inneneinrichtung der katholischen Pfarrkirche; lange Hofgassen; Bildstöcke

Das Weinbaudorf ist als Fundort der jüngeren Glockenbecherkultur (Jungsteinzeit) und der Bronzezeit bekannt. Vereinzelt stieß man auch auf römische Siedlungsreste, zahlreicher sind römische Friedhöfe. So kann man heute noch an der Mauer des früheren Friedhofs, der sich um die Kirche erstreckte, eine römische Inschrift und ein Figurenrelief erkennen.

Urkundlich wurde der Ort erstmals 1344 als „villa Scaka“ und 1393 als „Oka“ genannt, aus dem wohl der heutige Ortsname hervorging. In den Türkenkriegen 1529, 1532 und 1683, aber auch im Bocskayaufstand von 1605 und im Kuruzzenkrieg von 1705 wurde der Ort zerstört und immer wieder neu aufgebaut. Große Schäden richteten auch die Brände von 1732 und 1843 an. Ursprünglich war Oggau von einer Wehrmauer umgeben, die vermutlich zu Beginn des 17. Jahrhunderts angelegt worden war. Ihre Reste wurden 1963 abgetragen. Früher schon verschwanden die Reste der alten Edelhöfe aus dem 16. und 17. Jahrhundert.

Noch erhalten sind schöne alte Giebelhäuser und charakteristische, lange Hofgassen und Scheunenreihen. Mehrere dieser Häuser, zum Teil mit Stuckdekor aus dem 19. Jahrhundert, kann man in der Hauptstraße, Schulgasse, Sechshausgasse, Eisenstädter Straße, Margaretengasse und Sebastianstraße sehen. Das älteste Hofgassenviertel liegt zwischen der Sebastianstraße und der Triftgasse.

Die von einem schmalen Turm überragte katholische Pfarrkirche „Heilige Dreifaltigkeit, Simon und Judas“ steht an der Stelle älterer Kirchen, die 1587 und 1683 zerstört wurden. Der heutige Barockbau stammt aus den Jahren 1727–1731, er wurde 1973 restauriert.

Auch die Innenausstattung der Kirche ist barock; besonders eindrucksvoll der reichdekorierte Marienaltar am rechten Triumphbogenpfeiler mit in Rocailleformen übergehenden Akanthusblättern. In seiner Mitte steht eine bemerkenswerte Schnitzfigur der hl. Maria mit Kind aus dem 17. Jahrhundert. Die seitlichen Schnitzfiguren aus dem 18. Jahrhundert stellen den hl. Joseph und den hl. Johannes Nepomuk dar.

Der Hochaltar aus der Bauzeit wird vom hohen Altarbild „Verklärung Christi mit zwölf Aposteln“ (um 1690) beherrscht. Die Seitenaltäre (erste Hälfte 18. Jh.) im östlichen Schiffsjoch zeigen auf ihren Altarblättern (links) die Kreuzigung mit Maria Magdalena, Seitenfiguren Maria und Johannes, und (rechts) die Geburt Christi, Seitenfiguren Joachim und Anna. Am Schalldeckel der Kanzel ist ein segnender Christus dargestellt.

Die Taufkapelle in der Kirche ist der Überlieferung nach der einzige Überrest der früheren Kirche. Auf dem Altar verdient ein mit reichem Rocaillenschmuck versehener kleiner Rokokoschrein Beachtung. Der rotmarmorne Taufstein stammt aus der ersten Hälfte des 18. Jahrhunderts.

In der die Kirche umgebenden ehemaligen Friedhofsmauer sind Grabsteine aus dem 17. und 18. Jahrhundert eingelassen. Ein Bildstock des hl. Johannes Nepomuk stammt aus dem Jahre 1730. Beachtenswert sind auch der an der Hauptstraße liegende Pfarrhof von 1795 und die vom neuen Kindergarten umschlossene kleine barocke Kreuzkapelle von 1744 (heute Kriegergedächtnisstätte) im oberen Ortsteil, die mehrere alte Priestergrabsteine und ein großes Barockkruzifix aus dem 18. Jahrhundert enthält.

Neben der kleinen Rosalienkapelle (1713) an der Straße nach Donnerskirchen steht ein schöner Bildstock (18. Jh.) mit Kruzifix und einer Steingruppe mit der hl. Maria Magdalena.

Nördlich des Dorfes liegen auch die Florianikapelle (1870), die Herzjesukapelle (1908) und der „Gute Hirte“, ein Bildstock aus dem Jahre 1885.

Die Mariensäule im Ort stammt aus dem Jahre 1696, ihre Figur wurde erneuert. Aus dem 18. Jahrhundert stammt die Pestsäule in der Sebastianstraße, mit Steinfiguren des hl. Rochus und des hl. Sebastian. Eine andere Pestsäule (1695) steht am Weg nach Schützen, sie wurde 1959 restauriert. Ebenfalls am Weg nach Schützen liegen der „Weißes Kreuz“ genannte Bildstock aus dem Jahre 1782 und der Bildstock mit der Heiligen Familie (1751). Tabernakelpfeiler aus dem 17. Jahrhundert stehen an der Straße nach Rust und westlich vom neuen Friedhof. Südlich des Dorfes stehen eine Antoniussäule (1884) und eine Dreifaltigkeitssäule (1913). Das Steinkreuz in der Triftgasse wurde 1908 aufgestellt.

Ollersdorf

Lage: Politischer Bezirk Güssing; an der Straße zwischen Oberwart und Güssing, 3 km nördlich von Stegersbach am Strembach liegendes Straßendorf
Einwohnerzahl: 1 021 (Gemeindegebiet: 1 873)
Sehenswert: Pfarr- und Wallfahrtskirche

Der urkundlich 1427 erstmals erwähnte Ort ist seit 1519 als Marienwallfahrtsort bekannt. Anstelle einer früheren Holzkirche wurde 1762–1764 die heutige barocke Pfarr- und Wallfahrtskirche Mariä Himmelfahrt erbaut. Der mit einem hohen Zwiebelhelm gekrönte Turm wurde erst 1932 in barocken Formen angebaut.

In barocker Zierfreudigkeit wurde in der zweiten Hälfte des 17. Jahrhunderts der prächtige Hochaltar gestaltet. Zwischen je zwei korinthischen Säulen befindet sich die Muttergottesstatue mit Kind. Im Aufsatz ist Gottvater, zu beiden Seiten Putten und Engel, dargestellt.

Der Kirche gegenüber steht die kleine Wallfahrtskapelle Maria Hilf. Die Legende weiß zu berichten, daß im Jahre 1626 plötzlich aus der Wiese, wo heute die Kapelle steht, eine Quelle entsprang. Über dieser Quelle wurde 1768 eine erste Kapelle errichtet, die aber 1954 wegen Baufälligkeit abgetragen werden mußte. Beim Neubau der Kapelle wurde die barocke Form beibehalten. Das Gnadenbild über dem einfachen Altar stammt aus dem Ende des 18. Jahrhunderts.

Oslip

Lage: Politischer Bezirk Eisenstadt-Umgebung; 9 km östlich von Eisenstadt liegendes Schmalangerdorf am Mühlgrabenbach, der hier in die Wulka mündet
Einwohnerzahl: 1 179
Sehenswert: Ortsbild; katholische Pfarrkirche

Der Ort ist durch seine reichen archäologischen Funde aus kontinuierlicher Besiedlung von der Jungsteinzeit bis zur Römerzeit bekannt.

Urkundlich erstmals im Jahre 1300 erwähnt, wurde Oslip nach den Türkeneinfällen um die Mitte des 16. Jahrhunderts mit Kroaten neu besiedelt. Von einer mittelalterlichen Burg, die noch 1486 urkundlich erwähnt wird, ist heute nichts mehr erhalten.

An der Dorfstraße, die Oberoslip und Unteroslip (ursprünglich zwei Ortschaften) verbindet, liegen einige schöne alte Streckhöfe mit

Das rustizierte Hofportal der „Storchmühle" von Oslip krönt eine von kleinen Engeln flankierte Nischenfigur des hl. Johannes Nepomuk

einfachen Giebelfassaden (profiliert gerahmte Doppelfenster, oft mit Eisenläden) und langen, charakteristischen Hofgassen.

Die katholische Pfarrkirche Mariä Himmelfahrt wurde Anfang des 14. Jahrhunderts in gotischem Stil erbaut, nach Zerstörungen im 16. und Anfang des 18. Jahrhunderts teilweise erneuert und zuletzt 1973 restauriert. An ihrer Südwand kann man alte Grabsteine aus dem 17. bis 19. Jahrhundert sehen. Das Langhaus, das vom ursprünglichen Bau aus dem 14. Jahrhundert erhalten geblieben ist, wird von einem Kreuzrippengewölbe, dessen Rippen auf kegelförmigen Konsolen sitzen, überwölbt. Drei Schlußsteine des Gewölbes sind mit je einer Rosette, mit Wappen und einem Agnus-Dei-Relief geschmückt. Bemerkenswert ist auch das spitzbogige Westportal mit mehrfacher Kehlung.

Den mächtigen gotischen Westturm unterteilen Gesimse in drei abgetreppte Geschoße auf. Den Oberbau des Turms krönt ein achtseitiger Pyramidenhelm, von welchem Aufsätze mit leicht geschweiften Giebeln ausgehen.

Der Hochaltar der Kirche besitzt auf der Mensa einen neugotischen Aufsatz von 1892 mit einer geschnitzten Marienfigur aus der ersten Hälfte des 17. Jahrhunderts. Die Schnitzfiguren an der Apsiswand stammen aus der Mitte des 18. Jahrhunderts und stellen den hl. Joachim und die hl. Anna dar. Aus der gleichen Zeit stammen die große Kreuzigungsgruppe sowie die beiden großen Ölgemälde, die die hll. Anna und Maria und den hl. Antonius darstellen. Älter ist eine (neu gefaßte) Ecce-Homo-Holzbüste (1664), die von einem alten Bildstock stammt.

Vor der Kirche steht eine Pestsäule (1668) mit den Sockelfiguren der drei Pestheiligen und einer Marienstatue auf laubumrankter Säule. Eine andere Mariensäule (1661) kann man am Weg nach St. Margareten sehen. An der Straße nach Eisenstadt sind ein Ecce-Homo-Bildstock (1807) und eine Leonhardsäule (mit erneuerter Figur des Heiligen) zu sehen.

Ein zweiter Ecce-Homo-Bildstock (1664) Ecke Landstraße und Weinberggasse besitzt eine 1929 erneuerte Büste, nachdem man die ursprüngliche Holzbüste in die Pfarrkirche übertragen hat. Weitere Bildstöcke im Ort sind eine Dreifaltigkeitssäule (um 1700) und eine Antoniussäule (1712).

Am Weg zur Cselleymühle am nördlichen Ortsrand steht ein 1749 errichteter Tabernakelpfeiler mit Kruzifix, das sogenannte „Sachsenkreuz". Die alte Cselleymühle besteht aus einer seit 1976 grundlegend restaurierten Gebäudegruppe; bemerkenswert sind der hofseitige Arkadengang am Obergeschoß des Wohnhauses und der alte Taubenschlag auf steinernem Pfeiler. Bei der Mühle steht auch eine barocke Johannessäule.

Am südlichen Dorfrand verdient die – gleichfalls gut restaurierte – Storchmühle (heute Gaststätte) Beachtung, mit schönem rustiziertem Hofportal (Wappen und Nischenfigur des hl. Johannes Nepomuk mit zwei Engeln).

Auf einer Anhöhe steht ein Tabernakelpfeiler („Himmelfahrtskreuz") von 1677 mit 1909 erneuerter Figur.

Der ummauerte Alte Friedhof und der westlich angrenzende Neue Friedhof sind wegen ihrer zahlreichen, großteils mit Figuren geschmückten Grabsteine aus dem ganzen 19. Jahrhundert eine Besichtigung wert.

Pama

Lage: Politischer Bezirk Neusiedl am See; 23 km nördlich von Neusiedl bzw. 5 km südlich von Kittsee liegendes Angerdorf. Der in der Ebene nördlich der Leitha und des Leithakanals liegende Ort befindet sich nur knapp 3 km von der tschechischen Grenze entfernt
Einwohnerzahl: 922
Sehenswert: Katholische Pfarrkirche

Steinzeitfunde und römische Sarkophaggräber lassen auf eine frühe Besiedlung dieser Gegend schließen. In einer Grenzbeschreibung aus dem Jahre 1208 wird der Ort als „villa Kurthuel" genannt. Eine Urkunde aus 1368 nennt erstmals „Pama" und später denselben Ort „Baumern". Nach der Zerstörung durch die Türken im Jahre 1529 wird er mit Kroaten neu besiedelt. Auch das Jahr 1683 brachte eine Verwüstung durch die Türken.

Die in der Ortsmitte stehende, einschiffige katholische Pfarrkirche Zu allen Heiligen wird vom alten Friedhof umgeben. Ein schmales Gäßchen führt vom Dorfanger zum schönen barocken Friedhofsportal. Die Kirche ist ein im Kern romanischer Bau mit romanischem Schiff und rundbogigem Westportal. Am gotischen Kirchturm ist noch ein spätgotischer Wehrgang auf Konsolen mit Zinnen zu sehen. Die achtseitige, steinerne Turmspitze wurde 1860 erneuert, die Turmbemalung nach einem Vorbild des 16. Jahrhunderts rekonstruiert.

In spätbarocker Zeit und im 19. Jahrhundert wurde die Kirche baulich stark verändert, 1743 das Langhaus durch einen quadratischen Chorbau erweitert.

Der Hochaltar (1805) mit dem großen Heiligengemälde wird von den Figuren des hl. Petrus und hl. Paulus flankiert, auf dem Gebälk der hl. Laurentius und der hl. Johannes Nepomuk. Die Seitenaltäre mit den Altarbildern „Antonius von Padua" (links) und „Verkündigung" (rechts) stammen aus dem 19. Jahrhundert. Auf der Kanzel (um 1800) sind die vier Evangelisten reliefartig dargestellt.

Auf dem Dorfanger stehen der barocke Bildstock mit dem hl. Florian und die Dreifaltigkeitssäule (Dreifaltigkeitsgruppe aus dem 19. Jh.).

Ein barocker Bildstock „Weißes Kreuz" und eine kleine Marienkapelle (um 1850) stehen am nördlichen Dorfausgang, eine Kapelle „Zur schmerzhaften Muttergottes" (1850; mit Pietà) am südlichen Dorfende. An der westlichen Ausfahrtsstraße verdient der barocke Bildstock der Immaculata (18. Jh.) Beachtung.

Pamhagen

Lage: Politischer Bezirk Neusiedl am See; 34 km südlich von Neusiedl im südlichsten Teil des Seewinkels an der ungarischen Grenze (kein Grenzübergang) liegendes Straßendorf
Einwohnerzahl: 2 019
Sehenswert: Ortsbild; Steppen-Tierpark

Der urkundlich 1268 erstmals erwähnte Ort teilte in den Türkenjahren von 1529 und 1683 das Schicksal der anderen Seewinkeldörfer und mußte nach seiner Zerstörung jedesmal wieder neu aufgebaut werden. So brannte 1683 auch eine mittelalterliche Kirche ab, ihre Reste wurden abgetragen. Die Fundamente der Kirche wurden 1961 beim Abtragen eines kleinen Hügels am nördlichen Ortsrand entdeckt. Ein aufgefundenes gotisches Vortragekreuz ist heute im Landesmuseum von Eisenstadt zu sehen.

Die heutige katholische Pfarrkirche „Zur Kreuzerhöhung“ wurde 1754 erbaut und 1954 umgebaut und erweitert, wobei aber das barocke Kirchenschiff erhalten blieb. Die Barockeinrichtung hingegen wurde entfernt bis auf das Weihwasserbecken von 1755 und das ehemalige Altarbild (Kaiser Heraklius bringt das hl. Kreuz nach Jerusalem) aus der zweiten Hälfte des 18. Jahrhunderts, das heute an der Wand des Querschiffs hängt.

Neben der Kirche ist das Friedhofskreuz (1816) mit klassizistischen Figuren und Sockelreliefs bemerkenswert.

In der Hauptstraße steht noch ein alter, 1979 restaurierter Glokkenturm; seine Wetterfahne ist mit „Mosco Pascha, 1639“ bezeichnet.

Die ursprünglichen Giebelfassaden und alten Höfe des Ortes sind heute zum Großteil modernisiert; in der Hauptstraße, Raiffeisenstraße, Rosenstraße, Marktstraße und am Marktplatz findet man vereinzelt noch schöne Giebelhäuser, teils auch mit einfachen Laubenhöfen.

Am nördlichen Ortsende liegt eine neugotische Lourdeskapelle von 1907; ein 1902 errichtetes Lourdeskreuz steht in der Söllnergasse. Das sogenannte „Ganglkreuz“ auf dem Anger wurde 1830 errichtet.

Weitere Bildstöcke und eine kleine Kapelle (18. Jh.) stehen auf dem Weg zu den nördlich von Pamhagen liegenden Büheln, wo sich früher eine Burg oder ein Kastell befunden hat. Erhalten ist noch ein künstlich aufgeworfener, von einem Graben umgebener Pyramidenstumpf von zwei bis drei Metern Höhe; vielleicht hat es sich hier um einen Wehrbau (Kastell) aus dem 16. oder 17. Jahrhundert gehandelt, anderen Auslegungen zufolge um eine Erdbefestigung aus dem ausgehenden Mittelalter, einen späteren Meierhof.

Am Westrand von Pamhagen breitet sich der von Anfang März bis Ende Oktober zugängliche Steppen-Tierpark aus, ein teilweise unberührt gelassenes Stück Steppe, in dem sich ein Großteil der Tiere im Freien befindet. Außer den frei fliegenden Wasservögeln sind ungarische Steppenrinder, Büffel, Wölfe, Luchse, ungarische Wollschweine, Steppenpferde, Rotwild, Greifvögel und andere Steppentiere zu sehen.

Ende des 19. Jahrhunderts wurde südlich von Pamhagen der „Einserkanal" angelegt, ein Entwässerungskanal vom Neusiedler See zur Rabnitz. Durch ihn wurde das ehemalige Sumpfgebiet („Waasen") östlich des Sees trockengelegt. Heute bildet der Kanal die Grenze zu Ungarn.

Etwa 4 km nördlich von Pamhagen liegt *Wallern,* das die gleiche historische Entwicklung zeigt wie das benachbarte Pamhagen. Die 1974 restaurierte katholische Pfarrkirche St. Matthäus (18. Jh.) wurde 1931 neu gebaut, nur der Turm (1730) und das barocke Presbyterium (1761), das heute als Kriegergedenkstätte dient, blieben erhalten. Bemerkenswert ist das große moderne Gemälde hinter dem Altar, das den segnenden Christus vor einer großen Volksmenge zeigt.

Wie in Pamhagen steht auch hier ein freistehender Glockenturm (18. Jh.) auf dem Anger. Er besitzt einen achtseitigen steinernen Pyramidenhelm und als steinerne Nischenfigur eine Immaculata. Nahebei steht eine neugotische Mariensäule von 1875. Die (mehrmals renovierte) Dreifaltigkeitssäule stammt aus dem Jahre 1702.

An der Straße nach Tadten kann man ein Steinkruzifix von 1875, eine Josefssäule von 1918 und einen 1802 gestifteten Bildstock (mehrmals restauriert) mit den Darstellungen der Viehpatrone, dem hl. Leonhard in wallendem Gewand und dem hl. Wendelin in Hirtentracht, sehen.

Etwa anderthalb Kilometer nordwestlich von Wallern befindet sich eine noch erkennbare alte Wallanlage.

Etwa 1,5 km nordwestlich von Wallern befindet sich eine Wallanlage. Diese in der Ried „Burgstallwiesen" liegende Festung könnte schon aus dem Mittelalter stammen und ist vielleicht mit dem 1445 von Kaiser Friedrich III. von Österreich eroberten „Beller" gleichzusetzen. Zur Zeit der Kuruzzenkriege war der damals noch doppelte Wall Schauplatz eines Scharmützels. Der Kuruzzengeneral Anton Esterházy vertrieb die Verteidiger (Ortsbewohner und Dragoner des Prinzen Eugen) vom ersten Wall, darauf zogen sich diese nach Ungarisch-Altenburg zurück und überließen das Fort den Kuruzzen.

Allgemeine Landestopographie des Burgenlandes, 1954

Parndorf

Lage: Politischer Bezirk Neusiedl am See; 5 km nördlich von Neusiedl am Westrand der Parndorfer Heide liegendes Angerdorf
Einwohnerzahl: (Gemeinde) 2 369
Sehenswert: Katholische Pfarrkirche

Das Gebiet um Parndorf ist wegen seiner zahlreichen prähistorischen Funde bekannt. Auch aus der Römerzeit wurden Hausfundamente und Steinkistengräber geborgen. Ein Inschriftstein besagt, daß sich hier im 2./3. Jahrhundert eine Siedlung von römischen Veteranen befunden hat.

Die erste urkundliche Erwähnung des Ortes fand 1268 statt. Nach der Zerstörung durch die Türken wurde er 1570 mit Kroaten neu besiedelt. Das am Südende des Ortes errichtete Schlößchen, das u. a. auch Kaiser Karl VI. und Maria Theresia auf ihrem Weg zum Jagdschloß Halbturn als Raststation diente, war nach 1860 eine Gastwirtschaft und wurde 1979 wegen Baufälligkeit abgebrochen.

Auch von der Alten Schanze, einer Befestigung mit Wall und Graben, die 1703–1711 zum Schutz gegen aufständische Ungarn (Kuruzzen) von Petronell bis nach Neusiedl errichtet worden war, sind nur mehr nördlich des Ortes Reste zu erkennen.

An der Parndorf in Nord-Süd-Richtung durchziehenden Hauptstraße und ihrer Umgebung kann man vereinzelt noch alte Höfe sehen, deren Fassaden aber großteils erneuert wurden; auch die ursprünglich rohrgedeckten Dächer wurden der Modernisierung geopfert.

Bemerkenswert ist die dem hl. Ladislaus geweihte barocke katholische Pfarrkirche, die 1716–1718 nach einem Plan von Lukas von Hildebrandt auf den Fundamenten einer mittelalterlichen Kirche erbaut wurde. Am Giebel der Westfassade ist das steinerne Wappen der Grafen Harrach (Patronatsherren) angebracht. Die Harrachsche Gruftkapelle (1826) liegt hinter der Kirche.

Der wuchtige romanische Kirchturm mit der Apsis, die an der Ostseite mit dem barocken Schiff verbunden ist, stammt noch aus dem 12./13. Jahrhundert. Das Obergeschoß des Turms wurde im 16. Jahrhundert, der spitze Steinhelm im 19. Jahrhundert erneuert. Wahrscheinlich steht auch das an den Turm angrenzende Presbyterium auf romanischen Fundamenten. Die kreuzgratgewölbte, romanische Kapelle im Untergeschoß des Turms ist durch einen breiten Bogen mit der Apsis verbunden.

Den Hochaltar (18. Jh.) ziert ein Ölbild des 19. Jahrhunderts, das den hl. Ungarnkönig Ladislaus vor der Muttergottes darstellt. Über den Opfergangsportalen stehen die überlebensgroßen Figuren von Petrus und Paulus.

Die beiden Seitenaltäre (18. Jh.) am breiten, rundbogigen Triumphbogen zeigen reich mit Voluten und Mäandern verzierte Rahmen mit den Bildern des hl. Antonius von Padua (links) und der Vermählung der hl. Katharina (rechts). Die spätbarocke, marmorierte Kanzel (18. Jh.) ist in schlichten Formen gehalten und zeigt das Harrach-Wappen. Konsolfiguren stellen den hl. Johannes Nepomuk (18. Jh.) und eine bäuerliche Muttergottes (um 1700) dar.

Die beiden Dreifaltigkeitssäulen im Ort stammen aus dem 19. Jahrhundert, jene an der Straße nach Neudorf aus der ersten Hälfte des 18. Jahrhunderts. Weiters gibt es in Parndorf noch eine schöne Mariensäule von 1733, einen Bildstock mit der Hl. Familie (1913) bei der aus der ersten Hälfte des 18. Jahrhunderts stammenden kleinen barocken Rochuskapelle, eine Antonisäule (1820) nordöstlich des Ortes sowie – an der Straße nach Bruck – einen Tabernakelbildstock von 1696.

Pilgersdorf

Lage: Politischer Bezirk Oberpullendorf; 15 km südwestlich von Oberpullendorf am Zöbernbach liegendes Breitangerdorf
Einwohnerzahl: 582 (Gemeindegebiet: 1 800)
Sehenswert: Katholische Pfarrkirche

Der erstmals 1225 genannte Ort brannte im 19. Jahrhundert zweimal ab und erlangte sein heutiges Aussehen erst nach dieser Zeit. Von den alten Edelhöfen aus dem 17. Jahrhundert blieb nichts erhalten.

Die katholische Pfarrkirche St. Ägidus wurde unter Verwendung von Mauerwerk einer früheren romanischen Kirche im Jahre 1649 erbaut und 1783 erweitert. Aus dem 18. Jahrhundert sind noch ein Barockkruzifix, ein barocker Taufbrunnen und zwei vom ehemaligen Hochaltar stammende Holzschnitzfiguren des hl. Thomas von Aquin und des hl. Augustinus erhalten. Sonst ist die Innenausstattung mit dem neuen Volksaltar neueren Datums, auch die alten Teile wurden bei der Restaurierung, dem Umbau und der neuerlichen Erweiterung von 1973 modern adaptiert.

Der Kirchturm besitzt noch einen mittelalterlichen Kern.

Ein Tabernakelbildstock im Ort stammt aus dem 17. Jahrhundert, die aus dem 18. Jahrhundert stammende Ägidisäule wurde restauriert und 1972 neu aufgestellt.

Pinkafeld

Lage: Politischer Bezirk Oberwart; 11 km nordwestlich von Oberwart, nahe an der steirischen Grenze, am linken (östlichen) Ufer der Pinka liegende Stadt
Einwohnerzahl: 4 487 (Gemeindegebiet: 4 802)
Sehenswert: Katholische Pfarrkirche; Mariensäule; Stadtmuseum; ehemaliges Batthyányschloß

Archäologische Funde aus Pinkafeld und seiner unmittelbaren Umgebung, wie etwa aus der Hallstattkultur (ältere Eisenzeit, etwa 800–400 v. Chr.) und aus der darauffolgenden La-Tène-Kultur, weisen auf eine rege Siedlungsgeschichte hin. Die frühgeschichtliche Existenz des Ortes wird durch weitere Grabungsfunde aus der Römerzeit bestätigt.

Die ersten urkundlichen Erwähnungen erfolgten in den Jahren 860 und 885. Durch die karolingische Benennung als Peinicahu wird der Beweis erbracht, daß Pinkafeld als älteste deutsche Siedlung des Burgenlandes anzusehen ist. Im 9. Jahrhundert gehörte der Ort zum Besitz des Erzbistums Salzburg. Die frühmittelalterliche Befestigung um die Wehrkirche wurde im Zuge der „Güssinger Fehde“ im Jahre 1289 von Herzog Albrecht I. von Österreich zerstört.

1343 erwarb Pinkafeld das Marktrecht, verbunden mit dem Marktzoll. Dank seiner Mautstelle, über die alle für Westeuropa bestimmten ungarischen und osteuropäischen Handelswaren geführt werden mußten, erlangte Pinkafeld eine große wirtschaftliche Bedeutung.

Im 16. und 17. Jahrhundert wurde Pinkafeld mehrmals von fremden Heeren verwüstet oder zerstört, so 1529 und 1532 durch die Türken, 1605 durch Bocskay-Rebellen, 1620 im Bethlen-Aufstand, 1664 wiederum von den Türken und 1683 durch einfallende Steirer. Gerade 1683 traf den Ort die Verwüstung besonders schwer, da die Grundherrschaft der Batthyány den Türken huldigte, um eine Verschonung ihrer Besitzungen zu erreichen. Über dieses „Bündnis“ waren die benachbarten Steirer so erbost, daß sie ihrerseits über die Grenze brachen und den Markt verwüsteten.

Eine besondere Rolle im wirtschaftlichen Leben Pinkafelds spielte das Tuchmacher-Handwerk, das im 18. Jahrhundert unter Maria Theresia einen großen Zuzug böhmischer Handwerker erlebte. Schon damals war Pinkafeld ein wichtiger Handwerks- und Industrieort (Ziegelofen, Sägewerk, Eisenhammer, Bierbrauerei, Faßbinderei, Tabakmühle). 1806 und 1809 erlebte Pinkafeld den Durchzug der Franzosen.

Anfang des 19. Jahrhunderts verheerten mehrere Großbrände den Ort, so daß von dem alten Hausbestand aus dem 17. und 18. Jahrhundert nur mehr sehr wenig zu erkennen ist, zumal auch das Wenige weitestgehend modernisiert wurde.

Schöne Bürgerhäuser aus dem 19. Jahrhundert und aus der Zeit der Jahrhundertwende, zum Teil noch mit Fassadendekorationen und Hoflauben, gibt es am Hauptplatz, in der Hauptstraße, am Rathausplatz, in der Bahngasse und anderen Straßenzügen.

Im neuen Rathaus am Hauptplatz befindet sich das Stadtmuseum mit vielfältigen Exponaten zur Stadtgeschichte, zum Rechtswesen und Zunftwesen, aber auch mit archäologischen Grabungsfunden, hauptsächlich aus der römischen Provinzialkultur. Bemerkenswert ist auch eine große Weihnachtskrippe aus dem Jahre 1826 mit 51 holzgeschnitzten und mit Ölfarben bemalten Figuren von durchschnittlich 15 cm Höhe. Die Krippe stand ursprünglich in der Pfarrkirche. Das Stadtmuseum ist an Werktagen von Ostern bis gegen Ende Oktober geöffnet, an Samstagen und Sonntagen allerdings nur für Gruppenführungen nach Voranmeldung (Tel. 03357/351 und 367).

Der Hauptplatz mündet im Osten in den langgestreckten, von Häusern verschiedener Stilepochen gesäumten Rathausplatz mit dem alten Rathaus, an dem noch der steinerne Pranger und eine Gerichtstafel zu sehen sind. Der Prangerarm mit dem Schwert – Symbol der Marktgerichtsbarkeit – wird heute im Stadtmuseum bewahrt. Das alte Rathaus geht auf einen Edelsitz des 17. Jahrhunderts zurück. Er gehörte den Freiherren von Rindsmaul, die interessanterweise dem Tiroler Landadel angehörten und noch im 15. Jahrhundert in der Tiroler Kronburg und auf Burg Rettenberg residierten. Sie übersiedelten in die Steiermark, wurden aber wegen ihres protestantischen Glaubens von dort nach Pinkafeld, in den Herrschaftsbezirk der Batthyány, vertrieben. Der „Rindsmaulische Edelsitz" wurde 1728 von der Gemeinde angekauft und diente bis in die jüngste Zeit als Rathaus.

Ein Denkmal von hoher Qualität ist die auf dem Marktplatz befindliche Mariensäule. Ursprünglich stand die um 1680 entstandene Figur der Immaculata in der Pfarrkirche; sie wurde Mitte des 18. Jahrhunderts auf den Platz gestellt und in ein später oft umgestaltetes bzw. restauriertes Säulenbauwerk einbezogen. Am Säulensockel ist das Batthyánywappen angebracht.

Ein schöner Kapellenbildstock der Hl. Dreifaltigkeit steht beim Bahnhof; er stammt aus der zweiten Hälfte des 19. Jahrhunderts. Ebenfalls westlich der Pinka steht – nahe beim Fernheizkraftwerk – das sogenannte Schlachtenkreuz, ein Bildstock aus dem Ende des 17. oder beginnenden 18. Jahrhunderts. Die Pinkabrücke wird von einem Bildstock des hl. Johannes Nepomuk geschmückt, der aus dem 18. Jahrhundert stammt. Eine kleine Josefskapelle aus der gleichen Zeit befindet sich am südlichen Stadtrand, die sogenannte Türkenkapelle (ebenfalls 18. Jh.) am nördlichen.

Das Schloß

Am südlichen Stadtrand liegt das ehemalige Schloß Batthyány (Anfang 17. Jh.), das im 18. und 19. Jahrhundert sowie 1949–1952 umgestaltet wurde, so daß von seinem ursprünglichen Aussehen kaum noch was zu erkennen ist. Der zweistöckige Bau beherbergt heute die Landesberufsschule. Von der ursprünglichen Schloßkapelle ist noch ein Ölgemälde von J. Hauck (1747) erhalten, die Verehrung der Muttergottes durch den hl. Antonius von Padua darstellend.

Kulturelle Bedeutung erlangte das Schloß zu Beginn des 19. Jahrhunderts durch die Gräfin Franziska Batthyány, die eine große Verehrerin Clemens Maria Hofbauers war, um den sich in Wien eine Romantikergruppe gebildet hatte. In den Sommermonaten versammelten sich im Schloß Batthyány bekannte Geistesgrößen ihrer Zeit, wie Zacharias Werner, Ziegler, Zängerle, Fürst Hohenlohe, Fürst Lichnowsky, Emanuel Veit, Job, Wurmbrand und andere; auch der heilige Clemens Maria Hofbauer weilte gern in dieser Runde. Als bedeutendstes Zeugnis dieser Kulturblüte wird ein Bild des Nazareners Eduard Steinle angesehen, das die Kreuzigung darstellt und als Altarbild in der 1835 von Carl Rösner erbauten, neugotischen Friedhofskapelle hängt.

Im Jahre 1852 gründete die Gräfin Batthyány ein Kloster der Barmherzigen Schwestern des hl. Vinzenz von Paul (heute ein Spital), dessen neugotische Kapelle wahrscheinlich auch von Carl Rösner gestaltet wurde.

Westlich vom Schloß liegt ein kleiner, dem hl. Vinzenz geweihter Kapellenbildstock aus dem Jahre 1832.

Die Kirchen

In der Stadtmitte erhebt sich die den hll. Petrus und Paulus geweihte katholische Pfarrkirche, die 1772–1786 an der Stelle einer früheren Kirche erbaut wurde. Aus der schön gegliederten Giebelfassade ragt der dreigeschossige Kirchturm auf, der von einem Zwiebelhelm bekrönt wird. Fassadennischen enthalten die Steinfiguren der heiligen Ungarnkönige Stephan und Ladislaus, in der Mitte eine Kreuzigungsgruppe.

Der spätbarocke, durch Wandpfeiler gegliederte Innenraum wird von einem mächtigen Hochaltar von Nikolaus Minich (1773) beherrscht; das Altarbild „Anbetung der Hirten" von Anton Jäntl (1774) wird von den großen Figuren der hll. Petrus und Paulus flankiert. Den reichen, von ionischen Säulen getragenen Aufsatz ziert eine von Engeln flankierte Dreifaltigkeitsgruppe.

Die zwei vorderen Seitenaltäre stammen noch aus der Zeit der Erbauung der Kirche (um 1780), während die beiden anderen 1826 in Holz nachgeahmt wurden.

Die Altarbilder der vorderen Seitenaltäre zeigen (links) die Himmelfahrt des hl. Johannes Nepomuk, flankiert von den Figuren des hl. Joachim und der hl. Anna, und (rechts) die Immaculata, flankiert von den Figuren des hl. Antonius und einem andern Heiligen (wahrscheinlich Franz Xaver). Am zweiten linken Seitenaltar wird das Bild der Kreuzaufrichtung von den Figuren der hl. Magdalena und des hl. Johannes Ev. flankiert; Figuren des hl. Petrus und des hl. Johannes Ev. stehen seitlich des Herzjesubildes am zweiten rechten Seitenaltar.

Die aus dem Ende des 18. Jahrhunderts stammende klassizistische Kanzel mit rundem Korb und Sitzfiguren der Evangelisten wird dem bekannten Wiener Bildhauer Philipp Jakob Prokopp zugeschrieben. Hier war die Wirkungstätte des berühmten Kanzelredners Joseph Weinhofer.

Eindrucksvoll ist auch der Taufbrunnen aus dem Ende des 18. Jahrhunderts mit plastischen Darstellungen von Christus und Johannes d. T., darüber der Erzengel Michael. Die spätbarocke Orgel stammt aus der Zeit um 1800.

Der katholische Pfarrhof beherbergt u. a. ein interessantes Votivbild von Kupelwieser (1852), das einen fliegenden Engel vor dem brennenden Schloß zeigt; das Glöckchen im Rahmen soll die Schloßbewohner vor den Flammen gerettet haben.

Die evangelische Pfarrkirche A. B. von 1783–1785 erhielt 1822 ihren Turm mit hohem Zwiebelhelm und wurde 1877–1881 umgebaut und erweitert. Das Innere ist an drei Seiten von Emporen umgeben, der schlichte Kanzelaltar ist in klassizistischen Formen gehalten.

Auf einer Anhöhe im Südwesten der Stadt erhebt sich die aus dem 18. Jahrhundert stammende Kalvarienbergkirche „Zur Schmerzhaften Muttergottes“. Die zwischen korinthischen Säulen stehende Altargruppe, eine Pietà mit den zwei lebensgroßen Nebengestalten des hl. Johannes und der Maria Magdalena, wird dem berühmten Salzburger Bildhauer Matthias Steinl (er schuf u. a. auch den prächtigen Hochaltar und die Kanzel der Stiftskirche Vorau) zugeschrieben. Bemerkenswert sind auch die Schnitzfiguren des hl. Paulus und eines Eremiten (18. Jh.).

An die Kirche angebaut wurde 1757 ein einfaches Klosterhaus für Augustiner-Eremiten. Das Kloster wurde 1787 aufgehoben. Die zwölf Kreuzwegstationen sind einfache Wegkapellen (18. Jh.) mit modernen Mosaiken.

Knapp 5 km westlich von Pinkafeld liegt das Mehrstraßendorf *Grafenschachen* mit schönen alten Bauernhöfen. An erhöhter Stelle erhebt sich die 1880 erbaute katholische Pfarrkirche Hl. Dreifaltigkeit mit neuromanischem Hochaltar (1905) und spätbarocker Kanzel (zweite Hälfte 18. Jh.), die aus der Schloßkapelle von Pernegg stammt.

Die Pinkafelder Bevölkerung wurde von der Räuberbande „Stradafüßler“ in Angst und Schrecken versetzt. Kaiser Franz ernannte eine Kommission zur Ausforschung der Verbrecher. Die Räuberbande konnte nach einer durchzechten Nacht gefangen werden. Ihr Hauptmann war der aus Edlitz in Niederösterreich stammende Holzknechtsohn Nikolaus Schmiedhofer, genannt „Holzknechtseppl“ . . . Die Wiedererrichtung des längst vermoderten Galgens wurde von den Pinkafeldern wie ein Volksfest gefeiert. Damit die Jugend sich dieses Tages und der alten Rechte und Privilegien Pinkafelds stets erinnere, wurden an die Kinder Kipferl verteilt und an die älteren Bürger Wein ausgeschenkt. Von den Bandenmitgliedern wurden drei am Schnellgalgen gehenkt, zwei wurden zum Tod durch den Strang und ein Räuberliebchen zum Tod durch das Schwert verurteilt . . . Der Holzknechtseppl wurde erst nach zweijähriger Haft 1828 hingerichtet . . . Er verbrachte seine letzte Zeit in Gebet und Reue. Der ausgestellte Abschiedsbrief an seine Schwestern, der in gewählten Redewendungen die Stimmung wenige Tage vor seinem Tode wiedergibt, stammt allerdings aus der Hand des berühmten Pinkafelder Pfarrers Joseph Weinhofer.

Aus der Pinkafelder Gerichtschronik

Wieder etwa 5 km südlich von Grafenschachen liegt das Haufendorf *Kitzladen,* ebenfalls mit schönen Dreiseit- und Vierseithöfen (teils mit Lauben) und erhöht stehender katholischer Pfarrkirche. Sie wurde 1844 erbaut, ist dem hl. Jakobus d. Ä. geweiht und besitzt zwei neuromanische Altäre (1896). Auch das Taufbecken mit plastischer Täufergruppe und die einfache barocke Kanzel mit den Evangelistenfiguren stammen aus dem 19. Jahrhundert. Bemerkenswert sind die holzgeschnitzte Statue der Muttergottes mit Kind (um 1700) am linken Triumphbogenpfeiler und die kleine Barockstatue des hl. Johannes Nepomuk (erste Hälfte 18. Jh.). Beachtung verdienen auch die schön gestalteten, hervortretenden Doppelpilaster, die ein Platzlgewölbe tragen, und der gegliederte Plattenfußboden.

Piringsdorf

Lage: Politischer Bezirk Oberpullendorf; 10 km südwestlich von Oberpullendorf an der Rabnitz liegendes Straßendorf, das mit dem westlichen Nachbardorf die Gemeinde Piringsdorf-Unterrabnitz bildet
Einwohnerzahl: 929 (Unterrabnitz 495)
Sehenswert: Mariensäule

Um die Mitte des 17. Jahrhunderts wanderte ein großer Teil der Dorfbevölkerung aus, um nicht seinen neuen, protestantischen Glauben aufgeben zu müssen. Die Gründung einer eigenen katholischen Pfarre fällt daher erst in das Jahr 1660. Die dem hl. Johannes d. T. und dem hl. Koloman geweihte Pfarrkirche ist ein bescheidener Bau aus dem Jahre 1745, der 1930 erweitert wurde. Ebenso einfach ist auch seine großteils aus dem 19. Jahrhundert stammende Innenausstattung. Am Hochaltar flankieren die Figuren des hl. Johannes d. T. und des hl. Koloman das Altargemälde, das die Himmelfahrt Mariens darstellt.

Im Ort hingegen verdient eine kunsthistorisch bedeutende Mariensäule (1726) mit den polychromierten Figuren der hl. Anna und des hl. Joachim Beachtung.

Am südlichen Ortsende steht eine kleine neugotische Kreuzkapelle mit Holzkruzifix (Mitte 19. Jh.).

Das knapp 3 km weiter westlich liegende Straßendorf *Unterrabnitz* besaß im Mittelalter einen großen Edelhof, an dessen Stelle in der zweiten Hälfte des 17. Jahrhunderts ein Kastell erbaut wurde, von dem noch Teile erhalten sind. Am Einfahrtstor des zweigeschossigen Torbaus (1709) sind noch die Laufrollen der früheren Zugbrücke sichtbar. In einem Teil des ehemaligen Kastells sind heute Malerateliers untergebracht. Vor dem Kastell steht eine Dreifaltigkeitssäule aus dem 17. Jahrhundert.

Im alten Friedhof oberhalb des Ortes liegt an der Stelle eines älteren Kirchenbaus die einfache katholische Pfarrkirche St. Petrus und Paulus (18. Jh.) mit Einrichtung aus dem 18. und 19. Jahrhundert. Am linken Chorpilaster steht eine bemerkenswerte barocke Muttergottesstatue aus dem Anfang des 18. Jahrhunderts.

Podersdorf am See

Lage: Politischer Bezirk Neusiedl am See; 13 km südlich von Neusiedl am Ostufer des Sees (der hier schilffrei ist) liegendes Schmalangerdorf, das in letzter Zeit als Fremdenverkehrsort Bedeutung erlangte
Einwohnerzahl: 1 857
Sehenswert: Ortsbild, Windmühle

Der Ort wurde 1209 erstmals als Chedusfölde genannt und gelangte 1212 in den Besitz des Grafen Poth, nach dem es heute noch benannt ist. Seit 1217 im Besitz der Zisterzienser von Heiligenkreuz, nahmen diese in der Folgezeit einen großen Einfluß auf die Ortsgeschichte.

1241/42 wurde Podersdorf von den Tataren, 1529 und 1683 vollständig von den Türken zerstört, 1705 von den Kuruzzen und 1713 von der Pest heimgesucht, was zum Anlegen eines eigenen Pestfriedhofs führte. Das 19. Jahrhundert brachte schwere Brandkatastrophen.

Schöne Giebelhäuser mit Fassadendekor aus dem Ende des 19. Jahrhunderts findet man vor allem in der Seestraße, in den Seeweingärten auch eine Dreifaltigkeitssäule von 1687. Vereinzelt gibt es noch schilfrohrgedeckte Höfe, wie etwa in der Söllnergasse und in der Neusiedler Straße; an der Straße nach Neusiedl steht auch ein al-

Die Windmühle von Podersdorf

ter Tabernakelpfeiler von 1615 („Julakreuz“) mit Pietà. Das „Greinerkreuz“ und das „Rote Kreuz“ an der Straße nach Illmitz sind Bildstöcke aus dem 19. Jahrhundert. Älter ist das Steinbrecherkreuz (1663) am südlichen Ortsrand. Dort existiert auch noch eine 1976–1979 restaurierte Windmühle mit vier Flügeln und schindelgedecktem Laufwerk. Die kleine Rochuskapelle (1894) an der Straße nach Frauenkirchen besitzt eine bemerkenswerte Südtiroler Schnitzfigur des hl. Rochus von J. Rifesser. Die Florianikapelle westlich vom Ort birgt eine schöne Figur des hl. Florian aus dem 18. Jahrhundert. Die Mariensäule im Ort stammt aus dem Jahr 1864.

Die heutige (spätbarocke) Pfarrkirche St. Katharina wurde 1791 mit einem reichgegliederten Fassadenturm erbaut. Der neubarocke Hochaltar stammt aus dem Jahr 1889, das Altarbild stellt die hl. Katharina dar. Am Seitenbild wird ein Marienbild (1802) von den Figuren der hll. Florian und Leonhard flankiert. Die Figur an der Kanzel stellt den hl. Paulus dar.

Die Zisterzienser von Heiligenkreuz, dem Grabkloster des letzten Babenbergers, der gegen die Ungarn fiel, haben das Land dem See abgewonnen; sie haben die Salatäcker angelegt, den Wein gepflanzt; mit den Fischen – Karpfen, die zu erschreckender Größe gedeihen –, dem Schilf, das zu Matten und Wandbekleidungen verarbeitet wird, sind der im April schnittfreie Salat, die Anfang Juli reifende Traube die Gaben der Erde, der Arbeit. Im Sommer sirren die Mücken, schwärmen die Fliegen in lastender Schwüle. Aber die Trauben erinnern an das gelobte Land. Das erzählt der lebhafte, gastfreie Pfarrherr, der uns hinter dem grüngestrichenen Hoftor empfängt. Hier ist der uns fast verlorengegangene Sinn der Wörter „Pfarrhof“ und „Pfarrherr“ noch vollzogen; Land und Weinäcker gehören dazu . . .

Reinhold Schneider

Pöttelsdorf

Lage: Politischer Bezirk Mattersburg; knapp 3 km nordöstlich von Mattersburg, an der Wulka liegendes Breitangerdorf
Einwohnerzahl: 585 (Gemeindegebiet mit Stöttera und Zemendorf: 1 875)
Sehenswert: Kirchen

Der 1271 erstmals urkundlich erwähnte Ort besitzt eine große evangelische Pfarrkirche, die 1901 in neugotischem Stil mit einem dreigeschossigen Fassadenturm erbaut wurde. Bemerkenswert ist ihr Wandschmuck in gotisch und romanisch nachempfundenen Formen. Neugotisch ist auch die hinter der Kirche im neuen Friedhof stehende Friedhofskapelle.

Am östlichen Ortsende (Hauptstraße 94) ist die sogenannte „Schaffermühle", wegen ihrer Giebelfassade und reichen Stuckverzierung bemerkenswert. Ein kleines Dorfmuseum gibt Aufschluß über den bäuerlichen Lebenskreis.

Eine interessante, nicht alltägliche Anlage ist die auf einer Anhöhe hoch über dem Ort liegende, turmlose katholische Filialkirche Mariä Geburt (1797), zu der ein Stufenaufgang hinaufführt. Am Ende der Stiegen liegt – neben der Kirche – ein eigenwillig gestaltetes Portal (Friedhofstor; urkundlich um 1680), das im Stufengiebel drei freihängende Glocken enthält. Zwei oberhalb des Rundbogenportals angeordnete Flachnischen dürften für eine spätere Freskenausgestaltung vorgesehen gewesen sein. Das Portal wird von einem Steinrelief gekrönt, das gekreuzte Knochen zeigt.

Die Kirche selber besitzt einen Hochaltar aus dem Ende des 18. Jahrhunderts mit freistehendem Tabernakel und hohem Steinaufbau an der Apsiswand: in der Mitte Gottvater, oben die Erzengel Michael und Gabriel, seitlich die Schnitzfiguren des hl. Joachim und der hl. Anna. Eine Kopie des berühmten Gnadenbildes „Re" (Vigezzotal, Piemont) ist das in einer prächtigen Rocaille-Umrahmung befindliche Gnadenbild „Mariä Steinwurf" (17. Jh.).

Seitenaltar (Kreuzigungsgruppe mit Maria und Johannes), Kanzel (mit Sämann-Relief) und Orgel stammen aus dem Ende des 18. Jahrhunderts.

An der im Westen an Pöttelsdorf vorbeiführenden Bundesstraße liegt die Pöttelsdorfer Winzergenossenschaft mit der modernsten Rotweinbereitungsanlage in Österreich. Hier wird der berühmte „Pöttelsdorfer Bismarckwein" hergestellt.

Das im Norden an Pöttelsdorf angrenzende Breitangerdorf *Zemendorf* besitzt noch schöne alte Bauernhäuser mit Giebelfassaden und Fassadendekorationen aus dem 19. Jahrhundert, so etwa in der Hauptstraße, der Wulkagasse, der Lindengasse und am Kirchplatz

Der „Pöttelsdorfer Bismarckwein" stammt ausschließlich von den Reben, die auf den sonnigen, sanft zum Wulkatal abfallenden Hügeln von den Weinbauern kultiviert werden und ist bei Weinkennern im In- und Ausland als exzellenter Rotwein bekannt. Sortenmäßig ist er ein „Blaufränkischer" und wird ausschließlich aus blauen Trauben hergestellt. Es ist geschichtlich erwiesen, daß ein bedeutender Eisenstädter Weinhändler namens Alexander Wolf den großen deutschen Staatsmann Fürst Otto v. Bismarck (1815–1898) mit dem Pöttelsdorfer Rotwein belieferte. Mit dem Einverständnis der Erben Bismarcks wurde seitens der Pöttelsdorfer Winzergenossenschaft dieser Weinname gesetzlich markengeschützt.

Pöttelsdorfer Winzergenossenschaft

(Haus Nr. 7 „Buchingermühle" mit zweigeschossigen Hofarkaden, Ende 17. Jh.).

Die einfache katholische Filialkirche St. Michael ist ein Neubau von 1824 an der Stelle einer früheren Kapelle. Die geschnitzte Nischenfigur am Altar ist eine Nachbildung der Mariazeller Muttergottes. Zwei Bildstöcke im Ort, die Florianisäule und die Dreifaltigkeitssäule, stammen aus dem 19. Jahrhundert. Ein Bildstock aus dem 17. Jahrhundert („Christus in der Rast") steht in den Weingärten am südlichen Ortsrand.

Zemendorf ist auch durch seinen bedeutenden Münzfund (1891 Silbermünzen aus dem Jahre 1233) und durch Langobardengräber aus dem 6. Jahrhundert bekannt geworden.

Im Norden grenzt das Breitangerdorf *Stöttera* an Zemendorf. Bei dem von der Wulka durchflossenen Ort handelt es sich wahrscheinlich um das schon 866 urkundlich erwähnte Kirchdorf Ztradach, in dem der Erzbischof Adalwin von Salzburg eine Kirche zu Ehren des hl. Stephanus weihte.

Auch hier stehen noch schöne Bauernhäuser aus dem 19. Jahrhundert in der Hauptstraße und in der Waldgasse (Nr. 6 „Faschingmühle" von 1815, mit Stiegenlaube im Hof) sowie charakteristische alte Scheunenreihen. Von einem Edelhof des 17. Jahrhunderts ist nichts mehr erhalten.

Die katholische Filialkirche „Zur Kreuzerhöhung" wurde 1826 erbaut (der Kirchturm erst 1900) und besitzt einen Südtiroler Schnitzaltar (1909) von Josef Rifesser aus St. Ulrich. Bemerkenswert ist auch die Mariensäule (1676) hinter der Kirche. Die Pestsäule an der Hauptstraße stammt aus dem Jahr 1849. In der Umgebung gibt es noch zahlreiche weitere Bildstöcke.

Pöttsching

Lage: Politischer Bezirk Mattersburg; 12 km nördlich von Mattersburg bzw. 6 km östlich von Wiener Neustadt liegender Marktort
Einwohnerzahl: 2 151
Sehenswert: Katholische Pfarrkirche

In Fachkreisen gilt Pöttsching als Fundort der sogenannten Badener Kultur (jungsteinzeitlich).

Um das Jahr 1067 ist eine Ansiedlung von Petschenegen (auf sie wird der Ortsname zurückgeführt) nachweisbar. Es handelt sich dabei um ein türkisch-stämmiges Reitervolk aus Südrußland, das auf der Suche nach neuen Wohnplätzen über den Balkan heraufzog und von den ungarischen Königen als Grenzwächter zwischen Neusiedler See und Rosaliengebirge angesiedelt wurde. Die Petschenegen verschmolzen später mit den Magyaren. Erst im 13. Jahrhundert erfolgte die deutsche Besiedlung.

Von einer einstigen Wehranlage im Süden des Ortes ist nichts mehr erhalten. Man kann aber noch am Waldrand östlich der von Pöttsching nach Sauerbrunn führenden Straße einen doppelt umwallten „Rundling“ erkennen, auf dessen etwa 3 Meter hohen Plattform wohl einst ein Wehrturm gestanden hat. Im Schrifttum wird die Anlage gelegentlich als „Awarenring“, dann wieder als „germanische Fluchtburg“ bezeichnet, was aber nicht zutreffen dürfte.

Im Jahre 1229 erfolgte in Pöttsching ein erster Kirchenbau, doch ist auch von ihm nichts mehr erhalten. Eine neue Kirche von 1641 wurde 1683 von den Türken zerstört. Der heutige Bau der dem hl. Nikolaus geweihten katholischen Pfarrkirche stammt aus der Zeit zwischen 1722 und 1728. Das nördliche Seitenschiff wurde 1890 angebaut; eine Umgestaltung und Restaurierung gemäß den Satzungen der neuen Liturgie erfolgte 1967/68. Dabei wurde die barocke Einrichtung zum großen Teil entfernt.

Das fünfjochige Langhaus mit dem gleich breiten Chor und der ovalen Apsis ist ein schmaler, relativ niedriger Raum. Das Tonnengewölbe zeigt Stichkappen mit stark betonten Graten. Die ringsum eingeschnittenen Halbkreis- und Ovalfenster bewirken einen hellen Lichteinfall.

Von der seinerzeitigen Innenausstattung blieben noch schöne Schnitzfiguren erhalten, u. a. eine Muttergottes mit reich bewegtem, feinem Faltenwurf (erste Hälfte 18. Jh.) sowie Barockstatuen der hll. Florian, Sebastian, Katharina, Barbara und Mutter Anna mit dem Marienkind. Das moderne Wandgemälde (1972) in der Apsis stellt den „Baum des Lebens“ dar.

Neben dem von einem spitzen Steinhelm bekrönten Kirchturm

(1728) befindet sich in einer Gedächtnisstätte für die Kriegsgefallenen ein barocker Kruzifixus aus dem 18. Jahrhundert.

Bei der Kirche steht eine Bildsäule mit einer 1873 erneuerten Madonnenfigur, deren Sockel mit einem barocken Wappen versehen ist. Aus der ersten Hälfte des 18. Jahrhunderts stammt die der Kirche gegenüberliegende Sebastianssäule (1975 restauriert). Um die gleiche Zeit wurde auch die Mariensäule beim Friedhof errichtet. Im Ort und in seiner unmittelbaren Umgebung stehen noch zahlreiche weitere Bildstöcke.

Neben der Kirche erweckt der wuchtige, zweistöckige „Awarenkeller“ der Winzergenossenschaft Aufmerksamkeit. Der heutige Bau stammt aus dem 17./18. Jahrhundert, besitzt eine gewölbte Einfahrt und sehr schöne Hoflauben. Er geht auf einen früheren Esterházyschen Meierhof zurück, der wiederum an der Stelle eines mittelalterlichen Rittersitzes errichtet worden war.

Etwa 3 km südöstlich von Pöttsching liegt das Straßendorf *Krensdorf,* das schon 1232 urkundlich erwähnt wurde und als mittelalterli-

Petschenegen, ein wildes Nomadenvolk türkischen Stammes, das sich selbst Kangli oder Kangar nannte, bei den Russen Petschenegi, bei den Deutschen Patzinaciten, bei den Griechen Bisseni genannt, wohnten ursprünglich zwischen der Wolga und dem Jaik. Vom 9. bis zum Ende des 11. Jahrhunderts spielten sie eine wichtige Rolle in der Geschichte Europas, in dem durch sie gewissermaßen die Zeiten der Völkerwanderung wiederholt wurden. Nach längerem Umherirren fielen sie über die Ungarn zwischen dem Sereth und dem Dnjepr her und vertrieben sie 883 aus ihren Sitzen. In späterer Zeit war besonders das Byzantinische Reich ihren Angriffen ausgesetzt. Im Jahr 970 zogen sie vereint mit den Russen gegen Konstantinopel. Zwischen 997 und 1038, zur Zeit Stephans des Heiligen, bauten sie sich an der Grenze von Mähren an. Im Jahr 1010 fielen sie in Bulgarien und Thrazien ein, kamen 1028 bis nach Thessalonich, eroberten 1048 einen großen Teil Bulgariens und zogen 1049 über die Donau. Zur Zeit der Kreuzzüge, wo sie sich besonders in Serbien, Bulgarien, Dardanien und Kleinskythien finden, brachten sie den Kreuzfahrern mehrere Niederlagen bei. Später wurden sie von den Griechen und Ungarn häufig geschlagen. Im 12. Jahrhundert waren sie mit den Magyaren schon fast ganz und gar verschmolzen, so daß sie schon im 13. Jahrhundert aus der Geschichte verschwinden.

Aus: Brockhaus Conversations-Lexikon, 1885

cher Rittersitz, zeitweise unter der Herrschaft der Grafen von Forchtenstein, einige Bedeutung hatte. Von dieser mittelalterlichen Residenz und dem später daraus hervorgegangenen Renaissance-Edelhof ist heute nichts mehr erhalten.

Krensdorf besitzt im Ort und in den umliegenden Weingärten mehrere schöne alte Bildstöcke. Seine ursprünglich katholische Kirche wurde 1570 zur evangelischen Kirche erklärt und als solche bis 1682 geführt. 1683 brannte sie ab. Der heutige Bau der dem hl. Sigismund geweihten katholischen Pfarrkirche stammt aus dem 18. Jahrhundert. Sie wurde 1793 vergrößert und erhielt zu dieser Zeit auch ihren Turm mit einem steinernen Pyramidenhelm.

An der Straße nach Kleinfrauenhaid liegt die 1806 erbaute, kleine Dorfmeisterkapelle, die nach ihrem Stifter benannt ist und ein beachtenswertes Kruzifix besitzt.

Potzneusiedl

Lage: Politischer Bezirk Neusiedl am See; 14 km nördlich von Neusiedl, an der Leitha – die hier die niederösterreichische Grenze bildet – liegendes Schmalangerdorf im nördlichen Teil der Parndorfer Heide
Einwohnerzahl: 466
Sehenswert: Schloß; katholische Pfarrkirche

Wie überall auf der Parndorfer Heide, ist auch das Gebiet um Potzneusiedl reich an Funden aus der Jungsteinzeit, Bronzezeit, Hallstattzeit und Römerzeit. Aus einer Schottergrube bei der Pfarrkirche barg man u. a. einen kunstvollen kleinen Germanenkopf aus Kalksandstein, der aus dem 1. Jahrhundert n. Chr. stammt und heute im Kunsthistorischen Museum von Wien zu sehen ist.

Der urkundlich bereits 1273 und 1290 erwähnte und später in Adelsbesitz befindliche Ort trug früher auch den Namen „Lajta“ (möglicherweise auf das alte „Litaha“ von 833 zurückgehend), nach dem vermutlich auch das alte Adelsgeschlecht benannt ist.

Im Ort gibt es noch einige alte Bauernhöfe mit Rohrdeckung. Auf dem Anger steht eine Dreifaltigkeitssäule von 1729. Bemerkenswert ist auch der barocke Pranger aus dem 18. Jahrhundert, der auf einem hohen Postament steht und mit einem Kegeldach mit Steinkugel bekrönt ist. Am östlichen Ortsrand steht noch ein großes Granarium aus dem 18. Jahrhundert, nicht weit davon entfernt befindet sich eine Lichtsäule von 1649 mit einer kleinen Figur des hl. Florian.

Im Jahr 1808 erwarben die Batthyány den Ort, der 1786 das Marktrecht erlangt hatte. Unter ihrer Herrschaft wurde das klassizistische Schloß erbaut, ein hufeisenförmiger Bau mit drei Flügeln und schöner Parkanlage. Nach teilweisem Verfall in den letzten Jahren wurde es nach 1970 wieder instandgesetzt und dient heute für Kunstauktionen und Ausstellungen.

Am westlichen Ortsrand steht auf einer Anhöhe die dem hl. Markus geweihte katholische Pfarrkirche, die ursprünglich als spätromanische Wehrkirche erbaut worden war und noch Bauteile aus dem 13. Jahrhundert (dreiteilige Wandgliederung mit Rundbogen) besitzt. Der mittelalterliche Turm trägt einen achteckigen steinernen Pyramidenhelm mit kleinen barocken Rundgiebeln und Eckaufsätzen.

Das barocke Tonnengewölbe des Schiffs wird von mächtigen Pilastern getragen. In den Chor wurde im 14. Jahrhundert ein Turmjoch auf breiten Gurten eingezogen und der Altarraum mit einem Kreuzgratgewölbe überdeckt. Am Hochaltar (18./19. Jh.) wird das Bild des hl. Markus von den Figuren der hll. Petrus und Paulus flankiert.

Bemerkenswert sind die nischenartigen Seitenaltäre unter Baldachinen, die um 1770/80 in spätbarocker Form errichtet wurden; sie sind dem hl. Sebastian und der hl. Maria geweiht. Die Kanzel, mit Evangelistenreliefs, stammt aus dem 19. Jahrhundert.

Purbach am Neusiedler See

Lage: Politischer Bezirk Eisenstadt-Umgebung; 18 km nordöstlich von Eisenstadt bzw. 14 km südwestlich von Neusiedl zwischen Leithagebirge und Schilfgürtel des nördlichen Seeufers liegender Marktort. Mit dem Neusiedler See ist Purbach durch einen Bootskanal und einen langen Dammweg verbunden
Einwohnerzahl: 2 288
Sehenswert: Ortsbild mit Häusern aus dem 16. bis 18. Jahrhundert; Wehrmauer mit Bastionen; Nikolauszeche; katholische Pfarrkirche

Eine große Siedlung aus der Hallstattzeit mit einem Gräberfeld lag auf einer Bergkuppe nordwestlich des Ortes, die heute „Burgstall" genannt wird. Die Anlage wurde später mit Erdwällen befestigt, diente als mittelalterliche Fluchtburg und zählt zu den größten und besterhaltenen Schanzenwerken des Burgenlandes.

Nur etwa 2 km entfernt liegt im Leithagebirge (auf dem „Zwikkel") eine zweite, einfachere Schanze („Grünwaldschanze" oder „Türkenschanze") aus dem Mittelalter oder später.

Eine der letzten charakteristischen Kellerstraßen des Burgenlandes. Die Welle der Modernisierung macht auch vor ihr nicht halt

Aus der Römerzeit stammen Gebäudereste, Fundamente, Grabsteine und Altäre, auch Bronzefunde, u. a. ein Löwenkopf und eine Herkulesfigur (in Budapester Museen), während mehrere mittelalterliche Münzschätze, die seit dem 15. Jahrhundert vergraben wurden, heute im Landesmuseum von Eisenstadt bewahrt werden.

Erstmals urkundlich erwähnt wurde der Ort im Jahre 1270. Damals gab es hier schon ein „castrum“, doch wurde die Burg bereits 1273 vom Böhmenkönig Przemysl Ottokar zerstört. Aus dieser Zeit stammt auch die erste Kunde vom Purbacher Wein; Aufschluß darüber gibt ein Dokument aus dem Jahre 1272, nach dem ein gewisser Graf Nikolaus die Burg gegen eine Bezahlung von zehn Faß Wein samt Wagen und vierzig Ochsen zur Verwaltung übertragen erhielt. Wie wertvoll der Purbacher Wein damals war, besagt wiederum ein Dokument aus dem Jahre 1454, nach dem der Stadtrichter von Purbach vor den aufständischen Ungarn „mitsamt seinem Wein“ geflüchtet sein soll. Die 18 240 Gold- und Silbermünzen, die er vor seiner Flucht vergrub, sind der bisher größte Münzfund, den man im Burgenland machte.

1527 wurde Purbach zum Markt erhoben, 1529 und 1532 von den Türken verwüstet, später auch von den Bocskay-Rebellen (1605) und im Bethlen-Aufstand (1619/20).

1630 gewährte Nicolaus Esterházy den Purbachern das Recht, ihren Markt zu befestigen. Aus dieser Zeit stammt die großartige, mit Schießscharten versehene Wehrmauer, die heute noch Purbach umgibt und das besterhaltene Beispiel ihrer Art im Burgenland ist. Diese 1630–1632 errichtete Wehrmauer ist mit Bastionen verstärkt, drei Tore führen durch sie in den Ort.

Vor dem Türkentor im Westen befindet sich ein sechseckiges Vorwerk mit Zwinger und einem zweiten Tor als Durchlaß durch die Häuserzeile. Im Osten liegt das Brucker Tor, im Süden das Ruster Tor, daneben eine Durchfahrt für Großfahrzeuge. Charakteristisch ist die wehrhafte Scheunenreihe, die bis zur Eisenstädter Straße in die Ortsbefestigung einbezogen war. In der Nähe findet man noch eine der typischen alten Kellergassen des Burgenlandes.

Im Zentrum des Ortes steht die barocke katholische Pfarrkirche St. Nikolaus, die 1674–1677 an der Stelle einer früheren mittelalterlichen Kirche erbaut wurde. Der (1728 restaurierte) Turm besitzt einen umlaufenden Balkon und einen steinernen Pyramidenhelm über dem Flachgiebelkranz. 1870 wurde die neue Sakristei angebaut.

An den Außenwänden sind die steinerne Nischenfigur des hl. Nikolaus, ein Epitaph von 1718, ein Ölberg-Relief aus der Zeit um 1500 und zwei Grabplatten aus der Mitte des 17. Jahrhunderts beachtenswert.

Von der prächtigen Innenausstattung aus dem 18. Jahrhundert ist vor allem der Hochaltar (1780) mit freistehendem Tabernakel und Ölgemälde von 1788 mit Hl. Dreifaltigkeit und hl. Nikolaus als Schutzheiligen der Schiffer, darunter Darstellung eines Unglücks auf dem Neusiedler See, zu erwähnen. Den linken Seitenaltar schmückt ein von den Figuren des hl. Joachim und der hl. Anna flankiertes Marienbild von 1902, das Altarbild „Heilige Familie" des rechten Seitenaltars malte Stephan Dorfmeister; die Seitenfiguren stellen die hll. Sebastian und Rochus dar. Die Kanzel (um 1780) wird von Reliefs mit der Bergpredigt und der Verklärung Christi, an der Rückwand mit Gutem Hirten geschmückt. Der Taufstein stammt aus dem Jahr 1710. Bemerkenswert sind auch die 14 nazarenischen Kreuzwegbilder aus der Mitte des 19. Jahrhunderts.

Der Kirche gegenüber liegt der im Kern barocke Pfarrhof mit einer Nischenfigur des hl. Antonius über dem Portal (1742). In der Kirchengasse stehen mehrere schöne Barockhäuser, bemerkenswert vor allem Nr. 18, 25 und 45 („Haus Fasching"; im Keller alte Weinpresse von 1677). Diesem Haus gegenüber zweigt von der Kirchengasse die Bodenzeile ab, in der vor allem das Haus Nr. 3, die „Nikolauszeche", Aufmerksamkeit verdient. Das aus dem 16. Jahrhundert stammende Eckgebäude (im 17. und 18. Jh. durch An- und Zubauten erweitert) besitzt an seiner Ostseite ein altes Rundbogentor, darüber in einer Nische eine Marienfigur (Eisenstädter Gnadenbild), an der Ecke einen Bildstock von 1720 mit einem Torso des hl. Paulus als Pfeilerfigur und an der Südseite eine Nische mit Steinfigur des hl. Nikolaus.

Kunstvolle Reliefs mit der Bergpredigt und der Verklärung Christi schmücken den Kanzelkorb (1780) der Pfarrkirche von Purbach

Bemerkenswert sind auch die Fensterumrahmungen mit kleinen Engelsköpfen.

Die ehemalige Bestimmung der Nikolauszeche ist ungewiß, angeblich war sie ein katholisches Bethaus, möglicherweise auch ein Abtsitz oder ein Verwalterhaus. Im Vorderhaus gibt es noch ein Zimmer mit geschnitzter Holzdecke und Steinlavabo aus der Zeit um 1700. Andere Räume sind gewölbt und zum Teil noch mit alten Bauernmöbeln eingerichtet. An der Rückseite des Hinterhauses befindet sich in einer Nische eine bäuerlich-barocke Figurengruppe „Taufe Christi".

Von der Nikolauszeche führt die Hauptstraße (bemerkenswerte Barockhäuser) quer durch den Ort zur Schulgasse, ebenfalls mit schönen alten Häusern aus dem 16. bis 18. Jahrhundert. Interessant vor allem das Haus Nr. 9 „Zum Purbacher Türken". Das zweigeschossige Weinbauernhaus (16. Jh.) besitzt schöne Hofarkaden (17. Jh.) und

Wanddekorationen, u. a. einen 1963 restaurierten Sgraffitorest mit Kaiseradler (16. Jh.). In der gewölbten Toreinfahrt befindet sich ein Brunnen von 1732 und ein Freskorest. Am Schornstein der alten Rauchküche ist eine steinerne Büste angebracht, die einen Türken zeigt. Damit verbunden ist die volkstümliche Sage vom „Purbacher Türken", der den Rückzug versäumte und im Ort blieb.

Der Orientplatz im Ortszentrum trägt den Namen von Josef Orient, einem bekannten Landschaftsmaler (Bilder im Landesmuseum von Eisenstadt) und späterem Museumsdirektor von Wien, der 1677 als Sohn eines Tischlermeisters in Purbach geboren wurde und 1747 als Vizedirektor der kaiserlichen Kunstakademie in Wien starb. Orients Bilder zeichnen sich durch eine charakteristische Darstellung der Tages- und Jahreszeiten aus.

Am Orientplatz stehen eine schöne Mariensäule (ursprünglich 17. Jh.), die im 19. Jahrhundert neugotisch erneuert wurde, sowie eine 1972 restaurierte Pestsäule von 1713, die auf einer Weinlaubsäule Maria als Himmelskönigin mit dem hl. Sebastian und dem hl. Rochus zeigt.

Eine andere Mariensäule (zweite Hälfte 17. Jh.) steht westlich des Ortes an der Straße nach Donnerskirchen. Dort liegt auch eine Marienkapelle mit schöner, neugotischer Pietà (1886), am westlichen Ortsende auch eine Lourdeskapelle (zweite Hälfte 19. Jh.). In der Neusiedler Straße verdient ein spätgotischer Tabernakelpfeiler mit Zeltdach (16. Jh.) Beachtung, an der Eisenstädter Straße eine Antonikapelle (erste Hälfte 19. Jh.) mit Nischenfigur des hl. Antonius.

In der Umgebung des Ortes stehen zahlreiche weitere Bildstöcke aus dem 17. und 18. Jahrhundert, so eine Florianisäule auf der Hutweide, eine Dreifaltigkeitssäule an der Straße nach Breitenbrunn u. a.

Oberhalb des Ortes, am „Spitz", wo sich früher ein Kloster befunden haben soll (seine Existenz ist umstritten), befindet sich ein Bildstock von 1730 mit dem hl. Johannes Nepomuk und Engel mit Schweigegeste. Aus dem 18. Jahrhundert stammt die „Antonisäule", die Giebelwand einer Kapelle mit Statue des hl. Antonius.

Schließlich soll noch die 1742 erbaute Annakapelle im neuen Friedhof nördlich des Ortes erwähnt werden. Die hl. Anna ist als Nischenfigur über dem Portal dargestellt und ziert auch das Altarbild des barocken Hochaltars mit Opfergangsportalen (1742), die Schnitzfiguren stellen die hll. Joseph und Johannes Ev. dar.

Raiding-Unterfrauenhaid

Lage: Politischer Bezirk Oberpullendorf; 11 km nördlich von Oberpullendorf liegende Gemeinde am Raidingbach, die aus dem Breitangerdorf Raiding und dem im Westen benachbarten Schmalangerdorf Unterfrauenhaid besteht
Einwohnerzahl von Raiding: 828; von Unterfrauenhaid: 649
Sehenswert: Geburtshaus von Franz Liszt in Raiding; katholische Pfarr- und Wallfahrtskirche in Unterfrauenhaid

Das urkundlich 1425 erstmals erwähnte Raiding wird vom gleichnamigen Bach durchflossen, über den mehrere Brücken führen. Bei der Brücke vor der katholischen Pfarrkirche „Hl. Antonius von Padua" (1927 an der Stelle einer älteren Kirche mit Einbeziehung des alten Turmes erbaut) steht ein Bildstock des hl. Johannes Nepomuk aus dem Jahre 1743. Ein weiterer Bildstock aus der gleichen Zeit, dem hl. Donatus geweiht, steht im neuen Friedhof.

Das einfache, ebenerdige Geburtshaus von Franz Liszt (1811–1886) ist ein Teil des ehemaligen Verwalterhauses, in dem Adam List, der Vater des Komponisten – seit 1798 fürstlich Esterházyscher Beamter und seit 1808 Amtmann der Schäferei zu Raiding – wirkte. Dieses Haus gehörte zu einem ehemaligen Kastell, das schon im 16. Jahrhundert bestand. An diese Zeit erinnert noch das Rundbogenportal mit Inschrift, Madonnenfigur und Wappen der Familie Illéssy aus dem Jahre 1587. Anfang des 19. Jahrhunderts von den Esterházy erworben, ließen sie den Wohntrakt des Kastells abreißen, weil er nicht mehr benötigt wurde. Der Gartentrakt, dessen Arkaden vermauert wurden, diente fortan als Wirtschaftsgebäude.

> *Liszts Vater wurde als Sohn des Schulmeisters und Organisten Georg Adam List zu Edelstal im Burgenland geboren, Liszts Mutter Maria Anna sah als Tochter des Bäckermeisters Mathias Lager in Krems das Licht der Welt. Der ungarische Anspruch, „Ferenc Liszt" als Ungarn zu bezeichnen, ist daher nicht stichhaltig. Das ungarische „z" im Namen von Liszt wurde nur deshalb hinzugefügt, weil der wirkliche Familienname List im Ungarischen wie Lischt geklungen hat, da die Ungarn das s wie sch und nur das sz wie s aussprechen. Es mußte also ein „z" in den Familiennamen Lists nach dem „s" eingefügt werden, damit sich der Namen von den Ungarn auch wirklich wie List aussprechen ließ.*
>
> Anton von Kalmár

Das Liszt-Haus wurde 1951 zu einer Gedächtnisstätte ausgestaltet, 1977/78 renoviert und 1979 als Museum neu eingerichtet. Unter

Das Geburtshaus von Franz Liszt in Raiding ist heute als Museum der Öffentlichkeit zugänglich gemacht. Über beiden Eingängen erinnern Gedenktafeln – links in deutscher, rechts in ungarischer Sprache – an den Musiker

den Erinnerungsstücken an den Komponisten befinden sich Noten, Autographe, Dokumente, Fotos, die Ahnentafel der Familie (die die deutschsprachige bzw. burgenländische Abstammung beweist), die marmorne Porträtbüste des Komponisten von Kaspar Zumbusch und die kleine Barockorgel der alten Kirche, die 1840 auf Veranlassung von Franz Liszt repariert worden war.

Im westlich benachbarten *Unterfrauenhaid,* das schon im Mittelalter als Wallfahrtsort genannt, 1529 von den Türken zerstört und danach mit Kroaten neu besiedelt wurde, steht die im 17. Jahrhundert erbaute barocke Pfarr- und Wallfahrtskirche Mariä Himmelfahrt an der Stelle einer früheren Kirche aus dem 15. Jahrhundert, von der noch der eingezogene gotische Chor und der Unterbau des Turmes erhalten sind. Bemerkenswert sind das spitzbogige Westportal und das spätgotische Sternrippengewölbe in der Turmvorhalle.

Am freistehenden Tabernakel befindet sich das Mariengnadenbild (1629) in der Art der Schwarzen Muttergottes von Czenstochau.

Vom ehemaligen Barockaltar stammt der plastische Aufsatz in der Apsis, der von den Steinfiguren des hl. Joseph und des hl. Judas Thaddäus flankiert wird. Auf dem Schalldeckel der Rokokokanzel (1760) symbolisieren drei weibliche Figuren Glaube, Liebe und Hoffnung. Spätbarock (Ende 18. Jh.) sind die 14 Kreuzwegbilder.

In der linken Seitenkapelle sind das ehemalige Hochaltarbild „Mariä Himmelfahrt" (1809) und ein großes Holzkruzifix aus dem 18. Jahrhundert bemerkenswert. Der Altar mit der Herzjesustatue in der rechten Seitenkapelle stammt aus der zweiten Hälfte des 19. Jahrhunderts.

Neben der Kirche steht ein Bildstock mit Schmerzensmann (1628). Aus der gleichen Zeit stammt die Friedenssäule vor dem Haus Feldgasse 2 mit Figur des auferstandenen Christus.

Das Gnadenbild der Wallfahrtskirche von Unterfrauenhaid ist eine der Schwarzen Muttergottes von Czenstochau nachempfundene Mariendarstellung

Rattersdorf

Lage: Politischer Bezirk Oberpullendorf; 13 km südlich von Oberpullendorf bzw. 6 km östlich von Lockenhaus an der Güns, zu Füßen des Günser Gebirges liegendes Straßendorf an der ungarischen Grenze. Grenzübergang nach Köszeg (Güns)
Einwohnerzahl: 531
Sehenswert: Pfarr- und Wallfahrtskirche

Die kleine Pfarr- und Wallfahrtskirche Mariä Geburt und Mariä Heimsuchung ist besonders bei Müttern ein beliebtes Wallfahrtsziel. Sie scheint schon Ende des 13. Jahrhunderts bestanden zu haben und liegt in dem heute noch von einer Wehrmauer umgebenen ehemaligen Friedhof, in dem auch eine Heilquelle („Wunderquelle") entspringt.

1532 von den Türken zerstört, wurde sie 1696 wiederhergestellt und teilweise barockisiert. Der Kirchenbau ist aus zwei mittelalterlichen Kirchen zusammengewachsen. Ältester Teil ist die Turmkapelle, möglicherweise noch aus dem 13. Jahrhundert. Das angrenzende, kreuzgewölbte Mittelschiff, mit spitzbogigem gotischem Triumphbogen, wie auch der Chor stammen aus dem 14. Jahrhundert. Durch geöffnete Arkaden gelangt man von dieser Kirche in die im 15. Jahrhundert nördlich angebaute spätgotische Kirche, die 1696 neu gewölbt und barockisiert wurde. 1502 wurde an ihre Ostwand ein Seitenschiff angebaut.

Auf dem reichverzierten Hochaltar des Mittelschiffs der älteren Kirche ist in einem kostbaren, vergoldeten Rahmen aus der Zeit um 1800 das Mariengnadenbild, eine Kopie des ursprünglichen Gnadenbildes von 1644, zu sehen. Die Nachbildung stammt aus dem Jahre 1660; das Original der „Rattersburger Muttergottes" hängt heute in der Sakristei der Pfarrkirche von Lockenhaus. Die Ewig-Licht-Ampel vor dem Gnadenbild ist eine prächtige Augsburger Silberarbeit aus der Zeit um 1740.

An der Chorwand hinter dem Altar befindet sich eine ungewöhnliche Vertäfelung mit einem Rankenaufsatz und Wappen, in die zwei Reihen von Heiligenbildern (Ende 18. Jh.) – oben Heilige des Augustiner Eremitenordens und unten Christus und Apostel – eingelassen sind. Die Bilder wurden wahrscheinlich von einem Ordensbruder des ehemaligen Klosters von Lockenhaus gemalt. Hinter der Bilderwand sind noch spätmittelalterliche Freskenreste erhalten.

Auf dem säulenflankierten Hochaltar (18. Jh.) der nördlich angebauten Kirche sind schöne barocke Heiligenfiguren (hl. Katharina und hl. Barbara) über deren Opfergangsportalen zu sehen. In der Mitte des Altars befindet sich in einem Akanthusrahmen das ehemalige Gnadenbild, eine Marienstatue aus der zweiten Hälfte des 17. Jahrhunderts.

Die Seitenaltäre in den Wandnischen (alle 18. Jh.) sind dem hl. Kreuz, der hl. Anna und dem hl. Antonius von Padua geweiht. Schließlich sind auch noch die Kanzel von 1790 und das von Mohren gestützte Taufbecken (Ende 17. Jh.) mit einer Täufergruppe bemerkenswert.

Neben der Kirche liegt der 1968 restaurierte Pfarrhof aus dem 19. Jahrhundert; er besitzt einen schönen Laubengang.

Die kleine Marienkapelle an der Wehrmauer des ehemaligen Friedhofs stammt – wie auch ihr Säulenaltar – aus der ersten Hälfte des 18. Jahrhunderts. Weiters befindet sich am Dorfrand ein Tabernakelbildstock aus dem 17. Jahrhundert.

Rechnitz

Lage: Politischer Bezirk Oberwart; 23 km östlich von Oberwart, am Südrand des Günser Gebirges und zu Füßen des 884 m hohen Geschriebensteins liegender Marktort, der vom Rechnitzbach durchflossen wird. Die ungarische Grenze liegt etwa 2 km weiter östlich (Grenzübergang im Süden, bei Schachendorf, 7 km)
Einwohnerzahl: 3 425
Sehenswert: Ortsbild; katholische Pfarrkirche

Der 1265 erstmals urkundlich erwähnte Ort wird vom Rechnitzbach in den (größeren) westlichen Teil „Deutschmarkt“ und den östlichen Bachangerteil „Ungermarkt“ geteilt. Der dörfliche Charakter ist beiden Ortsteilen eigen, in Ungermarkt überwiegend.

Östlich des Ortes wurde eine römische Wasserleitung aufgedeckt, die vom Geschriebenstein nach Savaria (heutiges Steinamanger/Szombathely) führte.

Ursprünglich gab es hier zwei große Burganlagen: die im 13. Jahrhundert von den Güssinger Grafen über einem Steilabfall des Faludi-Tals erbaute „Höhenburg“, von der heute nur mehr spärliche Mauerreste erhalten sind, und das mittelalterliche Kastell der Jaaker, das durch Kriegshandlungen und Brände zwischen dem 15. und 17. Jahrhundert so schwer gelitten hat, daß es die Batthyány im 17. Jahrhundert als großes Barockschloß neu erbauen ließen. An dem eindrucksvollen, mit vier Ecktürmen versehenen Schloß arbeiteten hauptsächlich italienische Baumeister (Carlo della Torre, Jacopo della Strada, Filiberto Lucchese). Das an der Ostseite des Marktplatzes gelegene Schloß wurde 1945 zerstört und danach abgetragen. Heute stehen an seiner Stelle Neubauten. Vom alten Schloß blieben nur Kelleranlagen und Teile der östlichen Basteimauern übrig.

Die bedeutende historische Rolle, die Deutschmarkt und Ungermarkt in den mittelalterlichen Grenzkriegen spielte, zeigt sich in den stets wechselnden Besitzverhältnissen; die wichtigsten: 1289 von Herzog Albrecht I. von Österreich erobert, dann den Ungarn zurückgegeben; bis 1403 Grafen von Güssing; 1445–1478 Haus Habsburg; 1490–1551 Familie Baumkircher; später Batthyány-Herrschaft.

Unter den Batthyány erlebte Rechnitz nicht nur einen wirtschaftlichen Aufschwung, ihr Schloß wurde auch ein kultureller Mittelpunkt des Landes. Es war Schauplatz großer Theater- und Musikaufführungen. Der in Güssing geborene Dichter Faludi verbrachte im Schloß (bis 1779) seine letzten Lebensjahre. Mehrmals hielt sich Prinz Eugen, der ein Verehrer der kunstsinnigen Witwe Eleonore Batthyány-Strattmann war, hier auf; er ließ möglicherweise den damaligen Hofbaumeister Lukas von Hildebrandt bauliche Veränderungen und Ausgestaltungen am Schloß vornehmen. Unter den Batthyány wurde auch eine Judengemeinde angesiedelt, die im 18. Jahrhundert die volksreichste in ganz Westungarn war. Der Verfall des Schlosses begann Mitte des 19. Jahrhunderts, die kostbare Schloßbibliothek ging in den Besitz der Ungarischen Akademie für Wissenschaften über. In den letzten Kriegstagen von 1945 wurde das Schloß von SS-Truppen in Brand geschossen.

An die frühere wirtschaftliche Bedeutung von Rechnitz erinnert noch das imposante Granarium in der Bahnhofstraße, ein monumentaler Speicherbau mit Walmdach und Linsengliederung; über der Einfahrt ist noch ein Batthyány-Wappen (17. Jh.) zu erkennen.

Die der hl. Katharina von Alexandrien geweihte katholische Pfarrkirche wurde 1679 geweiht. Die frühere Kirche fiel dem Großbrand von Rechnitz im Jahre 1644 zum Opfer. Der schöne, im 18. Jahrhundert restaurierte Barockbau besitzt eine bemerkenswerte, durch Riesenpilaster gegliederte Fassade mit mehrfach geschweiftem Giebel (zu beiden Seiten kleine, gotisch inspirierte Obelisken) und Portalvorbau mit Batthyány-Wappen. Die großräumige Saalkirche ist seitlich durch Sakristei- und Kapellenanbauten im Querschiff erweitert. Über der südlichen Seitenkapelle erhebt sich der schmale Turm mit erneuertem Spitzhelm. 1850 wurde die Kirche teilweise umgestaltet, dabei auch die Fenster im Innern halbkreisförmig verändert.

Der prunkvolle barocke Hochaltar (um 1680) besteht aus einer dreigeschossigen Säulenwand mit Opfergangsportalen, über denen die Monumentalstatuen der hl. Ungarnkönige Stephan und Ladislaus stehen; sie flankieren das Altarbild der hl. Katharina (um 1850). Auf dem darüberliegenden Aufbau flankieren die Figuren der hll. Anna Selbdritt und Katharina, und des Franziskus und Franz Xaver ein ovales

Muttergottesbild. Den Giebel krönen die Figuren der hll. Sebastian und Rochus, in der Mitte der Erzengel Michael und das Batthány-Wappen. Auf dem prächtigen Tabernakel sind als Nischenfiguren die Kirchenväter zu sehen.

Ähnlich prunkvoll sind auch die beiden Seitenaltäre, links mit „Schwarzer Madonna" und Schnitzfiguren des hl. Joachim und der hl. Anna (Ende 17. Jh.), rechts mit plastischer Kreuzigungsgruppe (um 1730) unter einem Baldachin.

Die barocke Kanzel zeigt zwischen freistehenden Säulchen die Figuren der Evangelisten. Die ehemalige Schalldeckelfigur, der Erzengel Michael (Ende 17. Jh.), steht jetzt im Querschiff. Bemerkenswert sind auch der spätbarocke Luster, die Ewig-Licht-Ampel (um 1750), eine holzgeschnitzte Christusfigur (erste Hälfte 18. Jh.), der Taufstein (um 1730) und die modernen Wandmalereien von Fritz Silberbauer (1935) in den Bogenfeldern des Langhauses (Fischzug Petri, Christus im Weinberg, Christus im Sturm auf dem Meer, Heimkehr des verlorenen Sohnes).

Vor der Kirche steht eine eindrucksvolle Pestsäule (um 1700) mit Pietà, umgeben von Leuchterengeln auf Eckpfeilern und schönem Schmiedeeisengitter. Südlich des Ortes steht eine Mariensäule aus dem beginnenden 18. Jahrhundert (sie stand ursprünglich vor dem Schloß). Aus der gleichen Zeit stammen die kleine barocke Weinbergkapelle östlich des Ortes und die einfache, dem hl. Sebastian geweihte Friedhofskirche im ehemaligen Pestfriedhof; an seiner Mauer sind die Steinfiguren des hl. Josef und des hl. Johannes Nepomuk (erste Hälfte 18. Jh.) beachtenswert.

Die evangelische Pfarrkirche A. B. am nördlichen Ortsrand wurde 1783 erbaut und 1867 umgestaltet und mit einem Turm versehen. Der klassizistische Kanzelaltar mit Figuren von Elias und Moses stammt aus den ersten Jahren des 19. Jahrhunderts.

Knapp 4 km westlich von Rechnitz liegt *Markt Neuhodis* mit interessanter katholischer Seelsorgekirche, die Johannes dem Täufer geweiht ist. Die auf einem Hügel stehende, langgestreckte Kirche wurde schon von den Güssinger Grafen gegründet und immer wieder erneuert. Vermutlich steht der heutige (zuletzt 1976 restaurierte) Kirchenbau aus dem 17. und 18. Jahrhundert auf den Resten einer früheren mittelalterlichen Kirche, von denen Bauteile in den jeweiligen Neubau übernommen wurden. Vermutlich stammt auch der hohe, vorgesetzte Kirchturm in seinem Unterteil noch aus dem Mittelalter.

Der Hochaltar wurde 1754 erbaut, zwischen Säulen stehen die Schnitzfiguren der Apostel Jakobus d. Ä. und Philippus (außen) sowie der hll. Cosmas und Damian (innen); sie flankieren das qualitätsvolle Altarbild „Taufe Christi" (um 1780), eine Kopie nach Guido Reni, möglicherweise von Johann Heinrich Füger gemalt. Aus dem

18. Jahrhundert stammen auch die Kanzel und die Seitenaltäre, links mit Bild des hl. Johannes Nepomuk, flankiert von den Figuren des hl. Sebastian und des hl. Rochus, rechts mit Lourdesmadonna.

Vermutlich Ende des 17. oder im 18. Jahrhundert wurde der einfache und schmucklose Bau des sogenannten „Alten Kastells" und in der zweiten Hälfte des 18. Jahrhunderts das (1879 umgebaute und 1978 restaurierte) sogenannte „Neue Kastell" am östlichen Ortsende errichtet; letzteres Steinhaus befindet sich im Besitz des Bildhauers Rudolf Kendl; im Park sind einige seiner modernen Plastiken aufgestellt.

Die kleine Florianikapelle am östlichen und die Johannes-Nepomuk-Kapelle am westlichen Ortsende stammen beide aus dem 18. Jahrhundert.

Die Filialkirche des nördlichen Nachbardorfes *Althodis* ist ein moderner, aus Naturstein errichteter Bau von 1966.

Rotenturm

Lage: Politischer Bezirk Oberwart; 4 km südöstlich von Oberwart an der Pinka liegender Marktort, der nahtlos an das langgestreckte Straßendorf Unterwart angrenzt
Einwohnerzahl: 937 (Gemeindegebiet: 1 466)
Sehenswert: Schloß; katholische Pfarrkirche

Der urkundlich schon Mitte des 14. Jahrhunderts als Weresuarfelde und 1424 als „castrum Wereswar" erwähnte Ort entwickelte sich rund um eine Wasserburg des 13. und 14. Jahrhunderts, die später zum Schloß umgebaut wurde, aber nach Schleifung im 17. Jahrhundert keine Spuren mehr hinterlassen hat.

Auch von einem Schloßbau von 1775–1780 ist heute nichts mehr erhalten; er wurde 1810 abgetragen. Das gleiche Schicksal erlebte 1972 ein nahe beim Schloß liegendes Kastell aus der ersten Hälfte des 19. Jahrhunderts.

Das heutige Schloß aus rotem Ziegelmauerwerk entstand 1862–1866 in einem recht phantasievollen „romantischen" Baustil, teils in neuromanischen, teils in maurisch-arabischen Formen, mit reichen Fassadendekorationen aus weißem Sandstein. Es wurde nach 1969 teilweise restauriert und damit vor dem Verfall gerettet. Bemerkenswert sind ein Eckflügel mit kunstvollem Stufengiebel und ein campanileartiger Turm mit Säulengalerie im Obergeschoß, die durch eine offene Loggia im Mittelteil miteinander verbunden sind. Prunkvoll ausgestat-

Das in maurischen Formen Mitte des 19. Jahrhunderts erbaute Schloß Rotenturm ist der wohl eigenwilligste Schloßbau des Landes

tet sind Vestibül und Stiegenhaus. Die Säle sind mit Stuckdekor und Fresken von Karl Lotz geschmückt. Eine schöne Kassettendecke aus der Mitte des 19. Jahrhunderts wurde 1977 aus Wien hierher übertragen. Der Schloßpark wurde im 19. Jahrhundert angelegt.

Das ehemalige Gästehaus der Erdödy (17. Jh.), die fast ein halbes Jahrtausend hier residierten, wurde modern umgebaut und dient heute als Gemeindeamt. Bemerkenswert sind auch der ehemalige Meierhof (Haus Nr. 17) mit schönen Hofarkaden, die barocke Mariensäule auf dem Hauptplatz (zweite Hälfte 17. Jh.) und ein Bildstock mit hl. Johannes Nepomuk (erste Hälfte 18. Jh.) an der Pinka.

Die katholische Pfarrkirche Allerheiligen wurde 1733 an der Stelle einer früheren Kirche errichtet und 1794 umgebaut; ihren Turm erhielt sie 1819. Die aus dem 18. und 19. Jahrhundert stammende Inneneinrichtung wurde 1972 restauriert. Das Hochaltarbild „Himmelfahrt Mariens mit allen Heiligen" von Federico Barocci (um 1600) wurde Ende des 18. Jahrhunderts durch eine Kopie ersetzt; aus dieser Zeit stammen auch die Schnitzfiguren der hl. Ungarnkönige Stephan und Ladislaus, die es flankieren.

Die Madonnenstatue aus Carrara-Marmor (1875) am rechten Seitenaltar stammt – ebenso wie die neubarocke, vergoldete Schnitzfigur des hl. Michael – aus der Schloßkapelle.

Die Krypta der Kirche, mit Wappen der Grafen Erdödy (die seit dem 15. Jahrhundert hier residierten) über dem Eingang, enthält die Begräbnisstätte dieser Familie.

Rust

Lage: 14 km östlich von Eisenstadt, am Westufer (Schilfgürtel) des Neusiedler Sees liegende Stadt mit eigenem Statut und bekannter Weinbau- und Fremdenverkehrsort
Einwohnerzahl: 1 702
Sehenswert: Gesamtes Ortsbild; Bürgerhäuser des 16. bis 19. Jahrhunderts; Rathaus; Seehof; Fischerkirche; katholische Pfarrkirche; evangelische Pfarrkirche; Stadtmauern

Vor- und frühgeschichtliche Siedlungen lassen sich durch Funde aus der Jungsteinzeit, Bronzezeit, Hallstattzeit und Römerzeit belegen; viele dieser Funde sind im Landesmuseum von Eisenstadt ausgestellt. Nördlich der Stadt lag ein bedeutender römischer Friedhof (1.–4. Jh.).

Die erste urkundliche Erwähnung des Ortes (als „Ceel") stammt aus dem Jahre 1317, doch gab es wahrscheinlich schon im 12. Jahrhundert eine Kirchensiedlung hier, worauf alte Bauteile der Fischerkirche hinweisen. In einer Urkunde des Jahres 1385 wird erstmals der deutsche Name „Rust“ genannt, nachdem schon 1339 die Weingärten des Ortes erwähnt wurden.

Um 1470 erhielt Rust das Marktrecht, 1524 wurde dem Ort der Markenschutz für Eigenbauweine verliehen. 1512–1515 wurde der Markt befestigt, jedoch 1529 und 1532 von den Türken, 1605 von Bocskay-Rebellen verwüstet. Eine neue Befestigung mit hohen Stadtmauern und Basteien entstand 1612–1614 und ist heute noch in großen Teilen erhalten. Viele Höfe und Hoftrakte der alten Häuser am Conradplatz, in der Hauptstraße, der Joseph-Haydn-Gasse und des Rathausplatzes sind noch von diesen Stadtmauern begrenzt.

Im Jahre 1681 erhob Kaiser Leopold I. Rust zur königlichen Freistadt, wofür die Stadt einen „Freikaufbetrag“ von 60 000 Gulden und 500 Eimer Wein zu bezahlen hatte. Wirtschaftliche Grundlage des Aufschwungs blieb der Weinbau.

Der an der Spitze des ungarischen Aufstands gegen Österreich stehende Graf Emmerich Tököly, der sich mit den Türken verbunden hatte, ließ sich von Rust huldigen, so daß die Stadt 1683 von den Türken verschont blieb; eine türkische „Schutzmannschaft“ richtete keine Zerstörungen an. Auch im Jahre 1703 übergaben die Ruster ihre Stadt kampflos den aufständischen Kuruzzen. Der Kuruzzenanführer Károlyi schlug von 1704–1708 sein Hauptquartier in Rust auf.

Diesen Umständen hat es Rust zu verdanken, daß sein altes Stadtbild unzerstört blieb und – im Unterschied zu anderen burgenländischen Orten, die 1683 von den Türken und später von den Kuruzzen verwüstet wurden – noch viele alte Häuser vor dieser Zeit bewahrt hat.

Gegen Süden liegen längs der Preßburger Landstraße die Ortschaften Gschieß (Sércz), Oßlop und St. Margarethen (Margita); längs des Neusiedler Sees aber gelangt man über Oggau (Oka) nach Rußt. Dies ist die kleinste Stadt Ungarns mit geordnetem Magistrat, führt den Titel einer königlichen Freistadt und hat 1 548 Einwohner. Einst war sie durchaus magyarisch und kommt in den Urkunden des 14. Jahrhunderts noch unter dem Namen Szil vor.

Aus: Die österreichisch-ungarische Monarchie, 1896

Der gesamte Altstadtbereich von Rust, der zu den malerischsten seiner Art zählt, ist heute denkmalgeschützt. Die zahlreichen Bürgerhäuser aus dem 16. bis 19. Jahrhundert besitzen gepflegte Renaissance- oder Barockfassaden mit schönen Fenster- und Portalrahmungen,

Erker, Wappen- und Stuckdekorationen. Charakteristische Rundbogenportale und Einfahrtsgewölbe führen in die idyllischen Innenhöfe bzw. zu den noch älteren Hoftrakten mit gedeckten Stiegenaufgängen und Arkaden, teilweise auch mit Resten der Stadtmauer.

Besonders schöne und malerische Straßenzüge mit bemerkenswerten alten Häusern und Innenhöfen sind die Hauptstraße, der Conradplatz, der Rathausplatz, die Kirchengasse, die Joseph-Haydn-Gasse und die enge, zum Seetor führende alte Gasse mit dem Namen „Zum alten Stadttor". Nach 1781 wurde die Altstadt nach Westen hin erweitert, etwa bis zum heutigen Franz-Josefs-Platz. Von Ende März bis August nisten Störche auf Dächern, Schornsteinen und Kaminen und machen Rust zur „Stadt der Störche".

Altertümliche Straßenzüge

An der Westseite des Conradplatzes stand ursprünglich das „Obere Stadttor"; im Osten des Platzes beginnt die Hauptstraße und führt zur Seezeile, wo früher das „Untere Stadttor" stand. Bemerkenswert sind vor allem die Häuser und Höfe am Conradplatz Nr. 2, 4, 5, 7, 9, 10, 11, 12, 13 und 14 sowie in der Hauptstraße Nr. 1, 2, 3, 5, 7, 8, 9, 11, 12, 13, 15, 17, 18, 19, 21, 23, 25, 27, 29. Das Haus Nr. 31, der sogenannte „Seehof", liegt am östlichen Ende der Hauptstraße und diente von 1643–1712 als Rathaus, später als Kaserne und Schule. Das Portal der barocken Fassade trägt das Stadtwappen von Rust (1712) und an der Ecke den Inschriftstein „Der See ist breit 3 830 Klafter Anno 1677". Die Pfeilerarkaden sind mit 1763 datiert, eine Stiegenlaube am westlichen Hoftrakt mit „Ano 1603". An den Hof des Grundstücks grenzt im Norden die alte Stadtmauer mit dem Pulverturm von 1614. Beim früheren „Unteren Tor" steht ein ehemaliges Torwächterhaus des 17. Jahrhunderts.

Von der Hauptstraße zweigt die Joseph-Haydn-Gasse in südlicher Richtung ab und führt – an der katholischen Pfarrkirche vorbei – zum langgestreckten Rathausplatz, der parallel zur Hauptstraße verläuft. Zwischen Hauptstraße und Rathausplatz liegt die altertümliche Kirchengasse, deren Häuser hauptsächlich aus dem 17. Jahrhundert stammen.

In der Joseph-Haydn-Gasse verdienen die aus dem 17. und 18. Jahrhundert stammenden Häuser (oft mit Laubenhöfen) Nr. 2, 3, 4, 5, 7, 9, 11 und 13 (Loggia im Hof) Beachtung. Ebenso bemerkenswert sind die Häuser in der Kirchengasse (Nr. 1, 3, 5, 7, 11, 15 und 16), teilweise noch auf Grundmauern älterer Bauten des 16. Jahrhunderts stehend.

An der Westseite des Rathausplatzes befindet sich der Aufgang zur Fischerkirche. Nördlich angrenzend (Nr. 18) eines der ältesten erhaltenen Häuser der Stadt, aus dem 16. bis 18. Jahrhundert, mit Keller

Aus der ersten Hälfte des 18. Jahrhunderts stammt das „Haus zum Auge Gottes“ auf dem Rathausplatz von Rust, das seinen Namen nach dem kleinen Giebelrelief über dem schönen Eckerker trägt

der katholischen Stadtpfarre und alten Gewölben. Südlich angrenzend liegt der katholische Pfarrhof von 1614 (Haus Nr. 16), dessen Innenhof an die Stadtmauer (mit Bastion) angrenzt. Auch die meisten anderen Häuser an der Südseite des Rathausplatzes grenzen mit ihren Hinterhöfen an die alte Stadtmauer.

An der Nordwestecke des Rathausplatzes liegt das Rathaus aus dem Jahre 1637 (renoviert 1702), im Kern aus dem 16. Jahrhundert, mit Hofloggia. Es beherbergt ein kostbares Archiv, in dem u. a. die Stadterhebungsurkunde von 1681 aufbewahrt wird, aber auch andere Urkunden seit 1410.

Es folgt (an der Nordseite des Platzes) das „Haus zum Auge Gottes“ (Nr. 2) aus dem 18. Jahrhundert, mit Eckerker und schöner Portalrahmung. Auch die anderen Häuser des Platzes besitzen schöne Bauteile aus dem 17. bis 19. Jahrhundert, zumeist mit bemerkenswerten Höfen.

In der Mitte des Platzes steht der Adlerbrunnen aus dem Jahre 1720; ursprünglich stand er auf dem Conradplatz und wurde 1978 an dieser Stelle neu errichtet.

Im Osten geht der Rathausplatz in das enge Gäßchen „Zum alten Stadttor" über, an dessen Ende noch ein Rest dieses Stadttores (Seetor) erhalten ist. Das Haus Nr. 1 grenzt mit seiner Ostseite an einen (heute verbauten) Eckturm der Stadtmauer. Im Hof des Hauses Nr. 2 (17./18. Jh.) befindet sich ebenfalls noch ein Teil der Stadtmauer mit Inschrift von 1512. Aus dem 17. und 18. Jahrhundert stammen auch die anderen Häuser der Gasse.

Westlich des Conradplatzes und der ursprünglichen Altstadt verläuft die Weinberggasse (Häuser hauptsächlich aus dem 19. Jh.), an ihrem Ende steht ein Tabernakelbildstock (1790 restauriert) von 1643. Im Norden geht die Weinberggasse in die Oggauerstraße über; hier liegt der sogenannte „Vieremperbrunnen" mit der Jahreszahl 1702 am Steintrog. Westlich davon öffnet sich der Franz-Josefs-Platz (früher Leinwandbleiche) mit großteils im 19. Jahrhundert umgebauten Häusern des 18. Jahrhunderts.

Fischerkirche

Wichtigstes Baudenkmal von Rust ist die ehemalige katholische Pfarrkirche St. Pankratius und Ägidius, allgemein als „Fischerkirche" bekannt. Die mittelalterliche Kirche wird noch vom alten Kirchhof (an den Kirchenmauern Grabsteine aus dem 17. bis 19. Jahrhundert) mit einer Wehrmauer mit Schießscharten aus dem Jahre 1512 umgeben. Die Kirche geht aus einem kleinen romanischen Kirchenbau des 12. Jahrhunderts hervor, von dem noch Mauerteile und die Fundamente einer Rundapsis erhalten sind. Aus der zweiten Hälfte des 13. Jahrhunderts stammt eine an die romanische Apsis im Süden angrenzende Marienkapelle; sie soll von der Königin Maria von Ungarn (Tochter Ludwigs des Großen) zum Dank für die Errettung aus Seenot durch Ruster Fischer gestiftet worden sein. Um 1400 erfolgte der Bau des gotischen Pankratiuschors, der aber 1529 abbrannte.

Auch der gotische Turm wurde 1529 zerstört, später wiedererrichtet und 1719 mit einem Zwiebelhelm bekrönt, stürzte aber 1879 ein und wurde seither nicht wieder errichtet.

Der Chor und die Marienkapelle wurden in der ersten Hälfte des 16. Jahrhunderts durch ein Querschiff miteinander verbunden, danach wurde die Nordsakristei angebaut.

Kunstgeschichtlich von größter Bedeutung sind die 1949 bis 1954 freigelegten Wandmalereien, die fast den gesamten Innenraum der

Kirche bedecken und der größte mittelalterliche Freskenbestand des Burgenlandes sind. Die Reste der romanischen Fresken an der unteren Nordwand des Schiffs stammen aus dem 12. Jahrhundert, die der Marienkapelle aus dem Ende des 13. Jahrhunderts; sie stellen u. a. Apostel und Heilige dar, eine Kreuztragung, einen Bischof mit Teil eines (mittelhochdeutschen) Spruchbandes, einen segnenden Mönch und eine betende Frau mit Schleier (wohl die Kirchenstifterin).

Die Fresken des Pankratiuschors stammen großteils aus dem 15. Jahrhundert; am Triumphbogen das Jüngste Gericht, am Bogenfeld Marienkrönung, darunter Passionsszenen. Um die Apsisfenster Rankendekorationen und Reste von Brustbildern der Apostel; neben der Sakramentsnische Martyrium der Zehntausend unter König Sapor, rechts Marientod; darüber Schweißtuch mit Christuskopf zwischen hl. Barbara und hl. Katharina; im Bogenfeld eine Prophetenfigur.

Die runden Schlußsteine wurden erst Anfang des 16. Jahrhunderts mit den Zunftzeichen der Fischer (zwei gekreuzte Fische) und der Winzer (Rebmesser und Weingarthaue) bemalt.

Auch die Schiffsgewölbe zeigen reiche ornamentale Malereien aus der Zeit um 1526. Überdies sind in den Chorfenstern noch Reste gotischer Glasmalereien erhalten, die einzigen aus dieser Zeit im Burgenland.

Auf dem frühbarocken Hochaltar (1642) flankieren die Holzfiguren der hll. Pankratius und Ägidius das Altarbild (Kreuzigung); das Aufsatzbild zeigt die Auferstehung. Der Seitenaltar („Dreiheiligenaltar“) ist ein spätgotischer Figurenschrein (hl. Florian, hl. Ursula, hl. Katharina) aus der Zeit um 1500 mit einem frühbarocken Aufsatz mit Sprenggiebel von 1634 und Marienbild.

Der Marienaltar im Querschiff – mit seitlich vorspringenden, gedrehten korinthischen Säulen und Wolkenaufsatz mit anbetenden Engeln – stammt aus der Zeit um 1680; das Verkündigungsrelief wird von den Steinfiguren des hl. Rochus und der hl. Barbara flankiert.

Die Steinpietà auf der Altarmensa der Kapelle stammt aus dem Anfang des 15. Jahrhunderts; sie war bis 1962 außen im Westgiebel eingemauert und ist stark verwittert. Aus der Zeit um 1500 stammt auch die Steinkanzel; ihre Blumenmalereien wurden um 1800 angebracht.

Bemerkenswert sind ferner eine (1965 restaurierte) holzgeschnitzte gotische Marienstatue (um 1450) auf einer barocken toskanischen Steinsäule, ferner auf dem Chor das Orgelpositiv von 1705 und das Ölgemälde „Heiliger Dominikus vor der Muttergottes“ von Stephan Dorfmeister (1780), das Holzepitaph des Thomas Frosch (1573) an der Emporenbrüstung, ein Steinepitaph mit Wappen und Kreuzigungsrelief (1732) und die Wappen-Grabplatten aus der zweiten Hälfte des 17. Jahrhunderts im Chorboden.

Pfarrkirchen

Nur wenige Schritte westlich der Fischerkirche liegt die klassizistische evangelische Pfarrkirche A. B. (1784) mit 1896 angebautem Turm (hoher Zwiebelhelm) mit neubarocken Stuckdekorationen.

Bemerkenswert ist der klassizistische Altaraufbau mit korinthischen Säulen, zwischen denen das Altarbild eine Kreuzigung (Kopie nach van Dyck) zeigt. (Die lateinische Inschrift „In honorem S. S. Trinitatis" ist ein Unikum in einer evangelischen Kirche.) Die Kanzel von 1785 zeigt ein Sämann-Relief und ein Relief der Bergpredigt. Aus der gleichen Zeit stammt das Taufbecken mit plastischer Täufergruppe.

Im östlichen Teil der ummauerten Altstadt steht die (1976 restaurierte) katholische Pfarrkirche Hl. Dreifaltigkeit, die 1649–1651 ursprünglich als protestantisches Gotteshaus vom Züricher Baumeister Ulrich Meyer erbaut wurde. (Damals sollen nur zwei Familien des Ortes katholisch gewesen sein.) 1674 wurde die Kirche der evangelischen Pfarre weggenommen und (ebenso 1685) als katholische Kirche neu geweiht.

Bemerkenswert sind die beiden Steinbalustraden am Turm; vom oberen Turmumgang unter dem steinernen Pyramidenhelm genießt man einen schönen Blick über die Stadt.

Der Innenraum der Kirche wurde 1798 mit Architektur-Wandmalereien bedeckt, auch die Altaraufbauten sind gemalt. Das Deckengemälde „Verklärung Christi" stammt aus dem Jahre 1949. Von Franz Sigrist stammen die Altarbilder (1781): am Hochaltar Hl. Dreifaltigkeit, am linken Seitenaltar hl. Joseph, am rechten Seitenaltar hl. König Stephan. Der Rokokotabernakel stammt aus dem Jahre 1784. An der Kanzel (1785) zeigt ein Relief Jesus und die Samariterin.

Erwähnenswert ist auch das Museum für naturkundliche Objekte und Seevogelmuseum, das an der 1 200 Meter langen Dammstraße durch den Schilfgürtel liegt; an ihrem Ende liegen auch der Hafen und das Seebad.

Sankt Andrä bei Frauenkirchen

Lage: Politischer Bezirk Neusiedl am See; 22 km südöstlich von Neusiedl bzw. 6 km südlich von Frauenkirchen liegendes Breitangerdorf im Seewinkel, nahe an den charakteristischen Lacken und Naturschutzgebieten
Einwohnerzahl: 1 394
Sehenswert: Stimmungsvoller Dorfplatz

Aus der Umgebung des Ortes stammen zahlreiche prähistorische Funde, vor allem aus der Hallstattzeit.

Der urkundlich erstmals 1437 erwähnte Ort wurde nach seiner Zerstörung durch die Türken (1529) und im Bocskay-Aufstand (1605) völlig entvölkert, so daß er 1696 neu gegründet und besiedelt werden mußte. Leider sind durch die Modernisierung der letzten Jahre die schönen Giebelfassaden und barocken Ziergiebel der Häuser, aber auch die rohrgedeckten Scheunen mit geringen Ausnahmen verschwunden.

Auch die katholische Pfarrkirche St. Andreas aus dem Jahre 1724 wurde 1937 durch einen Neubau ersetzt; bemerkenswert sind die Wandmalereien von Hans Fischer. Die Dreifaltigkeitssäule vor der Kirche stammt aber noch aus dem Jahr 1713. Ebenfalls noch aus dem 18. Jahrhundert stammen die auf dem Hauptplatz stehende Immaculatasäule und die Säule mit Krönung Mariens, während die Säule mit Gutem Hirten (Sockelfiguren hl. Wendelin und hl. Leonhard) erst 1872 errichtet wurde.

Nördlich des Ortes stehen eine 1850 restaurierte Josefssäule aus dem Jahre 1701 und eine kleine Annenkapelle aus der Mitte des 19. Jahrhunderts. Südlich des Ortes liegt die 1742 gestiftete kleine Rochuskapelle.

Sankt Georgen am Leithagebirge

Lage: Am Südhang des Leithagebirges gelegenes Breitanger- und Weinbaudorf, heute östlicher Stadtteil von Eisenstadt
Einwohnerzahl: 1 338
Sehenswert: Katholische Pfarrkirche

Den Archäologen ist der um 1300 urkundlich genannte Ort, der seit 1515 zur Herrschaft Eisenstadt gehört, wegen seiner Funde aus der Jungsteinzeit, der frühen und späten Bronzezeit, der Eisenzeit (Hallstattkultur) und der Römerzeit bekannt. Bei einem 1838 aufgestellten römischen Inschriftstein (im Volksmund als „Attilastein" bekannt) beim Brunnen des Ortes handelt es sich um den römischen Grabstein des Marcus Atilius aus dem 1. Jahrhundert n. Chr. Er zeigt das Brustbild eines Ehepaares und ein Wagenrelief.

Im Mittelalter gab es hier mehrere Ritterhöfe, von denen aber nichts mehr erhalten blieb. Auch von den drei Edelhöfen des 16. Jahrhunderts ist nichts mehr vorhanden, da der Ort 1529 und 1683 von den Türken, 1605 im Bocskayaufstand, 1705 im Kuruzzenkrieg und 1872 durch einen Großbrand verwüstet wurde.

Vereinzelt finden sich noch schöne alte Häuser und Höfe aus dem 17. und 18. Jahrhundert, so in der Hauptstraße, in der Brunnengasse und am Kirchenplatz. Im Hof der neuen Schule befindet sich ein aus einem Garten der Esterházy stammendes und hierher versetztes achtseitiges barockes Gartenhäuschen aus dem Anfang des 18. Jahrhunderts.

Bemerkenswert ist die aus dem 15. Jahrhundert stammende katholische Pfarrkirche St. Georg, die im 17. Jahrhundert noch einen steinernen Turm über dem Presbyterium besaß. Der heutige, vorgelagerte Eckturm (Spitzbogenportal in der Turmvorhalle) wird von einem Zwiebelhelm bekrönt. Die Giebelfassade entstand 1780, das Innere wurde 1783 renoviert und teilweise barockisiert; an der Südseite wurde später eine Sakristei angebaut.

Die Inneneinrichtung stammt zum großen Teil aus dem 18. Jahrhundert. Das Hochaltarbild an der Apsiswand (St. Georg mit Engel) schuf 1783 der Eisenstädter Maler Laurenz Lust. Die prächtigen Seitenaltäre stammen aus dem aufgelassenen Klarissinnenkloster von Preßburg und zeigen als Mittelbilder links den Tod des hl. Franz Xaver und rechts die hl. Maria; in den Medaillons sind verschiedene Heilige dargestellt.

Kunsthistorisch bemerkenswert ist die Steinkanzel aus dem 17. Jahrhundert, die mit den Bildern des Guten Hirten und der Erzengel geschmückt ist; auf dem Schalldeckel zeigt eine Schnitzfigur einen (1783 aufgesetzten) hl. Bischof auf Volutenkrone. Bemerkenswert sind auch die schönen barocken Schnitzfiguren auf den Altären und im Schiff.

Die Kirche wird vom alten Friedhof und der ehemaligen Wehrmauer umgeben; Beachtung verdient das Rundbogenportal, das von einer kleinen Steinfigur des hl. Georg (17. Jh.) gekrönt wird.

Im Pfarrhof (Hauptstraße Nr. 2) gibt es ein sehenswertes Zimmer mit Wandmalereien (romantische Landschaften) aus der Zeit um 1800. In einer Ecklaube ist eine Steinfigur des hl. Johannes Nepomuk (1740) zu sehen.

Zahlreich sind die aus dem 17. und 18. Jahrhundert stammenden Bildstöcke in der unmittelbaren Umgebung des Ortes. Am Weg nach

Eisenstadt stehen eine schöne spätgotische Lichtsäule mit Kreuz („Hotterkreuz"), eine Dreifaltigkeitssäule von 1836 und ein Bildstock mit Kruzifix und Muttergottes („Siebenschmerzenkreuz") von 1713.

Nordöstlich vom Ort liegt der neue Friedhof mit Kapelle von 1713, die dem hl. Franz Xaver (Nischenfigur über dem Portal) geweiht ist. Nahebei stehen eine Antonisäule (1656) mit im 19. Jahrhundert erneuerter Figur des Heiligen und eine Christi-Himmelfahrts-Säule aus dem 18. Jahrhundert. Nördlich vom Friedhof befindet sich eine Rochuskapelle von 1713.

Bei der Sandgrube liegt die 1913 erbaute Herzjesukapelle, nördlich davon eine Waldkapelle von 1856. An der Straße zum ehemaligen Tiergarten verdienen ein Pietà-Pfeiler von 1711 und ein Tabernakelpfeiler („Weißes Kreuz") aus dem 17. Jahrhundert Beachtung. Am Leithawald gibt es Bildstöcke mit dem hl. Florian (1733), dem hl. Donatus (1719; Figur 1945 erneuert) und dem hl. Sebastian (1711).

Sankt Margarethen im Burgenland

Lage: Politischer Bezirk Eisenstadt-Umgebung; 9 km südöstlich von Eisenstadt am Rande des Ruster Höhenzuges liegendes Breitangerdorf, nur 5 km nördlich von der ungarischen Grenze (bzw. 13 km von Sopron/Ödenburg) entfernt
Einwohnerzahl: 2 614
Sehenswert: Ortsbild; katholische Pfarrkirche und Karner; barocke Häuser; Passionsspielmuseum; Römersteinbruch; Märchenpark

Das Gebiet um Sankt Margarethen war schon von jungsteinzeitlichen Siedlern bewohnt, die Ackerbau betrieben. Funde aus dieser Zeit (Linearbandkeramik) weisen auf die sogenannte „Badener Kultur" hin. Später hinterlassen auch bronzezeitliche Siedler der „Wieselburger Kultur" ihre Spuren (Hockergräber, Schwerter, Spiralnadeln u. a.), noch später auch die Römer. Zu den römischen Bauresten, die hier aufgefunden wurden, zählen auch jene eines Wachtturms aus der Zeit um 370. Ein großer Teil der vor- und frühgeschichtlichen Funde ist im Landesmuseum von Eisenstadt zu sehen.

Die erste urkundliche Erwähnung des Ortes fand 1232 statt. Schon damals gab es hier eine Burg, die aber Ende des 13. oder im 14. Jahrhundert verschwand. Ihre seinerzeitige Lage ist heute nicht bekannt, wird aber bei der Pfarrkirche vermutet. Hingegen läßt sich ein ehemaliger Edelhof in der Hauptstraße 161 („Burghof") mit mittelalterlichem Kern historisch lückenlos bis in das 13. Jahrhundert zurückverfolgen. Er wurde mehrmals zerstört und wiederaufgebaut und erhielt seine heutige Gestalt gegen Ende des 17. Jahrhunderts. Mitte des 18. Jahrhunderts verlor er seine Funktion als adeliger Wohnsitz. Im Obergeschoß des barocken Gebäudes tritt ein ungewöhnlicher Flacherker hervor. Über dem Rundbogentor (Gewölbeeinfahrt) steht in einer Nische eine Marienfigur („Glockenmadonna"). Die Innenräume sind teils gewölbt, teils mit Holzbalkendecken versehen. Die Hoftrakte besitzen schöne Stiegenlauben.

In den Jahren 1529, 1532 und 1683 wurde Sankt Margarethen von den Türken, 1604/05 im Bocskay-Aufstand und 1704 von den Kuruzzen (aufständische Ungarn) verwüstet. 1745 verheerte ein Großbrand den Ort, so daß seine ältesten Teile aus der zweiten Hälfte des 18. Jahrhunderts stammen. Viele Häuser haben sich noch ihr barockes Aussehen bewahrt, hauptsächlich in der Hauptstraße (beim Haus Nr. 22 eine schöne Johannes-Nepomuk-Kapelle von 1762), im Kohlgraben und in der Kirchengasse (Eckhaus Nr. 1 mit Türkenkopfrelief und prächtiger Stiegenlaube im Hof).

Vielfach gewahrt man charakteristische alte Toreinfahrten und Gewölbe, Nischenfiguren und Nischenreliefs, altertümliche Hofgassen und – hinter den großteils modernisierten Fassaden – noch barocke Arkaden und Stiegenlauben. Auch der Prangerpfeiler (17. Jh.) mit Pyramidenhelm ist noch erhalten. In der Schulgasse stehen in einer langen Reihe altertümliche Scheunen.

Die katholische Pfarrkirche hl. Johannes d. T. ist möglicherweise aus den Bauresten der ursprünglichen Burg erbaut. Die mittelalterliche Kirche mit Kreuzrippengewölbe und gotischen Spitzbogenfenstern war früher von einer Wehrmauer umgeben, von der heute noch Teile östlich der Kirche zu sehen sind. Der wuchtige, von einem steinernen Spitzhelm bekrönte mittelalterliche Turm (um 1300) stand ursprünglich frei.

Nach schweren Schäden im 16. und 17. Jahrhundert wurde die Kirche bei ihrer Wiederherstellung auch erweitert. Eine neuerliche Erweiterung fand 1959/60 statt, dabei wurde auch der Innenraum verändert; so ist das ehemalige Seitenschiff heute Vorhalle, das Schiff Querhaus, der Chor Seitenkapelle. Da beim Erweiterungsbau auch die Nordwand abgebrochen werden mußte, ist von den ursprünglichen romanischen und frühgotischen Fenstern des 13. und 14. Jahrhunderts, die in der Mauer eingebaut waren, heute nichts mehr zu sehen.

Der Hochaltar mit hohem klassizistischem Säulenaufbau (um 1827) wurde 1976 restauriert. Das Altarbild „Taufe Christi" ist eine Kopie nach Guido Reni; flankiert wird es von den Figuren der hll. Petrus und Paulus.

Auf dem modernen Volksaltar ist eine barocke Immaculata aus Stein bemerkenswert. Die Apsis schmückt ein spätbarockes Kruzifix.

Der rechte Seitenaltar wurde im 19. Jahrhundert aus verschiedenen Barockteilen zusammengebaut.

Bemerkenswert ist die steinerne Kanzel aus dem 17. Jahrhundert, die als ein Hauptwerk der Margarethener Steinmetzschule bezeichnet wird. Der gebuckelte Kanzelboden über dem reichgegliederten Sokkel ist mit kunstvollen Blatt- und Fruchtornamenten geschmückt. Nischenfiguren stellen den Heiland, die hll. Petrus, Paulus, Johannes d. T. und Johannes Ev. dar.

In der kreuzgratgewölbten Turmvorhalle verdient der mit der Jahreszahl 1605 bezeichnete Opferstock Beachtung.

Der Taufstein in der Unterkirche stammt aus dem Ende des 17. Jahrhunderts, die kleine barocke Schnitzfigur der Immaculata aus der ersten Hälfte des 18. Jahrhunderts.

Neben der Kirche steht der aus dem Anfang des 14. Jahrhunderts stammende, kreuzrippengewölbte Karner, ein sechseckiger Bau mit ebensolchem steinernem Pyramidenhelm und halbrunder Apsis. An seiner Außenwand sind Grabsteinteile aus dem 17. und 18. Jahrhundert zu sehen; ein Ölbergrelief aus der Zeit um 1500 ist stark verstümmelt.

Interessant ist auch die kleine neugotische Friedhofskapelle mit Ecktürmchen und Polygonalapsis, die 1856 erbaut wurde. Das Friedhofskreuz mit sitzendem Schmerzensmann stammt aus dem 17. Jahrhundert.

Außer der Dreifaltigkeitssäule (1919) im Dorf und dem sogenannten „Lampelkreuz“ (1734) beim ehemaligen Bahnhof (über einem mit einer Pietà geschmückten Sockel steht auf toskanischer Säule der Gute Hirte) besitzt St. Margarethen an seinen Ausfahrtsstraßen noch zahlreiche weitere – hauptsächlich barocke – Bildstöcke. An der südlichen Ausfahrtstraße Richtung Ödenburg liegt die kleine Florianikapelle (Mitte 17. Jh.) mit Ölbild des hl. Florian (1911) und angebautem Bildstock (Mitte 17. Jh.), auf dem der hl. Sebastian und der hl. Florian dargestellt sind. Weiter südlich, nahe der Grenze (kein Grenzübergang), steht ein Ecce-Homo-Pfeiler von 1669 mit sitzendem Schmerzensmann.

An der Straße nach Trausdorf (nordwestlich des Ortes) kann man einen viereckigen Bildstock mit einer Pietà des 18. Jahrhunderts sehen.

Am östlichen Ortsausgang liegt die kleine Kreuzkapelle von 1751 mit einem schönen Steinkreuz; der Tabernakelpfeiler mit Kreuzigungsrelief stammt aus dem Ende des 17. Jahrhunderts. Noch weiter östlich steht in einem Weingarten das Franz-Xaver-Kreuz (1672) mit einer erneuerten Figur des Heiligen. Am Fahrweg nach Siegendorf steht die Leonhardsäule von 1670 mit einer ebenfalls erneuerten Figur des Heiligen.

Seit 1959 ist der Römersteinbruch von St. Margarethen Werkstatt und Bühne für Bildhauer aus aller Welt, die aus dem Kalksandstein moderne Plastiken formen

Am Weg nach Oggau (nordöstliche Ausfahrt) stehen ein Tabernakelpfeiler („Weißes Kreuz“) von 1650 und eine Mariensäule („Cramerkreuz“) von 1677. Dort verdient auch die weithin sichtbare Koglkapelle (1713) auf dem Ruster Höhenzug Beachtung; die frühere Pestkapelle ist heute als Heimkehrer-Gedächtnisstätte eingerichtet.

Aus der Zeit um 1800 stammt die Klostermühle (Untermühle), mit rustiziertem Einfahrtstor und Stiegenlaube im Hof; aus der Zeit um 1819 die Eselmühle mit kleiner Maria-Lourdes-Kapelle von 1895. Auch eine Gastwirtschaft mit charakteristischer Einrichtung befindet sich hier.

Römersteinbruch

Östlich von Sankt Margarethen liegt der berühmte „Römersteinbruch“ (Leithakalk; Kalksandstein) mit bis zu 40 Meter hohen Steinwänden. Er gehört zu den größten und ältesten Steinbrüchen Europas und bedeckt eine Fläche von rund 150 000 m². Als feinkörniger Skulpturstein wurde er schon von den Römern bearbeitet. Im Mittelalter wurde er u. a. auch beim Bau des Wiener Stephansdomes verwendet; seit 1653 gibt es eine eigene Margarethener Steinmetzzunft.

Viele der Wiener Ringstraßenbauten sind aus Margarethener Sandstein errichtet.

Seit 1959 finden im Steinbruch Bildhauer-Symposien statt. Überall kann man moderne Steinskulpturen von Teilnehmern aus aller Welt sehen.

Das Torton-Meer der Miozäns, das vor Jahrmillionen auch das Burgenland bedeckte und den sogenannten „Leithakalk" entstehen ließ, hinterließ in den unteren Schichten des Steinbruchs Abdrücke von Fischen, das Skelett eines Delphins und die versteinerten Köpfe zweier Seekühe, die heute im Landesmuseum von Eisenstadt zu sehen sind; auch Haifischzähne wurden gefunden. Aus späteren Epochen stammt der fossile Rest eines Urpferdes.

Inmitten des Steinbruchs hat man eine Passionsbühne mit Zuschauertribünen errichtet. Seit 1961 finden hier in unregelmäßigen Abständen Passionsspiele statt. Die ersten ihrer Art wurden 1926 in einem Bauernhof begonnen, von 1933–1956 war das Pfarrgemeindehaus ihr Spielort. Rund fünfhundert Laienspieler des Ortes wirken bei den Passionsspielen im Steinbruch mit. In der Siegendorfer Straße 23 von Sankt Margarethen befindet sich das Passionsspielmuseum mit über 50 Großdias, die Szenen der Spiele im Römersteinbruch zeigen. Es ist ganzjährig nach Voranmeldung (Tel. 02680/2213 oder 2234) zu besichtigen.

Östlich des Römersteinbruchs liegt „Müller's Märchenwald", eine weiträumige Freilichtanlage in einem kleinen Wäldchen, in der die vom Laienkünstler aus Margarethener Sandstein geformten und bemalten Märchenfiguren vieler deutscher Märchen in Szenenfolgen zu sehen sind. Angeschlossen ist ein Wildgehege.

Sankt Martin an der Raab

Lage: Politischer Bezirk Jennersdorf; 3 km südlich von Jennersdorf, nahe am Dreiländereck Österreich, Jugoslawien und Ungarn liegendes Straßendorf am südlichen Ufer der Raab. Zum Gemeindegebiet gehört auch das östlich angrenzende Straßendorf Neumarkt an der Raab
Einwohnerzahl: 523 (Gemeindegebiet: 2 437)
Sehenswert in St. Martin katholische Pfarrkirche; in Neumarkt Schloß Batthyány und altertümliche Atelierhäuser; Ölmühle

St. Martin und Neumarkt lagen an der ehemaligen Römerstraße, aus St. Martin stammen auch römerzeitliche Funde.

Der ersten urkundlichen Erwähnung nach wurden beide Orte zur gleichen Zeit (1387) gegründet. Südlich von Sankt Martin, das früher

Unterdrosen hieß, ziehen sich kleine Berghäusersiedlungen mit schönen alten – zum Teil noch strohgedeckten – Bauernhöfen mit Laubengängen bis nach Oberdrosen den Berg hinauf.

Die von einem Hügel über dem Raabtal auf die Dächer von St. Martin blickende katholische Pfarrkirche St. Martin wurde Mitte des 18. Jahrhunderts an der Stelle einer früheren, mittelalterlichen Kirche errichtet und später durch einen Sakristeianbau (an seiner Außenwand ein schöner Wappengrabstein von 1620) bereichert. Der Fassadenturm ist in seinem oberen Teil durch Pilaster mit korinthischen Kapitälen gegliedert und wird von einem Zwiebelhelm bedeckt.

Der reichgeschmückte barocke Hochaltar mit freistehenden Säulen und Blattgehängen wie auch das Altarbild, das den hl. Martin und den Bettler zeigt (es wird von den Schnitzfiguren der hll. Petrus und Paulus flankiert), stammen ebenso wie die Seitenaltäre und die Kanzel aus der Mitte des 18. Jahrhunderts.

Das Bild am linken Seitenaltar zeigt die Kreuzigung, das Aufsatzbild Mariä Heimsuchung; Seitenfiguren sind der hl. Florian und der hl. Stephan. Auf dem Bild des rechten Seitenaltars ist der hl. Patricius dargestellt, als Seitenfiguren die heiligen Ungarnkönige Stephan und Ladislaus; über dem Aufsatzbild (hl. Antonius) befindet sich eine kleine Figur des hl. Georg.

Die 14 Kreuzwegstationen wurden Ende des 18. Jahrhunderts gemalt.

Sankt Martin an der Raab war auch die Heimat des bedeutenden burgenländischen Mundartdichters Josef Reichl (1860–1924).

Dir biat mei gaonzi Kroft i,
dir gib i Herz und Haond,
mei Hoamat, du mei schöne,
mei teures Burgenlaond.

Josef Reichl

Neumarkt an der Raab, das im Osten an Sankt Martin angrenzt und nahe der ungarischen Grenze liegt (kein Grenzübergang), war im Mittelalter eine Mautstelle. In dem langgestreckten Dorf gibt es noch mehrere reizvolle strohgedeckte Bauernhöfe, teilweise mit Hoflauben. Einige von ihnen sind in den letzten Jahren als Atelierhäuser instandgesetzt und eingerichtet worden und verleihen damit dem Ort auch eine kulturelle Bedeutung (Sommerkurse im Zeichnen, Malen, Druckgraphik usw.). Das Haus Nr. 24 enthält noch eine originale Rauchküche.

Der 1775 gebaute Kreuzstadel stammt aus Deutsch Bieling und wurde 1975 hierher übertragen. Die kleine Dorfkapelle wurde 1812 erbaut.

Schließlich verdient auch die original eingerichtete typisch burgenländische Kernölmühle des 18. Jahrhunderts Beachtung (Haus Nr. 9; Besichtigung nach Voranmeldung, Tel. 03154/8114) mit ihren alten Pressen, Mühlsteinen, Röstpfannen usw. Sie ist im Jänner und Februar museal in Betrieb.

Auf einer Anhöhe im Süden des Ortes steht das Schloß Batthyány aus dem Jahre 1846. Die Fassade ist mit Rundbogen- und Rechteckfenstern gegliedert, an den Ecken erwecken originelle, schräggestellte Vielecktürmchen Aufmerksamkeit. Im Schloßpark stehen qualitätvolle Steinfiguren.

Sauerbrunn

Lage: Politischer Bezirk Mattersburg; 8 km nordwestlich von Mattersburg bzw. 9 km südöstlich von Wiener Neustadt am Nordrand des waldreichen Rosaliengebirges liegender kleiner Kurort mit Heilquelle
Einwohnerzahl: 1 702
Sehenswert: Moderne Pfarrkirche

Die Ortsgründung erfolgte erst gegen Mitte des 19. Jahrhunderts, der Ausbau als Kurort begann 1847. Die Heilquelle (alkalisch-erdiger, lithionhältiger Säuerling) dürfte aber schon zur Römerzeit oder noch früher bekannt gewesen sein. Südöstlich des Ortes führte die Römerstraße vorbei, am nahen Waldrand standen einige römerzeitliche Meierhöfe. Aus der Zeit um 700 stammen Awarengräber.

Eine erste kleine Kirche entstand 1892 im Ort. Sie wurde 1932 erweitert, jedoch 1967–1970 durch einen modernen Kirchenbau mit schlankem Glockenpfeiler ersetzt. Diese heutige katholische Pfarrkirche Mariä Himmelfahrt wurde aus den Materialien unserer Zeit errichtet: aus Eisenbeton, Naturstein, Asphalt, Gitterkeramik, Holz und Kunstglas. Den modernen, saalartigen und hohen Innenraum schmückt eine Kopie der Kirchenmadonna aus dem 15. Jahrhundert.

Nördlich des Ortes steht am Weg nach Neudörfl ein alter Bildstock von 1651, ein Tabernakelpfeiler mit dem sogenannten „Fleischhakkerkreuz“, nach seinem Stifter auch als „Sauterkreuz“ bekannt. Ein Fleischerbeil zwischen der Jahreszahl zeigt den Beruf des Stifters an.

Erwähnenswert wäre noch das südöstlich von Sauerbrunn an der Straße nach Mattersburg liegende „Naturdenkmal Wiesen“, eine Sandgrube mit bestem erhaltenem Aufschluß jungtertiärer, sarmatischer Ablagerungen (Fossilien: Mollusken, Wirbeltierreste, Foraminiferen, Ostracoden).

Das nur 5 km südlich von Sauerbrunn und wegen seiner Erdbeerkulturen bekannte Straßen- und Grabendorf *Wiesen* besitzt noch alte Giebelhäuser aus der zweiten Hälfte des 19. Jahrhunderts in der Hauptstraße, Kirchengasse und Bahnstraße. Auf dem Hauptplatz befinden sich eine Johannes-Nepomuk-Kapelle (um 1900), ein barockes Stöckl mit hohem Kellergeschoß und eine Dreifaltigkeitssäule von 1831. Eine andere Johannes-Nepomuk-Säule aus dem Jahre 1719 steht in der Bahnstraße.

Auf einer Anhöhe am südlichen Ortsrand erhebt sich die frühere katholische Pfarrkirche aus dem 16. Jahrhundert, die der hl. Barbara geweiht war. Sie wurde im 17. und 18. Jahrhundert erweitert und dient seit der Fertigstellung der neuen Pfarrkirche als Aufbahrungskirche.

Die jetzige katholische Pfarrkirche „Zum heiligen Geist" steht in der Ortsmitte. Sie wurde 1958–1962 errichtet und hat auch eine moderne Innenausstattung. Aus der alten Kirche sind nur der Taufstein, ein Kruzifix, ein Holzrelief mit der Bergpredigt und eine Statue der hl. Barbara (alle aus dem 18. Jahrhundert) übernommen worden. In der unmittelbaren Umgebung des Ortes stehen schöne alte Bildstöcke aus dem 17. und 18. Jahrhundert.

Im Dorfe Wiesen ist es die von altersher überkommene Aufgabe der Weiber, so lang sie rüstig sind, das Obst im Kleinhandel in die Ferne zu tragen. Wiesen ist sozusagen der Stapelplatz des Obstes. Es ist nicht zu viel gesagt, wenn man die Masse der Kirschen, die jährlich von hier aus vertragen werden, auf 2 000 bis 3 000 Butten, der Äpfel auf 50 000 bis 60 000 Metzen ansetzt, nicht der heanzischen edlen Kastanien zu gedenken, die auf dem Wiener Markte gewiß vier Fünftel der sogenannten echten Maroni ausmachen. An der Leopoldstädter Seite der Ferdinandsbrücke haben die Wiesenerinnen ihren Standplatz . . . In den Wiener Hauswirtschaften kennt man sie, und die Hausfrauen, nämlich jene, die sich mit der Wirtschaft befassen, wissen genau den Zeitpunkt aus dem Kalender, wann die Wiesenerin mit ihren Maschanskeräpfeln kommt.

Moritz A. Becker, 1862

Schachendorf

Lage: Politischer Bezirk Oberwart; 22 km östlich von Oberwart bzw. 5 km südlich von Rechnitz liegendes Breitangerdorf und Grenzort zu Ungarn (Grenzübergang nach Szombathely/Steinamanger). Zur Gemeinde Schachendorf zählen auch die Nachbardörfer Schandorf und Dürnbach
Einwohnerzahl: 501 (Gemeindegebiet: 1 333)
Sehenswert: Pfarrkirche von Schandorf; Wallfahrtskirche von Dürnbach

Der 1374 als „Cahta“ und 1428 als „Caythan“ urkundlich erwähnte Ort war 1405 als Mautstelle mit der Herrschaft Rechnitz verbunden, litt aber unter dem Türkensturm von 1532 so sehr, daß es 1538–1545 mit Kroaten neu besiedelt werden mußte. Heute noch ist Schachendorf ein rein kroatisches Dorf. Seine katholische Pfarrkirche St. Martin (1818–1834) präsentiert sich mit einem niederen Turm, der von einem etwas gedrückten Zwiebelhelm bekrönt wird, und mit einem dreijochigen Langhaus mit Tonnengewölbe und Stichkappen, die über breiten Gurtbögen auf Wandpfeilern aufliegen.

Die neuromanische Einrichtung stammt aus der Zeit um 1900. Das Bild des Hauptaltars zeigt eine Darstellung des hl. Martin aus dem Jahre 1840. Die in der Flachkuppel befindlichen Wandmalereien stellen die Verkündigung Mariens und die Dreifaltigkeit dar und stammen aus der zweiten Hälfte des 19. Jahrhunderts.

Auch das etwa 3 km südlich, am Erlaubach liegende *Schandorf* (urkundlich erwähnt 1244) ist seit seiner Neubesiedlung im 16. Jahrhundert ein rein kroatisches Dorf geblieben. Im benachbarten Schandorfer Wald fand man über 200 hallstattzeitliche und römerzeitliche (norisch-pannonische) Hügelgräber, eine Fundstelle von überregionaler Bedeutung.

Von der ursprünglichen mittelalterlichen katholischen Pfarrkirche Heilige Anna, die 1532 zerstört wurde, ist noch im westlichen Teil des Langhauses der heutigen Kirche romanisches Mauerwerk erhalten. Im 18. und 19. Jahrhundert wurde die Kirche teilweise erneuert und erweitert, zuletzt 1978 restauriert. Dabei wurde auch das ursprüngliche Südportal (um 1300) mit einer ikonenartigen Madonna im Bogenfeld freigelegt. Eine gemalte Kartusche ist mit der Jahreszahl 1697 bezeichnet.

Der einfache spätbarocke Hochaltar (1761) zeigt die Figuren von Petrus und Paulus, die das Altarbild der hl. Anna (1890) flankieren. Die Deckengemälde (1927) stammen von Josef Rotter.

Etwa 3 km westlich von Schachendorf liegt das zum Gemeindegebiet zählende Breitangerdorf *Dürnbach,* das die Geschichte Schandorfs teilt. Auch dieses Dorf ist kroatisch besiedelt worden.

Am nördlichen Dorfrand steht die 1781–1783 erbaute Pfarr- und

Wallfahrtskirche Mariä Himmelfahrt an der Stelle einer früheren Kirche. Der weiträumigen, spätbarocken Saalkirche ist ein einfach gegliederter Turm mit Zwiebelhelm vorgelagert. Das Innere der Kirche ist um 1900 von einem Seckauer Benediktinerpater in der neuromanischen Beuroner Manier ausgemalt worden.

Bemerkenswert ist der große klassizistische Hochaltar von 1790 mit einem von sechs Säulen getragenen Triumphbogen; auf dem Gebälk knien Engel und Putten. Das Hochaltarbild „Mariä Himmelfahrt" von Stephan Dorfmeister (1791) wird von den Schnitzfiguren des hl. Florian und des hl. Antonius flankiert.

Sehr schön ist auch der barocke linke Seitenaltar (um 1700) mit Schnitzfiguren des hl. Leonhard und des hl. Donatus, die seitlich des Altarbildes mit dem hl. Johannes Nepomuk stehen. Sitzfiguren der Evangelisten schmücken die Kanzel (1783).

Die kleinen Kreuzwegkapellen in der die Pfarrkirche umgebenden Friedhofmauer stammen aus der Zeit um 1780.

Der Glockenstuhl auf dem Anger, ein Holzblockbau von 1674, wurde in der alten Form mehrmals erneuert.

Die Türkenkriege von 1529 und 1532 hatten eine erschreckende Verödung des Grenzlandes am Ostalpenrand zwischen Österreich und Ungarn zur Folge. Da der Versuch einer deutschen Nachbesiedlung mißlang – den Binnendeutschen waren die Grenzverhältnisse damals viel zu unsicher –, siedelten die Batthyány und Zrinyi, die in Kroatien und Slowenien Besitz hatten, die Nádasdy und die kaiserlichen Pfandherren der Herrschaften Forchtenstein und Eisenstadt, sowie die Harrach von Bruck a. d. Leitha, vor den Türken flüchtende Kroaten in den verwüsteten Landesteilen an. So scheint das kroatische Element im Burgenland hauptsächlich an der Brucker und Hainburger, an der Ebenfurther und Ödenburger Pforte, an der nach Osten offenen Landschaft um Oberpullendorf, am östlichen Einfallstor bei Rechnitz und im Güssinger Land auf. Die kroatische Besiedlung begann 1524 im Güssinger Land und war – mit Ausnahme der kroatischen Nachbesiedlung am Südhang des Rechnitzer Gebirges (17. Jh.) – in der zweiten Hälfte des 16. Jahrhunderts beendet.

Josef Karl Homma, 1964

Schattendorf

Lage: Politischer Bezirk Mattersburg; 11 km östlich von Mattersburg, direkt an der ungarischen Grenze (8 km westlich von Sopron/Ödenburg) liegendes Angerdorf (kein Grenzübergang)
Einwohnerzahl: 2 551
Sehenswert: Katholische Pfarrkirche; lange Hofgassen

Römerzeitliche Funde weisen auf die frühe Besiedlung des schon im 13. Jahrhundert urkundlich mehrmals erwähnten Ortes hin. Zwei römische Inschriftsteine sind heute noch in der Friedhofmauer zu sehen. Möglicherweise ist auch das Akanthuskapitell am barocken „Luß-Kreuz“, einem Bildstock mit der Steingruppe der Heiligen Familie (18. Jh.), römisch. Der Bildstock steht nördlich des Dorfes. Von einem mittelalterlichen Kastell und späteren Edelhof der Mattersdorfer Grafen, der bis in das 16. Jahrhundert bestanden hat, ist nichts mehr erhalten.

Charakteristische lange Hofgassen aus der Zeit um 1900 verlaufen von der Hauptstraße, der Baumgartnerstraße, der Angerlgasse und der Gartengasse; in letzterer ist auch noch eine lange Reihe alter Scheunen zu sehen.

Die katholische Pfarrkirche St. Michael steht am südöstlichen Ortsrand, direkt an der ungarischen Grenze. Sie wurde um 1700 auf den Resten einer älteren Kirche erbaut; der Turm entstand erst im 18. Jahrhundert, wahrscheinlich auch auf den Resten eines früheren Wehrturms.

Der hohe, tonnengewölbte Innenraum der großen Barockkirche besitzt einen bemerkenswerten Hochaltar aus der ersten Hälfte des 18. Jahrhunderts mit freistehendem Tabernakel. Das prächtige Altarbild im Rocaillenrahmen an der Apsiswand (es ist mit „scola Tintoretto“ bezeichnet) zeigt den Erzengel Michael und den Engelsturz.

Die Seitenaltäre an den Doppelpfeilern des Chores stammen aus der zweiten Hälfte des 18. Jahrhunderts. An der Kanzel (Anfang 18. Jh.) sind als Nischenfiguren zwischen Säulen der Gute Hirte und die Evangelisten, auf dem Schalldeckel der Erzengel Michael dargestellt. Aus dem 18. Jahrhundert stammen auch die weißgefaßten Konsolfiguren an den Wänden (Petrus, Paulus, Katharina und Joseph) sowie die holzgeschnitzte Immaculata auf der Empore.

Außer der bei der Kirche stehenden Dreifaltigkeitssäule (zweite Hälfte 19. Jh.) gibt es im Ort noch zwei Mariensäulen aus der gleichen Zeit und andere Bildstöcke.

Nur etwa 3 km südwestlich von Schattendorf liegt – ebenfalls an der ungarischen Grenze und von Hainen mit Edelkastanien umgeben – das Schmalangerdorf *Loipersbach* mit katholischer Pfarrkirche

Petrus und Paulus aus dem 18. Jahrhundert, gebaut auf älteren Bauresten. Der Turm wurde um 1871 errichtet; zur gleichen Zeit wurde auch die Kirche nach einem Brand restauriert.

Das Altargemälde „Abschied der Apostel Petrus und Paulus“ (1796) stammt von Stephan Dorfmeister. Die Seitenfiguren stellen den hl. König Stephan und den hl. Augustinus dar. An der Kanzel von 1790 sind Reliefdarstellungen eines Bauern im Weinberg und des Guten Hirten zu sehen. Aus dem Ende des 18. Jahrhunderts stammen auch die Konsolfiguren des hl. Johannes Nepomuk und des hl. Antonius von Padua.

Schützen am Gebirge

Lage: Politischer Bezirk Eisenstadt-Umgebung; knapp 9 km östlich von Eisenstadt liegendes Schmalangerdorf an der Wulka (alter Ortsname: Gschies)
Einwohnerzahl: 1 321
Sehenswert: Katholische Pfarrkirche; Bildstöcke; Ortsbild

Archäologen ist der urkundlich 1317 erstmals erwähnte Ort als reiche Fundstätte aus der Jungsteinzeit, der älteren und jüngeren Eisenzeit und vor allem der Römerzeit bekannt. Hier wurden Reste eines römerzeitlichen Dorfes mit Grundmauern von Häusern entdeckt (Funde von Altarsteinen, Tonfiguren und einer Bronzebüste). Eine Limesstraße verlief von der Wulka bis zur Sebastianssäule. Es wird auch angenommen, daß der Schwefelbrunnen am westlichen Ortsrand von den Römern zur Kur benutzt wurde. Es gibt auch zahlreiche Münzfunde.

Im Mittelalter war der Ort eine Grenzwächtersiedlung; in den Türkenkriegen (1529, 1532, 1683), im Bocskayaufstand und von den Kuruzzen (1705) wurde er verwüstet, 1911 von einem Großbrand heimgesucht.

In der Hauptstraße stehen noch hübsche Giebelhäuser und Höfe, von denen lange Hofgassen ausgehen. Die Eisenstädter Straße zeigt noch eine geschlossene Giebelreihe alter Scheunen. An der südlichen Ortsausfahrt nach Oslip steht eine alte Dorfmühle mit barockem Kern, Taubenschlag und steinernem Gnadenstuhl (um 1700) in einer Nische. In der Nähe stehen auch ein Ecce-Homo-Bildstock von 1623 und ein Sebastianskreuz von 1713.

Die der hl. Maria Magdalena geweihte katholische Pfarrkirche am südöstlichen Ortsende zeigt sich als Barockbau von 1720, der von der ehemaligen Wehrmauer des alten Kirchhofs umschlossen ist. Die frühere mittelalterliche Kirche brannte 1683 ab. Im hohen, tonnengewölbten Innenraum befindet sich ein moderner Hochaltar (1960) mit Marmormensa und einem von einem modernen Stuckrelief (Engel und Hl. Dreifaltigkeit) umgebenen Wandbild, das Maria Magdalena zu Füßen des Heilandes beim Letzten Abendmahl zeigt.

An der Kirchhofmauer (mit Resten vermauerter Schießscharten) verdienen die zahlreichen Reliefgrabsteine aus dem 17. Jahrhundert Beachtung. An der Ostseite der Mauer ist in einer Nische der hl. Johannes Nepomuk (18. Jh.) zu sehen. Die östlich der Kirche stehende Mariensäule mit steinerner Pietà stammt aus dem Jahre 1895.

Bei dem südlich des Ortes liegenden Bahnhof stehen zwei weitere Bildstöcke: die Säule mit der hl. Familie wurde 1873 aufgestellt, die weiter südlich stehende Leonhardisäule, auf der der Heilige mit Hund dargestellt ist, stammt aus dem 18. Jahrhundert.

An der Straße nach Oggau befinden sich eine Dreifaltigkeitssäule (1869), eine Mariensäule (1801), eine Rosaliensäule („Kleinlkreuz"; 1878) und – in einem Weingarten – ein Bildstock mit Gutem Hirten (1773). Am Goldberg, der sich zwischen Schützen und Oslip erhebt, liegt die kleine Rosalienkapelle („Brandlkapelle") von 1713; sie birgt zwei schöne Schnitzfiguren, eine Pietà und den hl. Sebastian.

An der Straße nach Donnerskirchen steht eine Sebastianssäule von 1681 mit einer Steinfigur des Heiligen von 1711.

Nördlich von Schützen erstreckt sich am Hang des Leithagebirges der ehemalige Esterházysche Tiergarten, in dessen ummauertem Areal sich eine kleine Hubertuskapelle von 1870, an einem Weiher ein schöner Bildstock mit dem hl. Johannes Nepomuk (1770) sowie das kleine, achteckige Jagdschloß „Rendez-vous" (1794) befinden, letzteres allerdings schon zur Ruine verfallen.

Siegendorf im Burgenland

Lage: Politischer Bezirk Eisenstadt-Umgebung; 7 km südlich von Eisenstadt in der Wulkaebene liegendes Straßendorf, nur 4 km von der ungarischen Grenze entfernt (Grenzübergang Klingenbach)
Einwohnerzahl: 2 409 (Gemeindegebiet: 3 259)
Sehenswert: Katholische Pfarrkirche

Urkundlich schon Mitte des 13. Jahrhunderts erwähnt, litt Siegendorf wie die anderen Orte des Wulkatales in den Türkenjahren 1529 und 1532 so sehr, daß es mit Kroaten neu besiedelt werden mußte. Seither ist Siegendorf eine kroatische Mehrheitsgemeinde.

Siegendorf ist aber auch durch seinen sogenannten „Siegendorfer Schatzfund“ bekannt geworden; dabei handelt es sich um eine große Zahl von Beilen, Äxten, Armreifen und anderem Schmuck und Hausgeräten aus der späten Bronzezeit.

Neben dem Rathaus steht das sogenannte Kastell, ein zweiflügeliger Bau, von dem noch die Rückfront und zwei Rundtürme aus dem 16. Jahrhundert stammen. Die Anlage galt zu dieser Zeit als Musterbeispiel eines adeligen Landsitzes, verfiel aber später. Heute beherbergt der Bau ein Kulturzentrum und den sogenannten „Klosterkeller Siegendorf“, von wo einige der besten Weine Europas herkommen.

Pinot Blanc, in Österreich Weißburgunder genannt, bevorzugt warme, tiefgrundige Böden. Aus dem Saft dieser Traubenfamilie stammen die berühmten Weine Burgunds, wie Chablis, Montrachet und Pouilly-Fuisse.
In Siegendorf findet diese Burgundertraube ideale Verhältnisse an Boden und Klima. Nach anderthalbjähriger Reifung in den Eichenfässern des Klosterkellers wird der Wein auf Flaschen gezogen. Das Ergebnis ist ein sehr trockener, stahlig vornehmer Weißwein von extraktreicher Neutralität, der die Kehle des Gourmets immer wieder zu neuen Genüssen glättet.

C. Patzenhofer

Im Ort steht auch eine kleine Johannes-Nepomuk-Kapelle aus dem Jahre 1745, während sich die barocke katholische Pfarrkirche Allerheiligen hoch über dem Ort im alten Kirchhof erhebt. Sie stammt aus der zweiten Hälfte des 17. Jahrhunderts und ist der Nachfolgerbau einer bereits um 1366 urkundlich erwähnten früheren Kirche. Über dem Turmportal ist als steinerne Nischenfigur eine Muttergottes („Glokkenmadonna“) zu sehen. Der Turm wird von einem achtseitigen steinernen Pyramidenhelm bekrönt, unter dem eine Balustrade verläuft.

Der prächtig geschmückte Hochaltar mit seinem von Säulen getragenen und mit Engelfiguren geschmückten Aufsatz und den Opfergangsportalen stammt aus dem Anfang des 18. Jahrhunderts. Über dem Altarbild „Allerheiligen“ ist ein Esterházywappen angebracht. Das Altarbild stammt wahrscheinlich aus einer böhmischen Klosterkirche und ist von bemerkenswerter künstlerischer Qualität. Die beiden Seitenfiguren stellen die beiden hl. Ungarnkönige Stephan und Ladislaus dar. Am Tabernakel befinden sich die Nischenfiguren der Kirchenväter, seitlich davon Apostelbüsten.

Aus der gleichen Zeit wie der Hochaltar stammen auch die Seitenaltäre. Das linke Altarbild stellt die Himmelfahrt Mariens, seitlich flankiert von den Figuren des hl. Andreas und Johannes Ev., dar.

Ein Aufsatzbild zeigt die Kreuzigung, auf dem Aufsatz ist der Erzengel Michael dargestellt. Eine Vitrine enthält eine Nachbildung des Mariazeller Gnadenbildes.

Das rechte Seitenaltarbild zeigt – von den Figuren der hll. Petrus und Paulus flankiert – das Martyrium des hl. Stephan. Über dem Aufsatzbild (Gottvater) ist der Erzengel Gabriel dargestellt.

An der Kanzel von 1780 zeigen Reliefs die Bergpredigt und die weiblichen Symbolfiguren von Hoffnung und Liebe, auf dem Schalldeckel den Glauben, außerdem auch Putten und die Gesetzestafeln des Moses.

Weiters enthält die Kirche schöne Holzschnitzarbeiten des 18. Jahrhunderts: ein Kruzifix an der Südwand, ein Gnadenstuhl an der Nordwand, eine Madonna mit Kind am rechten Triumphbogenpfeiler, ein Schutzengel und hl. Anna an der Empore. Modern hingegen sind die Holzschnitzereien des hl. Judas Thaddäus, der hl. Therese von Lisieux und die Herz-Jesu-Darstellung.

Bemerkenswert sind auch der reliefgeschmückte Taufstein von 1663, die Ölgemälde der hl. Katharina und hl. Barbara (18. Jh.), der Vierzehn Nothelfer (zweite Hälfte 17. Jh.) und – in der Vorhalle – eine Marienfigur aus dem Jahre 1666 in einer neuen, bunten Fassung.

Ein wunderschöner Paramentenschrank aus dem 18. Jahrhundert, mit den Bildern des Heilands und der Evangelisten an den Türen, befindet sich in der Sakristei.

An der Nordwand der Kirche und an der Friedhofsmauer befinden sich schöne, alte Grabsteine aus dem 18. und 19. Jahrhundert. Vor der Kirchenstiege steht ein Steinkreuz von 1626, das von der Urbanikapelle (1734) im Weinberg stammt und hierher versetzt wurde.

Am Weinberg steht auch eine kleine Rochuskapelle von 1732 mit einer schönen Immaculata und volkstümlichen Barockfiguren der Pestheiligen.

Zu den zahlreichen Bildstöcken Siegendorfs zählen ferner eine Dreifaltigkeitssäule (Anfang 18. Jh.), ein Tabernakelpfeiler (1670) mit hl. Anna und Engeln, ein Ecce-Homo-Pfeiler von 1692, ein Bildstock mit dem hl. Joseph (1671) und ein Bildstock mit Glockenmadonna (Ende 17. Jh.).

Im Südwesten an Siegendorf angrenzend liegt *Zagersdorf,* das ebenfalls nach den Türkenkriegen mit Kroaten neu besiedelt werden mußte. Die kleine, Johannes d. T. geweihte katholische Pfarrkirche stammt aus dem 18. Jahrhundert und wurde bei der Restaurierung von 1978 mehrfach verändert und auch modern ausgestattet. Nur der Taufstein stammt noch aus dem 18. Jahrhundert, eine geschnitzte Muttergottes sogar aus der Mitte des 17. Jahrhunderts.

Etwa 3 km südlich von Siegendorf liegt der Grenzort *Klingenbach* mit einem Tabernakelpfeiler („Guter Hirte“) beim Zollhaus; er stammt aus dem 16. Jahrhundert und wird im Volksmund Schneiderkreuz genannt. Die neue, dem hl. Jakobus d. Ä. geweihte Pfarrkirche des Ortes wurde 1975 errichtet. Sie besitzt noch aus der früheren Kirche eine schöne Marienfigur auf einer Säule (um 1730) und ein steinernes Kommuniongitter von 1810. Die Pestsäule bei der Kirche, mit den Figuren der hll. Maria mit Kind, Rosalia, Rochus und Sebastian, stammt aus der Zeit um 1713.

Schließlich verdienen auch die östlich von Siegendorf (Zufahrt von der Straße nach St. Margarethen) liegenden bronzezeitlichen Hügelgräber, die 1970 entdeckt wurden, Beachtung. In der Art eines Freilichtmuseums wurden vier Grabhügel der Urnenfelderkultur (um 1200 v. Chr.) im „Siegendorf-Schuschenwald" zugänglich gemacht. Zurzeit ist ein Grabhügel dem Querschnitt nach geöffnet und die Brandbestattung augenscheinlich gemacht; davor steht eine Schautafel mit Plan und erklärendem Text. Die hier gemachten Funde sind im Landesmuseum von Eisenstadt zu sehen. Die archäologischen Grabungen werden derzeit (1983) noch fortgesetzt.

Siget in der Wart

Lage: Politischer Bezirk Oberwart; 6 km südöstlich von Oberwart am Zickenbach liegendes Breitangerdorf
Einwohnerzahl: 288
Sehenswert: Ortsbild

Der urkundlich Mitte des 14. Jahrhunderts erstmals erwähnte Ort war ursprünglich ein Grenzwächterdorf freier ungarischer Bogenschützen, die die Grenze gegen Österreich zu bewachen hatten und allesamt dem Kleinadelstand angehörten.

Im Dorf gibt es noch einige bemerkenswerte alte Bauernhöfe aus der Mitte des 19. Jahrhunderts, vielfach mit Laubengängen. Auch das evangelische Pfarrhaus besitzt einen schönen Arkadenhof. Das Haus Nr. 82 enthält eine volkskundliche Privatsammlung, die nach Voranmeldung (Tel. 03352/810501) besichtigt werden kann.

Die evangelische Pfarrkirche A. B. wurde 1792–1794 erbaut, ihr mit einem Spitzhelm bekrönter Turm besitzt schöne, spätbarocke Stuckdekorationen. Der Kanzelaltar der Kirche stammt aus der Zeit um 1800.

Unmittelbar benachbart steht die kleine katholische Filialkirche Heiliger Ladislaus, die schon im 14. Jahrhundert in romanischem Stil erbaut wurde (romanisches Rundbogenfenster in der Apsis), deren Schiff mit flacher Holzdecke aber vermutlich im 16. Jahrhundert erneuert wurde. Bei der Restaurierung von 1979 entdeckte man mittelalterliche Wandmalereien. Mittelalterlich ist auch die einfache Steinkanzel.

Bemerkenswert ist der barocke Schnitzaltar, in dessen reicher Rankenumrahmung die Schnitzfiguren der hll. Rochus und Sebastian und des Johannes Nepomuk und Ladislaus das Altarbild flankieren.

Stadtschlaining

Lage: Politischer Bezirk Oberwart; 7 km südöstlich von Oberwart am Westrand des Günser Gebirges liegender Marktort am Tauchenbach
Einwohnerzahl: 749 (Gemeindegebiet: 2 235)
Sehenswert: Burg; katholische Pfarrkirche; alte Synagoge, Häuser mit alten Gewölben

Zu Füßen der schon im 13. Jahrhundert auf einem Steilfelsen über dem Tauchenbachtal erbauten Burg entstand die spätmittelalterliche Stadt in der zweiten Hälfte des 15. Jahrhunderts. Sie wurde mit einer starken, bis zu 4 Meter hohen und mit Türmen und Basteien versehenen Wehrmauer umgeben, die teilweise heute noch erhalten ist.

Von den ursprünglichen Straßenzügen existiert noch die Lange Gasse (rundbogige Tore, Einfahrtsgewölbe, teilweise Hoflauben), die Baumkirchergasse (Häuser mit tonnengewölbten Einfahrten) und die Klingergasse. Fast alle dieser im Laufe der Zeit mehrfach umgebauten oder im 18. und 19. Jahrhundert erneuerten Häuser stehen noch auf Grundmauern des 15. Jahrhunderts. Baumkirchergasse und Lange Gasse münden in den Hauptplatz, dessen Häuser wie jene schon im 15. Jahrhundert entstanden; bemerkenswert die Hoflauben im Haus Nr. 12 sowie das Einfahrtsgewölbe und der Bogengang im Hof der Häuser Nr. 14/16.

Am Hauptplatz liegt auch der Zugang zu dem ehemaligen Haus des Rabbiners der schon seit dem 17. Jahrhundert hier ansässigen Judengemeinde; im Hinterhof befindet sich die im 19. Jahrhundert erbaute Synagoge, die kürzlich wieder zum Teil restauriert wurde.

Der Stadtbrunnen stammt aus dem Jahre 1857. Der achteckige Pfeiler der Rochussäule (am Rochusplatz) diente ursprünglich als Pranger; er stammt wahrscheinlich aus dem ehemaligen Paulinerkloster und ist möglicherweise noch gotischen Ursprungs; die kleine Rochusfigur stammt aus der Barockzeit.

Vor dem Verfall gerettet werden konnte die ehemalige Synagoge und das Haus des Rabbi in Stadtschlaining. Kunsthistorisch interessant ist die Form des zwischen Haus und Tempel liegenden Portals

Im Hof des Hauses Rochusplatz 2 befinden sich noch Architekturreste einer kleinen gotischen Kirche, die möglicherweise als Pfarrkirche diente, ehe sie von den Türken zerstört worden war.

An der Westecke der die Stadt dreieckig umgebenden Wehrmauer steht an der Stelle der ehemaligen „Weißen Bastei" (die in den Kirchenbau miteinbezogen wurde) die 1783–1787 in klassizistischem Stil errichtete evangelische Pfarrkirche A. B. Ihr Turm entstand 1846.

Der hohe, dreischiffige Saalbau ruht im Mittelschiff auf mächtigen, toskanischen Säulen, die Seitenschiffe werden durch Emporen in zwei Geschosse unterteilt. Der spätklassizistische Kanzelaltar stammt aus dem Jahr 1820.

Nördlich außerhalb der alten Stadtmauer liegt die im 15. Jahrhundert spätgotisch erbaute katholische Pfarrkirche St. Joseph neben dem ehemaligen, von Andreas Baumkircher ebenfalls im 15. Jahrhundert gegründeten Paulinerkloster, von dem noch Reste einer Kapelle und des Kreuzgangs – teilweise in den angrenzenden Häusern verbaut – erhalten sind.

Unter dem gotischen Sternrippengewölbe der Pfarrkirche von Stadtschlaining baut sich ein prächtig geschmückter Barockaltar auf

Der von einem Spitzhelm gekrönte Nordturm der Kirche wurde erst Mitte des 19. Jahrhunderts errichtet; das Treppentürmchen an der Nordwestecke ist hingegen noch mittelalterlichen Ursprungs.

In dem Bogenfeld über dem gotischen Kirchenportal ist das Wappen des Kloster- und Kirchengründers Andreas Baumkircher zu sehen.

Anfang des 18. Jahrhunderts erhielt das gotische Kirchenschiff ein neues, weitmaschiges Netzrippengewölbe; gotisch ist hingegen noch die dreiachsige Orgelempore (die kleine Barockorgel wird von einer Figur des Königs David geschmückt) über einem Kreuzrippengewölbe mit einem Schlußstein, der ebenfalls das Baumkircherwappen zeigt.

Ein prächtig profilierter spitzbogiger Triumphbogen führt in den langen Chor, der ein feines gotisches Sternrippengewölbe besitzt. Maßwerk und Rippen sind aus Terrakotta.

Die schöne barocke Innenausstattung stammt aus dem 18. Jahrhundert. Der Hochaltar bedeckt die ganze dreigeschossige Wand und besitzt ein reiches Gebälk mit Sprenggiebel und einen von Säulen getragenen Aufsatz mit der Figurengruppe der Hl. Dreifaltigkeit. Das Altargemälde des hl. Joseph und das Aufsatzbild der Muttergottes werden – ebenso wie auch die Altarbilder der Seitenaltäre – Johann Cyriak Hackhofer (1675–1731) zugeschrieben. Zwischen den Säulen stehen die überlebensgroßen Figuren des hl. Joachim, der hl. Anna, der hl. Katharina und der hl. Barbara.

Die Altarbilder der ebenso reich gegliederten barocken Seitenaltäre an der Triumphbogenwand zeigen links die Verkündigung Mariens (am Aufsatz hl. Hieronymus) und rechts die Hl. Drei Könige (am Aufsatz eine Ordensheilige). Die seitlichen, weiß gefaßten Heiligenfiguren am linken Altar stellen die Kirchenväter Ambrosius und Augustinus, am rechten Johannes Nepomuk und Leonhard (oder einen anderen heiligen Bischof) dar.

Die wundervolle Kanzel (um 1730; unbekannter Meister) ist mit den Sitzfiguren der Evangelisten und mit Putten geschmückt, auf dem Schalldeckel rankt sich eine monumentale Auferstehungsgruppe mit Engeln, drei schlafenden Grabwächtern und dem in einer Wolkenmandorla aufschwebenden Christus in die Höhe.

Das siebenkantige, granitene Taufbecken stammt noch aus gotischer Zeit (1512).

Auf dem Gelände des alten (aufgelassenen) Friedhofs steht der im 19. Jahrhundert erbaute und 1976 restaurierte Pfarrhof.

Die hoch über der Stadt thronende, urkundlich schon im 13. Jahrhundert „Zlaynuk“ genannte mittelalterliche Burg war bis 1289 im Besitz der Güssinger Grafen, ehe sie vom Babenbergerherzog Albrecht I. von Österreich erobert wurde. Im Frieden von Hainburg (1291) kam sie an Ungarn zurück und ging nach der Niederwerfung der Güssinger 1327 in königlichen Besitz über. Nach mehrmaligem Besitzerwechsel übernahm sie 1445 Kaiser Friedrich III. und schenkte sie seinem treuen Gefolgsmann, dem Ritter Andreas Baumkircher (auch Paumkircher; Paumkirchner), der sie renovieren, erweitern und fürstlich ausstatten ließ. Später aber stellte sich Baumkircher in die Dienste des Ungarnkönigs Matthias Corvinus, für welchen Verrat ihn der Kaiser 1471 hinrichten ließ. Im 16. Jahrhundert übernahm die

Familie Batthyány die Burg. Seit 1979 steht sie wieder unter der Verwaltung des Landes Burgenland.

Eine lange Brücke über den breiten Burggraben (davor Figuren des hl. Johannes Nepomuk und der hl. Maria, beide 1752) führt zum ersten Burgtor (1648) mit dem Wappenrelief der Batthyány und Maske mit Fruchtgehänge. Über einen weiteren Graben erreicht man einen zweiten Torbau mit dem Wappen Baumkirchers und der Stubenberg. Beide Torbauten waren einst nur über Zugbrücken zu erreichen. Es folgt der von Mauern umschlossene Zwinger. Durch die gewölbte Durchfahrt (in einer Nische ein kleiner römischer Sandsteinkopf aus dem 2./3. Jh. n. Chr.) gelangt man in den Großen Burghof, der an seiner Westseite von einem breiten Mauergürtel mit Obergeschoß und an seiner Ostseite von einem Wehrgang (schöne Aussicht) begrenzt wird.

Der viereckige Wehrturm, dessen Unterbau noch in gotische Zeit zurückreicht, wurde im 17. Jahrhundert erhöht und noch später mit einer Dachhaube abgeschlossen. Ein etwa 90 Meter tiefer Schacht führt in seinem Innern in die Tiefe.

Zwischen dem Wehrturm und dem mächtigen, mittelalterlichen, runden Bergfried (im 15. Jahrhundert erhöht, im 17. Jh. mit einer offenen Kanonenhalle verstärkt, darüber ein Runddach), der bis zu 5 Meter dicke Mauern besitzt, erstreckt sich ein dreistöckiger Wohntrakt aus dem 18. Jahrhundert.

Über eine dritte Brücke, die über einen tiefer gelegenen Hof führt (Kern der mittelalterlichen Burg mit romanischem Gewölbe), gelangt man in den inneren Burghof („Schwarzer Hof“) mit den eigentlichen Wohntrakten. Vor dem Eingang ist links, an der Wand des Bergfrieds, ein hoher Gedenkstein eingelassen, der Andreas Baumkircher in Ritterrüstung mit Standarte und Wappen (1450) zeigt; die Inschrift daneben lautet (übersetzt): „Ich, Andreas Paumkircher aus Schlaining, Burggraf von Preßburg, habe dieses großartige Werk stärkster Mauern aufrichten lassen. Begonnen im Jahre des Herrn 1450.“

Durch den „Schwarzen Hof“ gelangt man zum Palas. Unter dem Osttrakt sind noch riesige, gewölbte Keller aus dem 13. Jahrhundert erhalten. Die früher gotische Burgkapelle wurde im 17. Jahrhundert umgestaltet und besitzt einen schönen Säulenaltar mit hohem Aufsatz (erste Hälfte 18. Jh.); das Altarbild zeigt eine Anbetung der Hirten, das Aufsatzbild den hl. Joseph (J. C. Hackhofer zugeschrieben). Zahlreiche ehemalige Wohnräume und Prunkräume (im Zwischen- und Obergeschoß), hauptsächlich aus dem 17. und 18. Jahrhundert, besitzen noch schöne Stuckdecken. Viele von ihnen sind heute museal eingerichtet.

Besichtigt werden können eine kostbare, umfangreiche Sammlung von Kleingegenständen aus Kunsteisenguß, ferner alte Waffen,

Bauernmöbel, Jagdtrophäen, verschiedene Erinnerungsstücke aus dem 18. und 19. Jahrhundert u. a. Hier finden auch Sonderausstellungen statt. Die Burg ist von Ostern bis Ende Oktober täglich außer Montag von 9–12 und 13–17 Uhr offen.

Stadtschlaining im Süden benachbart ist das vom Tauchenbach durchflossene und unterhalb der Burg liegende Straßendorf *Altschlaining* (im 16. Jh. gegründet). Knapp 2 km weiter südlich und ebenfalls noch zur Gemeinde Stadtschlaining gehörend liegt das Schmalangerdorf *Neumarkt im Tauchental.*

Der Ort wurde schon 1289 als Niclastuern („Niklasturm") urkundlich erwähnt. Im 16. Jahrhundert nahm die alte deutsche Ansiedlung auch Kroaten auf.

Die katholische Pfarrkirche St. Nikolaus (15. Jh.) steht möglicherweise an der Stelle der 1289 erwähnten Wehrkirche „Niklasturm", worauf die alten Bauteile im Untergeschoß des Turmes hinweisen. Sein von einem Zwiebelhelm bekrönter oberer Teil stammt aus dem Jahre 1788. Im Turm sind auch zwei Römersteine aus dem 2. Jahrhundert n. Chr., einer mit einer Grabinschrift, der andere (dazugehörende) mit einem Figurenrelief (Mann in römischer Tracht und zwei Frauen mit Halsschmuck, die Eltern und Tochter darstellend) eingemauert. Einen dritten Römerstein aus der gleichen Zeit kann man in der Turmvorhalle sehen: Dargestellt ist Perseus, der – vom Schild der Athene geschützt – die Medusa enthauptet.

Vom mittelalterlichen Kirchenbau des 15. Jahrhunderts sind noch die Langhausmauern und der Chor erhalten. Die Kirche wurde 1778 neu gewölbt. Sie besitzt einen schönen barocken Säulenaltar (1744) mit einem Altarbild des hl. Nikolaus und Aufsatzbild Krönung Mariens. Die Seitenfiguren stellen Petrus und Paulus sowie die hl. Barbara und hl. Katharina dar. Aus der Zeit um 1771 stammen die einfachen Seitenaltäre, links mit Bild des hl. Johannes Nepomuk (davor Statue Maria mit Kind, 1697), rechts mit Bild des hl. Patricius. Auf der Kanzel (Ende 18. Jh.) sind die vier Evangelisten dargestellt. Bemerkenswert sind auch die holzgeschnitzten Figuren des hl. Paulus und hl. Florian auf Rokokosockeln (um 1780) sowie eine geschnitzte Figurengruppe (Pietà, hl. Maria Magdalena und hl. Johannes) aus der zweiten Hälfte des 17. Jahrhunderts.

Nördlich von Stadtschlaining liegen zwei hübsche, kleine Straßendörfer: Goberling und Neustift bei Schlaining. In *Goberling* (einem schon im 13. Jh. genannten Ort an dem mittelalterlichen Verkehrsweg „Via magna") ist die hoch über dem Ort liegende ehemalige katholische Filialkirche hl. Elisabeth (seit 1957 evangelische Filialkirche) bemerkenswert. Die kleine Kirche besitzt noch einen mittelalterlichen Kern (13. Jh.), auch ein romanisches Schlitzfenster in der Apsis und ein vermauertes romanisches Rundbogenfenster in der Südwand. Bei der Restauration von 1959 wurden in der Apsis auch Freskenfragmente aus dem Anfang des 14. Jahrhunderts (Christus in der Mandorla und Evangelistensymbole; Johannes d. T.; Heiligenfries) aufgedeckt.

In *Neustift bei Schlaining* verdient das 1869 unter Verwendung älterer Bauteile als romantisches Schlößchen mit zinnenbekröntem Turm erbaute Verwalterhaus des nahen Antimon-Bergwerks („Werkschlößl") Beachtung.

Handschriftliche Aufzeichnung aus der Bergwerksgemeinde bei Schlaining (19. Jh.):

Über das Neugeborene:

Die Kindbetterin legt, um die Hexen vom Neugeborenen abzuwehren, ein Buch unter ihr Kissen oder ein Stück Eisen unter ihr Bett. Die Wöchnerin blickt in keinen Spiegel, denn sie fürchtet dann dem Teufel ins Gesicht zu sehen; auch das Kind läßt sie nicht hineinschauen, damit es nicht feig werde. Das Wäschewechseln kann gleichfalls Unheil stiften. Hat das neugeborene Kind Zähne, so zieht man sie ihm aus. In das erste Bad wird Milch gemischt, das macht das Kind schön. Ein Kind darf man nicht zum Fenster hinausreichen, sonst haschen es die Bösen; wenn man über eines hinwegschreitet, wächst es nicht. Während des ersten Jahres wird das Kind nicht gekämmt und gebürstet, da es sonst an Kopfweh leiden wird; schneidet man ihm das Haar, so wird es dickköpfig. Trifft es der Regen, so kriegt es Sommersprossen. Die Nägel werden ihm nicht abgeschnitten, sondern abgekaut, weil es sonst diebische Hände kriegt. Entwöhnt wird es am besten im Fasching, damit es stets lustig sei. Verzehrt das Kind einen Schweinsrüssel, so wird es im Alter alles umwerfen und zerbrechen. So viel Schritte das Mädchen mit einem bloßen Fuß tut, so viele Jahre wird es auf einen Freier warten müssen; der Knabe bekommt ebenso oft die Rute. Wenn das Kind als erste Fleischspeise Vogelfleisch ißt, kriegt es eine gute Stimme.

Anton Herrmann, 1896

Stegersbach

Lage: Politischer Bezirk Güssing; 18 km nordwestlich von Güssing bzw. 18 km südlich von Oberwart am Strembach liegender Marktort
Einwohnerzahl: 2 503
Sehenswert: Alte und neue Pfarrkirche; ehemaliges Kastell Batthyány mit Landschaftsmuseum Südliches Burgenland

Eine Burg oder einen befestigten Rittersitz muß es in Stegersbach schon im 13. Jahrhundert gegeben haben, da eine Eroberung durch Herzog Albrecht I. von Österreich im Jahre 1289 urkundlich erwähnt wird.

An seiner Stelle entwickelte sich später ein Kastell, das 1588 wieder erwähnt wird. Von diesem aus mehreren Bauten bestehendes Kastell ist heute noch ein zweigeschossiger Bau erhalten, der allerdings seine heutige Gestalt mit den prächtigen Arkadengängen erst im 17. Jahrhundert unter den Batthýany erhielt.

Seit 1969 ist in dem ehemaligen Kastell das „Landschaftsmuseum Südliches Burgenland“ untergebracht. In sieben größeren Ausstellungsräumen sind Exponate zur Geologie (mit Mineralien, Fossilien, Reliefkarte des südlichen Burgenlandes), Biologie, Archäologie (Bodenfunde seit der jüngeren Steinzeit), Geschichte (mit bemerkenswerten alten Waffen), Volkskunde (mit Hausgeräten und Modell einer Bauernstube), Kunsthandwerk und Volkskunst (Textilien, Trachten, Keramiken, Glaswaren u. v. a.) ausgestellt. Das Museum ist von Ostern bis Oktober täglich außer Montag von 9–12 und 13–17 Uhr geöffnet. Im Kastellkeller finden Ausstellungen und kulturelle Veranstaltungen statt.

Bemerkenswert in ihrer Originalität ist die 1974 geweihte neue katholische Heiliggeist-Pfarrkirche, ein hypermoderner Stahlbetonbau in der Form einer aufsteigenden Rundtreppe oder Spirale („Himmelsstiege“). Die alte, dem hl. Ägidius geweihte Pfarrkirche (sie steht an der Stelle einer früheren gotischen Wehrkirche) stammt aus dem 17. Jahrhundert, wurde 1756 erweitert und erhielt Ende des 18. Jahrhunderts ihre schöne Barockausstattung mit prunkvollem Hochaltar und ebensolchen Seitenaltären. Bemerkenswert ist das Hochaltarbild des hl. Ägidius, das von den Figuren der hll. Petrus und Paulus flankiert wird.

Auf dem Anger steht eine kleine Antoniuskapelle, ein kuppelgekrönter Rundbau im klassizistischen Stil (1796), der nach einem Brand 1874 wiederhergestellt und zuletzt 1975 restauriert wurde.

In der Umgebung des Ortes finden sich mehrere Kapellenbildstöcke des 19. Jahrhunderts.

In dem südlich an Stegersbach angrenzenden *Bocksdorf* steht eine

Die moderne katholische Pfarrkirche von Stegersbach besitzt die Form einer ansteigenden Rundtreppe oder Spirale

schöne, der hl. Anna geweihte Spätbarockkirche (1779) mit hohem Turm.

Etwa 7 km weiter südlich (am Weg nach Güssing) liegt das Dreiecksangerdorf *Sankt Michael im Burgenland* mit weithin sichtbarer, dem Erzengel Michael geweihter katholischer Pfarrkirche von 1778, die 1931 durch einen Zubau vergrößert wurde. Sie ist wegen ihrer reichhaltigen Wandmalereien (Darstellungen aus dem Alten und Neuen Testament) aus dem Jahre 1933 bemerkenswert.

Eine kleine Marienkapelle stammt aus dem Jahre 1853, eine Mariensäule wurde um 1900 errichtet.

Knapp 5 km nordöstlich von Stegersbach liegt *Olbendorf,* das einst eine Burg der Güssinger besaß, die 1283 im Zuge der „Güssinger Fehde" zerstört wurde. Heute kennzeichnet nur mehr ein Burgstall ihre Lage (etwa 400 Meter westlich der Kirche).

Die katholische Pfarrkirche St. Laurentius (18. Jh.) besitzt schöne Barockaltäre und eine barocke Kanzel aus dem 18. Jahrhundert. Am Triumphbogenpfeiler ist eine Säule mit Gnadenstuhl (erste Hälfte 18. Jh.) bemerkenswert.

Steinberg-Dörfl

Lage: Politischer Bezirk Oberpullendorf; 4 km südwestlich von Oberpullendorf, an der Rabnitz liegende Gemeinde, bestehend aus der Mehrstraßensiedlung Steinberg an der Rabnitz und dem nördlich benachbarten Straßendorf Dörfl, wo der Edlaubach in die Rabnitz mündet
Einwohnerzahl: 1 327
Sehenswert: Pfarrkirche von Steinberg; charakteristisches Ortsbild Dörfl

Steinberg ist eine Fundstätte jungsteinzeitlicher Geräte, die auf eine frühe Besiedlung dieser Gegend hinweisen. Urkundlich wird der Ort schon 1223 genannt, eine bereits damals vorhandene Burg wurde um 1290 zerstört. Sie könnte sich auf dem nördlichen Gipfel des von der Rabnitz umflossenen, etwa 350 m hohen Höhenrückens bei Dörfl befunden haben, der heute noch den Namen „Burgstall" trägt.

Im 16. Jahrhundert wird der Ort als Markt erwähnt. Er war auch als eine Ansiedlung von Hafnerfamilien bekannt, die dem Ort ein gewisses Ansehen verliehen.

Die katholische Pfarrkirche des hl. Wenzel ist ein klassizistischer Bau mit schönen Portalen aus dem dritten Viertel des 18. Jahrhunderts und einem schlanken Turm (1974 restauriert), den ein glockenförmig gewölbter Helm krönt.

Bemerkenswert ist die Inneneinrichtung, vor allem der Hochaltar von 1785 mit einem Altarbild, das das Martyrium des hl. Wenzel darstellt. Das von einem Pilasteraufbau umrahmte Bild wird von den Figuren des hl. Stephanus und des hl. Antonius flankiert. Eine sehenswerte Silberarbeit ist der dreieckige Ewig-Licht-Leuchter, eine Silberampel mit Rocaillen aus der Zeit um 1760. Der rechte Seitenaltar (um 1785) ist dem hl. Johannes Nepomuk geweiht, dessen Figur im Aufbau zu sehen ist. Aus der gleichen Zeit stammt der linke Seitenaltar mit einer Lourdesgrotte. Die Kanzelreliefs am Korb zeigen die Schlüsselübergabe, die Heimkehr des verlorenen Sohnes und den Paulussturz; auf dem Schalldeckel die Figur des Guten Hirten.

Von der Unteren Hauptstraße Steinbergs gelangt man in die obere Hauptstraße von *Dörfl,* mit charakteristischen Bauernhöfen, mehreren alten Dorfbrunnen und einer alten Schmiede. Die Ruinen eines alten Kastells aus dem Jahre 1592 wurden in den fünfziger und sechziger Jahren abgerissen.

Die erhöht stehende, spätbarocke Filialkirche St. Michael (Ende 18. Jh.) besitzt eine schöne Inneneinrichtung aus dem 18. Jahrhundert, unter anderem einen hohen Säulenaltar mit einem im Oberteil befindlichen Ölgemälde, das die hl. Maria mit Schwert zeigt, eine Kanzel mit den Evangelistenfiguren, ein Kruzifix und eine barocke Marienfigur.

Die Maria-Lourdes-Kapelle an der Kirchenstiege wurde 1896 errichtet. Die Johannes-Nepomuk-Kapelle im Ort stammt aus dem 18. Jahrhundert.

Westlich von Dörfl liegt die Wallfahrtskapelle Maria Bründl (1720); die Marienstatue wurde 1677 gestiftet, das Gnadenbild an der Rokokoaltarwand 1969 restauriert. Neben der Wallfahrtskapelle steht eine kleine barocke Beichtkapelle mit einem Altarbild der Sieben Schmerzen Mariens.

Steinbrunn

Lage: Politischer Bezirk Eisenstadt-Umgebung; 8 km westlich von Eisenstadt bzw. 4 km südöstlich von Neufeld an der Leitha, nahe an der niederösterreichischen Grenze liegendes Breitangerdorf. Etwa 2 km westlich des Ortes liegt der Steinbrunnersee (Badesee)
Einwohnerzahl: 1 985 (zusammen mit dem eingemeindeten Nachbardorf Zillingtal)
Sehenswert: Katholische Pfarrkirche

Archäologischen Forschungen zufolge war das Gebiet um Steinbrunn schon ein jungsteinzeitlicher Siedlungsboden (Badener Kultur). Eine Siedlungskontinuität bestand auch von der Römerzeit bis zum Mittelalter.

Die erste urkundliche Erwähnung des Ortes geschah 1271. In den Jahren 1529 und 1532 wurde es von den Türken zerstört und danach mit kroatischen Wehrbauern neu besiedelt. Auch 1683 verwüsteten die Türken den Ort. 1958 wurde der ursprüngliche Ortsname *Stinkenbrunn,* der darauf hinweist, daß das aus den Dorfbrunnen stammende Wasser ungenießbar sei, in den Namen Steinbrunn geändert.

Auf einem Hügel über dem Ort steht die bereits 1359 erwähnte Pfarrkirche Zum Heiligen Kreuz, die kurz nach ihrer Zerstörung von 1683 wieder neu errichtet wurde. Von der ursprünglichen Kirche ist nur mehr der gotische Kern mit Mauern und Strebepfeilern erhalten.

Die frühbarocke Innenausstattung stammt großteils aus dem Ende des 17. Jahrhunderts, so die Kanzel (mit Figuren der vier Evangelisten; auf dem von zwei Engeln getragenen Schalldeckel die vier Kirchenväter), der Hochaltar (1687) und der Taufstein.

Am Hochaltar stehen (unten) die schönen Schnitzfiguren des hl. Franziskus und des hl. Antonius sowie (oben) des hl. Petrus und des hl. Paulus. Der Tabernakel wurde um 1780 gefertigt, die gekrönte Marienfigur auf dem Podest rechts vom Hochaltar stammt aus der Zeit um 1700.

In dem Friedhof, der an die Pfarrkirche angrenzt, steht ein kleiner, teils unterirdischer, sechseckiger Karner mit halbrunder Rückwand. Eingemauert sind Teile alter Grabsteine. Das Relief des Gekreuzigten über der Mitteltür stammt aus der Mitte des 17. Jahrhunderts.

Im Ort sind die (restaurierte) Mariensäule von 1680 mit den Figuren der Heiligen Antonius, Rochus, Rosalia und Anna sowie die (ebenfalls restaurierte) Antoniussäule von 1730 bemerkenswert. Auch in der Umgebung des Ortes findet man schöne alte Bildstöcke (Pestsäulen).

An der Stelle der 1965 neu erbauten Josephskapelle stand ursprünglich ein spätbarocker Vorgängerbau, aus dem das Kruzifix an der Altarwand und die Figurengruppe des hl. Joseph mit Kind an der Rückwand (beide 18. Jh.) übernommen wurden.

Das Wirtshaus neben der Kirche besitzt über dem Portal noch ein mit 1672 bezeichnetes originelles Hauszeichen-Relief.

Das ehemalige kleine Jagdschloß (Fasanerie) der Esterházy (Ende 18. Jh.) erhielt bei der Restaurierung von 1975 eine vereinfachte Fassadengliederung.

Etwa 3 km weiter südlich liegt an der Straße nach Pöttsching das eingemeindete Straßendorf *Zillingtal,* das die Geschichte Steinbrunns, seine Türkeneinfälle und Kroatenbesiedlung, teilt. Bei archäologischen Grabungen stieß man auf ein awarisches Gräberfeld aus dem 8./9. Jahrhundert. Grabungsfunde beweisen auch die Besiedlung des Ortes zur Jungsteinzeit und der Hallstattzeit bis zur Römerzeit.

Die im alten, ummauerten Friedhof am Dorfrand erhöht stehende katholische Pfarrkirche, dem hl. Petrus und hl. Paulus geweiht, wurde Mitte des 17. Jahrhunderts an der Stelle einer wesentlich älteren Kirche erbaut, 1683 von den Türken zerstört und 1696 mit einem neuen Gewölbe wiederhergestellt. Ein Umbau erfolgte 1747, aus dieser Zeit stammt auch der von einem steinernen Pyramidenhelm gekrönte Westturm.

Die Innenausstattung der großen Barockkirche stammt hauptsächlich aus dem 18. Jahrhundert. Die Seitenfiguren des prächtigen Hochaltars stellen die heiligen Ungarnkönige Stephan und Ladislaus dar, ferner die hl. Elisabeth und die hl. Barbara. Das Altarbild zeigt die Schlüsselübergabe an Petrus. Bemerkenswert sind ferner der Rokokotabernakel und die beiden Seitenaltäre; das Ölgemälde am linken Altar stellt den Tod des hl. Joseph, jenes am rechten Altar den hl. Johannes Nepomuk dar; am Aufsatz dessen Zunge, von einem Strahlenkranz umgeben, davor eine Herzmarienfigur.

Die Reliefdarstellungen an der Kanzel zeigen den Guten Hirten, den Sturz und die Bekehrung des hl. Paulus.

Mit Ausnahme einer Madonna mit Kind (um 1700) stammen auch die geschnitzten Heiligenfiguren an den Pilastern des Schiffs (Joseph,

Sebastian, Florian) und das große Kruzifix aus dem 18. Jahrhundert. Die Kreuzwegbilder, dem 19. Jahrhundert zuzuordnen, sind in der Art von Votivbildern gemalt.

Bei der Kirche steht ein Bildstock mit dem hl. Johannes Nepomuk (Ende 18. Jh.), oberhalb von ihr ein weiterer Bildstock „Christus in der Rast“ mit der Jahreszahl 1663. Unterhalb der Kirche wurde auf einer alten Bildstocksäule des 17. Jahrhunderts eine neue Figur des hl. Florian angebracht. Das Wegkreuz in der Allee vor der Kirche wurde 1818 aufgestellt. Aus der Mitte des 18. Jahrhunderts stammt die Dreifaltigkeitssäule am östlichen Ortsende. In der Umgebung gibt es noch zahlreiche weitere Bildstöcke, zum Teil noch aus dem 17. Jahrhundert, deren Figuren aber entweder sehr verwittert sind oder später erneuert wurden.

Der ehemalige barocke Meierhof (18. Jh.) der Esterházy am westlichen Ende der Hauptstraße wurde zum Wohnhaus umgestaltet. Möglicherweise stand an dieser Stelle ein mittelalterlicher Ritterhof, der zwar urkundlich erwähnt, aber nicht mehr feststellbar ist.

Abschließend soll noch auf das Naturdenkmal „Sandgrube Steinbrunn“ hingewiesen werden, das sich knapp 3 km nördlich von Steinbrunn (Zufahrt von der Landstraße Müllendorf – Neufeld an der Leitha) befindet. Die Sandgrube ist wegen ihres geologischen Aufschlusses ein gutes Studienobjekt. Eine Schautafel mit erklärendem Text steht daneben.

Stinatz

Lage: Politischer Bezirk Güssing; 24 km nordwestlich von Güssing bzw. 14 km südlich von Oberwart auf einer Anhöhe liegendes Straßendorf östlich der Lafnitz, nahe an der steirischen Grenze
Einwohnerzahl: 1 348
Sehenswert: Heimathaus

Der erst 1576 gegründete und mit Kroaten besiedelte Ort besitzt noch alte Bauernhöfe, unter denen das „Heimathaus Stinatz“ herausragt. Der Holzblockbau stammt aus der Zeit kurz nach 1800 und wurde 1975 aus der Brunnenstraße an seine heutige Stelle am südöstlichen Ortseingang versetzt; im Hof sind auch noch eine alte Scheune und ein Kitting (altertümlicher Blockbauspeicher für die Feldfrucht, mit Spitztonnengewölbe) zu sehen, der aus Oberschützen hierher versetzt wurde. Das Heimathaus ist mit volkskundlichem Inventar eingerichtet und ganzjährig nach Voranmeldung (Tel. 03358/2433) zu besichtigen.

Die große katholische Pfarrkirche St. Petrus und Paulus aus dem 19. Jahrhundert wurde 1971 umgebaut und verändert. Sie besitzt eine bemerkenswerte Muttergottesstatue aus der Zeit um 1700. Die Altäre der Kirche stammen aus dem 19. Jahrhundert.

Knapp 2 km weiter östlich liegt das vom Strembach durchflossene *Litzelsdorf,* in dem es ebenfalls noch charakteristische Bauernhöfe mit schönen Hoflauben gibt. Am Keller des Hauses Nr. 24 ist eine römische Inschrifttafel aus dem 1. Jahrhundert angebracht. Bemerkenswert ist auch das Biedermeierhaus (Nr. 92) aus dem Jahr 1822. Ein Bildstock mit steinerner Marienfigur stammt aus dem 18. Jahrhundert.

Von einer mittelalterlichen Burg, die sich etwa 2 km nordwestlich von Litzelsdorf am sogenannten Burgstall-Anger befunden hat, ist heute – mit Ausnahme einer Erdaufschüttung (ehemalige Wallanlage mit Graben) – nichts mehr vorhanden.

Die katholische Pfarrkirche St. Leonhard (1823) liegt hoch über dem Dorf und besitzt schöne Altäre aus dem 19. Jahrhundert und geschnitzte Heiligenfiguren (hl. Rochus und hl. Leonhard am Seitenaltar; Immaculata-Statue; hl. Judas Thaddäus am Triumphbogenpfeiler) aus dem 18. Jahrhundert. Die gemalten Kreuzwegstationen stammen aus der Zeit um 1764.

Bemerkenswert im Ort sind auch die in der ersten Hälfte des 18. Jahrhunderts erbaute und im 19. Jahrhundert veränderte Patriciuskapelle und die hinter der Kapelle stehende Dreifaltigkeitssäule (um 1757) sowie die bei den Berghäusern liegende Dreifaltigkeitskapelle (1798).

Stoob

Lage: Politischer Bezirk Oberpullendorf; 4 km nördlich von Oberpullendorf am Stooberbach gelegenes langgestrecktes Straßendorf
Einwohnerzahl: 1 368
Sehenswert: Bergkirche

An dem östlich des Ortes vorbeifließenden Goberlingbach lag einst eine römische Siedlung. Der heutige Ort, der 1229 erstmals urkundlich erwähnt wurde, ist seit dem 17. Jahrhundert als Zentrum des Hafnerhandwerks bekannt. Im 19. Jahrhundert wurden noch in jedem zweiten Haus des Ortes Hafnerwaren erzeugt.

Heute befindet sich in Stoob die Landesfachschule für Keramik. Das Töpferhandwerk wird hier auch für Sommergäste in Hobbykursen gelehrt. Die großen „Plutzer", die hier erzeugt werden, dienen nicht nur zum Aufbewahren, sondern auch zum Kühlhalten von Getränken. An beiden Ortseingängen stehen solche große Tongefäße als Wahrzeichen. In der Hauptstraße Nr. 85–87 befindet sich ein Töpfereimuseum mit altem Brennofen. Neben der Hauptstraße zeigt auch die Blumengasse noch schöne Häuserzeilen mit einfachem Fassadenschmuck aus dem Ende des 19. Jahrhunderts.

Mittelpunkt des Ortes ist ein freistehender Glockenturm von 1786, der zur abgebrochenen Toleranzkirche gehörte; die heutige evangelische Pfarrkirche A. B. wurde 1961 erbaut, während das evangelische Pfarrhaus (bemerkenswerter Säulenportikus) noch aus dem 18. Jahrhundert stammt.

Ein Neubau (1959) ist auch die Johannes d. T. geweihte katholische Pfarrkirche.

Bemerkenswertester Bau von Stoob ist die in beherrschender Lage über dem Ort liegende, 1979 restaurierte romanische Bergkirche (ehemalige Pfarrkirche) aus dem 13. Jahrhundert mit Resten von Christus- und Apostelfresken aus der Zeit um 1230. Beachtenswert ist auch die Kreuzigungsgruppe (Jesus und zwei Schächer) an der südlichen Außenwand, eine Grödentaler Schnitzarbeit von 1891. Rund um den Kirchenhügel liegen malerisch die Kreuzwegkapellen mit modernen Tonreliefs.

Weiters gibt es im Ort eine kleine Pestkapelle von 1737, die den Pestheiligen Sebastian, Rochus und Rosalia geweiht ist. Die Dreifaltigkeitssäule wurde 1886 errichtet.

Stotzing

Lage: Politischer Bezirk Eisenstadt-Umgebung; 10 km nördlich von Eisenstadt am Nordrand des westlichen Leithagebirges, nur 3 km von Loretto entferntes Angerdorf und ehemaliger Wallfahrtsort
Einwohnerzahl: 709
Sehenswert: Katholische Pfarrkirche

Der Ort wurde 1583 von dem schwäbischen Adeligen Rupprecht von Stotzingen gegründet, dessen Namen er heute noch trägt. Es wird angenommen, daß hier die im 13. Jahrhundert urkundlich erwähnte Burg Roy (oder Row) stand, die um 1419 geschleift wurde.

Im 17. Jahrhundert entstand in Stotzing ein Kloster, das aber 1683 von den Türken zerstört, 1760 neu erbaut, aber 1787 durch Joseph II. aufgehoben wurde.

In der Nähe der gleichfalls von den Türken zerstörten Kirche fand 1713 ein Bauer beim Ackern eine seit 1683 vergrabene Marienstatue aus der Zeit um 1640, die bald als Gnadenbild verehrt und 1745 auf den Hochaltar der inzwischen neu erbauten Pfarr- und Wallfahrtskirche übertragen wurde. Wie im benachbarten Loretto war es auch hier der Servitenorden, der Kirche und Kloster betreute.

Die barocke katholische Pfarrkirche ist dem hl. Johannes d. T. geweiht und besitzt eine massige Einturmfassade mit reicher Steinverzierung (Kapitelle, Vasen, Voluten); im Giebelaufbau steht in einer Mittelnische eine steinerne Muttergottesfigur; darunter befindet sich eine Wappenkartusche mit Monogramm des Servitenordens.

Das Innere der Kirche besitzt einen saalartigen Grundriß, der ursprünglich (1610) kreisförmig angelegt, aber nach ihrem Wiederaufbau 1745 durch den Einbau von vier mächtigen Pfeilern zu einer griechischen Kreuzform umgestaltet wurde.

Der Hochaltar (1751) ist ein Meisterwerk des Steinmetzen Elias Hügel aus Kaisersteinbruch. In dem von korinthischen Säulen flankierten Mittelbogen thront das schon oben erwähnte Gnadenbild der Muttergottes unter einem von Putten belebten Baldachin. Die aus Kalkstein gearbeitete Marienfigur soll sich früher am „Purbacher Kreuz" befunden haben, das heute noch in Loretto, an der Straße nach Stotzing, erhalten ist. Zu beiden Seiten des Gnadenbildes stehen die lebensgroßen Schnitzfiguren von Johannes d. T. und Johannes Ev. Bemerkenswert ist auch der reichverzierte weiß-goldene Tabernakel mit Abendmahlrelief. Seitlich des Hochaltars hängen zwei Leidensbilder aus dem 17. Jahrhundert: Geißelung und Entblößung Christi.

Auch die beiden prunkvollen Seitenaltäre stammen aus dem Jahr 1751. Der rechte Georgsaltar (Altarbild des hl. Georg, der den Drachen besiegt) wird von den Schnitzfiguren der Servitenheiligen Franziskus Patrizi und Joachim Piccolomini flankiert. Das kleine ovale Retabelbild darunter zeigt die Muttergottes.

Am Altarbild des linken Seitenaltars ist eine Pietà mit den sieben Gründern des Servitenordens dargestellt. Die seitlichen Schnitzfiguren stellen die hl. Serviten Johannes Angelus und Peregrinus Laziosi dar. Im Aufsatz ist eine reiche Gruppe von Putten mit Leidenswerkzeugen Christi zu sehen. Beide Seitenaltarbilder wurden nach Skizzen von Michelangelo Unterberger gefertigt.

Die Kanzel, ein prächtiges Schnitzwerk aus der Mitte des 18. Jahrhunderts, ist dem hl. Philippus Benitius gewidmet, dessen Figur den Schalldeckel krönt; am Kanzelkorb stellen Reliefs Szenen aus dem Leben des Heiligen dar: Maria überreicht ihm das Skapulier, Philippus wird mit Steinen beworfen, Spötter des Philippus werden vom Blitz getroffen.

Bemerkenswert ist auch die Schnitzfigur des hl. Sebastian aus der Mitte des 18. Jahrhunderts.

In der Beichtkapelle existiert noch das (erneuerte) „Heilige Grab", eine kulissenförmige, barocke Anlage aus der Erbauungszeit.

Das an die Kirche angrenzende Klostergebäude wurde 1760 erbaut. Seit Aufhebung des Klosters (1787) dient es als Pfarrhof. In der Pfarrkanzlei hängen zwei interessante historische Bilder (Mitte 18. Jh.), die ursprünglich zu beiden Seiten der Orgelempore in der Kirche hingen; sie zeigen Stotzing nach der Zerstörung von 1683 und die Überbringung der Marienstatue in die neue Kirche von 1745.

An der Straße nach Loretto liegen eine kleine, einfache Pestkapelle von 1713, eine Immaculata-Säule von 1756 und die sogenannte Auffindungskapelle (18. Jh.); sie steht an der Stelle, wo man im Jahre 1713 das 1683 vor den Türken vergrabene Gnadenbild auffand. Bemerkenswert auch eine Ecce-Homo-Säule (um 1700) am nordwestlichen Ortsende.

Trausdorf an der Wulka

Lage: Politischer Bezirk Eisenstadt-Umgebung; 4 km südlich von Eisenstadt an der Wulka liegendes Breitangerdorf mit Straßendorfteil
Einwohnerzahl: 1 459
Sehenswert: Ortsbild; katholische Pfarrkirche; Kapellen

Funde aus prähistorischer Zeit (spätjungsteinzeitliche Badener Kultur, Bronzezeit, Wieselburger- und Urnenfelderkultur) weisen auf eine sehr frühe Besiedlung des Ortes hin. Auch aus der Römerzeit stammen Siedlungsspuren.

Der 1307 als Durug und 1380 als Trausdorf erwähnte Ort wurde nach der Zerstörung durch die Türken in den Jahren 1529 und 1532 mit Kroaten neu besiedelt, aber im 17. Jahrhundert neuerlich von aufständischen Ungarn und 1683 von den Türken verwüstet, 1704 auch von den Kuruzzen.

Das für das nördliche Burgenland einst so typische Dorf mit weißgestrichenen Giebelhäusern und altertümlichen, breiten Hoftoren wurde zwar in den letzten Jahren auch von der allgemeinen „Modernisierung" erfaßt, besitzt aber immer noch seine charakteristischen, langen Hofgassen und vereinzelt noch schöne Giebelhäuser mit weißgekalkten Fassaden und farbigem Ornamentschmuck, vor allem in der Unteren Hauptstraße, Oberen Hauptstraße (Gemeindeamt mit Stiegenlaube), Linken Wulkazeile und Burggasse. Dort befindet sich auch die sogenannte Burgmühle mit Wappen von 1755. Es wird vermutet, daß hier die einstige Burg des 14. Jahrhunderts stand, die ein letztes Mal 1486 erwähnt wurde, von der aber nichts mehr erhalten ist.

Charakteristisches Merkmal von Trausdorf sind die zahlreichen, oft kunstvoll gestalteten Bildstöcke, die man im ganzen Ort findet. Gegenüber der Kirche befindet sich eine Pestsäule von 1680 mit einer Muttergottesstatue, die von den beiden Heiligen Rochus und Sebastian flankiert wird. Neben der Kirche steht auch ein gotisches Sühnekreuz mit nach unten breiter werdendem Stamm. Östlich der Kirche steht eine Antoniussäule.

Die katholische Pfarrkirche St. Laurentius wird vom alten Friedhof umgeben. Sie wurde in der zweiten Hälfte des 18. Jahrhunderts an der Stelle einer früheren Kirche erbaut und besitzt eine streng gegliederte Barockfassade mit aufstrebendem Turm, den ein mansardenförmiger Spitzhelm deckt. An den Außenwänden der Kirche sind einige Grabsteine aus dem 18. Jahrhundert bemerkenswert.

Der saalartige Innenraum mit schwerer Pfeilergliederung besitzt Deckenmalereien aus dem Ende des 19. Jahrhunderts. Der Hochaltar von 1897 beeindruckt durch seinen mächtigen, neubarocken Aufbau; das Altarbild stellt den hl. Laurentius dar, Seitenfiguren sind der hl. Joachim und die hl. Anna.

Kunsthistorisch bemerkenswert ist die links im Schiff befindliche Madonnensäule von 1649 mit sehr schöner Muttergottesfigur. Die holzgeschnitzte Kanzel stammt aus dem Jahre 1857, der (mehrmals restaurierte) Taufstein aus dem Jahre 1692.

Die kleine Annakapelle beim Friedhof wurde 1744 erbaut; das Friedhofskreuz (1671) trägt ein Steinkruzifix mit trauernder Maria (1786). Die Dreifaltigkeitssäule (1838) hinter dem Friedhof wird von einer schönen Dreifaltigkeitsgruppe bekrönt, die Sockelfiguren stellen die hll. Erasmus, Franz Xaver, König Stephan und Rochus dar.

Am Weg nach Eisenstadt steht ein 1744 gestifteter Bildstock mit dem hl. Johannes Nepomuk. Ein zweiter, aus der gleichen Zeit stammender Bildstock mit diesem Heiligen steht bei der Wulkabrücke. Dort befindet sich auch eine kleine Muttergotteskapelle von 1892. Eine Maria-Lourdes-Kapelle aus der gleichen Zeit liegt an der Straße nach St. Margarethen. Schließlich gibt es noch eine dritte Marienkapelle (1899) südlich vom Ort; in ihrer Nähe steht ein Kruzifix von 1886. Etwas älter ist die Kreuzkapelle (erste Hälfte 18. Jh.) am südlichen Ortsausgang. Die jenseits der Wulka stehende Magdalenenkapelle wurde 1747 gestiftet.

Im Süden von Trausdorf verdient die sogenannte Parisermühle Beachtung. Ihre erste urkundliche Erwähnung stammt aus dem Jahre 1515. Im 17. Jahrhundert war sie der Schauplatz großer Feste des Fürstenhofes der Esterházy. Die Dekorationen in den noch erhalten gebliebenen Sälen wurden abgenommen und sind heute im Landesmuseum von Eisenstadt zu sehen. Nahebei stehen zwei beachtenswerte Bildstöcke aus dem Ende des 17. Jahrhunderts. Ihre blattumwundenen Säulen tragen die Statuen der hl. Maria mit Kind und Johannesknaben und hl. Joseph (links) und mit dem hl. Joachim und der hl. Anna (rechts).

Am südlichen Ortsrand liegt die 1527 erstmals erwähnte, 1819 erneuerte Weingartenmühle. Über dem rustizierten Portal des Torbaus ist als Nischenfigur der hl. Johannes Nepomuk angebracht. Eine Inschrifttafel an der Südwand ist mit 1591 bezeichnet, eine zweite (mit Spruch) im Hof mit 1815.

Unterwart

Lage: Politischer Bezirk Oberwart; 3 km südöstlich von Oberwart an der Pinka liegendes, langgestrecktes Straßendorf
Einwohnerzahl: 836 (Gemeindegebiet: 1 060)
Sehenswert: Ortsbild mit Heimathaus; katholische Pfarrkirche

Urkundlich 1327 erstmals erwähnt, gehörte das eng mit Oberwart verbundene Unterwart zu den mit freien ungarischen Grenzwächtern (später Kleinadeligen) besiedelten Orten in der Wart und besitzt heute noch eine mehrheitlich ungarisch sprechende Bevölkerung.

Die Bewohner der Gemeinde Unterwart besaßen schon in der Arpadenzeit königlich-ungarische Privilegien und waren keiner Herrschaft untertan.

Im Ort findet man noch alte Bauernhöfe (Fassaden großteils erneuert) mit Hoflauben und Arkaden. Bemerkenswert ist das Heimathaus (Nr. 208), ein Arkadenhaus mit museal eingerichteten Räumen, in denen bäuerlicher Hausrat und Geräte wie auch Gegenstände zur Ortsgeschichte bewahrt werden (Schlüssel im Haus Nr. 206; Voranmeldung zur Besichtigung Tel. 03352/7179).

Die der hl. Katharina geweihte kleine katholische Pfarrkirche wurde 1767 erbaut und 1869 erweitert. Aus dieser Zeit stammt auch ihr neubarocker Hochaltar (Altarbild „Hl. Katharina“, flankiert von den Figuren der hl. Ungarnkönige Stephan und Emmerich). Älter ist der Seitenaltar (1770) mit Altarbild „Kreuzaufrichtung“ (um 1900). Auch die barocke Kanzel (mit Sitzfiguren der Evangelisten) stammt aus der Zeit um 1770.

Auf dem Kirchenplatz befindet sich eine hohe barocke Mariensäule aus dem 18. Jahrhundert.

Das als Museum zugängliche „Heimathaus“ von Unterwart entstand aus einem alten Bauernhof mit schönen Hoflauben

Weiden am See

Lage: Politischer Bezirk Neusiedl am See; 3 km südlich von Neusiedl am nordöstlichen Schilfufer des Neusiedler Sees liegender Marktort
Einwohnerzahl: 1 719
Sehenswert: Katholische Pfarrkirche

Der Ort ist wegen seiner bedeutenden archäologischen Funde bekannt und war in der Bronzezeit eine Nekropole der Wieselburger Kultur (1700–1400 v. Chr.), bei der die Hockerbestattung üblich war. Grabbeigaben waren Tongefäße, charakteristische Spiralnadeln, teilweise auch Waffen (Schwerter) u. v. a. Möglicherweise gab es hier auch eine römische Siedlung.

Urkundlich erstmals 1338 erwähnt, erwarb der Ort 1588 durch Rudolf II. das Marktrecht. Seit 1413 gehörte Weiden dem Domkapitel von Raab als Grundherrschaft, doch ist vom ehemaligen bischöflichen Herrschaftssitz nichts mehr vorhanden.

In den Türkenkriegen (1529 und 1683), im Bocskayaufstand (1606), im Bethlenaufstand (1620) und in den Kuruzzenkriegen

(1704–1709), aber auch durch Großbrände und Pestepidemien hatte der Ort schwer zu leiden.

Die stattliche katholische Pfarrkirche Hl. Dreifaltigkeit wurde 1782–1786 an der Stelle einer weitaus älteren Kirche erbaut. Die Nischenfiguren an der Fassade stellen die hl. Könige Stephan und Emmerich dar.

Die sehenswerte Innenausstattung stammt zum größten Teil aus der 1790 säkularisierten Klosterkirche der Augustiner-Eremiten in Bruck an der Leitha. Der prächtig verzierte barocke Hochaltar (Mitte 18. Jh.) mit den Figuren der Kirchenväter Augustinus und Ambrosius, die das Altarbild der Hl. Dreifaltigkeit flankieren, wurde nach einem Entwurf von Lukas von Hildebrandt gefertigt. Ebenso reich verziert ist die aus der gleichen Zeit stammende Barockkanzel mit den Figuren der Evangelisten; den Schalldeckel schmücken die weiblichen Symbolfiguren von Glaube und Hoffnung und der hl. Augustinus.

Der Kanzel gegenüber befindet sich ein Ölgemälde der hl. Maria Magdalena (früheres Hochaltarbild) aus dem Jahre 1735. Weitere Ölgemälde stellen den hl. Johannes Nepomuk (über Beichtstuhl) und den hl. Augustinus (an der südlichen Langhauswand) dar, ersteres stammt aus der zweiten Hälfte des 18., letzteres aus dem beginnenden 19. Jahrhundert. In der zweiten Hälfte des 19. Jahrhunderts wurden die 14 Kreuzwegbilder gemalt. Der Taufstein wurde 1689 gestiftet. An der Orgel (1725) ist in einem reichen Volutenkranz eine Figur König Davids zu sehen.

Am Seitentrakt des katholischen Pfarrhofs befindet sich ein schönes, rustiziertes Portal von 1743. Bemerkenswert sind ferner die Pestsäule (1745) mit den Sockelfiguren der hll. Josef und Johannes Nepomuk, die Dreifaltigkeitssäule mit Gnadenstuhl (18. Jh.) und die 1974 restaurierte Ecce-Homo-Säule von 1612.

Am Beginn der Rosenberggasse befindet sich in einer Hausnische eine Pietà aus der zweiten Hälfte des 18. Jahrhunderts, beim Rosenberg eine Immaculata-Säule aus der gleichen Zeit.

Ein erwähnenswertes Baudenkmal ganz anderer Art ist das 1976 restaurierte Granarium in der Triftstraße; der dreigeschossige Speicherbau mit kreuzgratgewölbten Räumen im Untergeschoß stammt aus der ersten Hälfte des 19. Jahrhunderts.

Wimpassing an der Leitha

Lage: Politischer Bezirk Eisenstadt-Umgebung; 14 km nordwestlich von Eisenstadt an der niederösterreichischen Landesgrenze liegendes Straßendorf an der Leitha (am jenseitigen Flußufer: Wampersdorf), zu Füßen eines nördlichen Ausläufers des Leithagebirges
Einwohnerzahl: 751
Sehenswert: Katholische Pfarrkirche, ehemaliges Kloster und Wehrmauer

Jungsteinzeitliche Funde weisen auf eine prähistorische Siedlung an der Leitha hin.

Urkundlich als „Furt“ (Cheky) im Jahre 1376 erwähnt, war der Ort lange Zeit eine ungarische Grenzwächtersiedlung. Von einer bereits im 14. Jahrhundert erwähnten Kirche ist heute nichts mehr erhalten. Möglicherweise deutet der neben dem Westportal der heutigen Kirche eingemauerte Stein mit der Jahreszahl 1469 auf einen gotischen Nachfolgerbau hin, von dem aber auch nichts mehr erhalten blieb.

Die heutige (barocke) katholische Pfarrkirche Zur Unbefleckten Empfängnis steht als Wehrkirche auf einer Anhöhe (Stufenaufgang von 1891) und ist zusammen mit dem ehemaligen Franziskanerkloster des 16. Jahrhunderts von einer befestigten Mauer (16. Jh.) mit fünf Rundbasteien umgeben. Eine frühere Kirche wurde 1683 von den Türken zerstört. Ein Chronogramm über dem Kircheneingang gibt als Jahr der Fertigstellung der heutigen Kirche 1723 an.

Die mit Pilastern und rundem Sprenggiebel gegliederte Fassade sollte ursprünglich von zwei hohen Türmen flankiert werden, doch kam es nur zum Bau eines kleinen Turmes mit kurzem Spitzhelm.

Ein korbbogiger Triumphbogen trennt das Langhaus (1972 restaurierte Deckenmalerei „Mariä Himmelfahrt“ aus der ersten Hälfte des 18. Jh.) vom schmalen, kreuzgratgewölbten Presbyterium; von dort führt ein Abgang zur Familiengruft der Stotzinger.

Bemerkenswert ist der von großen Engelfiguren flankierte Hochaltar mit breitem Tabernakel (um 1780) und prächtigem Relief- und Figurenschmuck; aus der ersten Hälfte des 18. Jahrhunderts stammt das Altarbild der Immaculata.

Die Seitenaltäre in den Kreuzarmen bestehen aus Mensen mit Retabel- und Wandbildern in reichgeschnitzten Rahmen (Anfang 18. Jh.): links hl. Dismas (der gute Schächer) am Kreuz, darunter hl. Franziskus; rechts hl. Antonius vor der Muttergottes, darunter hl. Antonius.

Aus dem 18. Jahrhundert stammen auch der Taufstein, die prächtig verzierte Orgel, die Barockfiguren im Schiff (hl. Leonhard, hl. Johannes Nepomuk, hl. Barbara; Kruzifix mit Engeln und trauernder

Maria), die 14 Kreuzwegstationen und die mit Reliefdarstellungen aus dem Leben des hl. Franz von Assisi geschmückte Kanzel; eine Figur des Heiligen ziert den Schalldeckel.

Das prächtige ehemalige Kommunionsgitter (erste Hälfte 18. Jh.) mit durchbrochenen Ornamenten befindet sich jetzt vor den Seitenaltären.

Über dem Hochaltar der Kirche befand sich einst eines der großartigsten Kunstwerke des Burgenlandes, das sogenannte „Wimpassinger Riesenkreuz" aus dem 13. Jahrhundert in byzantinischen Formen (möglicherweise toskanischer Herkunft). Es wurde 1784 aus der Wiener Minoritenkirche nach Wimpassing gebracht, 1938 zur Renovierung nach Wien geführt und dann im Stephansdom aufgestellt, wo es 1945 verbrannte.

Neben der Kirche liegt der aus dem alten Minoritenkloster des 16. Jahrhunderts entstandene Pfarrhof, der heute als Internat und Sonderschule dient. Er wurde 1975 um ein Stockwerk erhöht. Vom ersten Klosterbau sind noch Teile des Kreuzgangs und ein Gewölbe in der Küche erhalten. Über dem Portal neben der Kirchenstiege sind das Wappen der Minoriten und die Nischenfiguren zweier Franziskanerheiliger angebracht. Das von Leonhard Püchler, Grundherrn von Hornstein, 1578 gestiftete ursprüngliche Minoritenkloster wurde 1587 von Rupprecht von Stotzingen (er hatte schon 1583 Ort und Kloster Stotzing gegründet) als Franziskanerkloster neu gegründet. 1628 wurde es wieder ein Minoritenkloster, 1787 unter Kaiser Joseph II. aufgehoben.

Die einfache, neugotische Brünndlkapelle (1877) steht an der Stelle der schon im 15. Jahrhundert erstmals erbauten Kapelle; die Quelle ist seither verschüttet.

An der Wehrmauer des 16. Jahrhunderts sind mehrere Grabsteine des 17. und 18. Jahrhunderts bemerkenswert. Erstaunlich gut erhalten sind die Rundbastionen der Mauer.

An der Hauptstraße liegen noch einige Dreiseithöfe aus dem Ende des 19. Jahrhunderts. In der Nähe steht die 1713 errichtete Pestsäule mit einer Immaculata auf hohem Sockel und Steinvoluten mit den Figuren der Pestheiligen. Eine Dreifaltigkeitssäule aus dem Ende des 17. Jahrhunderts steht am östlichen Ortsende.

Winden am See

Lage: Politischer Bezirk Neusiedl am See; 7 km westlich von Neusiedl, zwischen Leithagebirge und Schilfgürtel des nördlichen Seeufers liegendes Schmalangerdorf und Weinbaugemeinde
Einwohnerzahl: 1 089
Sehenswert: Katholische Pfarrkirche; Ortsbild mit Kellergassen; Bärenhöhle

Der Ort liegt inmitten eines reichen vor- und frühgeschichtlichen Fundgebietes aus der Jungsteinzeit, Bronzezeit, der mittleren Hallstattzeit und der Römerzeit. Von einer römischen Siedlung stammen Baureste eines Gutshofs, Teile einer Wasserleitung, Grabsteine und Inschriftsteine, Weihealtäre usw. Unter anderem wurde hier auch die älteste römische Weinpresse Österreichs aufgefunden; sie ist heute im Landesmuseum von Eisenstadt zu sehen.

Auf dem nördlich ansteigenden Zeilerberg befindet sich die 1924 entdeckte und 1926–1932 ausgegrabene (frei zugängliche) „Bärenhöhle", eine denkmalgeschützte Schichtfugenhöhle mit Funden von fossiler Fauna (Höhlenbär, Höhlenhyäne u. a.); eine Schautafel mit Plan und erklärendem Text gibt Aufschluß über die einzige Höhle des Burgenlandes mit eiszeitlicher Fauna.

Winden wurde 1217 mit Besitzungen der Zisterzienser aus Heiligenkreuz erstmals urkundlich erwähnt. 1241 wurde der Ort durch Tataren zerstört und später neu besiedelt. Auch die Türken verwüsteten den Ort zweimal (1529, 1683).

Das Ortsbild ist charakteristisch für eine Weinbaugemeinde; es gibt noch schöne Winzerhäuser, teilweise aus dem 19. Jahrhundert stammend (mit modernisierten Fassaden), am Südostrand befindet sich ein Kellerviertel mit Erdkellern, die bis auf das Ende des 18. Jahrhunderts zurückgehen, und einem Pestkreuz von 1679. Ein anderes Pestkreuz von 1646 steht an der Hauptstraße (bemerkenswerte Häuser Nr. 23, 37, 52, alle mit Nischenfiguren, Nr. 34 und Nr. 44 (mit Konsolerker). Schöne alte Häuser stehen auch am Beginn der Klafskygasse, die nach dem 1877 hier geborenen Komponisten und Musikwissenschaftler Rudolf Klafsky benannt ist; vor dem Haus Nr. 4 steht ein kostbarer Tabernakelpfeiler mit gotischem Lichthäuschen aus dem 15. Jahrhundert.

Von mehreren historisch bewiesenen mittelalterlichen Rittergütern und Edelhöfen des 13. und 14. Jahrhunderts sind heute keine Spuren mehr erhalten.

Die katholische Pfarrkirche St. Florian wurde nach Zerstörung durch die Türken (1683) im Jahre 1725 von dem berühmten Steinmetzmeister Elias Hügel aus Kaisersteinbruch neu erbaut. An der von zwei Türmen flankierten Fassade des Barockbaus stellt eine Nischenfigur den hl. Florian dar; über dem Nordportal das Wappen des Stiftes Heiligenkreuz.

Sehenswert ist die Innenausstattung aus der ersten Hälfte des 18. Jahrhunderts mit prunkvollem Hochaltar (Altarbild hl. Florian, Seitenfiguren die hl. Ungarnkönige Stephan und Ladislaus), ähnlich aufgebauten Seitenaltären und Kanzel mit Rocaillenschmuck und Reliefdarstellung von Christus mit Samariterin; der Schalldeckel wird von einem Zwiebelhelm mit Figur des Guten Hirten bekrönt.

Das linke Seitenaltarbild des hl. Franziskus wird von den Figuren der hll. Sebastian und Rochus flankiert, in der Mensa die Liegefigur der hl. Rosalia, auf der Mensa in einem kunstvollen Empirerahmen ein interessantes Marienbild in byzantinischen Formen. Das Bild auf dem rechten Seitenaltar stellt die hl. Therese von Avila dar.

Die kleine Annakapelle bei der Kirche wurde 1864 erbaut. Sie enthält eine barocke Steinfigur der hl. Anna mit Maria (18. Jh.), das Sockelrelief zeigt den hl. Johannes Nepomuk. Eine kleine Johannes-Nepomuk-Kapelle (1772) steht beim Pfarrhof, eine schöne Marienkrönungssäule von 1865 auf dem Hauptplatz.

Erwähnenswert ist auch der Friedhof mit einem spätgotischen Ölbergrelief aus Stein (16. Jh.) und vielen Figurengrabsteinen aus dem 19. Jahrhundert.

An der Straße nach Breitenbrunn liegt eine Herzjesukapelle von 1748, in der Nähe wurde 1950 eine Mariensäule wiederaufgestellt. Die alte Gritsch-Mühle befindet sich seit mehreren Jahren im Besitz des Bildhauers Wander Bertoni; eine seiner modernen Stahlplastiken wurde 1963 auf einer Höhe über dem Ort aufgestellt.

Wulkaprodersdorf

Lage: Politischer Bezirk Eisenstadt-Umgebung; 5 km südlich von Eisenstadt, an der Wulka liegendes Straßendorf
Einwohnerzahl: 1 673
Sehenswert: Katholische Pfarrkirche

Der Ort und seine unmittelbare Umgebung sind ein reiches prähistorisches Fundgebiet. Siedlungsreste stammen aus der Jungsteinzeit und der Bronzezeit.

Eine erste urkundliche Erwähnung des Ortes gibt es im Jahre 1292; im Jahre 1351 wird er „Pordan" genannt, 1452 Podersdorf. Die mit Schießscharten versehene Kirchhofmauer läßt auf eine alte Wehrkirche schließen, die auch durch Bastionen geschützt war. Ursprünglich gab es auch eine (bereits 1434 genannte) Burg hier, doch läßt sich ihre genaue Lage nicht mehr bestimmen. Nach der Verwüstung des Dorfes durch die Türken in den Jahren 1529 und 1532 wurde es mit Kroaten neu besiedelt.

Die frühbarocke katholische Pfarrkirche Zur Kreuzauffindung wurde zwischen 1630 und 1642 an der Stelle einer wesentlich älteren, gotischen Kirche inmitten einer Befestigungsanlage mit Wehrmauer (heutige Kirchhofmauer) errichtet, 1683 von den Türken verwüstet und 1713 renoviert.

Aus der Mitte des 18. Jahrhunderts stammen der Hochaltar mit freistehendem Tabernakel und Kreuzigungsgruppe an der Apsiswand, aus der Zeit um 1800 die einfacheren Seitenaltäre mit Altarbilder „Mariä Verkündigung“ (links) und „Johannes auf Patmos“ (rechts). Der Taufstein, die Kanzel und die geschnitzte Marienfigur an der Nordwand entstanden um 1700.

Im angrenzenden Kirchhof liegen einige bemerkenswerte Grabsteine aus dem 18. und 19. Jahrhundert. Die 1926 restaurierte Dreifaltigkeitssäule (mit Immaculata und Pestheiligen am Sockel) bei der Kirche wurde 1725 gebaut. Im Ort befinden sich auch eine einfache Marienkapelle von 1779 und eine Cholerakapelle von 1836; am Weg nach Antau ein Bildstock mit Ecce-Homo-Figur (1657) und am Hang des Föllik ein Bildstock mit Figurengruppe der Hl. Familie (1682).

Zurndorf

Lage: Politischer Bezirk Neusiedl am See; 20 km nordöstlich von Neusiedl, am Rande der Parndorfer Heide liegender Marktort am rechten Ufer der Leitha. Der Grenzort Nickelsdorf (ungarischer Grenzübergang) ist nur 7 km entfernt
Einwohnerzahl: 2 002
Sehenswert: Katholische Pfarrkirche

In Zurndorf wurde ein Skelettgrab aus der mittleren Bronzezeit gefunden, in dem auch ein Vollgriff-Schwert und eine Nadel aus dieser Zeit enthalten waren. In der Umgebung des Ortes stieß man auch auf reiche römische Siedlungsreste; zu den bemerkenswertesten Funden zählt ein römischer, dem „Silvanus“ geweihter Altar.

Der urkundlich 1209 als „Zaran“ erstmals erwähnte Ort war ursprünglich eine Petschenegen-Siedlung (s. S. 213). Er erhielt bereits 1399 ein Markt- oder Stadtrecht und erlebte im 14./15. Jahrhundert als „civitas regalis“ (königlicher Markt) seine größte Blüte. Hier befand sich ein Grenzzollamt, hier wurde ein ausgedehnter Grenzhandel getrieben. Wahrscheinlich gehen auch die im 16. Jahrhundert genannten Edelhöfe auf mittelalterliche Besitzungen zurück.

Von den Türken zuerst 1529, dann 1683 vollkommen zerstört, blieb auch von diesen historischen Edelhöfen nichts erhalten. Als Schmalangerdorf nach der Türkenzeit neuerlich gegründet und besiedelt, zerstörte 1857 ein Großbrand wiederum einen großen Teil des Ortes, so daß Zurndorf sein heutiges Aussehen aus der Zeit um 1900 und später erhielt.

Am Nordende des Ortes steht an erhöhter Stelle im alten Friedhof die katholische Pfarrkirche Petrus und Paulus. Sie ist ein bedeutender romanisch-frühgotischer Quaderbau, dessen Langhaus im 17. Jahrhundert ein neues Tonnengewölbe erhielt. Aus dieser Zeit stammt auch der dreistöckige Turm, der aber nach dem großen Brand 1857 wieder aufgebaut werden mußte und dabei auch seinen achteckigen Pyramidenhelm erhielt.

Aus frühgotischer Zeit ist noch der östliche Turmunterbau erhalten, die Wandpfeiler mit romanischen Kämpfern (Platte, Wulst, Kehle), an den ein rechteckiger, niedriger Chor anschließt. Im Presbyterium befindet sich ein später eingezogenes, zweijochiges Kreuzrippengewölbe mit Birnstabquerschnitt, das konsolförmig abgefangen auf romanischen Doppeldiensten ruht. Die Westempore baut sich auf frühgotischem, breitem Bandrippengewölbe auf.

Restaurierungen der Kirche fanden 1875 und 1976 statt. Bei letzterer wurde auf dem Triumphbogen eine Wandmalerei (Kreuzigung, mit Maria und Johannes) aus der Zeit um 1700 aufgefunden.

Am Hochaltar (18. Jh.) befindet sich ein wertvolles Ölgemälde (Abschied der Apostel Petrus und Paulus, um 1770/80), das wahrscheinlich von einem Schüler Franz Anton Maulpertschs, nach einer Radierung des Meisters, angefertigt wurde. Das Altarblatt wurde 1964 restauriert.

Der linke Seitenaltar aus dem Ende des 17. Jahrhunderts besitzt auf dem Altarblatt eine Darstellung Marias mit dem Kind. Die Seitenfiguren am rechten Seitenaltar (um 1710, später verändert) stellen die hl. Barbara und die hl. Katharina dar. Am dreiseitigen Kanzelkorb (Mitte 18. Jh.) ist ein Relief mit Darstellung des Opfers Abrahams zu sehen.

Neben dem Pfarrhof liegt die im zweiten Viertel des 18. Jahrhunderts erbaute Michaelskapelle, mit vorgebautem Turm über offenen Arkaden. Vor dem Turm steht eine Immaculata-Säule mit Sockelrelief der hl. Rosalia.

Die evangelische Pfarrkirche ist ein großer, einschiffiger Bau von 1787 mit dreistöckigem Turm in klassizistischen Formen. Am Kanzelaltar ein Altarbild von 1784, das Jesus in Emmaus darstellt.

Etwa 8 km östlich von Zurndorf liegt ganz nahe am „Dreiländereck" (tschechische und ungarische Grenzen; kein Übergang) das Breitangerdorf *Deutsch Jahrndorf* an der östlichen Seite des Leitha-Kanals. Der urkundlich schon 1208 erwähnte Ort, der von den Türken 1529 zerstört, dann wiederaufgebaut, 1594 niedergebrannt und schließlich mit Kroaten neu besiedelt wurde, war wegen seiner grenznahen Poststation, die seit dem 17. Jahrhundert nachweisbar ist, von Bedeutung. Von den alten Edelhöfen des 16. und 17. Jahrhunderts ist heute nichts mehr erhalten.

In der Oberen und Unteren Hauptstraße, der Kirchengasse und der Mühlgasse stehen noch Giebelhäuser aus der zweiten Hälfte des 19. Jahrhunderts.

Die 1738 neu erbaute katholische Pfarrkirche St. Bartholomäus geht aus einer mittelalterlichen Kirche hervor, von der u. a. noch romanische Mauern, das Kreuzrippengewölbe in der Apsis wie auch ein spitzbogiges Fenster im Chor erhalten sind. Am barocken Hochaltar stehen die Schnitzfiguren des hl. Johannes Nepomuk und des hl. Rochus aus dem 18. Jahrhundert; das Altarblatt zeigt das Martyrium des hl. Bartholomäus. Gleichfalls aus dem 18. Jahrhundert stammen die beiden einfachen Seitenaltäre und die Kanzel mit plastischen Putti.

Die Kapelle im alten Friedhof (heute Kriegergedächtnisstätte) neben der Kirche beherbergt eine qualitätvolle barocke Pietà aus dem 18. Jahrhundert.

In Deutsch Jahrndorf gibt es auch eine evangelische Pfarrkirche (1838), eine Pestsäule (1857) und andere alte Bildstöcke. Etwas außerhalb liegt die Wallfahrtskapelle Heiliges Kreuz („Maria Zeiselhof"), ein kleiner Barockbau von 1674 mit barocker Nischenfigur „Christus auf der Wies".

In einschlägigen Kreisen ist der Ort auch wegen seines bedeutenden keltischen Münzfundes auf dem Gut Karlhof (etwa 2 km weiter südlich) bekannt: Das 1855 aufgefundene Gefäß enthielt mehr als 100 Silber- und 27 Goldmünzen, Prägungen der keltischen Boier aus dem 1. Jahrhundert v. Chr.

Ortsregister Burgenland

Bildquellen

Fritz Vesely: Umschlagbild, S. 78, 196, 233
Burgenländische Landesregierung: S. 104, 209
Alle übrigen Bilder: Hans Lajta

Burgenländisches Landesmuseum

A-7000 Eisenstadt, Museumg. 1–5, Tel. (0 26 82) 26 52.

Ganzjährig geöffnet, Di.–So. 9–12, 13–17 Uhr. Montag geschlossen.

Modernstes Landesmuseum Österreichs, 70 000 Ausstellungsobjekte in 31 Schauräumen:
Archäologie, Geologie/Paläontologie, Kulturgeschichte, Volkskunde, Kunstgeschichte, Weinmuseum, Zoologie und Botanik mit Höhlenbärenskelett, röm. Mosaike, Münzschatzfunde, Zunftgegenstände, Bauernmöbel, Judaicasammlung, Liszt-Salon, Haydnorgel und Vogelwelt Neusiedler See.
Kurzführer, Nachbildungen, Schallplatten, Museumsbuffet, Bibliothek-Tondiaserien, kulturelle Veranstaltungen, wiss. Vorträge, Konzerte, Sonderausstellungen, 25 Außenstellen.

Burg Schlaining

A-7461 Stadtschlaining, Rochuspl. 1, Tel. (0 33 55) 23 06.

Geöffnet von Palmsonntag bis 31. Oktober, Di.–So. 9–12, 13–17 Uhr. Montag geschlossen.

Größte Ritterburg des südl. Burgenlandes, ausgebaut von Andreas Baumkircher im 15. Jahrhundert.
Mittelalterl. Bergfried, Rittersaal mit ältesten profanen Fresken, Burgkapelle, „Schwarzer Hof" mit Zisterne, großer Hof mit Glockenturm, Wehrmauern mit Graben, Zwinger, Torhaus und Zugbrücke.
Handwerkerhof mit Serpentinschleiferei und Töpferei, bedeutendste Kunsteisengußsammlung Österreichs, Sonderausstellungen, Kulturveranstaltungen, Friedensinstitut, Burgtaverne.

Führungen zu jeder vollen Stunde.

„Mondidol" (Feuerbock) der Hallstattkultur (7. Jh. v. Chr.) aus Donnerskirchen im Burgenländischen Landesmuseum.

Draßmarkt
Oberpullend
Rabnitz
Unterrabnitz
Tauchenbach
Pilgersdorf
Piringsdorf
Mannersdor
Güns
Lockenhaus
Ratt
Bernstein
Pinkafeld
Mariasdorf
Ober-
kohlstätten
Grafenschachen
Goberling
Oberschützen
Jormannsdorf
Zickenbach
Bad Tatzmannsdorf
Lafnitz
Pinka
Stadtschlaining
Altschlaining
Rechnitz
St. Martin
Markt Allhau
Oberwart
Markt Neuhodis
Eisenzicken
Schache
Siget
Wolfau
Unterwart
Rotenturm
Kemeten
Burg
Jabing
Großpetersdorf
Stinatz
STEIERMARK
Litzelsdorf
Eisenberg
Pinka
Lafnitz
Ollersdorf
Kohfidisch
Deutsch
Schützen
Stegersbach
St. Michael
Rohrbrunn
Strembach
Eberau
Deutsch Kaltenbrunn
Gaas
Kukmirn
Sulz
Güssing
Gerersdorf
Mos
Rudersdorf
Zahling
Hagensdor
Heiligenbrunn
Luis
Königsdorf
Eltendorf
Heiligenkreuz
Lafnitz
Maria Bild
Jennersdorf
Mogersdorf
Raab
Neumarkt
UNGARN
St. Martin
Neuhaus
Klausenbach
JUGOSLAWIEN